Homens justos

Ivan Jablonka

Homens justos

Do patriarcado às novas masculinidades

tradução
Julia da Rosa Simões

todavia

Lista de abreviações

a.n.e. Antes de Nossa Era
AOF África Ocidental Francesa
CEO Chief Executive Officer (diretor-executivo)
CFO Chief Financial Officer (diretor financeiro)
CMO Chief Marketing Officer (diretor de marketing)
COO Chief Operating Officer (diretor de operações)
CSE Comitê Social e Econômico
CTO Chief Technical Officer (diretor técnico)
C-suite Nível hierárquico que reúne os dirigentes de uma empresa
DST Doença Sexualmente Transmissível
EDF Électricité de France
FAO Organização das Nações Unidas para a Alimentação e a Agricultura
HEC École des Hautes Études Commerciales (Escola de Altos Estudos Comerciais)
IVG Interrupção Voluntária da Gravidez
LGBT Lésbicas, Gays, Bissexuais e Transgêneros
MIT Massachusetts Institute of Technology
MLF Mouvement de Libération des Femmes (Movimento de Libertação das Mulheres)
OCDE Organização para a Cooperação e Desenvolvimento Econômico
OIT Organização Internacional do Trabalho
OMS Organização Mundial da Saúde
ONG Organização Não Governamental
ONU Organização das Nações Unidas
PCF Partido Comunista Francês
Pisa Programa Internacional de Avaliação de Alunos
PNUD Programa das Nações Unidas para o Desenvolvimento
RDA República Democrática Alemã (Alemanha Oriental)
RDC República Democrática do Congo
RFA República Federal da Alemanha (Alemanha Ocidental)
RH Recursos Humanos
SED Partido Socialista Unificado da Alemanha
Unicef Fundo das Nações Unidas para a Infância
URSS União das Repúblicas Socialistas Soviéticas

Introdução
Revolucionar o masculino

Os homens travaram todas as batalhas, menos a da igualdade entre os sexos. Eles sonharam todas as emancipações, menos a das mulheres. Salvo poucas exceções, eles se acomodaram ao funcionamento patriarcal da sociedade. Tiraram proveito dele. Hoje como ontem, os privilégios de gênero são endêmicos em todo o mundo.

O modelo tradicional de homem, cultivado por milênios de estereótipos e instituições, está ultrapassado. Obsoleto e nefasto, ele é uma máquina de dominação — das mulheres, mas também de todos os homens de masculinidade considerada ilegítima. A próxima utopia: inventar novas masculinidades. Transformar o masculino, para que ele se torne compatível com os direitos das mulheres e incompatível com as hierarquias patriarcais. A família, a religião, a política, a empresa, a cidade, a sedução, a sexualidade e a língua poderão ser abaladas.

Em todos os países, qualquer que seja a situação das mulheres, é urgente definir uma *moral do masculino* para o conjunto das ações sociais. Como impedir os homens de desrespeitar os direitos das mulheres? Em matéria de igualdade entre os sexos, como ser um "cara legal"? Hoje em dia, precisamos de homens igualitários, hostis ao patriarcado, que valorizem o respeito mais que o poder. Apenas homens, mas homens justos.

O ponto cego da democracia

Em 1791, Olympe de Gouges abriu sua *Declaração dos direitos da mulher e da cidadã* com a seguinte indagação: "Homem, és capaz de ser justo? É uma mulher que te pergunta". Mais de dois séculos depois de sua morte, se observarmos, no mundo inteiro, a composição dos governos, as desigualdades salariais, o desequilíbrio das tarefas domésticas, a violência conjugal e no espaço público, ainda nos perguntaremos se os homens são "capazes de ser justos". A invenção democrática do século XVIII, a Revolução Industrial do século XIX, o socialismo e a descolonização do século XX não mudaram nada: nossa modernidade permanece assimétrica.

Várias instituições, aqui e ali, mencionam a igualdade entre os sexos. No entanto, os direitos das mulheres continuam sendo um impensado de nossa condição democrática. De Aristóteles a Rawls, passando por Descartes e Rousseau, os filósofos se interessaram muito pouco pela questão. Suas reflexões sobre a justiça não abrangiam a justiça de gênero. Os revolucionários, por sua vez, se sacrificaram pela liberdade, menos quando ela beneficiava as mulheres. Reconhecendo essas lacunas e refundando o masculino sobre uma base de direitos para todas e todos, podemos enriquecer nossas ambições comuns.

Por onde começar? Tomemos dois exemplos: a divisão das tarefas domésticas e a violência sexual. No século XX, a sociedade mudou mais rápido que os homens. Hoje, nos países ocidentais, as mulheres trabalham, fazem carreira e escolhem a própria sexualidade, mas os homens ainda não entenderam todas as implicações dessas mudanças. O horizonte das mulheres se ampliou incrivelmente; o dos homens, que não se desvencilharam de seus velhos hábitos — mandar, ser servidos —, não. Transformação social, de um lado, e resistência à mudança, de outro, entram em choque no seio de todos os casais. Ponto de cristalização das desigualdades de gênero, as tensões ligadas à divisão das tarefas domésticas são a expressão individual de mutações coletivas. Por isso a *movimentação do masculino* exige mais do que simples boa vontade e esforço pessoal; ela também depende de lógicas políticas.

O movimento #MeToo, por exemplo, mostrou que a definição do masculino exigia debate. Ele levou os homens a se questionarem sobre a violência sexual. Não podemos dizer que o resultado tenha sido uma mobilização em massa, mas ao menos houve reflexão engajada. Por que tantos abusos, assédios e estupros, em meio à indiferença ou à tolerância surda? Onde situar a linha vermelha para além da qual nos tornamos pequenos ou grandes Weinstein? Somos sedutores ou canalhas?

Esses questionamentos são saudáveis, mas ainda há muito a ser debatido. Aos olhos da justiça de gênero, como definir um bom pai, um bom companheiro, um bom colega, um bom chefe, um bom amante, um bom religioso, um bom dirigente, um bom cidadão? Essas perguntas equivalem a se perguntar, individual e coletivamente, o que significa ser um homem nos dias de hoje.

As mulheres não devem mais se questionar, se torturar a respeito de suas escolhas de vida, se justificar a todo momento, se exaurir, conciliando trabalho, maternidade, vida familiar e lazer. Os homens é que devem recuperar o atraso na marcha do mundo. Eles é que devem se interrogar sobre o masculino, sem subscrever à mitologia do herói dos tempos modernos, que merece uma medalha porque aprendeu a usar a máquina de lavar roupa. Essa introspecção não terá sentido algum, nem eficácia alguma, sem a colaboração de toda a sociedade, em todos os âmbitos — legislação, fisco, proteção social, organização do trabalho, cultura empresarial, civilidade amorosa, educação familiar, pedagogia, ensino, maneiras de viver juntos.

Em nossos Estados, que tanto valorizam a igualdade e a justiça, faltam homens realmente interessados em igualdade e justiça. Em nossas democracias há um ponto cego: a justiça de gênero, que exige o fim das desigualdades entre os sexos. O desafio dos homens não é "ajudar" as mulheres a se tornarem independentes, mas mudar o masculino para que este não as subjugue.

Novas masculinidades

Ao contrário de outras revoluções — neolitização, monoteísmos, viagens de circum-navegação, ciência moderna, direitos humanos, independências —, a revolução feminista pouco mobilizou os homens. Como explicar sua quase ausência? Eles se sentiram visados, ameaçados e, acima de tudo, incapazes de pensá-la como tal, isto é, como uma revolução. De fato, muitos a viram como uma simples agitação estéril: na melhor das hipóteses, uma "transformação dos costumes"; na pior, uma "coisa de mulher".

A indiferença e a hostilidade dos homens explicam por que as feministas tantas vezes precisaram contar apenas com as próprias forças. Daí a atmosfera, hoje reinante, de guerra entre os sexos: enquanto muitos homens se sentem agredidos pelas reivindicações das feministas, algumas se recusam a colaborar com seus "opressores". As duas posições partem da mesma premissa: a igualdade entre os sexos não diz respeito aos homens. Isso não é verdade. Em 1966, a antropóloga Germaine Tillion disse que não existia em lugar algum "uma desgraça estanque unicamente feminina, nem uma degradação que prejudique as filhas sem manchar os pais".[1] Podemos lembrar, como ela, que os direitos das mulheres simplesmente decorrem dos direitos humanos. É dessa luta que os homens se excluem. Será tarde demais para pensar uma frente intersexual de progresso, um feminismo inclusivo?

Homens como Nicolas de Condorcet, Charles Fourier, William Thompson, John Stuart Mill, Léon Richer, Jin Tianhe e

Tahar Haddad apoiaram a emancipação da mulher. Eles defendiam sua integridade física, sua liberdade de movimento, sua igualdade intelectual, civil ou política; eles reivindicavam para ela o direito de aprender, trabalhar, votar, amar, ter autonomia. O engajamento desses pioneiros salva a honra do gênero masculino. Ele mostra que a dominação sofrida pelas mulheres não é um problema de sexo, mas de gênero; não é uma maldição biológica, mas uma instituição cultural. Consequentemente, todos estão habilitados a combatê-la: o feminismo é uma escolha política.

No entanto, embora esses corajosos pensadores tivessem a ambição de "nivelar" as mulheres em matéria de direitos, eles não cogitavam mudar a vida dos homens, sua autoridade social ou sua preponderância de gênero. Posição generosa, mas inconsequente: combate os efeitos sem atacar as causas. Por isso a proibição das mutilações genitais, a divisão das tarefas domésticas e a paridade política ou empresarial — um feminismo que coloque as mulheres "em plano de igualdade" com os homens — são objetivos obviamente necessários, mas insuficientes.

O modelo paritário (a mulher "igual do homem"), que inspirou o feminismo no final do século XVIII, preservava mais ou menos intactas as prerrogativas do masculino: as mulheres precisavam exigir e obter direitos que os homens já possuíam. É preciso inverter essa relação. A dinâmica dos gêneros exige a adoção de um modelo em que o masculino seja redefinido em relação aos direitos das mulheres. Porque conquistaram a liberdade e a igualdade, as mulheres encarnam a norma de uma sociedade democrática: os homens precisam se adaptar a esse estado de direito e de coisas.

Toda militância deve começar por um exame de consciência. Esse trabalho sobre si mesmo deve ser feito em primeiro lugar por aqueles que detêm algum poder: políticos, altos funcionários, diretores de empresa, executivos, publicitários, urbanistas, policiais, juízes, médicos, jornalistas, professores, pesquisadores. Todos precisam se interrogar sobre a masculinidade em geral e sobre a sua em particular. Existem situações em que tiro proveito de minha condição de homem, mesmo sem querer, mesmo sem saber? O masculino se define pela força, pela agressividade, pelo culto ao poder e ao dinheiro, pelo rebaixamento dos outros? Por que os homens que desprezam as mulheres também desprezam certos homens, considerados degenerados ou traidores do próprio sexo? Existem mil maneiras de ser homem; daí a noção de "masculinidades". Podemos conceber um homem feminista, mas também um homem que aceita seu lado feminino, um homem indignado com a violência e a misoginia, um homem que abandona os papéis que foi obrigado a assumir, um homem sem a autoridade, a arrogância, o privilégio e a pretensão de representar a humanidade inteira. As novas masculinidades podem curar o masculino de seu complexo de superioridade.

Justiça de gênero e progresso coletivo

Revolucionar o masculino supõe teorizar a justiça de gênero. Esta visa a *redistribuição do gênero*, da mesma forma que a justiça social exige a redistribuição das riquezas. Mas antes de encarar as implicações sociais, institucionais, políticas, culturais e sexuais desse projeto, precisamos compreender o mundo em que vivemos e suas duas características paradoxais: a longevidade do patriarcado e as falhas do masculino.

Uma das razões para a lentidão das mudanças é a ignorância em relação à história da dominação masculina. Muitos homens e mulheres constatam diariamente o poder detido pelo homem, mas não sabem por que ou quando ele se instaurou. Então voltaremos ao Paleolítico, ao Neolítico e à Antiguidade, a todos os momentos em que o masculino deixou de ser um ponto de vista para se tornar a encarnação do superior e do universal.

Assim chegaremos às raízes do problema. Se quisermos agir sobre o presente, precisaremos adotar uma perspectiva de longuíssima duração, avaliando a amplitude das transformações necessárias. Para começar a questionar o masculino. A suposta nobreza dos homens os obriga a agir à altura de sua condição. Isso explica por que eles estão sempre potencialmente em crise, alienados por sua própria dominação. No século XIX, a hierarquia dos sexos é enfraquecida pelas vitórias do feminismo e pelo acesso das mulheres a cargos de responsabilidade, bem como pela redefinição dos papéis familiares. No último quarto do século XX, o desaparecimento dos bastiões industriais e a terceirização do emprego abalaram a condição dos homens. Nas universidades ou no mercado de trabalho, cada vez mais os homens enfrentam a concorrência das mulheres, mais bem adaptadas à economia do saber.

Permanência do patriarcado, por um lado; crescimento das dúvidas, por outro. Como explicar esse paradoxo? O masculino se preocupa, de fato, porque teme perder seu domínio. Aproveitemos. É chegada a hora de defendermos um novo projeto de sociedade: a justiça de gênero. Esta envolve *critérios de justiça* (não dominação, respeito, igualdade), uma *ética de gênero* (preceitos para guiar o masculino) e *ações subversivas* (reconfigurar o patriarcado), que levem a uma *qualidade de relação social* ("viver entre iguais", como disse John Stuart Mill). É assim que redistribuiremos o gênero. Trata-se, portanto, de chegar a uma *nova realidade*, capaz de dividir igualitariamente os poderes, as responsabilidades, as atividades, os lazeres, os papéis privados e públicos.

Este livro apresenta suas ideias em quatro partes. A primeira retraça a formação das sociedades patriarcais; a segunda traz à luz os combates e os atores do feminismo; a terceira analisa as transformações que hoje acentuam as falhas do masculino. Juntas, elas esclarecem a maneira como o poder dos homens foi construído e, mais tarde, abalado. A quarta parte mostra que, questionado, o masculino pode ser redefinido. Os homens têm uma história para além do patriarcado e, consequentemente, outro futuro: as novas masculinidades. Masculinidades que reconhecem os direitos das mulheres e também os direitos de todos os homens.

Minha reflexão se baseia em duas preocupações interdependentes: como os homens se comportam, como eles deveriam se comportar. Para falar em termos filosóficos, é bom estabelecermos um diagnóstico do real, seguindo a tradição hegeliana, antes de extrairmos uma moral da ação, dentro da perspectiva kantiana. Conceitualizar o que é, querer o que deveria ser. Com que fim? O progresso coletivo.

Ensaio de ciências sociais e manifesto político, este livro fala de nossa felicidade. Ele se inscreve numa antiga tradição: os filósofos das Luzes descobriram a ideia de felicidade, os pais da independência americana quiseram criá-la neste mundo. Os fundadores da República francesa afirmaram, em 1793, que "o objetivo da sociedade é a felicidade comum". Eles claramente ignoravam que um de seus ingredientes é a igualdade entre os sexos. Ora, essa luta não pode ser vencida sem a participação dos homens.

Talvez alguns se espantem com a referência às revoluções do século XVIII, lideradas por homens numa época em que todos os discursos começavam por "Senhores". No entanto, esses homens deram à luz um mundo novo. Poderíamos esperar fazer pela justiça de gênero o que eles ousaram fazer pela justiça social. Quando teremos uma nova Noite de 4 de Agosto,* em que, coletivamente, os homens renunciarão a seus privilégios? Um mundo mais feliz, baseado nos direitos de todas e todos, com mulheres livres e homens justos: bela agenda para os séculos vindouros.

---

* "Noite de 4 de Agosto": noite de 1789 em que a Assembleia Nacional Constituinte francesa votou pelo fim dos privilégios feudais, acabando com o sistema feudal no país. [N. T.]

Parte I

O reinado do homem

1.
A globalização do patriarcado

O que a Igreja católica, a Bolsa de Nova York e um ritual baruya da Nova Guiné têm em comum? O reinado dos homens. A dominação masculina é uma das estruturas mais universais do planeta. Como o dinheiro, ela é uma língua compreendida por todos os seres humanos.

A universalidade da dominação masculina

Não se conhece nenhuma sociedade em que as mulheres, enquanto grupo, exerçam o conjunto dos poderes morais, políticos e econômicos, codificando a vida social (aquilo que é lícito para cada sexo, por exemplo) ou tomando decisões que envolvam toda a comunidade (a guerra, por exemplo). Em toda parte, os homens governam enquanto líderes ou legisladores, generais ou patrões, maridos ou pais, e mesmo quando celibatários, como padres. Nos anos 1860, o jurista Johann-Jakob Bachofen formulou a existência de uma ginecocracia arcaica, mas seu "direito materno" é um romantismo da feminilidade que se harmoniza muito bem com o poder dos homens: o tio materno cria os sobrinhos e transmite a eles seus bens (avunculado). Mesma decepção a respeito dos chambri da Nova Guiné: ao contrário do que se acreditou por muito tempo, os homens é que dominam as mulheres.[1]

Em contrapartida, as mulheres desempenham um papel importante entre os iroqueses da América do Norte, os mosuo do sul da China, os khasi da Índia e os acãs da África. Entre eles, a propriedade pode ser transmitida de mãe para filha (matrilinearidade). Em certos casos, o marido vive com a família da mulher depois do casamento (matrilocalidade). Entre os igbo da Nigéria, as mulheres reunidas em *umuada* cuidam da saúde dos aldeões e do gerenciamento dos conflitos. Mas esses enclaves de poder feminino coexistem com o poder masculino e se inserem mais amplamente dentro de Estados patriarcais: as sociedades matrilineares de todo o mundo estão em vias de extinção. A comunidade mosuo, onde as mulheres são chefes de família e autônomas sexualmente, tornou-se uma atração turística.[2]

De onde vem o patriarcado, e quais são as causas de sua incrível estabilidade através dos tempos, das espiritualidades e dos regimes? Ninguém pode responder de maneira unívoca a essa pergunta tão complexa, que envolve fatores biológicos, sociais, econômicos, religiosos, legais e culturais.

Para compreender a institucionalização da dominação dos homens sobre as mulheres (aquilo que Françoise Héritier chamou de "valência diferencial dos sexos"), é preciso começar por definir os atores dessa relação de subordinação, por meio de uma "história profunda" que recorre à biologia e à psicologia da evolução. Portanto, é indispensável adotar uma perspectiva de longuíssima duração e, ao mesmo tempo, conservar a atitude de modéstia exigida, para épocas sem escrita, pela quase ausência de vestígios materiais. A primeira fonte de que dispomos está em nós mesmos: o homem anatomicamente moderno, o *Homo sapiens*, surgido há cerca de 300 mil anos.

O dimorfismo sexual

Todas as sociedades, sem exceção, reconhecem a binaridade da espécie humana, dividida em dois grupos: homens e mulheres. Do ponto de vista biológico, porém, constatamos que suas diferenças são bem pouco numerosas.

A mulher e o homem compartilham da mesma organização fisiológica — esqueleto, órgãos, circulação sanguínea, respiração, digestão, excreção, envelhecimento até a morte —, com um cérebro dentro do crânio, duas pernas adaptadas à bipedia, dois braços que se dobram e duas mãos com polegares opositores. Ambos percebem o mundo através dos cinco sentidos. Enquanto seres dotados de razão, eles são capazes de aprender, sentir emoções, formular um julgamento moral; eles têm as mesmas necessidades fisiológicas, afetivas e sociais, bem como a mesma inteligência. No âmbito da matemática, por exemplo, meninas e meninos têm as mesmas aptidões e os mesmos resultados: essa igualdade de desempenho sugere que o raciocínio científico tenha bases biológicas.[3] O homem e a mulher têm muito mais semelhanças do que diferenças, portanto.

É no âmbito sexual que eles se distinguem. O sexo genético dos humanos é determinado durante a fecundação. A mulher recebe dois cromossomos X; o homem, um cromossomo X e um cromossomo Y. A partir da sétima semana de gestação, o aparelho genital do embrião começa a se diferenciar, as gônadas se tornam ovários ou testículos sob a ação de genes de determinação sexual. No homem, o cromossomo Y desencadeia a diferenciação dos testículos, que secretam um hormônio, a testosterona, que provoca o surgimento da próstata e do pênis. Na mulher, alguns canais se transformam em útero, trompas e vagina. Provavelmente sob ação dos estrogênios produzidos pelos ovários e pela placenta, o clitóris e os lábios vaginais aparecem. Ao nascimento, costuma ser possível dizer o sexo da criança pelo aspecto de seus órgãos genitais externos.

Na puberdade, os corpos se diferenciam ainda mais. Na menina, o desenvolvimento dos seios e o alargamento da bacia precedem a chegada da menstruação, enquanto no menino a massa muscular aumenta, os ombros se alargam, a pilosidade facial e torácica aparece, o pomo de adão se torna proeminente.

A transformação das cordas vocais costuma tornar as vozes masculinas mais graves que as vozes femininas.

Além das disfunções que afetam os respectivos órgãos da mulher e do homem (câncer de mama, câncer de próstata), os sintomas das doenças podem variar de acordo com o sexo, por exemplo no infarto do miocárdio. Por outro lado, algumas doenças afetam mais um sexo do que o outro. Como os meninos só têm um cromossomo X, eles são mais afetados do que as meninas por certas anomalias genéticas situadas nesse cromossomo, como a hemofilia A ou B e a distrofia de Duchenne. Os pesquisadores também mediram pequenas diferenças cognitivas entre os sexos: em média, os homens se saem melhor em lançamentos de precisão e testes de rotação mental, enquanto as mulheres têm maior destreza manual e são melhores em cálculo e expressão verbal.[4]

A ordem de gênero

As sociedades atribuem a cada sexo um código de conduta, misto de direitos e deveres, que chamamos de gênero. No indivíduo, ele determina o nome próprio, a aparência física, os códigos de vestuário, o comportamento e, às vezes, a maneira de falar. O gênero está em toda parte: na educação, na publicidade, na linguagem, nos banheiros públicos, no fato de que Juliette pinta as unhas e Paul usa cabelos curtos.

A partir do nascimento, o gênero interpreta e hipertrofia o sexo. As sociedades gastam muita energia separando os sexos, mergulhando-os numa cultura "feminina" ou "masculina" que se torna uma série de regras incorporadas, uma segunda natureza. O ser humano aprende sua condição sexuada através do conjunto de atitudes que lhe são prescritas em conformidade com sua condição de menino ou menina. A *ordem de gênero* é aquilo que, numa sociedade, lembra cada um e cada uma de suas

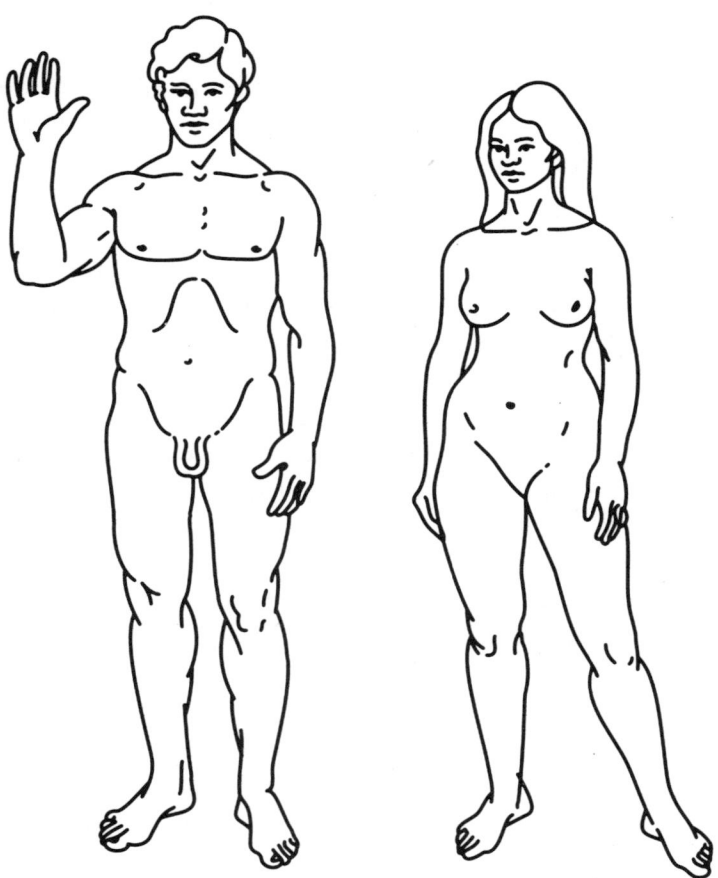

No início dos anos 1970, duas sondas Pioneer foram enviadas ao espaço levando a bordo uma placa metálica representando dois seres humanos, um do sexo masculino, outro do sexo feminino. As duas figuras biológicas foram codificadas por gênero: a mulher de cabelos compridos, numa posição graciosa, a vulva pudicamente apagada. Mais importante, o homem levanta a mão numa saudação em nome de toda a humanidade. Os extraterrestres saberão o que esperar.

obrigações em função de seu sexo. Um homem pode muito bem ir trabalhar de saia, mas ele vai se expor a reações de surpresa ou desaprovação. Enquanto seres sociais, é difícil escaparmos do gênero. É por isso que este faz parte de nossa condição. Podemos definir a mulher como um ser humano fêmea a quem se ensina o feminino; o homem, como um ser humano macho a quem se ensina o masculino. Felizmente, existem vários espaços de liberdade, e cada sexo pode adaptar, e mesmo rejeitar, o gênero que lhe foi prescrito.

A existência do gênero foi percebida muito cedo: Ésquilo descreve uma Clitemnestra "viril", isto é, uma mulher insuficientemente feminina, e São Paulo denuncia os "afeminados", isto é, os homens insuficientemente masculinos. No entanto, o conceito só foi teorizado ao longo do século XX. Homossexual, feminista, libertário e vegetariano, Edward Carpenter mostrou em *Intermediate Types Among Primitive Folk* (1914) como os "homens mais ou menos femininos" e as "mulheres mais ou menos masculinas" embaralham a gama dos comportamentos sexuados, ao contrário dos homens "superviris" e das mulheres "ultrafemininas". Nos anos 1930, os antropólogos Margaret Mead e Gregory Bateson observaram defasagens de gênero em certos povos da Nova Guiné, em que as mulheres se comportavam como homens e vice-versa.

O gênero se tornou uma ferramenta indispensável nas ciências humanas, e alguns chegaram a pensar que ele estaria na base de tudo: a divisão sexual seria uma construção social, as categorias "mulher" e "homem" seriam artificiais, e mesmo fictícias. No mundo, 1% a 2% das crianças nascem intersexuadas, isto é, sem corresponder ao padrão binário clássico: uma menina XY sem útero, um menino XX com pequenos testículos, um menino XXY com distúrbios variados (síndrome de Klinefelter), uma menina XXX ou ainda um menino XXXY. Acontece também de alguns indivíduos, ditos transgêneros, se sentirem mulher num corpo de homem, ou o contrário. Com tratamento hormonal e cirúrgico, hoje eles podem mudar de sexo.

Ainda que o sexo decorra de uma determinação complexa — genes, hormônios, anatomia —, parece difícil negar que eles são dois, principalmente do ponto de vista da evolução, pois a maioria dos perfis genéticos alternativos é estéril. Existe de fato um "dado" natural básico que permite identificar a fêmea e o macho humanos, a divisão XX-XY, que acompanha os mamíferos (há 250 milhões de anos) desde muito antes de caracterizar o *Homo sapiens*. Sem dúvida outros fatores que não o sexo distinguem os seres humanos, mas as sociedades nunca classificaram seus membros segundo a forma das orelhas ou o tamanho dos pés. A binaridade dos sexos ainda é uma invariante. Se o sexo precede o gênero, seria tentador atribuir o sucesso do patriarcado a nossa biologia. Os homens têm interesse em multiplicar as parceiras sexuais para disseminar seus genes: nos seres humanos, assim como nos chimpanzés e nos babuínos, o macho tende a lutar para vencer seus rivais. Consequência da evolução, os homens são em média maiores e mais fortes que as mulheres. Donald Brown inclui em sua lista de universais a tendência dos homens à agressividade, ao roubo e à violência assassina. A biologia do macho *sapiens* talvez influencie alguma coisa: os hormônios andrógenos (como a testosterona) podem ter um efeito estimulador.[5]

No entanto, além do fato de as mulheres serem mais resistentes à dor e ao cansaço e de sua suposta inferioridade física não impedir que lhes sejam atribuídas as tarefas mais penosas, a dominação masculina não é definida pela lei do mais forte: ela se baseia menos no uso da violência do que no poder das leis, das instituições e dos costumes. Poderíamos imaginar, ao contrário, as mulheres se entreajudando e cooperando para dominar os homens. Entre os bonobos, as fêmeas são menores e menos musculosas que os machos, mas sua sororidade cria uma sociedade claramente ginecocrática. Ainda que o macho *sapiens* tenha características genéticas e hormonais, é preciso diferenciar a biologia dos homens das instituições patriarcais. Como a binaridade dos sexos se tornou uma desigualdade social?

O custo materno

No âmbito da espécie *sapiens*, a reprodução exige o encontro sexual de um macho com uma fêmea. Esta, a seguir, assume três tarefas: a gestação, durante a qual um feto (ou vários) se desenvolve dentro de seu corpo; o parto, que representa um momento crítico tanto para a mãe quanto para o bebê; o aleitamento, a alimentação da criança com o leite materno enquanto seu sistema digestivo não é capaz de absorver comida sólida (nenhum substituto ao leite da mãe ou da ama é possível até o desenvolvimento da pasteurização, no século XIX).

A fêmea *sapiens* precisa de muito tempo e energia para a produção de um ser vivo. Se somarmos os nove meses de gestação ao período de aleitamento, constatamos que o "custo materno" pode chegar a dois ou três anos para cada filho. O laço entre a mãe e seu bebê é reforçado pela ocitocina, um neuropeptídeo sintetizado no hipotálamo e liberado durante e depois do parto. A ocitocina favorece o surgimento dos comportamentos de cuidado (toques, olhares, sorrisos, brincadeiras), embora estes também dependam do contexto e das experiências anteriores da mãe.[6] Esse laço físico explica por que a mãe biológica, quase sempre, é a mãe social (outro universal da lista de Brown). Daí o papel precípuo das mulheres na transmissão dos conhecimentos à criança: primeiros aprendizados, linguagem, habilidades etc.

Qual será o lugar do macho *sapiens*? No reino animal, as estratégias educativas dos progenitores muitas vezes dependem do papel que eles tiveram durante a reprodução: o investimento antes do nascimento determina o investimento depois do nascimento. A parentalidade é bastante igualitária entre os peixes e os anfíbios, por exemplo, relacionada à fecundação externa. Em muitos pássaros, depois que a fêmea põe os ovos, os dois progenitores são mobilizados. O falaropo macho choca os ovos e cria os filhotes; o pombo macho secreta leite em seu papo. Em contrapartida, em 95% dos mamíferos é a mãe que se encarrega dos filhos, e o macho desempenha apenas o papel de inseminador. A deserção do pai tem diversas causas: a profusão dos gametas masculinos (por oposição ao óvulo), a fecundação interna, a incerteza da paternidade, o ganho de fecundar outras parceiras. Para maximizar suas chances de reprodução em outro lugar, o macho se dedica a uma "chantagem", que consiste em deixar a fêmea cuidar sozinha dos filhotes. A mãe cede, pois já fez o maior investimento fisiológico. No entanto, como o lobo, o sagui e o mico-leão, o macho humano constitui uma exceção à regra: ele assume suas responsabilidades paternas, protegendo a companheira e a progênie ou buscando comida, sempre com a possibilidade de abandoná-las, enquanto a mãe investiu demais para ir embora. No fim das contas, o pai "fica", mas sob suas condições.[7]

Ao contrário de outros primatas, os humanos vivem em casal, mantendo relações sexuais exclusivas (teoricamente), realizadas na intimidade. Comparada à promiscuidade sexual, a monogamia apresenta algumas vantagens: redução dos esforços exigidos pela poligamia, diminuição da rivalidade entre os machos, dupla educação parental para os filhos, constituição de amplas redes sociais por aliança entre a família materna e a família paterna. Essa disposição para a cooperação entre os sexos explica em parte o sucesso do gênero *Homo*. A preeminência do prazer na sexualidade humana, aliada à receptividade da mulher fora de seu período fértil, também é um fator de monogamia, o sexo se tornando uma espécie de cimento do casal.[8]

O prazer sexual e a conveniência de criar os filhos juntos explicam por que os pais não se separam. Mas essa cooperação ocorre ao preço de uma maternalização da mulher, cujo valor social decorre de seu monopólio biológico: para procriar, o homem precisa de um corpo de mulher. Essa inferioridade, como um orgulho ferido, pode ser compensada pela crença de que o homem, com sua semente, "coloca" a criança no ventre da mulher. Dado o tempo necessário para a formação de um pequeno ser humano, da gestação aos primeiros aprendizados, o homem precisa se apropriar do corpo da mulher para evitar que seu "fruto" seja colhido por outro.[9]

É em troca de sua presença que ele procede a essa apropriação: no seio da família monogâmica, a mãe e os filhos lhe pertencem. Dando a vida, a fêmea *sapiens* perde sua autonomia não apenas em relação à criança que ela carrega e alimenta, mas também em relação ao macho que permanece com eles. O confisco pelos homens da fecundidade das mulheres, chave da reprodução da espécie, explica a associação tão frequente entre dois universais, a união conjugal estável e a valência diferencial dos sexos. A especialização materna das mulheres torna os homens disponíveis para outras tarefas, início de uma divisão sexual do trabalho: aos homens a produção, às mulheres a reprodução.

As mulheres parecem "objetivamente" superiores aos homens, porque são capazes de dar a vida e de alimentar o bebê com seu corpo. Mas é o contrário que prevalece: a subordinação das mulheres enquanto mães.

A divisão do trabalho

O Paleolítico Superior é o período glacial que se estende, na Europa, de 45000 a 10000 antes de nossa era. Os humanos são caçadores-coletores nômades que talham ferramentas elaboradas, matam grandes herbívoros, colhem plantas selvagens, ornam cavernas.

Não existe então, junto aos grupos humanos, nenhum dos animais e objetos de que o masculino se apropria mais tarde (cavalo, espada, carro). O cachorro e o arco só são atestados com certeza no final do período, entre 14000 a.n.e. e 10000 a.n.e. No entanto, graças a comparações etnológicas, podemos aventar a hipótese de uma divisão sexual do trabalho. Nas 186 sociedades do Standard Cross-Cultural Sample — uma amostra de culturas da África, do Mediterrâneo, da Eurásia, do Pacífico e das Américas —, o masculino tem seus domínios reservados: a caça aos grandes animais, as operações de corte das carnes e a transformação das matérias duras cabem estritamente aos homens, enquanto as mulheres se encarregam dos filhos, da preparação dos alimentos e do manejo das matérias macias (fiação, tecelagem, cestaria). Elas também podem contribuir com a alimentação através da colheita de frutos e da captura de caça miúda.[10]

Vários argumentos foram utilizados para explicar essa divisão de tarefas: os homens seriam mais robustos e as mulheres seriam "afastadas" para garantir a sobrevivência da espécie; ou, no plano simbólico, o masculino escolheria a dureza e a morte, já que o feminino estaria associado à vida. O monopólio dos homens sobre a caça lhes confere o poder de distribuir a carne às mulheres, às crianças e aos velhos? Eles se atribuem as operações prestigiosas, mas pouco remuneradoras, enquanto o aporte nutricional cotidiano cabe às mulheres? Também podemos imaginar que a caça de animais de grande porte — rinocerontes, mamutes, renas, bisões — exigiria a mobilização de todos, tanto no momento do abate quanto no do trinchar.

Se aceitarmos a hipótese da divisão do trabalho, podemos supor que os bifaces eram destinados sobretudo aos homens, enquanto as mulheres utilizavam raspadores, agulhas, furadores e mós. No sítio arqueológico de Ohalo II, em Israel (c. 20000 a.n.e.), a talha do sílex e a moagem dos cereais acontecem em dois espaços bem distintos: perto da entrada da cabana, à luz do dia, e em sua parte mais escura, respectivamente.[11] No entanto, é provável que as mulheres dominassem o fogo, bem como as ferramentas de corte e as técnicas artísticas. Em várias cavernas da Espanha e da França, 75% das mãos em negativo são de mulheres.[12] No século XX, entre os arawe da Nova Guiné e os coriacos da Sibéria, as mulheres participam da talha das pedras.

A cultura material do Paleolítico Superior se caracteriza por numerosas estatuetas representando mulheres. A mais antiga, datada de 35000 a.n.e., foi encontrada em Hohle Fels, nos Alpes Suábios. Outras, esculpidas no período Gravetiano, entre 24000 a.n.e. e 20000 a.n.e., foram descobertas em Laussel e em Lespugue, no sudoeste da França, em Weinberg, na Baviera, em Willendorf, na Áustria, em Avdeevo, na Ucrânia, em Gagarino, Kostenki e Zaraysk, na Rússia. Ao todo, cerca de 250 estatuetas, esculpidas em marfim, osso, pedra ou argila, revelam os mesmos cânones de beleza, da Sibéria ao Atlântico: mulheres nuas, muito corpulentas e talvez grávidas, de seios volumosos, ventre saliente, quadris largos, nádegas esteatopígias, vulva aparente. A atenção do escultor se detinha nas características sexuais, exageradas em detrimento da expressão facial e dos membros (com exceção da Dama de Brassempouy, que tem o rosto finamente desenhado, e as estatuetas de Mal'ta, na Sibéria, que têm cabelo e vestem peles). Do Gravetiano ao fim do Magdaleniano, por volta de 12000 a.n.e., a figuração feminina corresponde a um gênero bem definido, com os atributos sexuais em destaque ou, como nas cavernas da Aquitânia e da Cantábria, a representação da vulva como metonímia do corpo feminino.[13]

Muito se debateu sobre o significado dessas estatuetas. Uma interpretação destaca o poder da mulher geradora, fonte de vida.

A Vênus de Willendorf (c. *25000 antes do presente*)

Fetiche da vida cotidiana, talismã para a fecundidade, símbolo
da feminilidade, deusa da maternidade e do amor? A Vênus
de Willendorf também é um sexo sem rosto.

Para Marija Gimbutas, essas formas artísticas viriam de uma "ci-vilização da deusa", sociedade de tipo matriarcal e igualitária baseada na paz e no respeito à vida, que teria triunfado na Europa antes de ser destruída por invasores portadores de uma cultura de guerra.[14] Mas elas também podem ser vistas como uma redução das mulheres ao sexo. Assim como o corpo masculino, que tem pelos e músculos, o corpo feminino é ornado com "sinais" de dimensão erótica, em especial nádegas e seios, destacados pela bipedia, sendo a vagina o menos visível. Essas estatuetas poderiam, assim, ser a tradução de uma sexualização das mulheres aos olhos dos homens. Seja como for, a generosa nudez das deusas não é incompatível com a dominação masculina.

Podemos deduzir, portanto, em torno de 20000 a.n.e., uma divisão do trabalho humano: aos homens, a caça dos animais de grande porte e a indústria lítica; às mulheres, a fecundidade. A arte paleolítica prova, no mínimo, que o feminino se viu relegado a uma "especialidade". Obviamente, tais afirmações estão sujeitas a debate. A ausência de fontes escritas e a escassez de objetos arqueológicos tornam delicada qualquer hipótese a respeito de um espaço-tempo tão vasto. Mas é importante correr riscos epistemológicos.

As terras e as armas

No início do Holoceno, nossa atual época geológica, o clima se torna mais quente. A sedentarização dos seres humanos e a invenção da agricultura, a partir de 9000 a.n.e., no Crescente Fértil, depois no resto do mundo, transformam as sociedades. Com consequências na hierarquia social, na estratificação política e na concorrência territorial, a neolitização se torna o cadinho do masculino. No sítio arqueológico turco de Göbekli Tepe, o masculino parece prevalecer desde o décimo milênio antes de nossa era: os baixos-relevos representam homens e animais ameaçadores como o leopardo, a raposa e o javali. Em Valltorta, no Levante espanhol, pinturas rupestres datadas de 10000 a.n.e./9000 a.n.e. mostram dezenas de arqueiros masculinos, às vezes nus, atirando suas flechas em rebanhos de cervídeos. Mulheres são representadas coletando mel. Na época, as sociedades ainda são seminômades.

A neolitização aprofunda a divisão sexual do trabalho iniciada no Paleolítico. Os homens monopolizam as atividades de derrubada de árvores, abertura de lavouras, uso de ferramentas, tração animal, construção de habitações; as mulheres se encarregam de colher frutos e cogumelos, coletar lenha, fabricar roupas, cozinhar os alimentos, sempre cuidando das crianças. Elas efetuam esses trabalhos dentro das habitações ou nas proximidades, de modo que a esfera doméstica se torna progressivamente o domínio do feminino. Mais tarde, a especialização têxtil das mulheres é encontrada em todas as sociedades agrárias, em Susa, entre os hititas, em Micenas, na Grécia clássica, em Roma, tanto em Homero quanto na Bíblia. Essa divisão sexual do trabalho se perpetua por toda a Europa medieval, da Espanha à Escandinávia viking, e chega até os dias de hoje, entre muitos casais.

Isso não significa que os trabalhos mais fáceis sejam reservados às mulheres. É o contrário, inclusive: tanto nos campos do Egito antigo quanto nos arrozais da China, as mulheres se ocupam das atividades agrícolas com ferramentas rudimentares. Esse estado de coisas é confirmado pelas observações de etnólogos contemporâneos em tribos cujo modo de vida se assemelha ao do Neolítico. Entre os nambikwara do Brasil, o papel das mulheres é fundamental, mas visto como um "tipo inferior de atividade": prover a alimentação diária e cuidar das crianças. Durante as viagens, elas carregam o pesado cesto que guarda as riquezas da família, enquanto o esposo caminha à frente com o arco. Entre os baruya da Nova Guiné, da mesma forma, as tarefas reservadas às mulheres, cotidianas e monótonas, são julgadas indignas.[15]

A agricultura e a criação de animais, capazes de alimentar grandes populações, levam a um aumento da taxa de natalidade; o sedentarismo permite nascimentos mais seguidos, enquanto o nomadismo obrigava as mulheres a carregar as crianças pequenas, em número necessariamente limitado. Visível em Çatalhüyük, na Anatólia, desde o sétimo milênio, o crescimento demográfico do Neolítico constitui uma ruptura na história da humanidade que transforma a vida das mulheres: elas cada vez mais são mães. As mulheres se tornam recursos, tanto porque trabalham quanto porque produzem filhos. Entre estes, opera-se uma triagem social: os meninos sucedem aos pais. O desenvolvimento da agricultura está relacionado ao surgimento de sistemas patrilineares, com transmissão de bens de pai para filho, primogenitura masculina, residência patrilocal e formação técnica somente dos meninos, tanto na Mesopotâmia quanto na China.[16]

A neolitização se manifesta, portanto, através de uma disjunção dos destinos sociais dos sexos: para as mulheres, uma pressão crescente pelo sedentarismo, o aumento da fecundidade e o confinamento doméstico, que por sua vez aumenta ainda mais o tempo que elas passam grávidas e ao lado dos filhos; para os homens, novas fontes de poder, com a propriedade das terras e dos rebanhos, o controle das ferramentas e das reservas.

No Neolítico, como no Paleolítico, é difícil distinguir uma ferramenta de uma arma, ou uma arma de caça de uma arma de guerra. Até onde se pode dizer, o masculino assimila precocemente o uso e a simbologia da violência. Nas comunidades agrícolas da cultura Cerny, do Neolítico Médio (c. 4500 a.n.e.), os túmulos masculinos contêm arcos e flechas. Ötzi, morto por volta de 3300 a.n.e. no Tirol, carregava consigo um arco inacabado, flechas, um machado de cobre e uma faca de sílex ensanguentada (ele tinha uma ponta de flecha cravada nas costas). Na Europa, não se conhece nenhuma associação arqueológica entre o arco e as mulheres, que são enterradas com certos tipos de joias e vasos.

No segundo milênio antes de nossa era, a metalurgia do bronze é utilizada para fabricar as primeiras armas de guerra que conhecemos, com a função explícita de matar outros seres humanos: espadas (*c.* 1700 a.n.e.), punhais, alabardas e lanças, bem como armas de defesa como o escudo, a couraça e o capacete. A figura do guerreiro pode ser encontrada no mundo inteiro a partir do segundo milênio, nos menires de Filitosa na Córsega, em estatuetas de bronze na Sardenha, nas gravuras de Tanum na Escandinávia e também em Sanxingdui, na China, onde punhais de jade e bronze aparecem ao lado de bustos de homem maciços e terríveis, com mandíbulas quadradas e sobrancelhas espessas.

Assim que inventadas, as armas de guerra se tornam uma prerrogativa masculina. Os homens as levam consigo ao morrer, como o cadáver de Ponte San Pietro, no terceiro milênio, e o de Leubingen, de *c.* 1900 a.n.e., ambos enterrados com um arsenal de punhais e machados, cada um acompanhado por uma jovem mulher provavelmente sacrificada. A arma, privilégio das elites masculinas, é portadora de novos significados: se a mulher tem o dom de criar a vida, o homem é capaz de tirá-la.[17]

A panóplia do guerreiro é completada pelo cavalo, domesticado no sexto milênio a.n.e. pelos povos botai do Cazaquistão, mais tarde pelos mongóis, e adotado na Europa a partir de 4000 a.n.e. (os cavalos modernos não descendem nem dos botai, nem dos przewalski).[18] Junto com o arco, o cavalo adquire tremenda eficácia militar. Alguns povos, como os citas das estepes eurasianas e os partas do planalto iraniano, se especializam na cavalaria (ou no tiro com arco a cavalo). No Egito, o cavalo e o carro de guerra facilitam as conquistas do Império Novo a partir de

1500 a.n.e. Quer sirva para a guerra, para a corrida ou para as cerimônias, o carro é um objeto de prestígio masculino associado ao comando e à mobilidade. Nós o encontramos em Homero, no século VIII antes de nossa era, no túmulo do príncipe de Hochdorf, na Alemanha, por volta de 500 a.n.e, bem como nas moedas de ouro de Filipe II da Macedônia, de *c.* 330 a.n.e. Duas exceções matizam a supremacia dos homens: as guerreiras da Ásia Central, armadas de flechas e machados, às quais os gregos prestam homenagem na lenda das Amazonas; e as "princesas" da Ásia do sudeste e dos celtas, que levam imensas riquezas para o outro mundo.[19] A jovem enterrada na Tailândia com 120 mil pérolas, brincos e braceletes talvez seja uma rica herdeira, mas a Dama de Vix, enterrada na Borgonha, no século VI antes de nossa era, parece ter detido um verdadeiro poder político, pois ela possuía um carro de guerra, oferecia banquetes servidos em jogos de ânforas e mantinha relações, ao menos comerciais, com os gregos.

No entanto, é preciso marcar a diferença entre a dominação dos homens, que favorece um sexo, e o modelo virilista, que celebra um gênero. Podemos ver, aqui, que mulheres podem excepcionalmente se apropriar dos códigos do masculino, baseados no cavalo, no carro de guerra ou no álcool. Em contrapartida, nenhuma é enterrada com armas. A espada é masculina.

A evidência do rei-homem

No quinto milênio antes de nossa era, os túmulos da Europa se tornam menos coletivos, e "líderes" passam a ser enterrados em ricas sepulturas particulares, como em Varna, na Bulgária. Surgem as primeiras dinastias, no Egito e na Mesopotâmia, no fim do quarto milênio. Em Uruk, é encontrada uma estatueta de alabastro, datada de 3000 a.n.e, que representa um "rei-sacerdote" com uma barba comprida e músculos bem definidos. Nomes masculinos emergem. Gilgamesh, herói de uma das mais famosas lendas mesopotâmicas, supostamente reina em Uruk por volta de 2700 a.n.e. Entre os reinos que conhecemos, constam os do faraó Quéops, por volta de 2500 a.n.e, e o de Sargão, fundador do império da Acádia, por volta de 2300 a.n.e. Os primeiros reis quase sempre são homens, embora rainhas possam reinar ao lado de um marido ou de um filho, como a faraó Hatchepsut, ou sob uma condição obscura, como Puabi, na Mesopotâmia. O Estandarte de Ur, construído por volta de 2500 a.n.e., é um artefato à glória de um rei sumério, representado admirando seus soldados e escravos, de um lado, e presidindo um banquete religioso, do outro — chefe de guerra e, ao mesmo tempo, interlocutor dos deuses. Muitas moedas carregam a efígie de um rei coroado e, do outro lado, uma cabeça laureada, um arqueiro ou um auriga conduzindo um carro de guerra. O patriarcado do Estado nasce com a evidência do rei-homem.

"Homem", "rei" e "mulher" em escrita cuneiforme

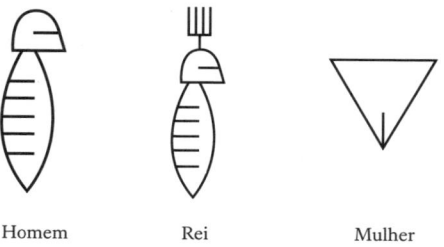

| Homem | Rei | Mulher |

Na Mesopotâmia do fim do quarto milênio, o primeiro sistema de escrita afirma a superioridade do masculino sobre o feminino. Enquanto a mulher é identificada por sua vulva, o homem é representado como um indivíduo, com corpo, cabeça e olhos. O rei, por sua vez, é literalmente um homem coroado.

A presença dos homens à frente do Estado lhes confere um poder inédito. Desde suas origens, o Estado é patriarcal: ele é dirigido por elites masculinas, às quais cabem a soberania, a administração e a guerra — três modalidades de gestão dos territórios. No Egito, os homens ocupam as funções públicas de vizir, camareiro-mor, tesoureiro, arquiteto, sacerdote, escriba, e muitas são transmitidas de pai para filho. O faraó é capaz de mobilizar a seu serviço o trabalho de milhares de operários: é por isso que é enterrado embaixo de uma pirâmide, enquanto o líder europeu tem apenas um túmulo.

No início do Neolítico, o Estado permite que o masculino se desenvolva. A apropriação das terras se transforma em conquista territorial. A violência se torna guerra. Impérios nascem. A partir da Antiguidade, os conquistadores sempre serão homens: Sargão, Ramsés II, Ciro II, Alexandre, Cipião, César, sem falar em seus inúmeros generais.

Ainda que as mulheres possam ter direitos no âmbito civil, a legislação dos Estados mesopotâmicos é patriarcal, tanto no sul babilônico quanto no norte assírio. No código do rei babilônico Hamurabi (*c.* 1750 a.n.e.), os homens determinam as obrigações das mulheres: o marido pode explorar ou repudiar a esposa, perdoar a mulher adúltera, ter concubinas e escravas procriadoras; um devedor pode oferecer a mulher e os filhos como garantia; a filha de um assassino pode ser morta em punição ao crime do pai. A lei médio-assíria (*c.* 1400 a.n.e.), que tem uma seção inteira dedicada à condição das mulheres, é ainda mais severa.

As mesmas discriminações operam na Atenas do século V antes de nossa era, onde a segregação sexual é mandatória. As mulheres são excluídas da vida pública e das atividades intelectuais. A ágora, o banquete e o mercado são ambientes masculinos; as mulheres, menores de idade a vida inteira, têm os corpos destinados à produção de herdeiros machos e

A estela da Vitória de Naram-Sin (c. 2250 a.n.e.)

Naram-Sin, rei da Acádia, neto de Sargão, está no alto de uma pirâmide iluminada pelos astros. Com armas e capacete, ele triunfa sobre seus inimigos (um tem a garganta atravessada por uma flecha, o outro pede misericórdia). Domínio das armas, conquista do poder, expressão de onipotência, elevação divina: instaura-se o reinado do masculino.

permanecem trancadas em casa (menos por ocasião das festas). O estratego, o orador, o hoplita, o auriga e o filósofo são, por definição, homens, e os grandes cientistas se chamam Tales, Empédocles, Hipócrates, Hiparco, Euclides, Arquimedes ou Estrabão. Para Aristóteles, que escreve nos anos 340 a.n.e./ 320 a.n.e., a mulher é uma criatura passiva e incompleta, uma espécie de homem que deu errado. Essa misoginia também é encontrada em Roma, embora de modo menos sistemático. O imperador, o *pater familias* e o soldado personificam as três figuras sobre as quais se edifica o poderio romano.

Deus deixou de ser mulher

Na Europa e no Oriente Médio, a dominação masculina facilmente tira proveito da representação das mulheres, que de todo modo é extremamente minoritária. As estatuetas encontradas em Çatalhüyük, sobretudo a da Mulher Sentada, correspondem aos mesmos cânones de beleza das deusas gravetianas. Nas Cíclades, no terceiro milênio, um novo tipo de figuração aparece: mulheres longilíneas, de silhueta fina, ombros angulosos, rosto oval, queixo pontudo, braços cruzados na altura do abdômen, entre os seios pequenos e o púbis fendido no formato triangular. Miniaturas de deusas, objetos propiciatórios, símbolos de defuntas ou companheiras de defuntos, essas estatuetas não parecem representar um papel feminino fundamentalmente diferente: a mulher continua aparecendo em sua nudez sexualizada.

Além de Arinna, entre os hititas, e Amaterasu, no Japão, que são deusas do sol, as mulheres emprestam seu rosto sobretudo a divindades nutridoras, relacionadas à fecundidade, à fertilidade e às colheitas: Astarte, em todo o Oriente Próximo, Aruru (ou Ninmah) entre os sumérios, Ísis para os egípcios, Hera, Deméter e Perséfone na Grécia. Algumas deusas tiram seu poder do útero, como Lajja Gauri, na Índia, representada com as pernas bem abertas, ou a "princesa de útero flamejante", de uma lenda javanesa. Essas deusas costumam estar subordinadas aos deuses e, mais ainda, ao gênero masculino. Inanna/Ishtar, por exemplo, deusa mesopotâmica do amor e da guerra, que tem armas e às vezes usa barba, está ligada por um casamento sagrado a Dumuzi, que simboliza o rei.[20] As grandes sacerdotisas se deslocavam pouco, ou residiam em seu santuário; entre elas, Enheduana, filha de Sargão, conhecida por seus hinos à deusa Inanna, é um peão na estratégia política de seu pai. No segundo milênio antes de nossa era, o panteão passa a ser dominado por um deus criador do Universo, senhor do céu, do sol ou do trovão: Enlil na Mesopotâmia, Baal no Levante, Tarhuna entre os hititas, Viracocha entre os incas, Zeus na Grécia, Júpiter em Roma, Taranis no mundo celta, Thor entre os vikings. As divindades femininas são relegadas à condição de esposas e irmãs. O poder de criação é passado para as mãos dos homens.[21]

A ascensão do masculino culmina no monoteísmo. No fim do segundo milênio, quando o Egito vence a tribo de Israel, YHWH surge como um deus guerreiro do deserto. No século VIII a.n.e., na Samaria, ele se torna o primeiro dos deuses, venerado como um touro ou como Baal, deus da tempestade, cavaleiro das nuvens. No reino de Judá, ele arma os reis: Saul contra os filisteus, David quando este toma Jerusalém. Depois da destruição do Templo, em 587 a.n.e., os "deuteronomistas" afirmam que os deuses babilônicos não vencem YHWH; é ele, pelo contrário, que os utiliza para castigar seu povo desobediente. Nasce Deus, único e transcendente, que conserva os títulos masculinos de "senhor", "rei" e "mestre".[22]

Quer tenham sido fundadas por Moisés, Confúcio, Buda, Jesus (cercado por doze apóstolos) ou Maomé, as religiões e espiritualidades se originam da mensagem de um homem.

Como elas conseguem conciliar sua mensagem universal com sua origem masculina? É fácil mostrar que os monoteísmos postulam a igualdade de todos os seres humanos e prescrevem a justiça. A Torá e os Evangelhos dizem que se deve amar o próximo. No século VII de nossa era, o Corão inclui homens e mulheres na *Umma*, a comunidade de fiéis, bem como na misericórdia de Deus. A uma pergunta de sua mulher Umm Salama, o Profeta responde que a graça não é determinada pelo sexo, mas pela fé, pela sinceridade, pela bondade com os pobres e pela obediência a Deus.

Todas as religiões e espiritualidades se desenvolveram num sentido patriarcal. Na época helenística, o judaísmo baseia a religião do Deus todo-poderoso na exclusão das mulheres. A aliança divina é selada com os homens, Abraão, Moisés, Davi, os patriarcas, os reis, os sacerdotes, os meninos circuncidados, os homens do *minian*. Os dez mandamentos se dirigem ao homem, que não deve cobiçar a mulher do próximo. Fonte de pecado e de morte, a criatura fêmea é excluída do contrato divino, menos quando ela trabalha para a propagação da espécie: o ato de criação, elevação metafísica do masculino, se opõe ao ato de procriação, punição-redenção do feminino. Depois da menstruação, as mulheres precisam se purificar para poder entrar no santuário, oferecer-se ao marido ou tocar nos alimentos.

Segundo a interpretação cristã, Eva foi criada depois de Adão, a partir de uma de suas costelas. Ela se deixou tentar pelo demônio e se tornou sedutora: Adão come do fruto proibido para agradar a ela.[23] No prolongamento da misoginia aristotélica e bíblica, São Paulo recusa às mulheres o direito de tomar a palavra, de ensinar e de fazer a liturgia. Por princípio, a Igreja não pode ter nenhuma mulher papa, cardeal, arcebispo, bispo ou padre. O homem monopoliza o sagrado. O monoteísmo é uma aliança patriarcal: Deus escolheu o rei para reinar sobre os homens, e os homens para reinar sobre as mulheres.

Apesar da mensagem de justiça e de respeito transmitida por Confúcio por volta de 500 a.n.e., o confucionismo como religião de Estado prescreve às mulheres a regra das "três obediências", ou a tripla submissão ao pai (durante a juventude), ao marido (na idade adulta) e ao filho mais velho (em caso de viuvez). A regra das "quatro virtudes" recomenda que as mulheres sejam boas donas de casa, que tenham o rosto sério, que falem com deferência e que se mantenham castas. No islã, o espírito igualitário do Profeta é substituído por hádices misóginos: "Nunca conhecerá a prosperidade o povo que confiar seus negócios a uma mulher" ou "O cachorro, o burro e a mulher interrompem a oração se passarem na frente do crente".[24] Dependendo das regiões, o direito (*charia*) e a jurisprudência (*fiqh*) justificam a submissão das mulheres em matéria de sexualidade, educação, emprego, divórcio, bem como a inferioridade das filhas nas sucessões e o apedrejamento das mulheres adúlteras.

Para um número incalculável de exegetas judeus, cristãos, muçulmanos e hindus, as mulheres são sinônimo de orgulho, preguiça e lubricidade. Maldição da espécie, elas precisam ser mantidas sob rédea curta. Em nome de sua inferioridade natural ou da harmonia social, elas precisam obedecer aos homens, que decidirão por elas. A desigualdade dos sexos unifica as religiões para além das diferenças que as opõem: os princípios de generosidade não tiveram a mesma força das estruturas sociais já existentes.

O patriarcado se difunde a partir de alguns focos: Estados mesopotâmicos, cidades gregas, Império Romano, monoteísmos próximo-orientais, civilização chinesa. A China, por exemplo, transmite seu modelo patriarcal ao Japão e à Coreia. O confucionismo, com suas regras de obediência e de virtude para as mulheres, entra no Japão no fim do século V de nossa era. Os códigos jurídicos Tang são os que mais transformam a condição das mulheres a partir do século VIII: submissão total da mulher ao marido (ela deve considerá-lo "como o céu"), casamento patrilocal, possibilidade de o homem agredir ou repudiar a esposa, disposições contra o adultério feminino etc. Shōmu, primeiro imperador do Japão ao estilo chinês, contribui para a "tangificação" do país nos anos 720-740. As crises de desconfiança sofridas por sua filha Kōken ao ascender ao trono precedem o declínio da posição das mulheres na corte e sua eliminação das funções oficiais. O princípio do *danson johi*, em vigor na sociedade feudal, ensina que é preciso "respeitar os homens, desprezar as mulheres". Da mesma forma, o neoconfucionismo do século XVII exorta o marido a mandar, a esposa a obedecer. Essa é a mensagem do *Onna Daigaku* (O grande saber das mulheres), influente manual de educação no Japão do período Edo. Observamos o mesmo fenômeno de masculinização da sociedade na Coreia sob a dinastia Joseon, a partir do século XV.[25]

Da construção dos Estados modernos à ascensão dos fascismos, diversos fenômenos contribuem para a extensão da dominação masculina: o monoteísmo cristão ou muçulmano, a monarquia de direito divino (com seus três dirigentes masculinos: Deus, o rei e o clero), mas também o capitalismo mercantil, o desenvolvimento da burguesia e o imperialismo colonial. As dez obras latinas mais lidas entre os séculos VI e XV são escritas por homens, Gregório, o Grande, Pedro Lombardo, Isidoro de Sevilha e Boécio (sem contar os três Pais da Igreja, anteriores à Idade Média).[26]

O encontro do imperador inca com o conquistador Pizarro, em 1532, em Cajamarca, no Peru, põe frente a frente homens desigualmente providos dos atributos da masculinidade: de um lado, o Filho do Sol, vencedor recente de uma guerra fratricida, carregado numa liteira pelos príncipes de seu império, capaz de reunir uma fabulosa quantia de ouro; do outro, o

espanhol barbudo, investido por Carlos V, com seu Deus, seus homens, seus cavalos, suas espadas e suas espingardas — os três últimos lhe garantindo a vitória. Basta contemplar a pintura holandesa do século XVII, de Rembrandt a Vermeer, passando por Gerrit Dou e Pieter de Hooch, para ver a que ponto os papéis sexuais se tornaram inamovíveis: homens de armas, cirurgiões, cientistas e mulheres do lar, da casa, mães preparando comida ou cuidando dos filhos.
Esse é o mundo que herdamos.

As origens do patriarcado

Hoje, a humanidade é capaz de chegar à Lua, destruir o planeta e reimplantar oócitos, mas não sabe se reproduzir fora de um útero, e é sempre no ventre de uma mulher que se forma o feto humano. Durante milhões de anos, o bebê precisou de um laço físico com a mãe para existir, isto é, para se desenvolver, nascer e sobreviver. O custo materno, facilitado pela fecundação interna e pela ocitocina, pesa sobre as mulheres. Assim como a gravidez e o aleitamento podem ser considerados "desvantagens" para as mulheres, a estatura, a força e a agressividade podem parecer "vantagens" para os homens. Mas isso não significa que a dominação masculina esteja inscrita em nossos genes.

O patriarcado surge de uma interpretação dos corpos: devotando as mulheres a uma função, ele transforma sua biologia em destino. A mulher é uma geradora "por natureza" e o homem tem toda liberdade de investir em outras esferas — economia, guerra, poder etc. A elas, a maternidade e seus corolários; a eles, o restante das atividades humanas. O patriarcado repousa numa essencialização das capacidades reprodutivas das mulheres, portanto. Em vez de dizer que a mulher tem um ventre, ele diz que a mulher é um ventre. Mais do que fazer com que algumas mulheres tenham filhos em certos períodos de sua vida, ele professa que a existência de todos os seres humanos do sexo feminino deve ser organizada em torno de sua capacidade de reprodução. Daí o sofisma: algumas mulheres podem ser mães, então a maternidade é um serviço, portanto todas as mulheres serão subjugadas. A privação masculina — a incapacidade de gerar filhos — é convertida em onipotência. Desprovidos do poder detido pelas mulheres, os homens reservam para si todos os outros, inclusive o de controlar a sexualidade feminina. Revanche dos machos: a inferioridade biológica provoca sua ubiquidade social. No século XXI, os homens ainda dominam os âmbitos político, religioso e econômico em todos os continentes, e observações etnológicas em povos de caçadores-coletores também indicam situações de subordinação feminina: mutilações genitais, casamento precoce das meninas, troca de irmãs ou sobrinhas, patrilocalidade, direito de dispor da esposa, uso do trabalho das mulheres.[27] Podemos deduzir, portanto, que a dominação masculina, planetária hoje como ontem, sempre existiu, decorrendo de uma *interpretação universal de fenômenos biológicos universais*. Cenário muito verossímil, mas não provado.

Contentemo-nos com o que pode ser considerado uma certeza, graças às fontes arqueológicas. As estatuetas gravetianas de *c.* 20000 a.n.e. e as pinturas de Valltorta de *c.* 10000 a.n.e. sugerem que os homens caçam, enquanto as mulheres dão à luz. A repartição diferenciada das tarefas, num contexto de pobreza global, dá lugar à prerrogativa masculina, caracterizada pelo acúmulo do capital agrícola e pelo monopólio da violência armada. O patriarcado se impõe tão logo surja algo para monopolizar (terras, rebanhos, estoques, minérios, poder sobre todas as mulheres e sobre alguns homens). Conclusão mínima: os grupos humanos do Paleolítico criaram a *divisão entre os sexos*, enquanto as sociedades neolíticas fizeram a *desigualdade entre os sexos* prevalecer.

Portanto, se é provável que as sociedades patriarcais surgem no Paleolítico Superior, é certo que elas estão bem estabelecidas no quarto milênio a.n.e., na Europa do Neolítico Recente, na Mesopotâmia da aurora das primeiras dinastias, como atestam as figuras masculinas do chefe, do arqueiro e do lavrador. O reino do homem se baseia numa trifuncionalidade (soberania político-religiosa, ofícios da guerra, produção agrícola), a mesma que Dumézil identificou nos povos indo-europeus numa época muito posterior, estudando seus mitos no primeiro milênio antes de nossa era.

A dominação masculina explica a apropriação imediata, pelos homens, da escrita no quarto milênio, do Estado no terceiro milênio, das armas no segundo milênio e das religiões no primeiro milênio a.n.e. À medida que as sociedades se tornam complexas, a desigualdade entre os sexos adquire efeitos multiplicadores. Sedentarização, invenção da agricultura e criação de animais, hierarquia social, conquistas territoriais, poder político e espiritual, tudo contribui para a subordinação das mulheres. Aquilo que costumamos chamar de "civilização" (agricultura, escrita, metalurgia, Estado, império) é indissociável não apenas dos homens enquanto atores, mas também do masculino enquanto cultura. Vários universais se misturam: o reconhecimento de uma binaridade de gênero, a divisão sexual do trabalho, a superioridade social dos homens sobre as mulheres.

Dois fatores matizam esse quadro. Primeiro, a dominação masculina não é a única desigualdade do planeta. Outras hierarquias costumam prevalecer — livres e escravos, ricos e pobres, nativos e estrangeiros. Também existe uma igualdade dos sexos "por baixo": para milhões de seres humanos antes do advento da medicina moderna e da proteção social, vemos as mesmas servidões, a mesma miséria e os mesmos sofrimentos (com exceção da enorme taxa de mortalidade das mulheres durante o parto).

Segundo, o patriarcado não está ancorado na natureza humana: ele não é o resultado de um determinismo biológico, nem de uma precedência intrínseca, ao modo pai/filho ou primogênito/caçula. Por isso não devemos temer nossas dissemelhanças biológicas: embora os seres humanos sejam diferentes em certos aspectos (os homens não têm útero, as mulheres produzem menos testosterona), a não igualdade de fato não produz a desigualdade de direito. A crença na igualdade dos sexos não decorre de uma observação empírica; ela é um posicionamento moral e, como tal, representa um absoluto não negociável.[28]

É justamente porque todos esses registros se confundem que o patriarcado parece natural a muita gente — homens e mulheres. Assim, distinguir entre diferenças de fato e igualdade de direito é uma maneira de assegurar os direitos humanos. E reconhecer a longa história do patriarcado é o primeiro passo na reconciliação entre justiça e masculinidade.

2.
A função-mulher

No *Timeu*, de Platão, é dito que o útero das mulheres é como um "pequeno animal" que vive dentro delas. São Paulo anuncia em sua Primeira Epístola a Timóteo que a mulher será "salva por sua maternidade". Para Rousseau, autor de *Emílio*, "o macho só é macho em alguns momentos, a fêmea é fêmea a vida inteira". Para George Sand, que viveu em igualdade com os homens, a mulher é "para sempre escrava de seu próprio coração e de suas entranhas".

Poderíamos reproduzir à exaustão citações em que o destino das mulheres é perpetuar a espécie. Nelas, a mulher não apenas é reduzida a seu corpo, ela é seu sexo. Para compreendermos o desenvolvimento dessa crença, século após século, precisamos dissecar o patriarcado enquanto *megaestrutura de pensamento*, produtora de um sistema social.

A mulher como serviço

O pensamento patriarcal considera a mulher de um ponto de vista utilitário. Seu corpo, colocado à disposição dos homens, é multitarefa: dar prazer, fazer filhos e alimentá-los dentro de um lar. Essa polivalência feminina é garantida por três órgãos: a vagina, o útero e os seios.

A função sexual da mulher se manifesta por meio de instituições que visam multiplicar as parceiras à disposição do homem: poligamia, concubinato, harém, lupanar, prostíbulo.

O harém tem sua presença atestada no palácio de Mari, na Síria, no início do segundo milênio antes de nossa era, posteriormente nos impérios chineses, mogol e otomano. Esses lugares de prazer, que também têm uma função política e educativa, não podem nos fazer esquecer de formas menos extremas de sexualização, como o dever de agradar a todo instante e as inúmeras regras estéticas impostas às mulheres: depilação, maquiagem, regimes alimentares etc. Em Djerba, na Tunísia, enquanto os turistas ocidentais procuram se bronzear e manter a linha, o rito local da *hajba* consiste em manter a noiva reclusa para que sua pele empalideça e para empanturrá-la de tâmaras e mel, a fim de que chegue ao casamento o mais gorda possível.[1]

A mulher também serve para produzir filhos. Na Idade Média, a boa rainha é aquela que, acima de tudo, fornece herdeiros ao marido. Suas gestações são esperadas com impaciência. Por outro lado, as esposas estéreis ou incapazes de cumprir seu "dever" correm o risco de ser repudiadas, como Ingeborg da Dinamarca, em 1193, Joana da França, em 1498, ou ainda Josefina de Beauharnais, em 1809. Nos séculos XII e XIII, na China dos Song, as mulheres são instrumentos destinados a manter a linhagem masculina; os casamentos precoces são favorecidos a fim de aumentar os nascimentos, e o repúdio é possível se a mulher não gerar um menino.[2] No século XIX, o *Grand Dictionnaire universel* de Pierre Larousse define a mulher como a "fêmea do homem, ser humano organizado para conceber e pôr crianças no mundo". Essa utilidade procriadora explica a abundância de legislações que proíbem ou limitam o aborto, até os dias de hoje. Nesses casos, são os homens — políticos, médicos, religiosos — que controlam a fecundidade das mulheres.

A não ser quando erotizado para despertar o desejo do homem, o seio corresponde à terceira função feminina: o aleitamento. A mulher alimenta os filhos (e às vezes os dos outros), mas também a família e o povo inteiro. Em sentido figurado, o seio nu encarna causas religiosas ou patrióticas: a Madona, na Itália do Renascimento, a ama de leite, na Holanda do século XVII, *A liberdade guiando o povo*, na França pós-revolucionária.[3] Prazer, reprodução, aleitamento: as mulheres "servem". Essas funções se inscrevem num ciclo de vida: jovem a ser mantida virgem (ela vai servir), mulher casada (ela serve), mulher na menopausa (ela não serve mais, o que lhe confere certa autonomia) — uma vida de servir, nos dois sentidos do termo, servir para alguma coisa, mas também servir o marido, os filhos, os doentes, os idosos, no âmbito privado ou semiprivado. Esses papéis podem ser assumidos por diferentes tipos de mulheres: no século XIX, a moral burguesa distingue a amante e a prostituta, para a volúpia, da esposa legítima, para a descendência. Podemos definir a *função-mulher* como o conjunto de costumes sexuais, reprodutivos e servis aos quais as mulheres devem se submeter para a satisfação dos homens.

Se as mulheres "servem" para alguma coisa, os homens, por sua vez, não "servem" para nada. Essa pequena diferença é o que basta para devotar as primeiras à servidão doméstica e os segundos à liberdade de espírito ou de ação. Essa desigualdade funcional tem consequências políticas e sociais, mas também culturais e até mesmo médicas. O corpo feminino é estudado na medida em que ele é útil; por isso o superinvestimento em obstetrícia e lactação, ao preço de uma verdadeira cultura da ignorância nos outros campos. Por volta de 1330, num livro sobre os regimes de saúde, o médico milanês Maino de Maineri menciona as mulheres em apenas quatro momentos: menstruação, concepção, gravidez e aleitamento. No museu Poggi, em Bolonha, modelos anatômicos em cera do século XVIII representam, de maneira muito realista, "matrizes" com fetos e vísceras removíveis. Nos anos 1750, é o termo latino *mammalia* que Lineu escolhe para agrupar os mamíferos, em referência às mamas das fêmeas: a mãe nutridora, na época, era uma figura icônica. Outras palavras também eram possíveis (*Säugetiere*, em alemão, "animais que amamentam"), bem como outros critérios (viviparidade, presença de pelagem, forma do coração).[4] Ao contrário dos seios e do útero, o clitóris é um órgão negligenciado: ele só serve para o prazer. Dois médicos italianos, um deles Gabrielle Fallopio, o "descobrem" em meados do século XVI, sem despertar muito interesse. Nos Estados Unidos, nos anos 1940-70, o clitóris é simplesmente omitido dos desenhos que representam os órgãos genitais femininos.[5] É preciso esperar o finalzinho do século XX para que uma urologista australiana, Helen O'Connell, faça uma descrição fisiológica completa desse órgão graças a dissecações de cadáveres e produza, em 2005, imagens tridimensionais com o auxílio da ressonância magnética. Em outro âmbito, a homossexualidade feminina é sistematicamente denunciada ou ridicularizada, visto que, mais uma vez, ela não "serve" para nada.

A redução das mulheres à biologia (o "absurdo da imanência", segundo a expressão de Simone de Beauvoir) justifica tanto sua exclusão das atividades intelectuais quanto sua condição de bens de produção cedíveis ou cambiáveis. A venda das filhas é autorizada pelo livro do Êxodo, bem como na China, até que a prática seja proibida sob a dinastia Yuan, no século XIV.[6] A troca de mulheres é mais frequente no âmbito do casamento. Claude Lévi-Strauss mostrou que a proibição do incesto, que obriga um homem a "dar" a outros homens sua filha ou sua irmã, causa a circulação das mulheres. A troca direta de mulheres (em casamentos cruzados) difere da troca de uma mulher por bens (um dote entendido como preço da noiva). Um casamento pode selar uma aliança entre famílias ou Estados, a noiva é apenas um item do acordo. Em inúmeras cerimônias cristãs, a noiva entra na igreja pelo braço do pai e sai pelo braço do marido: ela foi "transferida". Em contrapartida, no Magrebe estudado por Germaine Tillion, a endogamia permite conservar mulheres e bens dentro da família. Várias legislações concebem a mulher como um objeto. Na Mesopotâmia, o estupro de uma mulher lesa seu proprietário, pai ou marido, que sofre o dano. A lei médio-assíria prevê que um pai pode fazer com que a mulher do agressor de sua filha seja estuprada; a vítima, por sua vez, é dada em casamento ao estuprador, que portanto recebe um bem avariado.[7] As mulheres também são enviadas a territórios a serem colonizados, onde a presença de grande número de soldados desequilibra a proporção dos sexos. No século XVIII, o governo russo envia para a Sibéria prostitutas e criminosas para que se tornem mulheres dos cossacos. Os oficiais escolhem primeiro, os soldados rasos precisam se contentar com as tuberculosas e as sifilíticas.[8]

Controlar o corpo das mulheres

A função-mulher se baseia num conjunto de coerções que visa controlar os corpos das mulheres para utilizá-los da melhor maneira possível. A primeira dessas coerções envolve a menstruação. Poderíamos escrever um livro sobre as superstições negativas associadas a ela. Segundo Plínio, o Velho, autor de uma *História natural*, o sangue menstrual faz o vinho azedar, as colheitas murcharem, os frutos das árvores caírem, as abelhas morrerem, o ferro enferrujar. Em muitas culturas, a mulher que menstrua é marcada pelo tabu: ela é declarada "impura" (*musukkatu*) no Oriente Próximo antigo, posta em reclusão numa "casa da impureza" entre os hebreus, proibida de exercer atividades no islã e no costume hindu do *chaupadi*, condenada a passar uma semana sem comer no fundo de uma "tenda menstrual" entre os baruya — segregações às quais se seguem vários rituais de purificação. As menstruações justificam a exclusão das mulheres de todas as atividades que envolvem sangue: a caça de animais de grande porte, o trinchamento, a matança de porcos e, mais amplamente, os ofícios da guerra, bem como o sacerdócio quando este envolve o sacrifício de animais.[9] A mulher precisa ter vergonha do sangue que escorre periodicamente de sua vagina. Seus órgãos e seus humores também são patológicos.

Essas tradições se inscrevem numa economia do nojo sugerida pela "natureza" das mulheres — conjunto de medos e aversões masculinas que remetem o corpo feminino ao pegajoso, ao membranoso, ao úmido, ao incontrolável, ao demoníaco, do sabá das bruxas às crises de histeria. O panfleto de Jean Bodin, *A demonomania das feiticeiras* (1580), fornece muitos argumentos aos perseguidores. Nos anos 1870, Pierre Larousse, ainda que bastante misógino, lembra que "o sangue da menstruação é tão puro quanto o do resto do corpo".

A impureza menstrual corresponde à pureza virginal. O Deuteronômio tem uma passagem sobre a "integridade" da mulher: uma jovem que mente sobre sua virgindade será apedrejada. A obsessão pela virgindade das meninas, das quais dependem a honra familiar e o preço da noiva, pode ser observada na maioria das religiões e das sociedades, ao menos até o século XX. Ela se inscreve num duplo padrão moral: enquanto as experiências sexuais do homem jovem são toleradas, e mesmo encorajadas, tudo deve ser feito para "proteger" a mulher jovem, por meio do enclausuramento, da vigilância dos pais, da companhia de aias, governantas ou damas, e de um denso silêncio em torno da sexualidade. Na Viena burguesa do século XIX, a jovem é mantida dentro de uma "atmosfera absolutamente estéril" desde o nascimento até o matrimônio: ela não passa um minuto sozinha e não sai de casa sem estar acompanhada.[10] No Magrebe rural, ritos mágico--sexuais à base de tatuagens e incisões permitem, ao "fechar" a menina, preservar sua virgindade.[11] As recém-casadas estão tão pouco preparadas para sua primeira relação sexual que a noite de núpcias às vezes se transforma num estupro traumatizante.

A defloração como estupro

Essa jovem mulher ignorante é entregue a esse rapaz impaciente. [...] O rapaz eloquente, bem-educado, carinhoso, se transforma de repente. Ali onde a jovem sonhava com um deus radiante, ela vê saltar do altar uma espécie de besta peluda e trepidante, balbuciando sons roucos, com fome de sua carne, alterada. Não é mais o amor, é o estupro legal e consagrado.

Alexandre Dumas filho,
prefácio a *O amigo das mulheres* (1864)

Agarrou-a pelo braço, raivosamente, como que esfomeado; ele a percorria com beijos rápidos, beijos enérgicos, beijos loucos, todo seu rosto e o alto de seu pescoço, atordoando-a com carícias. Ela havia aberto as mãos e se mantinha inerte sob suas investidas, sem saber o que fazia, sem saber o que ele fazia, com a mente embaralhada e sem entender nada. Mas uma dor aguda subitamente a dilacerou; e ela começou a gemer, retorcendo-se em seus braços, enquanto ele a possuía violentamente.

Guy de Maupassant, *Uma vida* (1883)

Por mais que o homem seja atencioso e cortês, a primeira penetração é sempre uma violação. Ela deseja carícias nos lábios, nos seios, talvez um gozo conhecido ou pressentido entre as coxas, e eis que um sexo macho a fere e se introduz em regiões a que não foi chamado. [...] O amor adquire o aspecto de uma operação cirúrgica.

Simone de Beauvoir, *O segundo sexo* (1949)

As mulheres também são submetidas a uma moral do pudor e da modéstia. Esse controle se manifesta de várias formas: *pudicitia* em Roma, *tsniout* entre os judeus, submissão atenciosa no confucionismo, "ideal da jovem de olhos baixos, boca fechada e sexo trancado" no Magrebe.[12] Em meados do segundo milênio antes de nossa era, a lei médio-assíria dispõe que as moças de família, as mulheres casadas e as viúvas devem sair na rua com véu, enquanto as prostitutas e as escravas são obrigadas a sair de cabeça descoberta, sob pena de receber cinquenta chibatadas ou de ter as orelhas cortadas.[13] A prescrição do véu para as "honestas" é encontrada em todo o Oriente Próximo, na Grécia, em Roma, bem como nas boas famílias judias e cristãs (São Paulo e Tertuliano o recomendam). No clima de insegurança que reina em Medina nos anos 620, o *hijab* protege as mulheres de condição elevada, enquanto as escravas são abandonadas a seus agressores.[14]

O véu esconde e preserva. No Talmude babilônico prevalece a ideia de que "a voz de uma mulher é uma nudez", como seus cabelos, seu rosto e seus seios, zonas de exposição necessariamente impudicas: a mulher está "vestida de Eva" assim que sai de casa.[15] No islã, a noção de *awra* designa a nudez provocante. A cultura cristã também se dedicou a velar a "obscenidade" do corpo feminino: as estátuas do jardim de Versalhes são vestidas durante o reinado de Luís XV, os pelos e os mamilos desaparecem da escultura neoclássica do século XIX etc.

Além das mutilações que punem as mulheres na lei médio-assíria e no Deuteronômio, o corpo feminino pode ser subjugado, reprimido e "modelado" por razões estético-sociais. Na China, a bandagem dos pés consiste em enfaixar os quatro dedos para dentro, com o osso do calcanhar posicionado verticalmente, conferindo à mulher um modo de andar doloroso e instável. A prática é atestada durante a dinastia Song a partir de meados do século X; da corte imperial, ela se espalha pelas classes abastadas, antes de se difundir sob os Ming no século XIV.[16] Os padaung, minoria étnica que vive entre Myanmar e Tailândia, colocam no pescoço das jovens anéis espiralados que deformam suas clavículas e costelas. A excisão (ablação do clitóris e dos pequenos lábios) e a infibulação têm o objetivo de preservar a virgindade da jovem, de desviá-la da masturbação, de garantir a fidelidade da esposa privando-a do prazer sexual. No início do século XXI, as mutilações genitais afetam 200 milhões de mulheres no mundo inteiro, especialmente na África Subsaariana, na África Oriental, na Índia e na Indonésia.

Alegou-se que a bandagem dos pés e a excisão eram praticadas para o "bem" das meninas, porque lhes garantiriam beleza, prestígio, casamento. Na verdade, essas mutilações transformam as mulheres em ornamentos, objetos valiosos ou ventres maternos. Elas as preparam para uma vida de servidão.

O ponto comum entre a aversão pela menstruação, a obsessão pela virgindade, a prescrição do véu e a prática das mutilações é que esses costumes criam uma dicotomia entre as mulheres, segundo critérios masculinos. Se uma mulher não faz suas abluções depois da menstruação ou do parto, se tem relações sexuais antes do casamento, se passeia com a cabeça descoberta, se apresenta a vulva ou dedos dos pés "naturais", ela fica do lado errado: é considerada imunda, repulsiva, decadente. Por outro lado, se ela se conforma à tradição, permanece estimável, honesta, beneficiando-se da proteção paterna ou da escolha marital.

As proibições que pesam sobre o corpo das mulheres fazem com que este seja reservado a seu uso legal: dever conjugal e produção de filhos legítimos — ideal da vida "boa", em proveito dos homens. Nos sistemas patriarcais, é por meio de exclusões e sofrimentos que as mulheres se tornam dignas dos homens, segundo o desejo deles, esforçando-se humildemente para inverter as normas negativas que eles produzem sobre elas.

O silêncio e o acontecimento

As prerrogativas masculinas incluem a liberdade de ação e de pensamento, o acesso ao saber e à palavra, a liturgia do sagrado e os ofícios da guerra, além do direito de decisão sobre os dois sexos. O domínio das mulheres se limita à economia do cotidiano: dar à luz, alimentar, vestir. Essa domesticação da mulher (do latim *domus*, "casa") se inscreve na esteira de uma longa história imóvel. As atividades privadas que se configuraram no Neolítico se perpetuam, no século XX, nas províncias. Na Borgonha dos anos 1920-50, a mulher desempenha sucessivamente o papel da costureira (antes do casamento), da cozinheira (com a chegada dos filhos) e da "mulher-que-ajuda" a dar à luz e a lavar os mortos (na menopausa).[17] Na região da Beauce, à mesma época, o camponês lavoura a terra com seus companheiros, compra hectares e animais, constrói a casa, investe num trator, adquire um automóvel, faz política, vai à guerra, enquanto sua esposa administra a casa, cozinha, lava a roupa, cria os filhos, cuida do galinheiro e tira leite das vacas.[18] No mundo urbano dos anos 2010, o cuidado com a roupa suja ainda cabe às mães de família ou às faxineiras: lavar, estender, passar, separar, guardar e costurar.

A relegação doméstica das mulheres é acompanhada por sua exclusão das esferas de poder. Uma metade da humanidade impõe o silêncio à outra. Na *Odisseia*, Telêmaco envia a mãe para a roca de fiar, ao lado das criadas: "A palavra é coisa de homens". Sófocles evoca, em *Ájax*, "essas poucas palavras que são repetidas sem parar: 'O silêncio é o ornamento das mulheres'". São Paulo diz por sua vez, na Primeira Epístola a Timóteo, "a mulher deve guardar silêncio, com toda submissão". Na época em que Inglaterra e Escócia são governadas por rainhas, o pregador John Knox faz soar seu *Primeiro toque de trombeta contra o governo monstruoso das mulheres* (1558); um século depois, Robert Filmer afirma, em *Patriarcha* (1680), que o poder cabe naturalmente aos homens. A divisão das responsabilidades fez com que os grandes homens se chamassem Péricles e Adriano, Carlos Magno e Napoleão, Metternich e Roosevelt. O homem é um acontecimento, a mulher é silêncio. Essa desqualificação atinge inclusive as rainhas da França. Do século X ao XII, elas exercem uma parte do poder, desempenhando certo papel na diplomacia e na definição da estratégia real, mas seu poder enfraquece no fim do século XII, sob a dupla influência da misoginia clerical e da redescoberta de Aristóteles; depois disso, seus nomes desaparecem dos documentos e diplomas reais. Após duas crises dinásticas, em 1316 e 1328, quando as filhas são excluídas da coroa francesa, os legisladores recorrem ao argumento de gênero para reservar a realeza aos homens, únicos dignos das funções sagradas. A lei sálica, ressurreição de um antigo costume de origem germânica, exclui as mulheres do trono, condenando as rainhas a serem apenas esposas do rei.[19]

A desapropriação das mulheres se observa em vários âmbitos. Exclusão das responsabilidades sob o Antigo Regime: elas não podem exercer cargos públicos, só podem ser tutoras dos próprios filhos, não têm o direito de assinar contratos ou testemunhar em atos notariais. Exclusão do debate: como explica Talleyrand em seu *Relatório sobre a instrução pública* (1791), os homens são destinados a viver no "palco do mundo", enquanto o "asilo doméstico" convém melhor às mulheres — o que será repetido setenta anos depois pelo republicano Jules Simon, para quem "as mulheres foram feitas para esconder suas vidas, [...] para governar em paz o mundo restrito da família".[20] Exclusão dos locais públicos na sociedade mediterrânea, ruas, praças, cafés, mercados, mesquitas. O "harém invisível", no sentido de Fatima Mernissi (nascida em Fez, em 1940, num harém bastante concreto), é definido pelos interditos — variação da palavra *haram* — carregados por cada um: as mulheres não têm o direito de deixar o espaço "interno" e entrar no espaço "externo", propriedade do masculino. Aos homens, o tumulto da rua, a arena pública, a tomada da palavra e a aceitação dos riscos; às mulheres, o apagamento à sombra benfazeja.

O patriarcado se define tanto pela dominação masculina e pela subordinação feminina quanto pela distribuição imutável das qualidades, que levam a dualidades eternas: os homens fazem as leis, as mulheres fazem os costumes; o homem governa o Estado, a mulher, o lar; o homem reina pelas armas, a mulher, pelo amor; ele dá seu sangue à pátria, ela lhe oferece seus filhos; um é talhado para a brutalidade, a outra é cheia de graça; um é abstrato e individualista, a outra é concreta e relacional; ou, para falar como um best-seller dos anos 1990, *Homens são de Marte, mulheres são de Vênus*. Outros pares dizem a mesma coisa: cavalheiro/dama, poeta/musa, pintor/modelo, cineasta/atriz, patrão/secretária, chefe de Estado/primeira-dama etc.

A cada um seu "poder", segundo a ordem da natureza. Assim formulada, a divisão não é mais a expressão da prisão do gênero, mas o equilíbrio do mundo; não mais a dominação masculina, mas a cooperação, a milagrosa harmonia entre os sexos.

A absorção conjugal

Embora conceda alguns direitos à esposa, o casamento monogâmico cristão — uma "sociedade doméstica" formada por um homem e uma mulher com vistas a criar filhos — confere primazia ao marido-pai. Na Primeira Epístola aos Coríntios, São Paulo professa que o homem é o chefe da mulher, pois ela foi criada a partir dele para seu proveito. No curso de sua longa história, a Igreja é mais ou menos estrita em matéria de conjugalidade, mas o espírito do casamento não varia: indissolubilidade, autoridade do marido, subordinação da mulher. Numa encíclica de 1930, o papa Pio XI lembra que "a submissão da mulher ao marido pode variar em grau", mas que não é permitido mudar "a estrutura da família", requerida por Deus.[21] A lei civil diz a mesma coisa. Na Prússia, o código Frederico, de 1750, influenciado pelo direito romano, afirma que o marido é "por natureza" o chefe da família. Casando, a mulher deixa a própria família para entrar na do esposo; ela vai morar na casa dele e lhe reconhece os direitos sobre seu corpo, para ter filhos que perpetuem a linhagem.[22] Segundo o princípio da *coverture*, inscrito na *common law* inglesa, a mulher é "coberta" por seu marido, que a engloba. Como escreveu o jurista Blackstone em seus *Commentaries* (1765), "a existência legal da mulher é suspensa durante o casamento ou, ao menos, incorporada e confundida com a do marido".

Na França, sob a influência de jurisconsultos como Jean Bodin e Charles Dumoulin no século XVI, seguidos por Philippe de Renusson em seu *Tratado da comunhão de bens entre o homem e a mulher* (1692), o marido é o "chefe e mestre da comunhão", o que inclui os bens móveis e imóveis da esposa. Encontramos esse princípio nos Costumes de Paris (artigo 233), nos Costumes do Bourbonnais (artigo 135) e na maioria das leis civis reformadas. No Antigo Regime, o marido representa a esposa e a família conjugal, todos os seus membros tendo supostamente os mesmos interesses. Durante a Revolução e no início do século XIX, o censo que dá ao homem o direito de voto pode incluir os impostos pagos pela mulher. Assim, um homem sem trabalho e sem propriedade, mas casado com uma florista, está autorizado a se prevalecer do imposto da esposa para votar.[23] A democracia continua sendo uma monarquia masculina.

O código civil de 1804, por sua vez, sacraliza os direitos do marido-pai. Embora homens e mulheres sejam quase sempre iguais perante a lei civil (por exemplo no que diz respeito

65

à herança, aos bens, ao comércio ou aos julgamentos), essa igualdade desaparece completamente no casamento. Como enunciado no artigo 213, a esposa deve "obediência ao marido" em troca de sua proteção. Obrigada a morar com ele, ela não pode comprar, vender, ter uma atividade remunerada, dispor de seu salário, comparecer em juízo ou exercer sua autoridade sobre as crianças sem o consentimento dele. Durante os debates sobre o código civil, Bonaparte afirma que o marido precisa ter um "poder absoluto" sobre a esposa, regulando suas saídas e suas relações. Durante seu exílio em Santa Helena, o imperador também lembra, a exemplo de São Paulo, que a mulher "nos dá filhos e o homem não. Ela, portanto, é sua propriedade, como a árvore frutífera pertence ao jardineiro".[24] O raciocínio que fundamenta o código civil pressupõe que, casando-se, a mulher aceita *por contrato* submeter-se ao marido. Ela deixa, portanto, de pertencer a si mesma: sua incapacidade civil é uma consequência. Ela se torna semelhante a uma criança, como se sua condição de esposa a rebaixasse à minoridade legal daqueles que ela é encarregada de criar.

No pensamento patriarcal, uma mulher é acima de tudo "mulher de": filha de um pai, esposa de um marido. No direito francês, dizemos que a mulher "segue a condição do marido". Durante o Antigo Regime, ela adquire a posição e os títulos do marido; a mulher nobre que casa com um plebeu perde seus privilégios. Seguindo a mesma lógica, o código civil de 1804 dispõe que a estrangeira que se casa com um francês se torna francesa, enquanto a francesa que se casa com um estrangeiro perde sua nacionalidade. A esposa também toma o nome do marido: ela muda de identidade. Ainda hoje dizemos "o sr. e a sra. Dupont", nesta ordem imutável, e chegamos a dizer "a sra. Jacques Dupont" ou "a sra. almirante Jean Durand". As mulheres são sistematicamente remetidas à sua situação matrimonial, "srta. X", "sra. Y" ou "viúva Z".

O homem personifica a unidade familiar em que a mulher se dissolve; o masculino como universal inclui o feminino como particular. Compreende-se por que a legislação não deseja nem é capaz de reprimir as agressões físicas entre casais (desde que elas sejam "razoáveis"). Na França, o código penal de 1810 pune o infanticídio e o parricídio, mas não as violências conjugais, que entram no grupo das lesões corporais voluntárias; somente no fim do século a violência começa a motivar a separação de corpos.[25] Até o fim do século XX, na maioria dos países, o casamento implica uma disponibilidade sexual da mulher; a noção de "estupro conjugal" não faz sentido algum, portanto. O princípio de absorção também explica a condição das viúvas na Ásia. Pois quando o marido morre, a esposa perde tudo, exceto a fidelidade ao defunto, através do luto (encorajado na China e no Vietnã a partir do século XIII) ou do suicídio (o *sati* na Índia).

O principal argumento dos defensores da família patriarcal não é o direito do mais forte, mas a utilidade coletiva, os benefícios produzidos pela cooperação conjugal. Na França do século XIX, pensadores de todas as sensibilidades recomendam a manutenção dos papéis tradicionais na família. Em *A reforma social* (1864), o conservador católico Frédéric Le Play afirma que a mulher é agente de progresso moral quando no papel da "providência do lar". Os pensadores republicanos — Alfred Fouillée, Henri Marion, Émile Durkheim — consideram a família um fator de integração para o indivíduo e de progresso para a sociedade. Em *Psicologia da mulher* (1900), Henri Marion afirma que, se a esposa se lançasse em lutas políticas, ela correria o risco de romper a unidade da família. Teórico do anarquismo e misógino virulento, Proudhon também se dedica, em *A pornocracia ou as mulheres nos tempos modernos* (1875), a definir as modalidades de felicidade conjugal. O marido e a mulher formam "um todo completo", mas a felicidade só se instala quando cada cônjuge cumpre sua parte, segundo a antiga divisão: "Um para fora, o outro para dentro".

O cerne do raciocínio, aqui, é a especialização doméstica da esposa sob a autoridade do marido, numa solidariedade parcial que constitui a "complementaridade hierárquica dos sexos".[26] Nesse âmbito, a desigualdade não pode ser pensada como tal: inseparáveis, o homem-sujeito e a mulher-objeto formam uma unidade orgânica. Não sob dominação masculina, mas sob uma divisão inteligente de tarefas. Não sob a sujeição da esposa, mas sob uma assimetria de gênero, para benefício mútuo. Essa hipocrisia explica todos os falsos verbos utilizados (a mulher "reina" em seu lar, o homem "obedece" ao encanto da esposa), enquanto esses pensadores legitimam a preeminência masculina em nome da natureza e da moral.

Poderíamos nos contentar em dizer que tanto o homem quanto a mulher têm a vocação de reinar, cada um em seu campo — exterior e interior, dono do mundo e dona da casa, Marte e Vênus etc. Na verdade, se o marido é o "chefe de família" e a mulher é a "alma do lar", isso se dá por vontade do homem. Ele ocupa a esfera pública (com suas responsabilidades políticas, militares e profissionais), mas também supervisiona a esfera privada. Na França, o código civil o autoriza a tomar todas as decisões importantes da vida do casal e da família: é por delegação, portanto, que a mulher rege o lar. Na Inglaterra, Le Play faz o elogio de uma "judiciosa partilha de atribuições", recomendada pela força dos fatos, na qual o marido aceita "delegar sem reserva sua autoridade" à esposa para os assuntos domésticos.[27] De resto, essa delegação pode ser suspensa, mesmo em suas cláusulas mais ínfimas. No século XX, no Japão ou na Europa mediterrânea, a esposa não janta à mesa quando há convidados: ela os serve e come sozinha na cozinha depois de servi-los, como uma criada.

A aura da mulher

O patriarcado reconhece um papel à mulher, numa divisão de tarefas que o homem preside. Esse papel abrange as especialidades reconhecidas às mulheres desde pelo menos o Neolítico: preparação da comida, competência têxtil, manutenção da casa, educação dos filhos. Uma esposa que mantém bem o lar, que mantém bem a si própria, atrai a estima dos outros. Sua conduta determina seu valor pessoal, mas também o prestígio de toda a família. No fim das contas, *a honra masculina depende da conformidade feminina.*

Em muitas sociedades — América Latina, Magrebe, Europa Meridional — as mulheres comandam o espaço doméstico e dele obtêm autoridade e prestígio. Entre os ciganos andaluzes, as mulheres devem ficar em casa, mas personificam os valores morais, a dedicação ao lar e à comunidade, valores essenciais aos olhos de todos.[28] Em Malta, são as mulheres que mantêm laços com os pais, os amigos e os vizinhos, e também com os mortos: a frequentação das mercearias e das igrejas tem, portanto, várias funções, e esse trabalho social acontece fora do lar.[29] Na França do século XIX e do início do século XX, não é raro que o operário entregue automaticamente seu salário à esposa, que se encarrega de prover as necessidades da casa e de se manter dentro do orçamento: não apenas ela decreta as regras de vida como também é a "tesoureira dos fundos disponíveis".[30] No ambiente comercial, "o marido parece o contínuo, e é a Senhora, sentada ao balcão, que toma todas as decisões",[31] observa maliciosamente Marguerite Yourcenar ao ser perguntada sobre a condição da mulher.

A função-mulher confere à esposa um papel de valor, portanto, combinado a uma capacidade de decisão. Na zona de autonomia que a sociedade patriarcal lhes reconhece, as mulheres exercem certo poder, inclusive à custa dos homens. Essas

69

responsabilidades não deixam de estar relacionadas à centralidade da figura materna em diversas culturas, como a *mamma*, a "mãe judia" etc. Guardiã das tradições, atenta ao bem-estar de todos, essa mãe sacrificada esquece de si mesma distribuindo os benefícios de seu amor, de seu talento culinário e de sua competência médica.

A alimentação das crianças faz pesar sobre as mães uma responsabilidade que, paradoxalmente, lhes confere um papel público. Na França do Antigo Regime, não é raro as mulheres se reunirem em grupos ameaçadores para protestar contra a fome. Lavadeiras, lojistas, vendedoras ambulantes, peixeiras, mulheres de soldados, de artesãos ou operários, essas "endiabradas", como dizem as autoridades, atacam os celeiros de trigo e ameaçam os magistrados, às vezes levando os filhos pequenos ou ainda grávidas. Em Nemours, em 1775, durante a Guerra da Farinha, uma manifestante repele o marido aos gritos: "Retire-se, isso é coisa de mulher".[32] A função alimentar da mulher o exige.

À autoridade da mãe de família corresponde o culto da donzela evanescente diante da qual fica-se em adoração. A idealização da "dama", cuja pessoa inspira veneração platônica e paixão amorosa, percorre toda a poesia ocidental: romances de cavalaria, canções de trovadores e de *Minnesänger* a partir do século XII; o *Canzoniere* de Petrarca dedicado a Laura, em meados do século XIV; poemas e justas oratórias de cortejo amoroso da companhia Cour Amoureuse, fundada em 1401; o romance pastoral *L'Astrée*, no início do século XVII, seguido por rondós e sonetos neopetrarquistas. A idolatria da donzela provoca uma inversão das relações de gênero, ilustrada por volta de 1640 pela poesia de Vincent Voiture, com sua temática da "escravidão amorosa" — prisão do amor, paixão que prende a seus grilhões, crueldades da dama, jugo da tirania feminina — e as metáforas que fazem do homem o vassalo e da mulher sua suserana. No século XIX, o artista vitoriano celebra a donzela pura e inocente. Por seu rosto delicado, seu frescor, sua ingênua alegria de viver, ela é posta num pedestal de virgindade. Ela é Rose La Touche, transfigurada por Ruskin junto com uma dúzia de donzelas incompreensíveis e deliciosas que enchem *Praeterita*; ela é Ofélia na pintura pré-rafaelita, na qual a natureza serve de porta-joias à sua beleza liliácea; ela também é a musa dos poetas de gênio criador.

O culto da mãe sacrificial e o da donzela adorável se unem na figura da Virgem Maria, santa por sua virtude e por sua abnegação, *mater dolorosa* que não conheceu homem algum. Num nível logo abaixo, a jovem mãe de família, fada que encanta a vida do marido e dos filhos, é o "anjo da casa" infinitamente devotado aos seus, mas com encantos também capazes de subjugar: Julie em *A nova Heloísa*, Madame de Mortsauf em *O lírio do vale*, a mulher ideal de Ruskin na conferência "Of Queens' Gardens", e segundo Coventry Patmore no poema "The Angel in the House". É ela que transforma a *house* em *home* para o marido sobrecarregado das obrigações profissionais. Dentro do lar, ela serve de guia para o homem e de modelo para toda a sociedade.

O amor cortês, a poesia galante e o hino à mulher compõem uma arte masculina em que o homem determina o valor feminino, define os códigos de sedução, expressa seu orgulho de protetor, revela sua capacidade de sublimar a paixão pela criação poética. Vemos que a mitificação da mulher, sob a imagem da criatura perfeita e etérea, facilmente se integra à dominação masculina. O nojo que o pensamento patriarcal reserva à menstruação, às prostitutas e a todas as "impuras" se transforma em fascínio pelos "mistérios" da mulher, pela "pureza" da donzela, pelo "império" de sua beleza, pelo "sagrado" da mãe que amamenta. A mulher é um ícone enquanto permanece em seu devido lugar — a castidade modesta, o alegre turbilhão de um lar. O elogio da mulher a eleva a seu lugar fixo. Do mesmo modo, na Itália, na Espanha e na América Latina, o culto à Virgem e a agressividade do *macho* se encontram em dois estereótipos conexos: a superioridade moral da santa mãe de família justifica e desculpa os defeitos do homem que continua sendo um garotinho, com sua intemperança, suas infidelidades e seus excessos de todo tipo.[33]

Como podemos ver, a perfeição feminina revela a perfeição da dominação masculina. O louvor às mulheres é uma autoglorificação patriarcal. John Stuart Mill é um dos raros homens a denunciar, em 1869, "esse tolo panegírico da natureza moral da mulher", que na verdade marca sua inferioridade intelectual e social. Os romances de Jane Austen e das irmãs Brontë sem dúvida colocam em cena heroínas intrépidas que sabem o que querem, sobretudo em matéria de amor — mas sempre dentro de imperiosas normas de gênero. Somente décadas mais tarde é que Virginia Woolf decidirá "matar o anjo do lar".[34]

O círculo patriarcal

Todos esses elementos nos permitem voltar à longevidade do patriarcado, que sobreviveu a todas as épocas e a todos os regimes em todos os continentes. Será preciso, para explicar essa extraordinária perenidade, invocar a superioridade física dos homens, o cansaço da mãe grávida ou da lactante, a resignação das mulheres, a ignorância e a pobreza que costumam ser sua sina, a interiorização progressiva de sua incapacidade? Para perpetuar seu poder, os homens utilizam a força, o medo, a lealdade, a inércia dos costumes?

É fundamental separar o patriarcado dos indivíduos, que, dependendo do sexo, se beneficiam ou padecem dele. O patriarcado é, acima de tudo, um *sistema de pensamento*, baseado em leis, normas, crenças, tradições, práticas — e esse sistema se "sustenta" sozinho. Ele envolve instituições tão complexas quanto o Estado, a religião e a família, delas tirando argumentos que convergem na justificativa da subordinação das mulheres, de tal modo que ela pareça uma coisa "normal", estabelecida pela natureza, fundada na razão, de acordo com o que "sempre se fez". Desde que nascem, as mulheres se veem presas a um *círculo patriarcal*. Postulando sua natureza maternal, esse círculo as dedica à função-mulher, uso que as confina a um espaço doméstico onde elas são glorificadas por seu altruísmo, fundamento de sua natureza materna — e assim por diante. Para o patriarcado, cada sexo tem seu destino. Às mulheres cabe a "natureza", associada à única função que lhes é reconhecida, a função-mulher: serviço do corpo, da procriação e do lar. Os homens, por sua vez, são encarregados da "civilização", com os desafios e riscos que ela comporta. Eles são os conquistadores do exterior; elas são as boas almas do conforto cotidiano. O patriarcado se baseia na colaboração entre os sexos, portanto, no oposto da guerra dos sexos — mas numa colaboração desequilibrada. Pois a mulher é menos livre e menos valorizada que o homem: a complementaridade hierárquica dos sexos é uma cooperação sem igualdade.

O círculo patriarcal

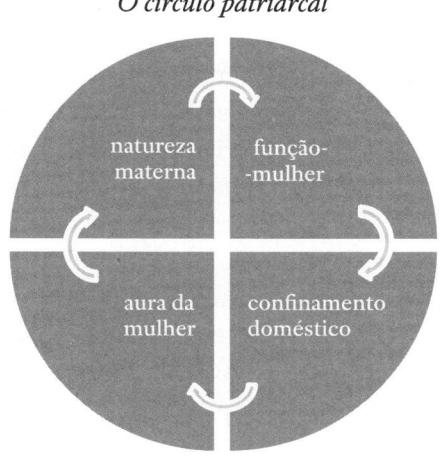

Nesse círculo, as virtudes justificam as obrigações, e as obrigações reforçam as virtudes. O resultado é um funcionamento "evidente", e nisto está a força do sistema: além de cada um ter um lugar, cada um está em seu lugar. A estabilidade do modelo vem de sua lógica implacável, que nenhum indivíduo tomado isoladamente é capaz de abalar. O sistema patriarcal oferece às mulheres certa retribuição por certo papel, dentro de um mundo ordenado e tranquilizador: nele, elas detêm uma posição, gozam de uma respeitabilidade, de um possível prestígio — "fada do lar", "guardiã das tradições", "santa esposa" etc. A aura da mulher é uma compensação por sua subordinação.

O que a sociedade patriarcal propõe a cada mulher é um negócio, portanto, junto com um conjunto de obrigações e retribuições quando ela aceita se conformar a ele. Proteção masculina por obediência feminina, essa é a filosofia do acordo, formulada em termos quase idênticos em textos que não o são: Epístola aos Efésios, de São Paulo, surata das mulheres no Alcorão (com o conceito de *qiwâma*, responsabilidade-autoridade do marido) e artigo 213 do código civil napoleônico. O homem provê as necessidades da família e, em troca, é seu chefe incontestе.

E centenas de milhões de mulheres dizem sim, seja por escolha própria, seja por não terem escolha. Ao final de *A criação do patriarcado* (1986), Gerda Lerner chega a uma conclusão perturbadora: "O sistema patriarcal só pode funcionar com a cooperação das mulheres". Essa cooperação é obtida pelo doutrinamento, pela privação educacional, pela coerção e pela discriminação, mas também pelo consentimento das interessadas, em proveito de um sistema de regulação social. A força inaudita do patriarcado se deve ao fato de ele ser confortável para todos. Compreende-se que seja preciso uma força igualmente inaudita para questioná-lo.

Prisioneiras honestas e livres decadentes

Milênio após milênio, esse harmonioso e pacato arranjo entre os sexos teria desenhado uma espécie de melhor dos mundos possíveis? Dizer isso seria esquecer a essencialização das mulheres, a apropriação de sua fecundidade, a gratuidade de seu trabalho doméstico, sua infantilização jurídica e a negação de seus direitos. A predestinação biológica das mulheres, com todas as suas funções anexas, beneficiou coletivamente os homens. A partir do século XIX, eles puderam ganhar salários, fundar partidos e sindicatos, ter direitos democráticos: o trabalho invisível das mulheres permitiu o surgimento do sujeito abstrato e do cidadão livre, e também do intelectual engajado. "Extraordinariamente devotada" ao marido, a mulher do grande sociólogo Émile Durkheim ajudou-o por anos, estimulando-o, passando a limpo seus manuscritos, corrigindo seus originais, assistindo às suas aulas, encarregando-se de sua correspondência.[35] Graças à colaboração discreta de suas esposas-secretárias, milhares de cientistas e escritores puderam estudar, criar, conceber, liberados de todas as preocupações materiais. A realização dos homens se baseia na exploração das mulheres.

Isso significa que elas são oprimidas? Em Roma, é melhor ser uma patrícia do que uma escrava. Mas a patrícia tem uma vida melhor não enquanto mulher, mas por ser esposa de um patrício. O círculo patriarcal oprime menos do que subordina. Ele não priva as mulheres de amor ou riquezas, mas de liberdade. No século XIX, a burguesa cercada de criados, a mulher do mineiro que cuida do lar e a lojista que trabalha ao balcão talvez sejam felizes, e mais do que seus maridos. Muitas mulheres decidem cuidar exclusivamente dos filhos e da casa, e algumas se realizam nessas tarefas. Mas, antes de saber se o círculo patriarcal tem virtudes, é preciso saber se é possível sair dele — e, acima de tudo, a que preço.

No fim de *Casa de bonecas* (1879), de Henrik Ibsen, a esposa-modelo Nora — charmosa, alegre e submissa — decide deixar o lar, decepcionada com o egoísmo do marido. O desenlace causa escândalo no mundo inteiro: uma mãe de família, que tem "tudo", abandona marido e filhos para ir viver a própria vida. Como ousa? O que será de sua vida? Na literatura ocidental dos séculos XVIII e XIX, as mulheres emancipadas, independentes por seu modo de vida e livres sexualmente quase sempre são punidas com doenças e morte: Manon Lescaut, La Traviata, Carmen, Nana.

O pensamento patriarcal divide as mulheres em dois grupos: as "honestas", sob proteção masculina, paterna ou marital, e as "decadentes", que pertencem a todo mundo. Essa é a lógica da legislação médio-assíria, em que o véu permite distinguir a esposa das prostitutas. É também a dicotomia traçada pelos romanos: dignidade da matrona à qual o homem confia sua casa, rebaixamento das escravas às quais ele recorre para a volúpia. Em *A fábula das abelhas* (1714), Mandeville admite a necessidade de "sacrificar uma parte do sexo frágil à conservação do outro". Para Proudhon, a alternativa é a mesma: "cortesã ou dona de casa".

Perder a proteção masculina é sinônimo de exclusão. A sociedade do século XIX é extremamente dura com as mulheres que estão fora do círculo patriarcal: celibatárias e lésbicas, mas também mães solteiras, prostitutas, delinquentes. As mulheres que "decaíram" são mulheres a mais, e o nome que recebem revela sua baixeza: "menina-mãe", condenada por sua gravidez à vergonha e à miséria; "*grisette*", jovem trabalhadora que ocasionalmente se prostitui para sobreviver; "solteirona", zombada porque aos trinta anos ainda não casou. A exclusão enfatiza, por contraste, a invejável condição da mãe de família, sustentáculo da instituição conjugal. Uma mulher sobre a qual não pese nenhuma autoridade masculina é uma mulher perdida.

O critério de pertencimento patriarcal estrutura as sociedades, e também o espaço das cidades. Até a primeira metade do século XX, Viena conta com um número incalculável de bordéis, prostíbulos, casas noturnas, cabarés, bailes populares com dançarinas e cantoras — toda uma "mercadoria feminina" disponível a qualquer hora e a qualquer preço, em ruas enlameadas ou em estabelecimentos de luxo. As prisões inglesas, por sua vez, visam endireitar as criminosas que transgridem tanto a lei quanto as normas de gênero: um tanque, uma tina ou um tricô devem transformar essas demônias em "verdadeiras mulheres".[36] Esta é a alternativa do círculo patriarcal: se a mulher recusa sua honorável reclusão, ela se torna uma prostituta em potencial. Entre o serviço no lar e a decadência na rua, liberdade no feminino é uma coisa impensável.

3.
As masculinidades de dominação

O pensamento patriarcal acredita o homem superior devido a seu sexo, mas ele também valoriza o gênero, que é a maneira de criar um "si mesmo masculino". Dado que o masculino se materializa em corpos, ritos, instituições, é possível elaborar seu quadro antropológico, sensível às variações do ser-homem ao qual o inglês dedica não menos que cinco palavras, *virility*, *manhood, manliness, maleness* e *masculinity*, resumidas em francês [e em português] a "virilidade" e "masculinidade". A primeira se quer uma qualidade, enquanto a segunda constitui um conjunto de culturas. Entre elas, a masculinidade de dominação, isto é, a maneira como um homem se impõe — uma masculinidade patriarcal, em suma.

A dominação dos homens é uma invariante histórica, mas a masculinidade de dominação é bastante plástica: Frederico Barbarossa difere de Júlio César, um cavaleiro teutônico não tem nada a ver com o dançarino Luís XIV. É importante lançar luz sobre as coisas que cristalizam o poder do masculino: objetos e atributos, ritos e instituições, discursos e práticas, mas também autoconfiança, sentimento de legitimidade inata, complexo de superioridade.

A qualidade viril

O soberano expressa tanto o poder da masculinidade quanto a masculinidade do poder. Quer seja chamado de faraó, rei, imperador, sultão, negus, xá, tsar, tennō ou cáiser, ele é quem comanda os outros. Existem diversas maneiras de se chegar a esse comando: hereditariedade, violência, carisma, prodigalidade — e as quatro são compatíveis, evidentemente. No século XIII, uma dita "lei dos turcos" designa o regicídio pelo qual, na ausência de herdeiro, o trono passa ao assassino do rei. A "baraca", bênção de Alá, é um dom inerente aos homens de Deus, ao Profeta, aos santos, aos marabutos, mas também aos sultões e aos reis. Como os *big men* melanésios, os reis vikings (Haakon, o Bom, ou Érico Machado Sangrento, no século X) instauram um sistema de lealdade por meio de presentes oferecidos a uma clientela de súditos.

Obviamente, o homem de poder não se limita à figura do rei. Os chefes de Estado podem se inspirar na tradição monárquica (como na França da Quinta República) ou desempenhar o papel de salvador providencial: jovem capitão impetuoso (Bonaparte em 1795), profeta que guia seu povo (Lênin, Mussolini, Hitler), velho sábio lembrado em tempos sombrios (Pétain em 1940, De Gaulle em 1958).[1] Mas a masculinidade de dominação vai muito além da ordem político-militar. Ela caracteriza o explorador, o aviador, o atleta, o self-made man, o cientista e também o poeta. Do revolucionário ao CEO, do mestre de obras ao mestre-escola, o homem encarnou todos os papéis principais.

A masculinidade em glória é demonstrada e exibida através de um conjunto de objetos que conferem a seu proprietário uma qualidade viril. Estes não são muito diferentes dos monopólios do Paleolítico (pilosidade facial, carne), com alguns aportes do Neolítico (armas, cavalos e outros meios de transporte).

A barba e o bigode dão origem a uma arte do pelo: barba cuidadosamente penteada do intendente Ebih-Il do reino de Mari por volta de 2300 a.n.e, barba encaracolada dos soldados de Dario no Friso dos Arqueiros aproximadamente em 500 a.n.e, barba cheia de óleo do grande sacerdote Aarão nos Salmos, bigode serpentino e longa barba pontuda do imperador chinês Yongle, tumultuosa barba cinza de Deus pintada por Michelangelo no teto da Capela Sistina, bigode de soldado de infantaria, barba de sapador ou barbicha bem talhada — formas que lembram a "majestade do homem".[2] Toda uma sociabilidade masculina se organiza em torno da carne — caça ao pato, caça a cavalo, caça com matilha de cães, churrasco norte-americano, *asado* sul-americano e bife francês —, que participa da mesma "mitologia sanguínea" do vinho: saborear a carne malpassada permite absorver sua força taurina.[3] O álcool e o tabaco permitem outras confraternizações.

Depois da invenção da espada, na Era do Bronze, o masculino se apodera de todas as novas armas, especialmente as armas de fogo: canhão chinês, mosquete espanhol, Colt do caubói, metralhadora do soldado. No Japão medieval, a decomposição do Estado leva os senhores a recrutar guerreiros capazes de proteger a população e travar guerras privadas. Os primeiros samurais lutam apenas por seu renome, a ponto de recorrerem à traição. No século XI, eles aperfeiçoam técnicas de treinamento para alcançar esse renome, Caminho do Homem de Armas, Caminho do Arco e do Cavalo, mas é apenas no século XVI que o bushido (Caminho do Guerreiro) incorpora valores morais como lealdade ou senso de honra.[4]

A arte equestre é outro marcador de virilidade, tanto na estatuária ocidental quanto no nomadismo cazaque e na civilização árabe. Do século XII ao XV, os mamelucos turco-egípcios recebem uma formação militar de elite. A educação dos jovens soldados, dispensada em turco por meio de tratados árabes, compreende o manejo do sabre, da lança e do arco, bem como a arte equestre (*furusiyya*). Todos os mamelucos possuem suas próprias armas e cavalos, às vezes oferecidos

Cavaleiro e motociclista

Tão parecidos... No entanto, quatro séculos separam o *Retrato equestre do conde-duque de Olivares*, de Velázquez (1638), dessa fotografia de um motociclista em sua Harley (2013). A arte equestre e o espírito motociclista podem ser explicados por fatores biológicos (papel da testosterona e da adrenalina) ou por fatores sociais (virilidade como exaltação da velocidade e do perigo)?

pessoalmente pelo soberano. O sincretismo do cavalo indomável e do macho belicoso deu origem ao "mito do garanhão", construção político-virilista que vem de Al-Jahiz (morto em 868) aos dias de hoje.[5]

No século XX, a paixão por carros ocupa o lugar da arte equestre em declínio. Com exceção da origem industrial, ela não é fundamentalmente diferente: mesmo gosto pela velocidade e pela suavidade aerodinâmica, mesma sensação de dominação física, mesma exibição de riqueza. Porsche, Ferrari e Lamborghini de um lado, Harley-Davidson e Triumph Thunderbird de outro, produzem as fortes emoções do bólide retumbante, chamativo e perigoso. A corrida automobilística, que leva homens-foguete à beira do precipício, é um dos grandes mitos masculinos, levado ao cinema por atores como James Dean e Steve McQueen.

Nos Estados Unidos do século XXI, as enormes picapes de nomes sugestivos (Ford King Ranch, Ford Ranger Raptor, Nissan Texas Titan) batem todos os recordes de vendas. Símbolos de uma ultramasculinidade com a qual o consumidor pode chegar ao macho sublime, as picapes são celebradas em feiras e festivais que também são festas da virilidade, como o Texas Truck Rodeo, que dura dois dias, na presença de toda a imprensa especializada, e chega ao fim com a entrega do prêmio Truck of Texas.[6] O capitalismo sabe magnificar os acessórios da virilidade — chapéu Borsalino ou Stetson, isqueiros Zippo, cigarros Marlboro etc.

Modelos nacionais

Raewyn Connell, socióloga australiana (nascida Robert William em 1944), teoriza em *Masculinities* (1995) o conceito de masculinidade "hegemônica", buscando em Gramsci a ideia de que a dominação tem uma ascendência cultural total sobre as crenças e os modos de educação. Recusando as definições essencialistas ou normativas da masculinidade (o "eterno masculino"), ela a define como um lugar dentro de dada configuração de gênero. A masculinidade hegemônica é aquela que domina a ordem de gênero, legitimando o patriarcado no topo dos governos, dos exércitos, das empresas, e subordinando as outras masculinidades. No Ocidente, por exemplo, ela é própria do homem branco, rico e heterossexual entre quarenta e 65 anos.

Infelizmente, a noção de masculinidade hegemônica se revela bastante vaga e, acima de tudo, não adaptada a períodos e sociedades externos ao mundo anglófono contemporâneo — a própria Connell o admite.[7] Não apenas as masculinidades hegemônicas são múltiplas como também se expressam segundo modalidades culturais e institucionais muito diferentes, dependendo do meio em que se enraízam. A partir do século XIX, os Estados-nação desenvolvem suas próprias masculinidades, inspiradas pela religião e pelo imperialismo.

O estoicismo britânico ensina o homem a permanecer senhor de si, a aguentar sem pestanejar, a manter-se impassível em meio à adversidade ("*to keep a stiff upper lip*", literalmente "manter o lábio superior rígido"). Essa é a mensagem passada tanto pelas *public schools* quanto pelos poetas — Henley em "Invictus" e Kipling em "If". Essa autodisciplina também pode se somar às virtudes do "cristianismo muscular" de Thomas Hughes. Enquanto os ingleses valorizam o fair play dos esportes de equipe, os alemães apreciam, em ginástica, esgrima e natação, o exercício que inculque resistência e prepare para a guerra. Inventada por Jahn depois da derrota de Iena, a ginástica (*Turnen*) passa por uma renovação nos anos 1860-70, acompanhando a identidade nacional em construção.[8]

Podemos falar numa virilidade mediterrânea, moldada pelo direito do *pater familias* e da Igreja católica? No século XVIII, o

83

exército piemontês reorganiza sua disciplina com base no modelo prussiano. De 1820 a 1870, a unificação italiana é assunto de homens, decidida entre os *carbonari*, Vítor Emanuel II, Cavour e os Mil de Garibaldi (que só contam com duas mulheres em suas fileiras). Durante uma festa anual em Valeta, na ilha de Malta, oito *reffiegha* compartilham a honra de carregar a estátua de São Paulo nos ombros mortificados, numa procissão que glorifica a identidade nacional, a grandeza da Igreja e a identidade de gênero.[9]

Conquistadores, colonialismo, monarquia e catolicismo transplantam para o Novo Mundo o modelo espanhol de virilidade. Este molda a história argentina, tanto na sangrenta "conquista do deserto" quanto através do mito do *gaucho*, cavaleiro do pampa, domador de cavalos e guia militar. O folclore do *macho* mexicano, violento e generoso, inspira-se nas revoltas do Porfirismo pós-1876 e na revolução de 1910, antes de se transformar em virilidade chauvinista (*hombrismo*) nos anos 1930.

Ao longo do século XIX, o *vaquero* mexicano é exportado para os Estados Unidos, onde se transforma em *cowboy*. No faroeste, entrechocam-se as masculinidades rudes: do vaqueiro que conduz o rebanho do alto de seu cavalo, do fazendeiro que cultiva sua terra, do criminoso em fuga, do tenente-coronel do regimento de cavalaria, do caçador de bisões ou ainda do grande líder indígena (um fotógrafo reúne Buffalo Bill e Touro Sentado em Montreal, em 1885). O mito do western, cheio de violência, exalta a nação americana por meio da apoteose do homem branco — de John Wayne, herói invencível, mas também pouco à vontade com seus sentimentos, a Clint Eastwood, o "homem sem nome", reconhecível pelo poncho e pelo chapéu, misterioso, lacônico, selvagem e terrivelmente bonito.

Mais ao norte, o gelo põe à prova o caçador, o lenhador e o garimpeiro — corpo a corpo com os elementos, para medir-se com a natureza e consigo mesmo. As histórias de Jack London, inspiradas em suas experiências no Klondike, falam da solidão do aventureiro e de seus cães puxadores de trenó, em paisagens cheias de neve, numa busca pela sobrevivência que é a mesma do último homem de *A estrada*, de Cormac McCarthy. O homem se esforça para dominar a natureza, mas também seus inimigos e medos. Como podemos ver, a masculinidade de dominação se difrata numa miríade de estereótipos coletivos. De resto, heróis ridículos ou tragicômicos — Dom Quixote na Espanha, Michael Kohlhaas na Alemanha, Bernardo Soares em Portugal — podem se tornar símbolos nacionais, como uma paródia em que todo homem se reconhece.

As quatro vitórias do masculino

O mais importante, no entanto, é compreender aquilo que, nas masculinidades de dominação, é construído para exercer um poder: a capacidade de impor-se enquanto homem.

A *masculinidade de ostentação* se afirma pela exibição do vigor, do desejo, da coragem ou da prodigalidade: gabar-se, falar alto, gastar tudo o que se tem, estar sempre pronto para a briga, correr riscos irrefletidos para mostrar do que se é capaz. Como Gilgamesh, o jovem rei de Uruk, que se comporta com arrogância no início da história que leva seu nome: seguro de si e de sua força, pronto a pegar em armas, ele sequestra as filhas de seus súditos.

Dependendo das épocas e dos países, o homem se faz mentiroso, fanfarrão, bravateiro. Pavão viril, ele se distingue pela loucura de seus esbanjamentos (um cavaleiro ou um rei devem oferecer banquetes a seus hóspedes) ou por sua suscetibilidade, que o faz derramar sangue à menor ofensa (obedecendo a uma "cultura da honra"). Na Espanha, depois na França, os personagens Cid e Don Juan fazem parte de uma cultura do desafio altamente fálica, de excessos, que associa a exibição da masculinidade ao culto da performance: as nobrezas se confundem com o orgulho do macho. Na Grã-Bretanha, os membros do clube Bullingdon de Oxford demonstram, em todo tipo de extravagância, seu desprezo pelos limites morais, financeiros ou sexuais.

A *masculinidade de controle*, ao contrário, expressa a força interior graças à qual o homem refreia suas paixões, doma seus apetites, tempera sua violência. Processo civilizatório no sentido de Norbert Elias, ela constitui o ideal de muitas filosofias: renúncia ao desejo em Buda, consciência estoica em Epiteto e Marco Aurélio, luta contra a concupiscência no cristianismo e no sufismo, moderação do letrado confuciano, retidão intransigente dos "hussardos negros" da República, caros a Péguy, *self-government* do gentleman em sua versão imperial (Kipling) ou escoteira (Baden-Powell). Os desfiles militares exigem a disciplina do corpo e a precisão do gesto, como o *silent drill* nos Estados Unidos, onde um pelotão de marines executa uma coreografia com fuzis.

A potência masculina contém a potência masculina. O homem domina tanto que ele chega a dominar a si mesmo; seu próprio poder é capaz de se curvar à sua pessoa, de obedecer a sua ordem, para ascender a um nível superior de poder. "Sou senhor de mim, como do universo", diz Augusto em *Cinna*, de Corneille. Da Idade Média à era clássica, vários códigos recomendam ao "bom rei" o autocontrole da raiva e dos prazeres. Por volta de 1600, na época em que Henrique IV, na França, passa seu tempo caçando e guerreando, o tratado malaio *Taj-us salatin* define as regras da civilidade monárquica: fugir do orgulho, exercitar a piedade, comer e beber em quantidades limitadas, lutar contra os impulsos da carne. É esse ideal de "homem perfeito" que se impõe aos cavaleiros *priyayi* de Java a partir do século XVII: os combates a galope devem ser acompanhados de uma conduta rigorosa, de um senso do dever e de um refinamento dos costumes.[10] Da mesma forma, alguns ricos burgueses, na Holanda protestante do século XVII ou no norte católico da França do século XIX, praticam uma cultura da austeridade que consiste em viver parcimoniosamente, vestir-se com simplicidade e consumir sem estardalhaço, ao contrário do aristocrata que oferece em espetáculo sua masculinidade de ostentação. A *masculinidade de sacrifício* é grandiosa e terrível: ela consiste em suprimir-se voluntariamente. Não se trata tanto de perder a vida quanto de imolá-la a uma causa por fidelidade a uma transcendência. O homem se dispõe a morrer por outro — seu Deus, seu rei, seu suserano, sua pátria, sua dama, sua família ou a humanidade inteira. Ele desaparece em seu engajamento, como todos os profetas assassinados — Lincoln, Jaurès, Gandhi, Martin Luther King, Yitzhak Rabin — e como todos os soldados que queriam morrer e deixaram isso bem claro — Péguy e Psichari, mortos em 1914, Robert Hertz, para quem a guerra é uma "coisa sublime", ou John Wheeler, cuja determinação não foi abalada pela Guerra do Vietnã: "Há coisas pelas quais vale a pena morrer. Essa é uma afirmação masculina".[11]

Mesclando abnegação e santidade, o herói se identifica com seu próprio ideal, mantendo-se firme até o martírio, como os primeiros cristãos; ele escolhe mergulhar no absoluto. Polieucto, na tragédia de Corneille, busca a morte como uma saída feliz: "Consinto, ou melhor, aspiro à ruína". Mas o soldado da própria fé parece um irmão do cruzado e do falso messias. Os personagens de Malraux são revolucionários e terroristas ao mesmo tempo. Os camicases japoneses da Segunda Guerra Mundial também acreditavam em alguma coisa. Como distinguir coragem, orgulho e fanatismo?

Por fim, a *masculinidade de ambiguidade* oferece uma forma superior de dominação, porque é capaz de integrar o feminino. Pai e mãe de Israel, YHWH assume as antigas funções de sua esposa Aserá. Metaforicamente, ele dá a vida, como no livro de Isaías, assoprando como "uma mulher que dá à luz". O semideus Gilgamesh treme diante do gigante Humbaba e chora seu amigo Enkidu. Na Grécia arcaica, os heróis não têm vergonha das lágrimas que escorrem por suas bochechas: Aquiles chora a morte de Pátroclo, Agamêmnon chora os sucessos dos troianos, Ulisses chora ao contemplar o mar.[12] Depois do século de Péricles, as lágrimas são reservadas às mulheres; o romantismo, porém, de Mackenzie a Lamartine, faz renascer a tradição do "homem sensível".

Da Antiguidade ao século XVIII, os homens de alta condição compartilham seus atributos com as mulheres: vestidos, meias, sapatos, perucas, pós faciais, diademas, anéis. Personagem tradicional do teatro kabuki, Sukeroku, um samurai maquiado, que usa sombrinha e fita violeta (amarrada à direita, como as mulheres), executa uma longa dança ao entrar em cena. Seu charme, suas poses, sua desenvoltura e seu orgulho de dândi-vagabundo lhe garantem um sucesso incrível junto às espectadoras; as gueixas são inclusive convidadas a aprender a feminilidade com ele.[13] Na segunda metade do século XX, os grandes astros também brincam com essas ambivalências — Elvis Presley e Marlon Brando, nos Estados Unidos, Patrick Dewaere e Gérard Depardieu, na França, os jogadores de futebol "metrossexuais", como David Beckham. Uma mulher é reduzida a seu sexo, mas o verdadeiro homem pode se permitir tudo: suavidade e violência, armas e joias, lágrimas e severidade. Ele eclipsa seus concorrentes ousando flertar com o feminino — o cúmulo da virilidade.

Fabricar homens

Erasmo, no tratado *Da educação das crianças* (1529), diz que "os homens não nascem homens, mas são moldados como tais", referindo-se a todos os seres humanos. Se transferirmos a frase para o âmbito da masculinidade, chegaremos aos numerosos rituais que fabricam o masculino: homens "de verdade" guiam os garotos para transformá-los em homens "de verdade". Pois masculinidade se aprende. Num primeiro momento, a iniciação é individual e privada, junto a uma figura paterna. O mais importante não é a parte da convivência a dois, mas o aprendizado do corpo, onde se inscrevem, desde a infância, as leis do masculino. O mesmo acontece com o uso do pênis: Heródoto se espanta que os egípcios urinem acocorados, o que prova que os gregos urinam de pé. Vinte séculos depois, esse hábito segue igual? O fato é que o homem costuma ser uma pessoa que "mija de pé", não sem orgulho. O pênis também é um instrumento de afirmação sexual. Um jovem quebequense conta a educação que recebeu do pai no final do século XX:

> Para ele, um cara é um cara, ele tinha orgulho de ser homem e de ter filhos. Eu tinha nove ou dez anos quando ele me mostrou uma *Playboy*. As garotas estavam nuas, se mostrando. Meu pai apontava para elas e dizia: "As garotas são assim, você as acaricia, enfia nelas seu pênis e as fecunda". Mas ele nunca me disse que dois caras ou duas garotas podiam fazer isso juntos.[14]

O aprendizado do masculino também é coletivo e público, através de ritos de passagem em que os códigos de gênero são transmitidos aos jovens. A iniciação entre homens é um dos grandes princípios da masculinidade de dominação. Ela se baseia na ideia de que o homem vem do homem, não da mulher. O poder do gênero se transmite por uma "reprodução" masculina que imita e supera aquela de que as mulheres têm o monopólio biológico.

Algumas cerimônias visam se apropriar das faculdades do corpo feminino. Entre judeus e muçulmanos, a circuncisão faz o sexo dos meninos sangrar, como o das mulheres.

Os jovens macondes da Tanzânia precisam usar uma máscara ventral de madeira reproduzindo as formas de uma mulher grávida. Em outras sociedades masculinas — mamelucos no Egito, guerreiros japoneses de antes da era Meiji, caiapós no Brasil, índios hopis do Arizona —, o menino é brutalmente arrancado do mundo materno e feminino onde cresceu. Entre os baruya, os meninos ficam reclusos na "casa dos homens", a maior da aldeia, onde sofrem por vários anos uma iniciação constituída de zombarias, humilhações, pancadas e abusos, destinados a tirá-los do mundo feminino. No fim, o homem "de verdade" nasce, sem a intervenção de sua mãe supérflua. Um homem não é parido por uma mulher, mas cooptado por seus pares. É isso que explica, em vários mitos, a amizade exclusiva — às vezes de natureza homoerótica — entre os heróis Gilgamesh e Enkidu, Aquiles e Pátroclo, os cavaleiros da Távola Redonda etc.

Até o fim do século XX, a vida militar sob todas as suas formas — recrutamento, caserna, trincheira, navio de guerra — oferece a principal iniciação coletiva do mundo ocidental. O homem se forma pelo aprendizado, pela fraternidade de armas, pelo senso de entreajuda. Ele adquire uma "nova cultura somática": manter-se em alerta, marchar, mirar, atirar, cuidar da arma e do equipamento, fazer a cama. Todos esses automatismos moldam o corpo e o espírito do soldado.[15]

Uma vez adquirida, a masculinidade é conservada individualmente ou em grupo. No século XIX, a mina e o bistrô, o liceu e o clube, o *fumoir* e a Assembleia, a reunião de pauta e o conselho administrativo são os lugares do entre-homens. Cada nação tem sua sociabilidade de gênero: reuniões secretas dos *carbonari* italianos, brigas de galos e *cantinas* no México, beisebol e *posse* nos Estados Unidos, sem falar das fraternidades nas universidades (contam-se mais de quinhentas no final do século XIX). Na ilha de Lesbos, na Grécia, o café é um enclave de intimidade e cordialidade masculina, num contexto igualitário; longe das esposas, os homens desenvolvem amizades baseadas em jogos de cartas, canções, convites para beber, negócios e até mesmo sestas.[16]

O universalismo masculino

Ainda que rivais, as masculinidades de dominação visam distinguir os homens "de verdade" dos demais, covardes, frouxos, poltrões, medrosos e afeminados. É por isso que o triunfo das masculinidades de dominação (inclusive da masculinidade de ambiguidade) caminha lado a lado com o rebaixamento do feminino, gênero inferior. Como mostrou Françoise Héritier, a díade masculino/feminino é construída no modo positivo/ negativo: ela se justapõe a outros binarismos, como superior e inferior, alto e baixo, forte e fraco, duro e macio, racional e irracional, lógico e ilógico, glorioso e vil, confiável e suspeito, ativo e passivo (em Aristóteles), sublime e belo (em Burke). Essas categorias mentais encontram-se tão disseminadas que não as enxergamos mais. Na *Ilíada*, Menelau chama seus soldados de "aqueias", no feminino, para envergonhá-los. Em meados do século XII, Hildegarde de Bingen glorifica a "virilidade" do Espírito Santo, que impede a Igreja de afundar na fraqueza e na corrupção. Por volta de 1550, o teólogo Jean Viguier afirma que, no ato da carne, o homem é ativo e a mulher, passiva. *A flauta mágica* (1791) opõe Sarastro, o sábio legislador, o homem-Sol que concede a iniciação, à fanática e odiosa Rainha da Noite. Como explica Ernest Legouvé em 1848, a República precisa completar os princípios "viris" (liberdade e igualdade) com qualidades "femininas" (fraternidade). Para o linguista Otto Jespersen, a língua inglesa é masculina, com suas consoantes soantes, enquanto a língua havaiana (*"I kona hiki ana aku ilaila ua hookipa..."*) é afeminada e ridícula.[17]

Esse binarismo paira sobre campos muito distantes das questões de gênero. A partir do século XVIII, o academismo opõe a matemática árida às belas-letras agradáveis, as ciências duras às ciências humanas. Nos anos 1870, o historiador e filósofo Ernest Renan considera os europeus uma "raça de senhores e soldados". Além do fato de que os heróis coloniais — Kitchener, Rhodes, Bugeaud, Faidherbe, Gallieni, Lyautey — são todos homens, o imperialismo é apresentado como uma resistência à decadência e à moleza geradas pela paz. Conquistar é um ato viril, uma possessão, uma penetração de uns por outros.[18] No século XX, a diplomacia instaura uma relação de casal entre um país "forte" e um país "fraco": Estados Unidos e México, Alemanha e Grécia, França e Itália etc. A vida política adota a mesma dicotomia, como nos Estados Unidos, onde os republicanos adoram afeminar os adversários democratas, as elites da Costa Leste ou o Estado-Providência improdutivo (com suas "welfare queens"): homens "de verdade" não votam nos democratas.[19]

Essa hierarquia de gênero explica por que as mulheres masculinas costumam ser toleradas (elas se "elevam" ao nível dos homens), enquanto os homens afeminados são considerados odiosos (eles "caem" no nível das mulheres). Da mesma forma, as profissões tendem a ser depreciadas quando associadas ou acessíveis às mulheres (ensino, cuidar do outro). O masculino sempre é percebido como uma consagração, o feminino, como um fracasso.

A inferioridade inata do feminino autoriza o masculino a representá-lo. Como disse Simone de Beauvoir, os formulários do estado civil propõem rubricas simétricas (masculino ou feminino), mas na verdade o masculino constitui o positivo e o neutro, enquanto o feminino aparece como o negativo.[20] O homem-macho encarna menos o sexo forte do que o sujeito abstrato, princípio de referência, norma válida para a humanidade inteira — ao contrário de mulheres, crianças e negros, encerrados em sua particularidade orgânica.

O universalismo masculino é reforçado pela confusão, em certas línguas, entre o ser humano e o ser humano do sexo masculino. Isso acontece no inglês, no espanhol, no francês, no italiano e no português, ou seja, em toda a Europa Ocidental e nas Américas (mas não no alemão, no russo, no japonês, nem nas línguas escandinavas). Como diz a *Enciclopédia*, em meados do século XVIII, com involuntário humor, "mulheres e meninas costumam ser compreendidas pela palavra *homens*". De fato, o masculino tem a generalidade do neutro (*man* em alemão, *one* em inglês e "on" em francês, que deriva de *hom*). É o masculino, aliás, que utilizamos na ausência de conteúdo semântico ("liguei para a seguradora, eles me responderam que..."), e é raro que o feminino seja utilizado em casos semelhantes ("aquela pessoa é muito gentil").

Na maioria das vezes, o feminino só remete a si mesmo. Como o francês [e o português] no uso da palavra "mulher", o alemão confunde, na palavra *Frau*, o ser humano do sexo feminino e a esposa de um homem. Além disso, o estado civil alemão de uma mulher remete à sua biologia (*Frau Schmidt ist eine Frau*), enquanto os homens têm um título social próprio (*Herr Schmidt ist ein Mann*), que indica poder e autoridade, como em *Herrschaft*. Aquilo que é delicioso ou magnífico (*herrlich*) também remete ao masculino, ao passo que *Dame* tem um único derivado, *dämlich*, que significa "estúpido".

O vocabulário proclama a nobreza do masculino e a baixeza do feminino. Nas línguas românicas, "pátria" e "patrimônio" têm a raiz *pater* (o pai), e "virtude" deriva de *vir* (o homem). Os testículos (de *testis*, "testemunha") denotam a confiabilidade e a coragem, como na expressão "ter colhões". A mesma palavra pode mudar de sentido dependendo do gênero. Em italiano e francês, o cortesão de Baldassare Castiglione é um modelo da

O homem e a mulher na signalética (anos 2010)

	Informações gerais		Banheiro (homens)	Banheiro (mulheres)
O homem de pernas retas	estacionamento	aeroporto	aeroporto	aeroporto
	lixo	museu (*)	rua (**)	rua (**)
O homem de pernas abertas	sinal vermelho	teleférico	universidade	universidade
	monumento	túnel para pedestres	monumento	monumento
O homem em movimento	transportes	transportes	transportes	transportes
	hotel	teatro	teatro	teatro

	Informações gerais		Banheiro (homens)	Banheiro (mulheres)
	piscina	hotel	aeroporto (**)	
A função-mulher				
	estacionamento	elevador	avião	
	rua (*)	rua	estação de trem	

À esq., as informações gerais: pagar o estacionamento, usar o lixo, ponto de encontro em caso de perigo etc. À dir., as silhuetas sinalizam os banheiros para homens e mulheres. O caráter universal e abstrato da masculinidade aparece com força: o pedestre genérico é simbolizado da mesma maneira que o homem-com-pênis do banheiro. Enquanto o homem representa o ser humano por excelência, a mulher, por sua vez, sempre é representada por seu gênero: vestido, cabelo, pernas fechadas ou cuidados maternos. [As fotografias foram tiradas em 2018, na França, com exceção de (*) na Alemanha e (**) na China.]

arte de viver, enquanto a cortesã é uma prostituta. O *médecin*, médico em francês, não tem equivalente feminino, pois o feminino *médecine* (medicina) designa o campo do saber. O costureiro cria, a costureira executa. O esteticista medita sobre a beleza, a esteticista depila para tornar bonita. Em contrapartida, *maîtresse* no sentido de amante não tem um equivalente masculino, assim como *Klatschtante* em alemão (fofoqueira, literalmente "tia que espalha fofoca") só existe no feminino.[21]

Em muitas línguas, o feminino é degradado. *Cunt* e *pussy* em inglês, *Fotze* e *Möse* em alemão, *pizda* em russo e *con* em francês têm uma acepção anatômica (vagina) e também injuriosa (imbecil). Em chinês, o caractere 女, que designa o feminino, representa uma jovem ajoelhada. O bom (好) é representado por uma mulher acompanhada de um bebê; a segurança (安), por uma mulher sob um telhado; a mãe (母), por seus seios e mamilos. A esposa (妻) é uma mulher que segura uma vassoura. Em japonês, acrescenta-se a palavra 愚 (*gu*, "estúpido") ao chamar os próximos: costuma-se utilizar a expressão 愚妻 (*gusai*, "mulher estúpida") para designar a própria esposa, enquanto a expressão 愚夫 (*gufu*, "marido estúpido") é quase inusitada. O adjetivo 女々しい (*memeshī*, "como uma menina") significa chorão, mas o adjetivo 雄々しい (*ooshī*, "como um homem") significa corajoso.

Independentemente do vocabulário, a gramática tende a privilegiar o masculino. Desde meados do século XVII, o masculino prevalece sobre o feminino na língua francesa por ser o gênero mais nobre ("minha irmã, seu marido e as três filhas deles chegaram"). No japonês, as regras linguísticas não se impõem da mesma maneira a homens e mulheres. A linguagem masculina é neutra, enquanto a linguagem feminina é claramente "feminizada". As mulheres são obrigadas, portanto, a alternar sua maneira de falar: linguagem neutra no trabalho, linguagem feminina em casa. Os homens têm à disposição vários "eu" (*watashi*, *boku*, *ore*), utilizáveis segundo o contexto. As mulheres, no entanto, são obrigadas pela norma de feminilidade a utilizar apenas a expressão mais educada, *watashi* (e sua variante *atashi*), para demonstrar modéstia.

O que é o patriarcado?

As masculinidades de dominação prosperam no patriarcado: o mundo é recriado entre homens. As mulheres são relegadas às especialidades procriadoras, maternas e alimentícias, sem que os homens precisem delas para se reproduzir. Como explicar esse paradoxo?

O rebaixamento, por meio da circunscrição doméstica e sob ares de aura mágica, permite que as mulheres sejam absorvidas pelos chefes de família como seres não essenciais; por isso a pretensão dos homens de representar a humanidade inteira. O masculino se arroga a autoridade moral, a norma abstrata e a evidência de si, relegando às mulheres o registro das utilidades corporais. O poder simbólico do masculino justifica a dominação social dos homens.

Através de uma história, de um pensamento, de culturas, ritos, palavras e instituições, o patriarcado distribui as primazias, mas não em benefício de todos os homens, nem em detrimento de todas as mulheres. Além de as masculinidades de dominação odiarem as masculinidades inferiores, tão ilegítimas e deficientes quanto o feminino, a fábrica de homens também pode devorar seus próprios filhos: como os homens humilhados nos ritos de Esparta e da Nova Guiné, ou os homens que pereceram aos milhares em 1º de julho de 1916, no primeiro dia da Batalha do Somme. O patriarcado não é uma maquinação, mas um maquinário, e nem todos os homens são seus cúmplices, nem todas as mulheres são suas vítimas.

Mesmo assim, as masculinidades de dominação acreditam representar a quintessência do masculino, e mesmo do masculino tout court, como se este só existisse através de sua vontade de poder — sua crista viril. Exercendo sua tutela sobre a ordem de gênero, o patriarcado se define como *um sistema em que o masculino encarna tanto o superior quanto o universal, em proveito de uma maioria de homens e de uma minoria de mulheres*. Ele é o sexismo institucionalizado na forma de prestígio e transcendência; sua cultura é a masculinidade de dominação (ou masculinidade patriarcal). É todo esse sistema que a revolução feminista questiona.

Parte II
A revolução dos direitos

4.
A primeira era de emancipação

Na Babilônia do século XIX antes de nossa era, as religiosas de Sippar, perto de Bagdá, conciliam vida espiritual e operações financeiras: elas compram, vendem, emprestam, investem em terras, intentam ações nos tribunais. Para gerenciar suas posses, essas mulheres de negócios empregam todo um exército de intendentes, irrigadores, condutores de bois, joeiradores, moleiros e operários agrícolas, auxiliados por uma boa quantidade de escravos. As esposas dos mercadores assírios, por sua vez, tecem e exportam sua produção para a Anatólia. Quando o marido está ausente, elas representam seus interesses junto aos confrades ou às autoridades, assinam contratos e escrevem cartas, ao mesmo tempo que gerenciam o cotidiano da casa — filhos, criados, escravos, compras, oferendas etc.[1]

Dependendo da perspectiva que adotamos, podemos considerar essas mulheres como símbolos de emancipação ou como exceções que confirmam a regra. De fato, Assur é governada por um rei assistido por um conselho masculino e, ao contrário dos homens, as mulheres não têm direito à bigamia (sem falar da misoginia codificada pela legislação médio-assíria alguns séculos mais tarde). Mas esses exemplos levantam uma questão importante: uma mulher pode ser livre dentro de uma sociedade patriarcal?

A proteção do círculo patriarcal

O patriarcado concede às mulheres certa liberdade, certa autonomia paternalista. Por mais que os códigos mesopotâmicos pratiquem a lei de Talião, eles criam, apesar de tudo, um quadro legal: o Estado garante uma proteção mínima às pessoas, inclusive às mulheres. Ora, existe uma diferença entre o reinado da lei, mesmo que misógina, e a anarquia criminosa, onde tráficos, invasões, raptos e escravidão transformam as mulheres em rebanho humano. A família patriarcal também garante proteção às esposas legítimas, bem como a suas filhas. Vemos isso no status da mãe de família: o código de Hamurabi e a Bíblia prescrevem que ela deve ser honrada em igualdade com o pai. O círculo patriarcal concede alguns direitos às mulheres "honestas", portanto, pelo simples fato de elas se distinguirem das mulheres "decadentes", das criadas, das escravas e das prostitutas.

Em Roma, a sociedade pende tanto para o lado dos homens — os cidadãos do sexo masculino — que as mulheres não participam nem das revoltas alimentares: a comida é coisa séria demais para ser deixada a cargo das mulheres.[2] No entanto, a revolta contra a lei Oppia atesta a margem de manobra de que as ricas patrícias se beneficiam. Adotada em 215 a.n.e. durante a Segunda Guerra Púnica, a lei proíbe as mulheres de usar roupas multicoloridas e joias de ouro, sob pena de tê-las confiscadas. Essa lei de guerra, que se torna uma lei suntuária, desperta a cólera das romanas, que cercam o fórum e conseguem fazer com que seja revogada em 195 a.n.e., para grande pesar de Catão.

Dentro da família, a *patria potestas* confere ao homem um poder praticamente ilimitado. O casamento coloca a mulher num regime de servidão legal, sob a *manus* de seu marido. No entanto, trata-se da união de duas vontades livres, o marido e a mulher têm o mesmo estatuto aos olhos dos deuses e dos mortais (para os gregos, o consentimento da esposa não é exigido). Com o tempo, o casamento romano se torna uma instituição bastante flexível. Um casamento "livre", *sine manu*, permite que a esposa dependa de um tutor fictício, e, sob Augusto, as mães de três crianças são inclusive dispensadas deste. O divórcio, cada vez mais frequente no final da República, garante a algumas mulheres uma liberdade quase total. No Império, algumas têm o direito de repudiar o marido.[3] Baseando-se num édito de Augusto, o cônsul Velleius Tutor promulga um decreto que proíbe as mulheres de serem fiadoras. Esse "direito velleiano", que dita a incapacidade jurídica das romanas, também serve para proteger seus bens da cobiça de um marido perdulário ou perseguido por credores.

O cristianismo dos primeiros séculos não hesita em mostrar mulheres, mártires, santas ou rainhas que convertem os maridos. Acima de tudo, o casamento monogâmico postula um relacionamento cara a cara entre o homem e a mulher, embora seja o marido que dirija a família. A imortalidade da alma e o lugar reconhecido ao amor no cristianismo coroam o casamento com um princípio espiritual que transcende a simples reprodução da espécie. "Maridos, amai vossas mulheres como Cristo amou a Igreja", recomenda São Paulo na Epístola aos Efésios. A mulher não é a escrava do homem, mas sua companheira. O marido não é o proprietário da mulher, pois os esposos pertencem um ao outro, inclusive nas relações carnais: um tem exclusividade sobre o corpo do outro. O casamento, instituído como um sacramento, é indissolúvel. Por toda a vida, o homem precisará se contentar com sua mulher, e vice-versa.[4]

Encontramos a maioria desses princípios no Alcorão: igualdade dos seres humanos (surata dos aposentos), responsabilidade do marido em relação à esposa, direito de herança e de propriedade reconhecido às mulheres (surata das mulheres), proibição ao marido de caluniar a esposa (surata da luz). As esposas do Profeta, aliás, são mulheres fortes: às vezes instruídas, com frequência divorciadas ou viúvas de um primeiro marido, elas circulam livremente, argumentam, interrogam, contestam. Khadija, a primeira delas, tem uma grande fortuna e a faz frutificar; mais velha que Maomé, ela é quem pede sua mão. Como no cristianismo, entre marido e mulher existe uma reciprocidade de direitos sexuais. O islã autoriza o repúdio, sem dúvida, mas o marido precisa, nesse caso, devolver o dote à mulher.

Por fim, algumas sociedades patriarcais reconhecem às mulheres direitos de propriedade sobre suas heranças ou bens. No Japão do século VIII, as mulheres podem contrair dívidas e créditos, vender e comprar terras, possuir escravos. Em Constantina, no século XVIII, as mulheres gerenciam os bens recebidos antes do casamento, investem em terras, recorrem à justiça do cádi em caso de desacordos conjugais.[5] Na França do Antigo Regime, o direito de sucessão é cada vez mais igualitário e a liberdade de deixar testamento é restrita, menos na região do Midi, de direito romano. As mulheres proprietárias de um feudo votam nos Estados Provinciais e nos Estados Gerais. No século XIX, as mulheres às vezes recorrem a um contrato de casamento a fim de proteger seu patrimônio, sobre o qual os maridos, caso contrário, teriam direitos.[6]

Mulheres independentes

Num mundo dominado pelos homens, as mulheres se beneficiam de um simulacro de liberdade quando conseguem escapar à tutela marital ou manter-se no topo das hierarquias — emancipação pela viuvez, pelo convento, pelo trono, pelas armas ou pelo talento.

As mulheres "livres" são, acima de tudo, mulheres "sozinhas", isto é, sem marido, protegidas pela virgindade ou pela viuvez. A viúva goza de uma situação particular na Suméria, graças ao código de Ur-Nammu, na Europa medieval até a Escandinávia viking, e na China dos Song, onde a viúva, mesmo casando de novo, é oficialmente considerada a chefe da família. Na Europa moderna, o exemplo mais conhecido é o de Glückel von Hameln (1646-1724). Depois da morte de dois maridos sucessivos, essa mãe de catorze crianças, das quais doze sobrevivem, ocupa-se exclusivamente do negócio familiar, um comércio de pedras preciosas. De Hamburgo, ela faz empréstimos, viaja por toda a Europa e consegue casamentos ricos para os filhos. Na França do Antigo Regime, antes da reforma de 1776, as raras mulheres admitidas nas corporações são as viúvas de mestres-artesãos. No início do século XIX, a jovem viúva Clicquot se torna a primeira mulher a dirigir uma fábrica de champanhe.

A mulher é independente porque é vista "como um homem": a viuvez produz uma transferência de virilidade. Algumas mulheres estéreis, repudiadas ou na menopausa assumem um papel de homem, como entre os índios pikunis ou iroqueses, bem como entre os nuer da África Oriental.

As religiosas constituem um caso inverso: elas são "livres" porque já foram "tomadas", dedicam-se a uma divindade (como as grandes sacerdotisas e as vestais) ou unem-se espiritualmente a Deus (como as freiras no cristianismo). No início do século XII, na abadia mista de Fontevraud, os monges são subordinados às mulheres; a poderosa Pétronille de Chemillé dirige os assuntos espirituais e temporais da abadia e de seus oitenta priorados. Heloísa dirige a abadia de Argenteuil antes de se tornar abadessa de Paracleto, monastério exclusivamente feminino. Hildegarde de Bingen também é eleita abadessa em 1136.

Mas seria excessivo ver nisso uma liberdade conquistada pelas mulheres. Em Fontevraud, Pétronille é designada por um homem, intencionalmente: para os monges, viver entre mulheres (às vezes ex-prostitutas) é uma forma superior de humilhação. De resto, cada sexo tem suas ocupações: trabalho para os homens, salmodia e contemplação para as mulheres. Heloísa, por sua vez, solicita a Abelardo regras de vida para sua abadia. Da mesma forma, o movimento das beguinas — mulheres que vivem em comunidade ao lado de um monastério, em Flandres, Paris ou Colônia — é encampado pela Igreja na segunda metade do século XIII. Elas são obrigadas a integrar uma comunidade religiosa para não serem acusadas de conluio com os heréticos; em 1312, o Concílio de Viena abole a condição de beguina.[7]

As religiosas e as viúvas escapam da função-mulher porque não têm um marido terrestre. Outra coisa é substituir os homens no exercício do poder, como Cleópatra, no Egito, Himiko, no Japão, Wu Zetian, na China, Isabel, a Católica, na Espanha, Elizabeth I, na Inglaterra, Catarina II, na Rússia, e Maria Teresa (que teve dezesseis filhos), na Áustria. Seus reinos podem ser muito extensos. Maria Tudor (1516--58), por exemplo, soberana da Inglaterra e da Irlanda, também reina, depois do casamento com Filipe II, sobre a Espanha, o ducado de Milão, o sul da Itália, a Borgonha, Flandres e Jerusalém.

Mas não se deve ter ilusões sobre o poder das rainhas. As monarcas do sexo feminino não reinam enquanto mulheres: elas personificam a continuidade do Estado, devem seu poder aos acasos dos nascimentos, das sucessões, das mortes ou das regências. Elas costumam reinar por delegação, em nome do marido falecido, como Branca de Castela durante a minoridade do filho Luís IX. Além disso, é o masculino que domina a mulher-rei. Coroada em 1384, Edviges da Polônia é oficialmente chamada de "rei". Na Inglaterra, o pai de Elizabeth manda assassinar sua mãe três anos depois de seu nascimento.

O sinete de Joana de Borgonha (c. 1328)

Por sua forma circular e sua riqueza simbólica, o sinete coloca a rainha no mesmo patamar dos reis: Joana é representada de pé, coroada, com dois cetros e cercada de leões. Seu marido, Filipe VI, que se ausenta para conduzir os combates da Guerra dos Cem Anos, confia-lhe o reino em 1338. Correspondente do papa, cercada de artistas e escritores, Joana é vítima de um rumor que a estigmatiza como "rainha coxa e má".

Uma vez no poder, Elizabeth manda decapitar sua rival, Maria Stuart, adotando a simbologia do *imperium*: atitude hierática nos quadros, austeridade na vida, castidade declarada, companhias masculinas, "coração e estômago de rei", como ela diz em 1588 em seu célebre discurso de Tilbury.

No Renascimento, 33 rainhas, princesas e regentes governam por algum tempo os Estados da Europa mais bem estruturados (França, Inglaterra, Espanha, Países Baixos), mas seu poder é contestado por natureza; a autoridade senhorial e clerical, de todo modo, continua nas mãos dos homens.[8] Na França, a lei sálica e o declínio da função de rainha condenam as mulheres a uma fraca influência, com exceção de algumas favoritas, como Gabrielle d'Estrées, Madame de Montespan, Madame de Maintenon e Madame de Pompadour.

Por fim, a energia e o talento também garantem às mulheres certa forma de autonomia. É o que acontece com as mulheres guerreiras, como Joana d'Arc, Jeanne Hachette ou La Grande Mademoiselle, prima de Luís XIV, que faz com que sejam disparados tiros de canhão da Bastilha contra as tropas reais em 1652. E também o que acontece com as mulheres letradas. Graças à sua educação elevada e a seu domínio do mandarim (reservado aos homens), Murasaki Shikibu se torna poeta da corte imperial do Japão e escreve, no início do século XI, o *Genji Monogataria*, obra-prima da literatura japonesa. Na França, Cristina de Pisano defende a causa das mulheres em *A cidade das mulheres* (1405), que são tão inteligentes e capazes quanto os homens, mas ela precisa adotar estratégias de masculinização para ser aceita.

A partir do Renascimento, poetas e intelectuais se tornam conhecidas na península Itálica: Laura Terracina, a quem devemos um *Discurso sobre todo o primeiro canto do Orlando Furioso*, de 1550, ou Elena Cornaro Piscopia, admitida no doutorado de filosofia de Pádua, em 1678, e primeira mulher titular de um diploma universitário. Algumas artistas se distinguem: Catherine van Hemessen é uma pintora flamenga do século XVI, e Artemisia Gentileschi, notada em 1610 por seu quadro *Susana e os anciãos*, realizado com a idade de dezessete anos, é a primeira mulher admitida na Academia de Desenho de

Florença. Maria Sibylla Merian (morta em 1717), naturalista e artista alemã, é uma das raras cientistas do período. Essas mulheres constituem exceções em um ambiente intelectual e jurídico fixo. Apesar de seu talento, ou por causa dele, elas parecem frágeis socialmente, ora sujeitas à violência (Artemisia Gentileschi, violada por seu preceptor, é submetida a perguntas humilhantes do tribunal), ora rejeitadas pelas autoridades (mesmo depois de vencer a oposição do bispo de Pádua, Elena Cornaro Piscopia é proibida de ensinar). Na França, das seis Academias reais fundadas no século XVII, somente a Academia de Pintura (1648) admite mulheres. Catherine Duchemin é admitida em 1663; mais tarde, as irmãs Boullogne, Sophie Chéron e Catherine Perrot. Nenhuma mulher participa da Academia Real de Dança. Quanto à Academia Francesa (1635), ela permanece um bastião masculino até o fim do século XX.[9]

Em contrapartida, as mulheres participam ativamente da vida econômica. Na França, Henrique IV extingue o direito velleiano em 1606, permitindo que as mulheres assinem contratos e alienem seus fundos dotais — e que sejam espoliadas por seus maridos. Vários ofícios lhes são possíveis: lavadeira, costureira, cabeleireira, vendedora de roupas, chapeleira ou ama de leite. Na região de Lyon, o setor têxtil é muito feminizado. Depois das reformas de Turgot, em 1776, as mulheres podem entrar em novas corporações e se tornar açougueiras, merceeiras ou tricoteiras. O fato de vários ofícios recusarem mulheres — principalmente se elas forem casadas — não as impede de trabalhar, seja com o marido, seja como "independentes", lavando e passando, vendendo roupas e objetos usados etc. Seu trabalho e seu tempo livre supõem certa mobilidade: elas estão presentes em mercados, feiras, praças, cabarés.[10]

A "querela das mulheres"

Na Europa, o quarto fator de autonomização das mulheres, depois do casamento romano *sine manu*, do humanitarismo cristão e da entrada no mundo do trabalho, é a alfabetização. Nos países germânicos, a Reforma encoraja a educação de meninos e meninas, para que todos tenham acesso à Bíblia. Na França, na esteira da Reforma Católica, várias iniciativas surgem no início do século XVII: pensões e conventos para as moças de família, escolas gratuitas para as deserdadas, Filhas da Caridade e Ursulinas em Paris, Companhia de Maria Nossa Senhora em Bordeaux etc. Na maioria das vezes, o ensino se limita aos trabalhos de corte e costura e ao catecismo, mas o programa esboçado por Fénelon em *A educação das meninas* (1687) é mais ambicioso: apesar de sua "fraqueza natural", ele defende que é preciso ensinar-lhes história, poesia, música, noções de economia e direito, mas não latim. Fénelon exerce certa influência sobre Madame de Maintenon, fundadora da Maison Royale de Saint-Cyr, destinada às jovens filhas da nobreza decaída.[11]

A educação das mulheres é uma grande questão, da qual depende seu futuro papel na sociedade. Essa é a luta travada, em Veneza, por Lucrezia Marinella, em *Da nobreza e excelência das mulheres* (1591) e por Modesta Pozzo, em *O mérito das mulheres* (1600); na França, por Marie de Gournay, em *A igualdade entre homens e mulheres* (1622); e, na Inglaterra, por Mary Astell, em *Uma séria proposta para as senhoras* (1694), que esboça o projeto de uma universidade para mulheres. No século XVII, várias dezenas de tratados que fazem o elogio das mulheres são publicados na França, bem como dicionários que lembram sua importância histórica, como *As mulheres ilustres* (1642), de Mademoiselle de Scudéry, e *As damas ilustres* (1665), de Jacquette Guillaume. Várias autoras falam da certeza de serem iguais aos homens e, em alguns âmbitos, superiores a eles.

Para Marguerite Buffet, o fato de os homens "glorificarem a grandeza de seus corpos e o tamanho de suas cabeças é algo que eles têm em comum com os mais estúpidos animais e as maiores e mais pesadas bestas"; as mulheres, por sua vez, têm mais piedade, fidelidade e vivacidade de espírito.[12] A afirmação das mulheres tem consequências tanto na vida religiosa quanto na literária. Na Grã-Bretanha, os protestantes liberais reconhecem a igualdade dos esposos diante de Deus e mesmo, como John Milton em 1643, a possibilidade do divórcio. Nos meios quakers e batistas, as mulheres tomam a palavra em público, saindo do silêncio que São Paulo havia prescrito. A essa igualdade espiritual soma-se uma igualdade política, durante o movimento dos "Levellers" [Niveladores], nos anos 1640, pois as mulheres começam a redigir petições e panfletos ao lado dos homens. Na França, pregadoras alimentam a mística feminina, como Madame Guyon, viúva abastada, quietista, próxima de Fénelon e encarcerada por vários anos na Bastilha depois de expulsa de Saint-Cyr.

As mulheres chegam cada vez mais longe: o "quarto azul", de Madame de Rambouillet, recebe destacados homens de letras, como Honoré d'Urfé, Vincent Voiture e Guez de Balzac; o grupo das "preciosas", árbitras da elegância linguística, se distingue pelo purismo de estilo e pelo refinamento nas maneiras; o movimento das frondistas, por volta de 1650, formado por cerca de quinze mulheres bem-nascidas, sob a regência de Ana da Áustria, reivindica uma autoridade feminina em política, diplomacia e questões militares. Entre elas, a duquesa de Longueville, irmã dos príncipes frondistas, se tornará protetora da abadia de Port-Royal.[13]

Esses grupos, no entanto, abrangem uma microelite de mulheres cultas, logo reduzidas ao silêncio. As "mulheres intelectuais" são ridicularizadas nos meios da Academia Francesa e por escritores como Molière e La Fontaine. A ordem é logo restabelecida sob o reino pessoal de Luís XIV. Mademoiselle de Scudéry, por exemplo, frequentadora do "quarto azul" e pivô da vida literária parisiense nos anos 1640-50, precisa publicar seus textos sob o nome do irmão, e é criticada por suas pretensões intelectuais e pelo mau gosto de seu salão. Mesmo assim, cada um à sua maneira, esses grupos dão visibilidade coletiva a mulheres. Poder da palavra, elã da criação poética ou da ação, gosto por controvérsias: o envolvimento das mulheres nos debates compensa sua inferioridade cívica. Entre as preciosas, o amor à língua, a busca da distinção, o culto do heroísmo e da solidariedade sexual constituem os primeiros marcos de uma tomada de palavra feminina.[14] As mulheres contam cada vez mais na vida intelectual. Em 1637, Descartes escolhe escrever em francês seu *Discurso do método*, para poder ser lido pelas mulheres, a quem o latim não era ensinado. É em torno da literatura que se constrói uma sorte de espaço feminino. Nos quartos e nas ruas, desenvolve-se um passatempo mundano que consiste em "falar de literatura", mas também em ler e escrever poemas, romances, descrições, além de diários íntimos e uma abundante correspondência. O amor, tema de predileção, abre caminho à vida interior, preâmbulo à descoberta de outros sentimentos, como melancolia ou entusiasmo. Depois da romancista — Mademoiselle de Scudéry ou Madame de La Fayette —, nasce a leitora, que compartilha seus gostos ou se absorve num momento de intimidade para animar a ociosidade à qual o casamento a condena. As mulheres de elite são tanto consumidoras quanto produtoras de cultura, o que não as impede de contribuir para o sucesso de romances escritos por homens, do *L'Astrée* à *Nova Heloísa*.

Na China, o *tanci* se desenvolve na mesma época como um gênero literário baseado em exemplos de virtude e piedade confuciana. As mulheres de condição confortável, reclusas em seus aposentos reservados, chamam contadores de histórias a domicílio. Originalmente considerado um passatempo, o *tanci* é apropriado e reinterpretado pelas mulheres, tornando--se uma verdadeira literatura, na qual elas falam de si mesmas, de seus sofrimentos e de suas esperanças.[15] Em escala mundial, o século XVII é um período de emancipação para as mulheres. Mais escolarizadas e alfabetizadas, elas podem exercer um papel cultural, social e econômico, e mesmo religioso e político. Elas exercem o poder na Europa (com Maria de Médici e Ana da Áustria, regentes do reino da França), mas também na África (Ana Jinga se opõe aos portugueses na atual Angola) e no mundo muçulmano (as sultanas de Achém, protetoras das artes e letras, reinam por meio século na ilha de Sumatra). Elas também desempenham um papel na conquista do Novo Mundo. Filha de um grande chefe ameríndio, Pocahontas aproxima as tribos indígenas e os colonos da Virgínia, antes de se casar com um plantador e se converter ao cristianismo; no século anterior, Malinche já havia sido uma intermediária preciosa para Cortés, no México.

Salonnières e novas mães

A vida mundana, que brilha intensamente na França do século XVIII, não existe sem as mulheres: elas recebem, determinam as regras do jogo social, conferem às conversas humor e alegria, cortesia e refinamento. Muitos salões estão associados a uma figura feminina, a "senhora da casa", que transforma seu lar em espaço de hospitalidade mundana: Madame de Tencin, Madame de Lespinasse ou Madame de Luxembourg, anfitriãs de uma elite de homens da corte, de homens de letras, de artistas, de embaixadores e de mulheres de qualidade. A influência delas é tão palpável que, para os observadores estrangeiros, a França é o país das mulheres.[16] Os atores de Marivaux e de Beaumarchais colocam em cena homens enganados por mulheres espirituosas — criadas ou condessas — que parecem "governar seus mundos".

A nobreza garante às mulheres certa igualdade. A posição social se sobrepõe ao sexo, uma duquesa vale mais do que um barão e, é claro, do que um plebeu. Na alta aristocracia parisiense, as mulheres gozam de real autonomia, com uma vida social e amorosa equivalente à do marido. Mas o papel das mulheres também é desempenhado no lar, junto aos filhos. Na segunda metade do século XVIII, sob influência de Rousseau, várias mulheres da nobreza se interessam pela puericultura e pela pedagogia. Madame d'Épinay expressa o desejo de criar pessoalmente os filhos, em vez de entregá-los a uma ama. Depois de um parto, em 1746, seu marido repele brutalmente a ideia: "A senhora, alimentar seu filho? Quase morri de rir. Ainda que fosse forte o suficiente, acredita que eu consentiria com algo tão ridículo?".

Em 1759, ela publica *Cartas a meu filho*, em que o incita a abraçar uma vida honrada e sincera guiada pela consciência. Ela desenvolve laços de amizade com Rousseau, Grimm, Diderot e d'Holbach, mas, separada do marido e desesperada com as leviandades do filho, só encontra a felicidade junto à neta, para quem escreve, em 1774, *Les Conversations d'Émilie*.[17]

É assim que, além do papel civilizador de *salonnières*, as mulheres têm reconhecido seu papel cívico de educadoras — uma "cidadania" entre o companheirismo intelectual com seus amigos filósofos e a maternidade esclarecida junto aos filhos. O século das Luzes não lhes concederá mais nada, mas, para as leitoras de Rousseau, trata-se de um status social e quase político: polir os costumes dos contemporâneos e formar o espírito dos futuros cidadãos. Essa maternidade das Luzes terá influência na Prússia, na Rússia, na Polônia e até no Japão da era Meiji no fim do século XIX, onde o lema "boa esposa, mãe sábia" (*ryōsai kenbo*) confia às mulheres uma responsabilidade na obra de recuperação nacional.

O esforço de alfabetização das jovens continua no século XVIII, especialmente em Paris, onde são criadas novas escolas, de caridade ou pagas, com frequência ligadas a congregações. Em 1760, contam-se mais de 250 estabelecimentos educacionais para cerca de 11 mil alunas. Os progressos são evidentes: em um século, a proporção de mulheres parisienses capazes de assinar seus testamentos passa de 60% a 80% (e de 85% a 91% para os homens), ainda que a diferença continue enorme em outras regiões, pois a taxa de alfabetização feminina fica estagnada em 12% ao sul da linha Saint-Malo/Genebra. Nos anos 1780, 44% das esposas sabem assinar o próprio nome na França do norte e do leste, 40% na Inglaterra, 37% na Bélgica e 27% na França inteira.[18]

A alfabetização das mulheres, seu engajamento político, seu papel na invenção da "literatura", sua reivindicação de igualdade e sua centralidade mundana contribuem para a autonomia das mais ricas, numa sociedade que continua dominada pelos homens tanto no âmbito político quanto no jurídico e religioso. Uma emancipação das mulheres, portanto, mas dentro de que limites?

Nos anos 1760, a jovem Geneviève Randon de Malboissière recebe educação em matemática, espanhol, italiano, alemão, inglês, desenho, dança e história natural. Nessa família de nobreza abastada, convertida às ideias das Luzes, a educação das filhas é uma evidência, mas ainda é "gratuita", não permite o acesso a nenhum ofício ou carreira. O saber feminino visa unicamente o prazer: ele só é tolerável se não entrar em concorrência com a posição social dos homens.[19] Pintora de talento e renome, Élisabeth Vigée se apresenta à Academia Real de Pintura em 1783, com a proteção da rainha, mas é criticada porque ocupa legalmente a mesma posição do marido, o sr. Lebrun, vendedor de quadros. Inscrevendo seu nome nas telas com a ajuda de um canivete, ela consegue assiná-las, manifestando uma "autoralidade desprovida de autoridade".[20] Rousseau, por sua vez, adulado por tantas leitoras, afirma no *Emílio* que "toda educação das mulheres deve ser relativa aos homens": o dever de uma mulher é agradar aos homens e lhes ser útil.

A amamentação e a vida mundana, às vezes opostas uma à outra, são provas de emancipação feminina? Nos dois casos, mulheres do lar são confirmadas em seu devotamento aos outros — na alimentação dos filhos e na arte de receber, dois talentos "naturais" que o círculo patriarcal celebra na função--mulher. Existe, de resto, uma diferença de natureza entre as *salonnières* que reconhecem humildemente sua ignorância, como Madame Geoffrin, e a grande minoria das mulheres instruídas, como Émilie du Châtelet, tradutora de Newton, ou Laura Bassi, professora de física na universidade de Bolonha, onde tem como alunos Spallanzani e Volta. As primeiras sem dúvida sofrem com essa condição, como Madame d'Épinay admite em 1771, apesar de ser uma mulher que escrevia: "Sou muito ignorante, este é um fato. Toda minha educação se voltou para os talentos agradáveis".[21] E como Madame de Staël, intelectual de primeiro plano, autora de romances e ensaios, que escreve em *Da Alemanha* (1813): "É certo excluir as mulheres dos assuntos políticos e civis; nada está mais oposto à sua vocação natural do que tudo o que lhes traria relações de rivalidade com os homens".

No entanto, essa primeira era de emancipação, dentro do patriarcado, prepara as mulheres para as lutas por igualdade que elas travam a partir da Revolução.

5.
As conquistas do feminismo

Hoje, as mulheres dirigem multinacionais e Estados na Europa, na Ásia, nas Américas; todas as carreiras profissionais lhes são possíveis; elas podem se vestir como quiserem; têm direito à licença-maternidade; a denúncia de uma mulher violada é levada em conta, seu agressor é julgado se ele for preso. Isso não ocorria em 1850.

Alguma coisa aconteceu entre o fim do século XVIII e o fim do século XX, e essa "alguma coisa" é um imenso progresso cujos efeitos sentimos todos os dias em nossa vida cotidiana. Em outras palavras, o sistema patriarcal se fraturou.

Mulheres em revolução

As mulheres participaram ativamente das revoluções atlânticas de 1776 a 1804, mas não no mesmo plano que os homens — o que não surpreende, dada sua exclusão da esfera política. Nos anos 1760, nas colônias americanas, as Filhas da Liberdade se mobilizam para organizar o boicote aos bens ingleses, sobretudo têxteis; Martha Washington se engaja ao lado do marido. No entanto, os "Pais Fundadores" dos Estados Unidos são homens, membros dos Congressos continentais, signatários da Declaração de Independência, os primeiros presidentes e vice-presidentes.

No Caribe, ao longo de todo o século XVIII, mulheres escravizadas fogem (às vezes com os filhos), mas elas representam apenas 20% dos fugitivos. As mulheres participam das insurreições desde a Cerimônia de Bois-Caïman, em 14 de agosto de 1791 em São Domingos; elas assumem sobretudo uma função ritual, com cantos e danças, enquanto os homens dirigem o movimento e carregam as armas. Várias combatentes participam da guerra de independência, como Catherine Flon, que cria a bandeira haitiana, e Sanité Belair, que exige ser fuzilada em uniforme de soldado. Em Guadalupe, em 1802, as mulheres participam dos combates repassando ordens, preparando a munição, reconfortando os feridos, transportando os mortos, e é nesse contexto que a mulata Solitude é executada, grávida.[1]

Como nos Estados Unidos e no Caribe, também encontramos "cidadãs" na França revolucionária. Seu campo de ação é muito amplo — cadernos de queixas, petições ao rei ou à Assembleia, manifestações, enfrentamentos físicos, militância em clubes, publicações — mas, como em outros lugares, as funções políticas e militares são monopolizadas pelos homens. Por essa razão, a Revolução Francesa foi contraditoriamente apresentada como um momento de emancipação feminina e uma reafirmação da supremacia masculina. Existem argumentos para sustentar as duas teses.

O que concluir? Devemos observar, em primeiro lugar, que as mulheres entram na revolução de imediato, desde o início do ano de 1789. Não apenas por reivindicação alimentar, mas por razões profundamente políticas. Se a Revolução consiste em combater o despotismo e os privilégios, as mulheres aderem a ela pensando no rei e nos aristocratas *em particular* e nos homens *em geral*, enquanto os homens aderem a ela pensando *apenas* no rei e nos aristocratas, e *em absoluto* em seu próprio despotismo ou em seus próprios privilégios.

O feminismo nasce depois de dois acontecimentos: a abolição dos privilégios, em 4 de agosto de 1789, e a votação da Declaração dos Direitos do Homem e do Cidadão, em 26 de agosto de 1789. Essas duas revoluções, devidas a uma assembleia de homens, abrem um novo horizonte: o fim dos privilégios (masculinos) e a exigência de igualdade (entre mulheres e homens). A *Petição das mulheres à Assembleia Nacional*, apresentada no fim de 1789, enuncia tudo isso claramente: é preciso abolir "todos os privilégios" do sexo masculino e libertar-se dos "13 milhões de déspotas" da "aristocracia masculina" para usufruir da mesma liberdade e dos mesmos direitos que os homens.[2] Treze anos antes, em 1776, Abigail Adams havia suplicado a seu marido John, membro do Congresso Continental e futuro presidente dos Estados Unidos, que não colocasse um poder ilimitado nas mãos dos homens, "tiranos" em potencial.

Por isso a pergunta: os homens da Revolução defendem o universalismo humano, ideal de emancipação prometeico, ou o universalismo masculino, projeto tipicamente patriarcal? A Declaração dos Direitos do Homem carrega a ambiguidade, própria à língua francesa [e portuguesa], de confundir o ser humano com o ser humano do sexo masculino. Dois dias depois da votação, a Assembleia reafirma a lei sálica: assim como a "declaração dos direitos do homem-cidadão", a "declaração dos direitos do homem-poder" favorece os indivíduos do sexo masculino.[3] Na Constituição de 1791, as mulheres são classificadas entre os cidadãos passivos, junto com os serviçais, os réus e os falidos. Viúva e letrada, Olympe de Gouges publica no mesmo ano sua *Declaração dos direitos da mulher e da cidadã*, que, feminizando o título da declaração original, destaca com ironia sua incompletude. Em 1793, depois de ser guilhotinada por colusão com os girondinos, "essa mulher-homem" que "marchou para a morte por seus crimes" ainda é atacada pelo procurador da Comuna de Paris: seu triste exemplo lembra às francesas que a natureza "confiou-lhes os cuidados domésticos" e "deu-lhes mamas para aleitar".[4]

Duas interpretações da Revolução Francesa

	A Revolução "feminista"	A Revolução "patriarcal"
O século das Luzes	Educação e alfabetização das mulheres	Virtude "homossocial" da República (Montesquieu, Diderot, Rousseau)
	Aumento do número de autoras	Todos os autores da *Enciclopédia* são homens, com exceção de uma mulher anônima
	Representação das mulheres na pintura (Vigée-Lebrun)	Glorificação da virilidade neoclássica (David)
O ano de 1789	*Petição das mulheres do Terceiro Estado ao Rei* (janeiro)	Libelos pornográficos contra Maria Antonieta
	Marcha das mulheres a Versalhes (5-6 outubro)	Os revolucionários, os guardas e os milicianos são majoritariamente homens
Leis, medidas, ideias (1789-92)	Igualdade sucessória; proibição do deserdamento	Confirmação da lei sálica
	Igualdade civil entre os sexos; as mulheres podem testemunhar no estado civil	As mulheres "cidadãos passivos"
	O casamento como contrato civil; direito ao divórcio	O homem chefe de família
	Abolição das *lettres de cachet* e do poder paterno sobre os filhos maiores de idade	Direito de correção paterna; poder paterno sobre os filhos menores de idade
	Olympe de Gouges, *Declaração dos direitos da mulher*; Etta Palm funda a Sociedade Patriótica e de Beneficência das Amigas da Verdade	Os deputados e ministros são homens; decreto "Aos grandes homens a pátria reconhecida"
	Atividade política e jornalística de Louise de Kéralio	Sexismo republicano de Louise de Kéralio

A guerra (1792)	Papel de Anne-Josèphe Théroigne de Méricourt e de Claire Lacombe	Os homens declaram e fazem a guerra
	Influência de Manon Roland	Discurso de Danton, "Da audácia"
	Execução de Luís XVI, "parricídio real"	Execução de Maria Antonieta
	Redução da liberdade de testamentar para os pais de família (7 de março)	Arbítrio do pai sobre os filhos naturais
O ano de 1793	Sociedade das Republicanas Revolucionárias (maio); sans-culotterie feminina	Mulheres excluídas das tribunas da Convenção (20 de maio)
	Direito de voto das mulheres na partilha dos bens comunais (10 de junho)	Proibição de clubes e sociedades de mulheres (30 de outubro)
	Questionamento da autoridade masculina (rei, pais)	Essência viril do poder; sufrágio masculino até meados do século XIX
Posteridade revolucionária	Abalo à família patriarcal	Código civil napoleônico (1804); proibição do divórcio (1816); rejeição das mães solteiras
	Direito das meninas à educação	Desigualdades escolares em detrimento das meninas
	Direitos humanos	Direitos apenas do homem

Mas também podemos dizer que a Declaração de Direitos coloca, ao lado dos cidadãos ativos, os "outros" homens (judeus, negros, indigentes), bem como as mulheres e as crianças. Ela anuncia o fim das dominações, especialmente nos artigos sobre a liberdade, 1º e 4º. Porque carrega em si uma reivindicação ilimitada de dignidade e igualdade, ela promete a todos os oprimidos que seu dia chegará.[5] E logo, aliás: em 1791, os membros da Constituinte emancipam os judeus e, menos de três meses depois, os membros da Convenção abolem a escravidão (a cidadania já fora concedida aos homens livres de cor). Um século depois, em 1878, convidado ao Congresso Internacional para o Direito das Mulheres que acontece em Paris, o feminista italiano Salvatore Morelli diz que o encontro completa a obra dos enciclopedistas e revolucionários franceses.

Direitos para as mulheres

Na Declaração de 1789, de fato, não é a palavra "homem" que importa, mas a palavra "direitos". Tudo decorre dela: liberdade, igualdade, segurança, sufrágio, educação, independência. Pois qualquer que seja a interpretação dada à frase "os homens nascem e são livres e iguais", não podemos deixar de nos perguntar: e as mulheres? O fim dos privilégios implica o fim dos privilégios dos homens. A igualdade de direitos abarca a igualdade dos sexos. Christine de Pisan, Marie de Gournay e Mary Astell já haviam defendido, em sua época, o princípio de igualdade. Mas numa sociedade de ordens em que ninguém detém direitos, em que até os poderosos gozam apenas de posições e títulos, as reivindicações só podiam permanecer num plano abstrato. Por isso os direitos das mulheres são indissociáveis da primeira modernidade — autonomia individual, reino da lei, sociedade civil; a "saída do estado de menoridade", como disse Kant.

Na França, para além das diferenças sociais e divergências políticas, as "Luzes femininas" participam do debate público, e não apenas a respeito da igualdade dos sexos. Nos anos 1777--88, contam-se na França 78 autoras, e 329 em 1789-1800, ou seja, quatro vezes mais. O despertar literário das francesas tem Paris por epicentro, mas ele também acontece em cidades como Lyon, Toulouse, Caen, Dijon, Avignon e mesmo em alguns burgos.[6] Não é apenas o número que chama a atenção, mas o tom, o ardor: as mulheres entram na política com violência, recorrendo à controvérsia, à polêmica, à reivindicação, à denúncia — gêneros antes reservados aos homens.

Mesmo na Inglaterra, onde o número de autoras é muito menor, a Revolução Francesa incita Catharine Macaulay e Mary Wollstonecraft a se posicionarem a favor da liberdade, contra os privilégios, o despotismo e o tradicionalismo de Burke, atacado por ambas. Em seu panfleto de 1790, Wollstonecraft defende os "direitos dos homens" (em oposição aos "direitos do homem") em nome da razão e da justiça; ela aproveita para reabilitar as manifestantes de 5 de outubro de 1789, que Burke havia tratado com desprezo. Ampliando sua reflexão em *Uma reivindicação pelos direitos da mulher* (1792), ela defende a igualdade dos sexos dentro do casamento e na vida social. As mulheres não são flores delicadas, eternas menores de idade que crescem à sombra dos homens, mas "criaturas sensatas", dotadas de inteligência, ávidas por aprender, capazes de energia e força. Em seu romance *Maria*, publicado postumamente em 1798, Wollstonecraft denuncia os "males" que a sociedade causa às mulheres, que passam a vida sendo vendidas, enganadas, roubadas, violadas.

O que define uma mulher não é seu útero nem seus seios, mas sua razão, com dois corolários: os direitos e a liberdade. Basta dizer que a razão humana é inerente às mulheres para que nasça a *mulher-sujeito*, um indivíduo investido de direitos inalienáveis, comuns a todos os seres humanos. Esse novo modelo — razão, direitos, liberdade, igualdade, tomada de palavra, papel público — condena a complementaridade hierárquica dos sexos, e é por isso que a Declaração de 1789 permite que as mulheres escapem ao círculo patriarcal, para trabalhar ou militar, escrever ou comandar, isto é, viver sua vida. Saindo da órbita masculina, "a" mulher perde sua aura de graça e mistério. As mulheres reais não precisam ser postas dentro de uma redoma ou veneradas como anjos do lar: elas só precisam de direitos.

Qualquer que seja a ambiguidade das revoluções atlânticas, elas é que fornecem às primeiras feministas suas armas mais poderosas. Meio século depois, na convenção de Seneca Falls, em 1848, Elizabeth Cady Stanton se baseia na Declaração de Independência para acusar os homens (como os americanos haviam feito com os ingleses) e proclamar a igualdade das mulheres numa "Declaração de sentimentos". O feminismo foi inventado no final do século XVIII por mulheres e homens que souberam tirar proveito da nova era política. Entre eles, a mulata Solitude, Manon Roland, Olympe de Gouges e Mary Wollstonecraft.

Assim que as revoluções desencadeiam a luta contra o despotismo e os privilégios, o feminismo nasce. Ele busca a emancipação de todas, a fim de resolver uma contradição inadmissível: a proclamação dos direitos com a escravidão das mulheres. A partir disso, o feminismo consistirá na diminuição do abismo entre as desigualdades reais e a promessa universal. E não importa a maneira como ele será chamado — "feminismo" na França e em toda a Europa, ao final do século XIX, "causa das mulheres" em sueco ou "nova doutrina da mulher" sob a pluma da japonesa Takamure Itsue —, o feminismo não é uma palavra, mas uma luta pelo reconhecimento dos direitos das mulheres numa configuração sociopolítica que as torna concebíveis e possíveis. Hoje, a Revolução Francesa está concluída, mas não a revolução feminista que ela gerou.

A igualdade civil

A primeira fase desse combate abarca os direitos civis, que permitem às mulheres escapar da tutela dos pais e dos maridos e ter acesso a todas as profissões.

Na Noruega, em 1845, e também na Suécia e na Dinamarca, nos anos 1850, as mulheres solteiras deixam de depender dos pais. Na Grã-Bretanha, Caroline Norton faz campanha a favor do Custody of Infants Act (1839), que autoriza as mães separadas a solicitar a guarda dos filhos com menos de sete anos; o Matrimonial Causes Act de 1857 permite que as mulheres se divorciem com mais facilidade. Nos Estados Unidos, as mulheres podem possuir um pedaço de terra graças ao Homestead Act de 1862. No entanto, a legislação não se intromete diretamente nos direitos do homem-marido, pois as mulheres em questão são solteiras ou separadas. Em contrapartida, o Married Women's Property Act (1882), que dá à mulher casada o controle de seus bens, marca uma ruptura tanto na Inglaterra quanto na Irlanda e nos estados australianos, cuja legislação ele influencia. No início do século XX, na Alemanha, no Brasil e na Nicarágua, reconhece-se a competência civil da esposa (que pode administrar seus bens e assinar contratos), mas o marido conserva a condição de chefe de família.[7]

Na França, a questão da igualdade civil é mais crítica porque o código civil napoleônico piora a condição da mulher casada. Nesse âmbito, as feministas só conseguem obter suas primeiras vitórias no fim do século XIX: direito de abrir uma caderneta de poupança (1881), restabelecimento do divórcio com simetria entre o adultério do marido e o da esposa (1884), capacidade civil da mulher em caso de separação de corpos (1893), igualdade parental no consentimento ao casamento dos filhos (1896), possibilidade de prestar testemunho em atos civis (1897), livre disposição do salário (1907), supressão do dever de obediência (1938), direito de trabalhar e de abrir uma conta em banco sem o consentimento do marido (1965), autoridade parental conjunta (1970), divórcio por consentimento mútuo (1975), igualdade entre os cônjuges (1985). Chega-se ao fim o "poder" marital e paterno. Leva-se um século para que o casamento deixe de ser o túmulo da liberdade feminina.

Em matéria profissional, a igualdade não consiste tanto em autorizar as mulheres a exercer uma atividade quanto em permitir que elas tenham acesso a todas as profissões. Em todas as épocas, de fato, as mulheres trabalharam — no campo, no arrozal, na fazenda, em casa, na loja ou em certos setores, doméstico, vendas no varejo etc. Quando esse trabalho não era gratuito, dentro da família, a remuneração costumava ser pequena, considerada uma renda complementar dentro de uma economia de sobrevivência. Globalmente, portanto, as mulheres exerceram empregos subalternos, manuais e pouco lucrativos.

Podemos distinguir várias etapas na emancipação das mulheres pelo trabalho. A primeira é a industrialização, que faz com que elas saiam de casa e adquiram certa autonomia, tendo a possibilidade de agir coletivamente. Uma classe operária feminina aparece, no início do século XIX, nos Estados Unidos, na Grã-Bretanha e na França; depois, no começo do século XX, no Egito, na Índia, no Japão e na China. Conflitos eclodem no setor mais feminino, o têxtil: reivindicações das Lowell Mill Girls em Massachusetts, nos anos 1830, ações das operárias de Lancashire, greve das ovalistas em Lyon, em 1869, e nas fábricas de seda de Xangai, no início dos anos 1920. As funcionárias da fábrica de fósforos Bryant & May entram em greve em 1888, apoiadas pela socialista feminista Annie Besant, que denuncia a "escravidão branca" no coração de Londres. Coroada de sucesso, essa mobilização anuncia as mudanças da Segunda Internacional e do *new unionism*, mais abertos às mulheres, enquanto a Primeira Internacional e os sindicatos dos anos 1860-70 correspondiam a um modelo "virilista". Paralelamente, sindicatos femininos se formam na Grã-Bretanha, como a Women's Trade Union League (1874) e a National Federation of Women Workers (1906), e na França do início do século XX, nos meios operários cristãos, em torno de Marie-Louise Rochebillard.

Na segunda metade do século XIX, os correios e telégrafos, as lojas de departamento, a pequena burocracia administrativa e o ensino se tornam setores muito feminizados. Eles oferecem certo reconhecimento social, especialmente às celibatárias, que costumam pagar por suas carreiras com sacrifícios na vida pessoal. Na Dinamarca, Mathilde Fibiger (futura telegrafista) publica em 1851 um romance de sucesso, *Clara Raphael*, história de uma jovem que recusa o casamento para viver plenamente suas ambições intelectuais e profissionais.

O emprego feminino se desenvolve durante e depois da Primeira Guerra Mundial, tornando-se generalizado na segunda metade do século XX. A feminização do emprego, sobretudo no setor terciário assalariado, é uma revolução observada na maioria dos países ocidentais: toda a estrutura social se transforma. No início do século XXI, na maioria dos países da OCDE, a taxa de emprego feminino supera os 75%, contra cerca de 45% nos anos 1960, e 90% entre os homens. Na França, quatro a cada cinco operários são homens, ao passo que quatro a cada cinco funcionários são mulheres.[8]

O acesso às profissões de prestígio

Mas a verdadeira igualdade, para as mulheres, consiste em poder sair dos setores de função-mulher (domesticidade, cuidados, ensino, relação com o público) e ter acesso a cargos de poder; pois é sob esse duplo critério que elas concorrem com os homens. A emancipação das mulheres, portanto, resulta do acesso a um emprego assalariado, mas também do exercício de responsabilidades ao longo de uma carreira, e compreende-se que a qualificação seja, aqui, um ponto crucial.

Na França, mulheres — às vezes de nacionalidade estrangeira — pela primeira vez obtêm o *baccalauréat* (1861), a licenciatura em ciências (1868), o doutorado de medicina (1870), a licenciatura em direito (1887), a agregação de filosofia (1905), o doutorado em letras (1914) e a agregação de medicina (1923).[9] A partir de 1924, os programas se tornam idênticos no ensino médio masculino e feminino, e as meninas fazem o mesmo *baccalauréat* que os meninos. Dentro desse movimento, Marguerite Thibert obtém seu doutorado em letras em 1926, e Simone de Beauvoir passa em segundo lugar na agregação de filosofia, em 1929. A Escola Nacional Superior de Química de Paris é uma das primeiras escolas de engenharia que se abre às mulheres.

O acesso às profissões de prestígio — medicina, advocacia, universidade, alta administração, organizações internacionais — é objeto de lutas inflamadas. Cada pioneira se torna um símbolo, dependendo do monopólio masculino que ela derruba no campo do saber, do poder ou do sagrado: Isala Van Diest, primeira mulher médica da Bélgica, no final do século XIX; Jeanne Chauvin, titular de uma tese sobre as "profissões acessíveis às mulheres" e primeira advogada francesa a exercer o ofício, em 1901; Marie Curie, primeira cientista a receber o prêmio Nobel, em 1903 (ela recebe um segundo Nobel em 1911); Katharine Davis, primeira mulher a dirigir uma agência governamental nova-iorquina, em 1914; Pauline Chaponnière-Chaix, primeira mulher a participar do Comitê Internacional da Cruz Vermelha, em 1922; Paulette Nardal, primeira estudante negra inscrita na Sorbonne, no início dos anos 1920; Regina Jonas, primeira mulher rabina, na Alemanha dos anos 1930. A carreira de Simone Veil, na França da segunda metade do século XX, é igualmente emblemática: magistrada de formação, ela trabalha sucessivamente na administração penitenciária, no Office de Radiodiffusion-Télévision Française, no Conselho Superior da Magistratura, e se torna membro do governo, do Parlamento Europeu, do Conselho Constitucional e da Academia Francesa — "mulher num mundo de homens".[10] O mundo dos negócios é um dos últimos bastiões masculinos. Algumas raras multinacionais foram dirigidas por mulheres, como Hewlett-Packard, Lockheed Martin, PepsciCo, eBay e YouTube. Na França, o decreto real de 1724 proibindo à mulher o acesso à Bolsa só foi revogado nos anos 1960, e foram necessárias duas décadas para que surgissem as primeiras mulheres corretoras de valores. Nos 27 países da União Europeia, somente 25% dos proprietários de empresas com funcionários são mulheres. Assim como a cirurgia hospitalar, o comando militar e a conquista espacial ainda são campos amplamente masculinos. Segundo um decreto de 2002, as mulheres podem ocupar todos os cargos do Exército francês, menos a bordo de submarinos e em certos postos de formação militar. Valentina Tereshkova, na União Soviética, e Sally Ride, nos Estados Unidos, são das raras mulheres a ter ido ao espaço. Em 2012, Liu Yang se torna a primeira astronauta chinesa. O primeiro ser humano a pisar em Marte será uma mulher? A marcha rumo à igualdade ainda está longe do fim.

A voz das mulheres

As revoluções do final do século XVIII reservaram aos homens o benefício da democracia, desde a tomada de palavra até a elegibilidade. Privadas de direitos, reduzidas a uma simbologia gloriosa (busto da Marianne, na França, Estátua da Liberdade, em Nova York), as mulheres não deixam de se engajar em ações cívico-políticas.

Essa cidadania "arrancada" se manifesta de formas muito variadas: maternidade rousseauísta nos anos 1760-80, produção de ideias e ação coletiva durante as revoluções, obras de caridade e greves a partir do século XX, apoio aos soldados da Primeira Guerra como enfermeiras, madrinhas de guerra ou empregadas na indústria bélica, resistência ao ocupante durante a Segunda Guerra. Nos Estados Unidos, as irmãs Grimké, próximas dos meios quakers, defendem tanto os direitos dos escravizados quanto os das mulheres: nos anos 1830, elas apelam às cristãs do Sul e obtêm a assinatura de 20 mil mulheres do Norte numa petição abolicionista. Existem até militantes sanguinárias: Charlotte Corday apunhala Marat em 1793, Sofia Perovskaya organiza o atentado contra o tsar Alexandre II, em 1881, e Germaine Berton, anarquista e antimilitarista, executa o líder da liga Camelots du Roi, em 1923. Excluídas pela lei, as mulheres podem se tornar "cidadãs" por meio da ação social ou política.

Mas a verdadeira cidadania repousa nos direitos cívicos, que as feministas reivindicam cada vez mais energicamente depois das conquistas unilaterais dos homens — Reform Act de 1832, na Grã-Bretanha, e sufrágio universal masculino na França, em 1848. Assim que o governo da nova República declara que "todo francês em idade viril é cidadão político" e que "o direito é igual e absoluto para todos", as mulheres protestam através de petições e artigos na imprensa. Eugénie Niboyet destaca, em *A voz das mulheres*, a contradição entre a democracia e os privilégios, enquanto Jeanne Deroin tenta se candidatar à Assembleia Constituinte. O ano de 1848 é um momento importante na consciência feminista, portanto, pois passam a existir duas classes políticas: os homens e as mulheres. O sexo se torna o principal critério de inclusão (ou exclusão) cívica.

Como a Revolução Francesa, a Primavera dos Povos representa uma perturbação e, ao mesmo tempo, uma consolidação da ordem patriarcal. Em 1848-9, as iniciativas das feministas — vesuvianas em Paris, Karoline von Perin em Viena, Mathilde Anneke em Colônia, Louise Dittmar em Leipzig — resultam em fracassos, seus jornais são proibidos depois de poucos números. O único a resistir por algum tempo é o *Frauen-Zeitung*, fundado por Louise Otto, embora o Parlamento da Saxônia tivesse votado uma medida ad hoc obrigando os jornais a serem dirigidos por homens. Na Prússia, a lei proíbe as mulheres de aderir a associações políticas e de participar de reuniões, o que equivale a uma exclusão da vida pública (até o início do século XX). A universidade para moças de Hamburgo fecha suas portas depois de dois anos. Nos Estados Unidos, em contrapartida, a convenção de Seneca Falls marca o início das lutas de reconhecimento.

As feministas se dividem a respeito do caminho a seguir. Na Grã-Bretanha, as *sufragistas* de Millicent Fawcett seguem uma linha legalista e pacífica, difundindo suas ideias através de comícios, artigos, manifestos, petições (vinculados às "sufragistas radicais" dos meios operários), enquanto as *suffragettes* de Emmeline Pankhurst optam pela ação direta, às vezes violenta, pressionando ministros, provocando incêndios ou fazendo greves de fome.[11] Na França, o movimento feminista tem menos força, mas o leque de ações é amplo: candidatura às eleições (Léonie Rouzade e Marie-Rose Astié de Valsayre, nos anos 1880), fundação de jornais (*La Citoyenne*, em 1881, *La Fronde*, em 1897), criação de associações (União Francesa para o Sufrágio das Mulheres, em 1909), escândalo midiático (Hubertine Auclert derruba uma urna numa sessão de votação, em 1908) ou ainda manifestação (a marcha de 5 de julho de 1914, em Paris). Em *O voto das mulheres*, publicado em 1908, Hubertine Auclert mobiliza argumentos de várias naturezas: as mulheres pagam impostos como os homens; têm o senso da economia; são rebaixadas à mesma condição dos súditos coloniais ou dos criminosos privados de seus direitos; entre elas, as celibatárias e as instruídas deveriam poder votar imediatamente. Em vão.

Cartaz para La Fronde, *por Clémentine-Hélène Dufau (1898)*

Fundado em 1897 por Marguerite Durand, o jornal *La Fronde*
é inteiramente escrito por mulheres. Feminista, *dreyfusard*,
republicano e laico, ele milita pela igualdade profissional e
civil. Nessa propaganda, Clémentine-Hélène Dufau, ex-aluna
de Bouguereau e artista reconhecida, representa uma
burguesa, uma operária e uma camponesa — solidárias.

Cidadãs

Mundialmente falando, o sufrágio feminino se difunde em três
ondas. É em nível local, nos anos 1860, que as mulheres começam a ser autorizadas a votar, na Boêmia, na Suécia, na Rússia,
no estado australiano de Nova Gales do Sul, bem como na Grã-
-Bretanha e na Irlanda. A seguir, inglesas e francesas passam a
votar dentro de algumas instituições (conselhos de família, comitês escolares, conselhos da Assistência Pública). Municipal

ou profissional, esse voto sanciona apenas a inclusão das mulheres, não sua soberania. Elas são reconhecidas como "cidadãs" em função de suas competências domésticas, que as qualificam para a gestão do social (escolas, higiene, proteção da infância). Esta é, de resto, a reivindicação de muitas feministas, tanto na Grã-Bretanha e nos Estados Unidos quanto na Alemanha e na França.

No fim do século XIX, as mulheres obtêm o direito de voto nas periferias anglófonas (territórios e estados do Oeste americano, colônia e domínios ingleses) — em Wyoming a partir de 1869 e em Utah no ano seguinte, na Nova Zelândia e no Colorado em 1893, em vários estados australianos a partir de 1894, em Idaho a partir de 1896 e em toda a Austrália em 1902 (com exceção das aborígenes). Embora as neozelandesas sejam as primeiras mulheres a votar em nível nacional, elas precisam esperar até 1919 para se tornar elegíveis.[12] Essas vitórias se devem a vários fatores: à militância das feministas educadas, engajadas em diversas frentes de reforma social, mas também ao exemplo das sufragistas e das suffragettes inglesas, bem como à capacidade de experimentação desses territórios-fronteiras. Nos Estados americanos, leis são votadas com a colaboração das mulheres para melhorar a proteção da infância e promover a igualdade dentro da família e no trabalho.

A terceira onda, no início do século XX, afeta a Europa e a América do Norte. As mulheres começam a votar em nível nacional na Finlândia em 1906, na Noruega em 1913, na Dinamarca em 1915, no Canadá em 1917, na Polônia, na Rússia e na Grã-Bretanha (a partir dos trinta anos) em 1918, na Alemanha em 1919 e nos Estados Unidos em 1920, seguidos pela quase totalidade dos Estados mundiais. Em Portugal, o sufrágio só se torna universal em 1976, embora as mulheres diplomadas tenham obtido o direito de voto nos anos 1930. Na Suíça, as mulheres só se tornam eleitoras em nível federal a partir de 1971 e, nos cantões do Appenzell, somente no fim dos anos 1980. Podemos dizer, em suma, que a imensa maioria das mulheres não vota no final do século XIX e vota no fim do século XX.

Na Grã-Bretanha e na França, berços do feminismo, as mulheres só se tornam cidadãs de fato em 1928 e 1944, respectivamente. Mas o caráter "tardio" dessas duas vitórias oculta importantes disparidades. Os dirigentes da Terceira República não consideram as mulheres sujeitos autônomos: reféns dos padres ou já representadas por seus maridos, elas são reduzidas a particularidades corporais ou mentais, prisioneiras de seu sexo, distantes do individualismo abstrato requerido pelo sufrágio universal.[13] Enquanto os franceses concebem a democracia com a radicalidade do tudo ou nada, os britânicos aceitam conceder o direito de voto às mulheres gradualmente, segundo sua idade, seu estatuto matrimonial e o tipo de eleição. Nos dois países, em contrapartida, os homens no poder tendem a minimizar o papel das feministas, apresentando o direito de voto como uma "recompensa" outorgada às mulheres por suas virtudes domésticas ou por sua participação no esforço de guerra.

Transformadas em cidadãs, as mulheres são lentamente integradas à vida política porque os homens não estão dispostos a ceder-lhes um lugar no governo, mas também porque elas encontram dificuldades para serem eleitas, como mostra o fracasso das listas de mulheres na Suécia do entreguerras. Margaret Bondfield na Grã-Bretanha, em 1929, e Frances Perkins nos Estados Unidos, em 1933, se tornam as primeiras mulheres ministras de seus países, ambas com a pasta do Trabalho. Na França, o governo da Frente Popular tem, em 1936, três mulheres subsecretárias de Estado (Educação Nacional, Pesquisa Científica e Proteção da Infância), embora elas ainda nem possam votar. Em 1974, Simone Veil participa do governo como ministra da Saúde, Françoise Giroud é encarregada da pasta Condição Feminina. Mesmo ministras, as mulheres permanecem amplamente restritas a suas especialidades habituais, tanto na Europa quanto na África e na Índia: assistência social, família, direitos da mulher, água, meio ambiente. Os Parlamentos, por sua vez, só começam a se feminizar no final do século XX.

O critério mais revelador é o exercício do poder supremo. Exceção feita às rainhas, várias mulheres dirigem seus países na segunda metade do século XX: Sirimavo Bandaranaike, no Sri Lanka, em 1960; Indira Gandhi, na Índia, em 1966, e de novo em 1980; Golda Meir, em Israel, em 1969; Margaret Thatcher, no Reino Unido, em 1979; Cory Aquino, nas Filipinas, em 1986; Benazir Bhutto, no Paquistão, em 1988; Tansu Çiller, na Turquia, em 1993. O movimento se acelera no século XXI, em países tão diferentes quanto Indonésia, Finlândia, Alemanha, Chile, Libéria, Islândia, Quirguistão, Coreia do Sul e Nova Zelândia. Mulheres são ministros do Exército na Suécia, na Holanda, na Alemanha e na França.

Duas regiões do mundo têm uma tradição de mulheres de Estado: a Europa Setentrional e o subcontinente indiano (embora num contexto quase dinástico de grandes famílias no poder por décadas). No entanto, entre os anos 1950 e o início dos anos 2010, menos de 5% dos dirigentes nacionais do planeta são mulheres; entre elas, um terço chega ao poder com a morte do marido ou por interinidade.[14] Na Grã-Bretanha, nenhuma mulher jamais foi ministra da Defesa ou das Finanças. Os Estados Unidos e a França nunca tiveram uma presidenta.

Proporção de assentos ocupados por mulheres nos Parlamentos nacionais (1990-2014)

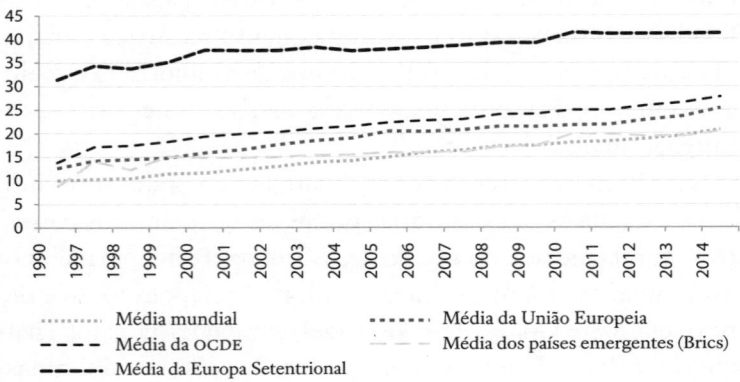

- ········ Média mundial
- ‒ ‒ ‒ ‒ Média da OCDE
- ━━━━ Média da Europa Setentrional
- ‒‒‒‒‒‒ Média da União Europeia
- ‒ ‒ ‒ Média dos países emergentes (Brics)

Em escala mundial, a proporção de mulheres em cargos parlamentares duplicou, passando de 9% para 20% em 25 anos. Os países da Europa Setentrional são os únicos a se aproximar da paridade. Os progressos são inegáveis, mas limitados, principalmente nos países emergentes (Brasil, Rússia, Índia, China).[15]

A liberdade de corpo

Depois dos direitos civis e da cidadania, a luta se volta para os direitos sexuais, que dão às mulheres o controle sobre seu próprio corpo. No século XIX, as feministas travam uma luta contra o duplo padrão moral que faz com que a liberdade dos homens coexista com a sujeição das mulheres. Na Grã-Bretanha, entre 1869 e 1886, Josephine Butler e mais de 2 milhões de peticionárias reivindicam a revogação das leis sobre as doenças contagiosas, que fazem com que as prostitutas sejam vigiadas e encarceradas com o objetivo de proteger a saúde dos marinheiros.

No século XIX, o estupro é pouco reprimido: as suspeitas da polícia recaem mais sobre a vítima do que sobre o agressor. Nos Estados Unidos, o estupro de uma escravizada ou de uma negra por um branco não é julgado; em contrapartida, se a vítima for branca, o agressor teoricamente incorre em pena de morte (até a sentença *Coker vs. Georgia*, de 1977). Na França, o código penal de 1810 reprime o "crime de estupro", mas não o define, e muitas agressões sexuais são classificadas como atentado ao pudor. Em 1857, a sentença Dubas inscreve na jurisprudência a noção de coerção e surpresa. Somente a partir dos anos 1970, graças à luta de feministas como Gisèle Halimi (paralela à de Susan Brownmiller e de Kate Millett, nos Estados Unidos), o estupro passa a ser visto como um crime de gravidade específica. Depois de um processo de 1978, em que três homens são acusados de estuprar duas mulheres que acampavam nas *calanques* de Marselha (inicialmente processados por "golpes e ferimentos", eles acabam indo a julgamento diante de um tribunal criminal), a lei define com precisão o crime de estupro em 1980.

Os direitos corporais vão muito além da proteção contra a violência. No século XIX, as regras vestimentares marcam a desigualdade cotidiana entre os sexos. Na burguesia, enquanto os homens se contentam com a austeridade do terno preto, as mulheres são contidas por trajes extremamente complexos, que exigem uma longa preparação, tanto nas roupas quanto nas joias e no cabelo. Saiotes, crinolinas, corpetes e caudas, que impõem ao corpo feminino uma pressão e uma curvatura às vezes insuportáveis, desaparecem progressivamente a partir do final do século XIX.

O esporte justifica roupas adaptadas que libertam o corpo — libertação física simbolizada pela tenista Suzanne Lenglen e pela campeã de natação Annette Kellerman, de Paris a Sydney. Na Alemanha, a ginástica se abre com prudência às mulheres: o teórico Moritz Kloss recomenda que sejam cercadas de cuidados, dada sua fragilidade, mas elas são 1 milhão a praticar o *Turnen* no início do século XX. Nas competições esportivas da Exposição Universal de 1900 (homologadas pelos Jogos Olímpicos), as mulheres representam apenas 2% dos atletas, limitadas a algumas provas como natação, tênis e croquet. É preciso esperar os Jogos Olímpicos de 1928 para que elas sejam autorizadas a competir em atletismo.

A libertação das mulheres passa pela suavização da fisionomia e pela descompressão do corpo, mas também pelo uso de roupas mais simples e mais práticas. Em 1851, Amelia Bloomer

A nudez de Annette Kellerman (1916)

Nascida na Austrália em 1887, Annette Kellerman aprendeu a nadar na infância, por motivos de saúde. Campeã de natação e de mergulho, pioneira de nado sincronizado, Annette causou escândalo em 1907 ao usar um maiô de uma só peça. Depois de se tornar uma estrela de cinema, voltou a chocar o público aparecendo nua em *A Daughter of the Gods* (1916).

se inspira na ideia de uma amiga e usa uma calça bufante apertada no calcanhar e parcialmente coberta por uma saia: a moda da calça *bloomer*, que garante liberdade de movimentos e cobre as pernas, alcança um sucesso fulgurante nos Estados Unidos por intermédio do jornal *The Lily*. Na França, o uso de calças é reivindicado por feministas de vanguarda, que querem combater os tabus e os interditos (em 1800, uma parisiense vestida de homem corre o risco de ser presa). Essa é a provocação lançada pela romancista George Sand, pela escritora e duelista Gisèle d'Estoc ou pela socialista Madeleine Pelletier, que usa terno preto com bengala e chapéu-coco: "Minha roupa diz ao homem: sou tua igual".[16]

Ao longo do século XX, as roupas femininas se aproximam das roupas masculinas. Durante a Primeira Guerra Mundial, algumas operárias adotam os trajes usados pelos homens. Nos anos 1920, a moda da "garçonne" (*flapper*, nos Estados Unidos, *Bubikopf*, na Áustria), que associa fisionomia andrógina com cabelos curtos, gravatas e tailleurs, vai muito além da aparência física: envolvendo um modo de vida e escolhas sexuais, ela contesta a ordem de gênero. É nesse sentido que estilistas como Coco Chanel e atrizes como Louise Brooks trabalham para a emancipação das mulheres.

Depois da Segunda Guerra Mundial, a calça se torna, na Europa, um elemento do guarda-roupa feminino, através do "frac" lançado por Christian Dior, do tailleur Yves Saint Laurent ou dos jeans importados dos Estados Unidos, e isso apesar de continuar proibida em muitos liceus até os anos 1970. Paralelamente a essa masculinização das roupas, os vestidos e as saias encurtam, por intermédio de Courrèges, entre outros. Para algumas mulheres, o prêt-à-porter e os cosméticos são uma ferramenta de afirmação pessoal. "Beleza é poder", costumava dizer Helena Rubinstein, judia polonesa emigrada, criadora de um império industrial entre o início do século XX e 1965, ano de sua morte.

Revoluções sexuais

O fim do duplo padrão moral exige que as mulheres se tornem as atrizes da própria sexualidade, em vez de deixarem os homens se apropriarem dela com seu saber (de Falloppio a Freud) ou com sua moral (como na época vitoriana).

No início do século XX, uma primeira revolução tem lugar nos Estados Unidos, na Alemanha e na Suécia, graças a uma combinação de fatores: progressos da educação sexual e banalização da masturbação, recomendada pela ginecologista americana Alice Stockham; difusão nos campi universitários do "jogo erótico", com beijos e carícias recíprocos; lutas de reconhecimento a favor das lésbicas, por iniciativa das ativistas alemãs Helene Stöcker e Anna Rüling. Em 1929, no fim da "década *flapper*", das 2200 americanas interrogadas por Katherine Davis, 90% aprovam a contracepção, 85% se pronunciam a favor do prazer sexual não procriativo, enquanto 65% das celibatárias e 40% das mulheres casadas admitem a masturbação. Para as jovens, o sexo se torna um componente de um casamento feliz.[17]

Uma segunda revolução, nos mesmos países, leva à derrubada de censuras e tabus nos anos 1960. Os trabalhos de William Masters e Virginia Johnson, resumidos no best-seller *Human Sexual Response* (1966) e prolongados por Anne Koedt em *The Myth of the Vaginal Orgasm* (1970), provocam mudanças na compreensão do prazer feminino demonstrando sua origem clitoridiana — o que permite corrigir os erros de Freud. Em 1962, a pilota alemã Beate Uhse abre em Flensburg o primeiro sex shop do mundo, uma loja especializada em produtos de "higiene do casal".

As revoluções do prazer são favorecidas pelos progressos da contracepção. Na Suécia, a militante feminista Elise Ottesen--Jensen ensina mulheres das classes populares a usar diafragmas e preservativos, antes de fundar, em 1933, a Associação Sueca para a Educação Sexual, que oferece conselhos de saúde, higiene e controle de natalidade. O *birth control* se desenvolve na Grã-Bretanha e nos Estados Unidos a partir dos anos 1920, por iniciativa de Helena Rosa Wright e Margaret Sanger. Para essas pioneiras, não se trata tanto de democratizar o orgasmo quanto de permitir que as mulheres concebam seus filhos voluntariamente e com amor, dentro de um casamento feliz: tudo deve ser feito para que a vida sexual das mulheres se torne menos angustiante. A ação dessas mulheres, que recebe muitas críticas, encontra o apoio de clínicas privadas e de organizações como a American Birth Control League, fundada em 1921. Elas se organizam numa rede mundial, a Federação Internacional de Planejamento Familiar, fundada em 1952 por Elise Ottesen-Jensen.

O direito ao aborto é uma das grandes lutas feministas da segunda metade do século XX. Na Alemanha, o aborto é punido com uma pesada pena de prisão, como na França depois do código penal de 1791, intensificado por uma lei de 1920 (uma "fazedora de anjos" chegou a ser guilhotinada durante a Ocupação). Ilegais, os abortos são realizados em condições perigosas para as mulheres; apenas as mais ricas conseguem fazê-los no exterior. Em 1956, a ex-resistente Évelyne Sullerot e a ginecologista Marie-André Lagroua Weill-Hallé fundam La Maternité Heureuse [A Maternidade Feliz], associação que precede o Movimento Francês pelo Planejamento Familiar, a fim de "lutar contra os abortos clandestinos, garantir o equilíbrio psicológico do casal, melhorar a saúde das mães e das crianças".

Legalizado na Rússia soviética e proibido sob Stálin, o aborto volta a ser autorizado na URSS em 1955. Bulgária, Hungria, Polônia, Romênia e Tchecoslováquia fazem a mesma coisa nos anos que se seguem, muito antes da Grã-Bretanha (1967) e dos Estados Unidos (1973). Na França, a lei que descriminaliza o aborto é promulgada em 1975, depois de intensas mobilizações: manifesto de 343 mulheres que reconhecem ter abortado, associação Escolher a Causa das Mulheres, Movimento pela Liberdade do Aborto e da Contracepção, depoimentos de personalidades e peroração de Gisèle Halimi no Processo de Bobigny, senso político e coragem de Simone Veil na Assembleia Nacional. O debate também é violento na RFA, marcado pelo recurso de 193 parlamentares e de 5 *Länder* contra a lei de 1974, causando sua suspensão provisória pelo Tribunal Constitucional.[18]

Direito ao trabalho, direito à carreira, direito de sair do círculo patriarcal sem rebaixamento, direito de participar da gestão da cidade, direito de voto, direito à integridade física, direito à liberdade de movimentos: o feminismo confere uma expressão concreta à revolução de direitos de 1789. Os direitos sexuais e reprodutivos obtidos na segunda metade do século XX constituem não apenas uma revolução social como uma ruptura antropológica: eles libertam as mulheres da biologia e da ordem patriarcal, baseada na função reprodutiva. O controle da fecundidade devolve às mulheres a propriedade de seus corpos. Essa conquista proclama, com mais força que a Declaração de Direitos do Homem, a igualdade entre os sexos. Com a contracepção e o aborto, as mulheres finalmente obtêm seu habeas corpus.[19]

6.
O que é a emancipação?

Em 1970, um número da revista *Partisans* intitulado "Libertação das mulheres, ano zero" é lançado por algumas militantes, apagando dois séculos de reflexões e lutas. Cantora folk engajada, Joan Baez celebra a liberdade sexual das mulheres, em "Love Song to a Stranger" (1972), e a combatividade das trabalhadoras, em "Bread and Roses" (1974). Passado quase meio século, ela responde à pergunta "Você é feminista?": "Não muito. Nunca precisei lutar enquanto mulher".[1]

Seria um eufemismo dizer que as feministas nem sempre concordaram umas com as outras. Nada de novo nessa constatação: o feminismo se atribuiu uma missão tão ampla e encarou tantos desafios que seria esperado que se dividisse em diferentes correntes, às vezes rivais. Num nível mais profundo, esses antagonismos revelam um equívoco e uma incerteza. O equívoco: o feminismo não é uma organização, mas uma nebulosa constituída de inúmeros campos, pensamentos e personalidades, sem que nenhum possa encarná-lo sozinho. A incerteza: não é fácil determinar o objetivo supremo do feminismo. Ele busca a valorização das mulheres, a igualdade entre os sexos, a paridade em todos os níveis, a destruição do patriarcado, a dissolução do gênero? Por mais importante que seja, esse debate não é vital: em nenhum país a dessolidariedade dos feminismos impediu a solidariedade entre as mulheres.

143

As duas famílias do feminismo

A história do feminismo costuma ser dividida em três "ondas" sucessivas, segundo a metáfora marinha de Frances Power Cobbe. A primeira onda, do século XIX e da primeira metade do século XX, teria promovido o direito ao trabalho, a igualdade civil e política; a segunda, dos anos 1960 aos 1980, teria rebentado sobre as desigualdades sociais, a má divisão das tarefas domésticas, a recusa dos direitos sexuais, o machismo que mata; a terceira, a partir do final do século XX, teria levantado a questão do gênero e as reivindicações das minorias; teríamos entrado na quarta com o movimento #MeToo. É fácil refutar essa cronologia. Quase todas as feministas do século XVIII denunciam a tirania do casamento e as discriminações educacionais, Olympe de Gouges reivindica o direito ao divórcio e o acesso das mulheres a todas as profissões. No início do século XX, a questão da identidade de gênero é apresentada por Madeleine Pelletier, o direito à contracepção é reivindicado por Nelly Roussel. O flagelo das violências sexuais, as desigualdades salariais, a exclusão devido à menstruação ou o direito ao aborto continuam a mobilizar as mulheres no mundo inteiro. Em vários aspectos, Simone de Beauvoir ainda é nossa contemporânea. Quanto à suposta oposição entre feministas francesas ("universalistas") e americanas ("radicais"), ela é incapaz de fazer justiça ao pensamento de Monique Wittig, Luce Irigaray ou Hélène Cixous, de enorme influência nos Estados Unidos. Em vez de falar em ondas, poderíamos, como Karen Offen, descrever a história do feminismo em termos vulcânicos, com a crosta do patriarcado regularmente fissurada por erupções e derramamentos de lava.

É mais estimulante destacar as polaridades que estruturam o feminismo. Simplificando pensamentos complexos e em evolução, podemos distinguir um *feminismo da igualdade*, que postula a identidade fundamental entre mulheres e homens em nome de sua humanidade comum, e um *feminismo da diferença*, que enfatiza a especificidade das mulheres, do feminino e do materno. Embora esses dois feminismos se combinem na luta contra as injustiças e as discriminações, o primeiro visa a emancipação de todas e todos na tradição das Luzes, ao passo que o segundo organiza a resistência de um grupo confrontado com a dominação masculina. Entendimento entre os sexos, baseado em sede de justiça, ou luta entre os sexos, como resposta à opressão? Sociedade de iguais ou separatismo de combate?

A primeira família postula não apenas a igualdade como também a identidade entre mulheres e homens, detentores da mesma inteligência, dos mesmos direitos e dos mesmos deveres, independente de sua corporeidade biológica. As mulheres não deveriam ser sempre devolvidas à sua "condição": no cotidiano, salvo algumas situações bem específicas, elas não se vivenciam como mulheres, mas como indivíduos. Esse feminismo baseia suas esperanças numa cooperação entre os sexos, dentro de uma sociedade democrática e também de uma heterossexualidade feliz — com a expressa condição de que mulheres e homens sejam detentores de direitos iguais, num ambiente de respeito mútuo.

O segundo sexo termina com um apelo à "fraternidade" entre homens e mulheres: a igualdade é possível porque o sexo não é tão importante ("não se nasce mulher"). A socióloga marroquina Fatima Mernissi, por sua vez, declara: "Somente quando homens e mulheres trabalham juntos, e quando os homens utilizam o cérebro das mulheres, eles podem ter êxito".[2] A feminista americana Nancy Fraser defende uma "paridade de participação", na qual todos os membros de uma sociedade poderiam interagir enquanto pares, porque gozariam do mesmo reconhecimento e de uma distribuição igual das riquezas.

No início do século XX, as feministas socialistas lutam ao lado dos homens pela emancipação da classe operária. À frente do jornal *Die Gleichheit* (A igualdade), Clara Zetkin organiza a primeira Conferência Internacional das Mulheres Socialistas, em 1907, em Stuttgart, à margem de um congresso da Segunda Internacional. É dela, em 1910, a proposta de criação de um Dia Internacional da Mulher (hoje celebrado em 8 de março).[3] Fiéis ao materialismo marxista, Christine Delphy e Colette Guillaumin afirmam que o sexo não passa de uma categoria social produzida pela economia patriarcal e pelas "relações de sexagem". Devido à exploração masculina, as mulheres estão aprisionadas dentro de um destino de classe, mas cabe aos oprimidos pôr um fim à opressão. A força dessa corrente, independente de seu caráter "burguês" ou "revolucionário", reside na universalidade de sua posição moral e em sua radicalidade igualitária.

A segunda família, do feminismo diferencialista, postula a especificidade fisiológica e moral das mulheres, ontologicamente distintas dos homens. As mulheres têm seu próprio ponto de vista sobre o mundo, difratado numa experiência feminina, numa consciência feminina, numa solidariedade feminina, numa sexualidade feminina, numa escrita feminina e até, para Carol Gilligan e Nel Noddings, numa ética feminina.

O "riso da medusa", segundo a expressão de Hélène Cixous, permite escapar ao logos patriarcal. O feminismo de Antoinette Fouque, com toques de psicanálise, maravilha-se com a capacidade das mulheres de dar a vida: existem dois sexos opostos, e essa secessão permite romper com o *monos* do sujeito masculino, que sempre se expressa de forma opressiva — monoteísmo, monarquia, humanismo, República una e indivisível etc. Andrea Dworkin fala das mulheres e dos homens como se eles pertencessem a espécies diferentes: presas e predadores. O homem utiliza a mulher — mãe de família ou prostituta — por causa de sua vagina, numa relação sexual degradante que reflete o ódio que sente por ela. O poder masculino dispõe de várias armas para aterrorizar as mulheres: pornografia, estupro, pênis, sexualidade de prazer ou de reprodução, num "continuum do controle fálico" que visa objetificar as mulheres.

A essência feminina precede a existência das mulheres. As identidades de sexo são determinadas pela natureza: a predestinação biológica das mulheres é redimida por uma neofeminilidade de combate. A positividade feminina deve resistir à negatividade masculina, que fermenta na "cultura do estupro" ou na "inveja do útero". Homens opressores e mulheres vítimas: dois universos entrincheirados. Nesse sentido, ninguém escapa de sua condição. Esse feminismo tira sua força de sua potência crítica e de sua intransigência perante todas as formas de dominação.

O feminismo maternalista

Poderíamos pensar que essa linhagem "identitária" se caracteriza por um feminismo radical e de extrema esquerda. Na verdade, na escala dos séculos, além de majoritária essa corrente é compatível com as convicções da burguesia de direita, colocando a excepcionalidade biológica e moral das mulheres na base de sua cidadania. Entre dom da vida e preocupação com os outros, a aptidão para os cuidados justifica a participação das mulheres na vida da sociedade, e é devido a suas virtudes maternas, alimentares e sociais que elas merecem direitos: sem as mulheres, a definição do bem público ficaria incompleta.

Na Alemanha, a noção de *Mütterlichkeit*, o sentimento abstrato de maternidade das mulheres, faz a ligação entre os diferentes movimentos feministas ao longo de todo o século

XIX até depois da Primeira Guerra Mundial. Ela inspira mulheres como Henriette Schrader-Breymann, pedagoga engajada, a partir de 1848, no movimento dos jardins de infância e na educação de meninas, e como Louise Otto, defensora da "verdadeira feminilidade" em seu jornal *Neue Bahnen* (Novas Vias). Fundado em 1865, esse órgão da Associação Nacional das Mulheres Alemãs se torna o cadinho do feminismo moderno, onde Louise Otto, no entanto, nunca deixa de fazer o elogio da mãe de família.[4]

Mesma tendência no mundo anglófono: uma das grandes lutas das feministas americanas, australianas e neozelandesas é a luta antialcoólica, conforme demonstrado pelas ramificações mundiais da Women's Christian Temperance Union a partir de 1874. Outras causas também mobilizam as mulheres. Em 1909, em Massachusetts, a campanha pela regulação da indústria de laticínios é comandada por Elizabeth Putnam, enlutada pela morte de um filho após a ingestão de leite contaminado. As mulheres são cidadãs enquanto esposas e mães, mas também enquanto consumidoras. Seus direitos sociais devem ser complementados por direitos econômicos: defender o poder de compra, criar associações, privilegiar o comércio ético. Na América da primeira metade do século XX, cidadãs consumidoras inventam o consumo cidadão.[5]

Na mesma época, as francesas recorrem aos argumentos do feminismo diferencialista: investidas de missões que os homens são incapazes de cumprir, elas são dignas da sociedade e, ao mesmo tempo, capazes de melhorá-la. Para Jeanne Deroin, a mãe realiza funções sagradas, garante o futuro dos filhos e espalha amor; o Estado é um "grande lar" que ela saberá administrar como seu. Léonie Rouzade, socialista, pacifista e membro da Solidariedade das Mulheres, defende a ideia de que a maternidade deve ser subvencionada pelo Estado, porque ela é "a primeira das funções sociais".[6]

Panfleto da União Nacional pelo Voto das Mulheres (1935)

Qual deve ser o programa da mulher francesa?

Do ponto de vista municipal
A França precisa, graças às mulheres, se tornar um país totalmente limpo, sadio e belo. [...]
Uma comuna modelo deve ser limpa. Ela deve ter:
1º água em quantidade suficiente para cada lar e uma fossa comum controlada;
2º uma lavanderia coberta;
3º um mercado coberto;
4º um dispensário;
5º uma casa materna;
6º assistentes sociais encarregadas de prevenção de males [...];
7º um jardim reservado às crianças.

Do ponto de vista geral
Para a mulher:
Certas reformas do código civil, como:
1º a modificação do artigo 213, que não confere à esposa o lugar a que ela tem direito;
2º a supressão do artigo 215, a fim de lhe permitir comparecer livremente em juízo, quando os interesses da família se encontrem negligenciados; [...]
4º a igualdade moral que levaria ao desaparecimento da comercialização do vício;
5º o emprego das mulheres em certos serviços policiais. [...]

Para a família:
1º luta contra os males sociais [imoralidade, alcoolismo, casebres, tuberculose, sífilis];
2º melhoria das moradias operárias nas cidades e nas províncias;
3º aplicação tão completa quanto possível do descanso aos domingos;
4º organização prática da Assistência e da Higiene [...].

Arquivos do Departamento de Aube, 21 J 931

Substituindo o direito de voto e de trabalho assalariado, as atividades religiosas e caritativas oferecem às burguesas algo maior do que a cidadania social: representar a França diante de Deus. Nos anos 1870, várias confrarias femininas empreendem a construção do Sacré-Cœur, sob a condução de padres que reivindicam para elas um papel político, a exemplo de Clotilde e Joana d'Arc. Esse feminismo católico e conservador garante às mulheres uma função cívica em campos negligenciados pela jovem República, como a educação das filhas ou o cuidado com os pobres. As senhoras *patronnesses* estendem a todos os cuidados que elas prodigalizam a suas famílias — maneira apolítica de fazer política. No início do século XX, a Liga das Mulheres Francesas e a Liga Patriótica das Francesas estão entre as mais poderosas organizações do país, com várias centenas de milhares de membros.[7]

As reformadoras transformam a função-mulher, responsabilidade privada, em política pública. Higiene, temperança, valores do lar, jardins de infância, cuidado dos pobres, maternidade social e consumo nutritivo: no mundo inteiro, o maternalismo é um dos principais vetores do feminismo, além de uma chave para abrir às mulheres o espaço cívico. Mais do que o direito de voto, esses novos papéis lhes permitem sair de casa.[8]

Maternalismo, pacifismo e ecofeminismo

As controvérsias nacionais levam a lutas internacionais. No início do século XX, o feminismo se associa ao pacifismo, pois as mães não querem ver seus filhos se tornarem bucha de canhão. Na França, Gabrielle Petit, fundadora do jornal *La Femme Affranchie*, em 1904, é condenada por antimilitarismo. Na Grã-Bretanha, Helena Swanwick, depois de romper com as sufragistas, dirige a seção britânica da Liga Internacional de Mulheres pela Paz e Liberdade, em 1915. No início dos anos

1980, as militantes do acampamento pacifista de Greenham Common, na Inglaterra, e de Seneca, no estado de Nova York, protestam, enquanto mulheres e mães, contra a presença de armas nucleares, símbolos do militarismo patriarcal.

Na Suécia, o tema da mulher-vida, guardiã dos grandes equilíbrios naturais, inspira o grupo de Fogelstad nos anos 1930. Elin Wägner propõe uma síntese entre feminismo, respeito ao meio ambiente e antigas culturas matriarcais. Às vésperas da guerra, seu engajamento se torna antifascista em *Fred med Jorden* [Paz com a Terra] (1940), escrito com Elisabeth Tamm.[9] O pensamento de Ellen Key — centralidade social da maternidade, força da relação mãe-criança, amor como ideal moral — influencia as feministas japonesas da primeira metade do século XX. Para a poeta Raichō Hiratsuka e para a historiadora Takamure Itsue, a mãe mantém um laço íntimo não apenas com seu filho como também com a natureza: essa proximidade alimenta o sonho de um retorno ao matriarcado original, livre de qualquer influência chinesa. Esse será o sentido da obra de Takamure Itsue, que em 1913 se retira para uma casa em um bosque.[10]

Na África Subsaariana, o feminismo "de sobrevivência" consiste em assegurar o abastecimento alimentar, garantir a segurança da propriedade, obter melhores condições de trabalho, buscar a paz e o entendimento interétnico, para enfrentar a crise econômica e a delinquência do Estado, das quais as mulheres são as primeiras vítimas. Na Costa do Marfim, mulheres da pequena e média burguesia fundam o Grupo de Animação Cultural de Cocody, em 1977: seu objetivo é melhorar a vida cotidiana, zelando pelo bom funcionamento dos transportes públicos, fazendo baixar os preços locais ou ativando as redes de vizinhança. Da mesma forma, nas cidades da Zâmbia, a "feminização da pobreza" obriga as mães de família a se mobilizarem para ganhar dinheiro, alimentar os filhos, obter empréstimos etc.[11]

No último quarto do século XX, o maternalismo se transforma em "ecofeminismo", segundo a expressão criada por Maria Mies e Vandana Shiva em 1993. Encarregadas de garantir a sobrevivência do grupo cultivando a terra, indo buscar água e lenha, cozinhando, criando os filhos, estabelecendo relações afetivas, as mulheres preservam todas as formas de vida contra as destruições do capitalismo masculino. O ecofeminismo permite, portanto, resistir à dupla opressão que os homens impõem à natureza e às mulheres. Várias ações demonstram a eficácia das mobilizações femininas: o movimento Chipko, na Índia, e o Green Belt Movement, no Quênia dos anos 1970, destinados a proteger as florestas locais, ou o Coletivo dos Grupos de Mulheres para a Proteção da Natureza, no Senegal. Em 1992, a Cúpula da Terra, no Rio de Janeiro, reconhece a competência das mulheres na preservação dos recursos naturais e na implementação do desenvolvimento sustentável.[12]

O maternalismo não caiu no esquecimento devido ao advento do igualitarismo beauvoiriano. É ele, inclusive, que faz a ponte entre as feministas do Norte e do Sul, das Américas e do Extremo Oriente, contradizendo a ideia bastante disseminada de que a emancipação seria o apanágio das ocidentais. Do altruísmo cristão ao ecofeminismo em luta, o maternalismo obtém para as mulheres as responsabilidades que os homens lhes recusavam. Nesse sentido, ele é uma das estruturas mais estáveis do feminismo em nível mundial.

Mas o progresso esconde uma regressão. Pacíficas e pacificadoras, movidas pela empatia, ecologistas porque próximas da natureza, as mulheres se veem essencializadas. Assim, existe um problema que o feminismo da diferença não resolve: a perenidade do círculo patriarcal. Se é verdade que a experiência da maternidade e da família pode abrir perspectivas sociais às mulheres, elas não deixam de continuar presas à função-mulher à qual o patriarcado sonha vê-las associadas para sempre, segundo os deveres de seu sexo. Então como saber se a politização da função materna não faz mais que seguir toda a lógica do sistema, que aceita a saída dos lares porque as mulheres continuam cuidando e alimentando a coletividade? A ambiguidade permanece: a aptidão para alimentar pode tanto qualificar as mulheres para a gestão dos negócios públicos quanto limitar seu destino, ainda e sempre, ao cuidado dos homens e das crianças.

Por mais que o feminismo da diferença critique o patriarcado, é difícil para ele contestá-lo, ao contrário do feminismo da igualdade, que envia as mulheres ao ataque das fortalezas dos homens simplesmente porque elas são seus iguais. O importante, aqui, é poder realizar suas ambições tendo acesso a posições de responsabilidade, saber ou criação. Melhor viver como ser humano do que reinar como mulher.

A unidade dos feminismos

Simone de Beauvoir não pensa como Carol Gilligan. O MLF se fragmenta no final dos anos 1970. As feministas da África e da Ásia se sentiram despossuídas pelas feministas ocidentais, que as apresentavam como "mulheres do Terceiro Mundo" mais ou menos retrógradas.[13] Para evitar que o feminismo se enfraqueça com ódios sororais, para que não se pense que existem tantas lutas quanto culturas e religiões, é necessário sublinhar os traços comuns que unem as militantes do mundo inteiro. Para além dos séculos e das fronteiras, existe uma *unidade das feministas*: elas travam um combate universal a favor da igualdade e da justiça.

O primeiro ponto em comum é a afirmação da mulher-sujeito, uma pessoa livre e autônoma que dispõe de si mesma. Quer vivam numa metrópole indiana, numa aldeia queniana ou num campus americano, as mulheres têm a mesma dignidade, as mesmas aptidões, os mesmos direitos que os homens, e ninguém está autorizado a calá-las porque elas seriam inferiores biológica ou intelectualmente.

Na província chinesa de Guangdong, uma onda de protestos se ergue contra o casamento no início do século XIX: recusando se submeter a um marido, camponesas e operárias preferem viver em casas de moças. Um século mais tarde, Qiu Jin, jovem poeta chinesa oposta ao regime dos Manchu, abandona marido e filhos porque a revolução deve começar dentro dos lares. Ela parte para o Japão em 1904 e volta para seu país para se tornar professora numa escola de meninas; responsável local do partido de Sun Yat-sen, ela é executada em 1907 por complô antigovernamental. Em *As pedras do pássaro Jingwei*, publicado cinquenta anos depois de sua morte, Qiu Jin exorta as mulheres a recusar a submissão, a sair de casa, a ter uma profissão, a ser independentes mas solidárias entre si, comprometendo-se com o "engajamento de salvar nossas irmãs que vivem em sofrimento". O feminismo consiste em escolher a vida que se quer levar.

A segunda característica comum aos feminismos é seu caráter reivindicatório. Há, na base de todo engajamento, a constatação de um "isso não é justo", um sentimento de iniquidade que gera uma revolta, um esboço de conflito, um chamado à luta, uma exigência de direitos. Esse combate consiste em tornar as mulheres tão visíveis quanto as injustiças sofridas. Por isso, ele abala a ordem estabelecida; e essa é mais uma diferença entre o feminismo nascido das revoluções atlânticas e a cumplicidade mundana entre homens e mulheres nos salões do Antigo Regime. O feminismo consiste em não querer mais "jogar o jogo".

Essa recusa necessariamente causa escândalo: Amelia Bloomer usando calças em 1851; Huda Sharawi, fundadora da União Feminista Egípcia, retirando publicamente o véu, em 1923, ao voltar de um congresso da Aliança Internacional pelo Sufrágio Feminino; Manoubia Ouertani denunciando à tribuna, cabeça descoberta, a opressão das mulheres tunisianas durante uma conferência sobre o feminismo em 1924; Christine Delphy, Christiane Rochefort, Monique Wittig e outras depositando flores sobre o túmulo do soldado desconhecido, em 1970, para prestar homenagem à sua mulher; as Femen exibindo os seios nus pintados com slogans em defesa dos direitos das mulheres.

A partir de então, quando uma mulher se recusa a "ficar em seu lugar", à sombra dos homens, nas profundezas de uma tradição imemorial, ela comete insubordinação. Todo feminismo é um ataque à ordem sexuada da família, uma ameaça à estabilidade social. Toda feminista é uma rebelde, termo escolhido em sua autobiografia por Angelica Balabanova, militante social-democrata próxima de Clara Zetkin e membro da Internacional de Mulheres Socialistas, no início do século XX. É por isso que não podemos opor o feminismo reformista ao feminismo revolucionário, nem o maternalismo ao igualitarismo. Todo feminismo é radical. Toda feminista é escandalosa.

O terceiro ponto comum é a dimensão coletiva. Desde o fim do século XVIII, o feminismo vem se expressando através de petições, jornais, revistas, manifestações, associações, hashtags: convenção de Seneca Falls, em 1848, congressos internacionais para o direito das mulheres, a partir de 1878, Conselho Internacional das Mulheres, criado nos Estados Unidos em 1888, Aliança Internacional pelo Sufrágio Feminino, no início do século XX, *mud march* sufragista em Londres, em 1907, União das Mulheres Francesas, criada em 1944 e propagada até as Antilhas, revista *Ms.*, fundada em Nova York em 1972 por Dorothy Pitman Hughes e Gloria Steinem, campanha *Ni una menos*, em vários países da América Latina a partir de 2015, movimento #MeToo em 2017.

Essa expressão pública e federativa não é própria do Ocidente, evidentemente. Na virada para o século XX, a imprensa se torna a arma do feminismo no Egito (com *Al Fatah*, em 1892), na Turquia (a *Hanimlara Mahsus Gazete* [Jornal para mulheres], em 1895), no Irã (*Danesh* [Conhecimento], em 1910), bem como na China, onde de três a quatro jornais são criados a cada ano entre 1903 e 1907, por iniciativa de intelectuais como Chen Xiefen e Chen Qin. No Japão, a revista *Seitō* (Meia Azul), criada em 1911 por ex-alunas da Escola de Ensino Superior para Mulheres, denuncia a opressão patriarcal e dá voz às aspirações da "nova mulher", em torno de valores como amor, sexualidade e literatura.[14]

É por isso que o feminismo é alegre. O feminismo francês dos anos 1968-75 não se resume a slogans, menos ainda a conflitos pessoais. Sua mais bela vitória é a libertação coletiva que permitiu e que pode ser lida na trajetória das feministas que se tornaram economistas, documentaristas, professoras ou advogadas. A filha da cineasta Carole Roussopoulos recorda a infância:

> Muitas risadas, conversas. Todas aquelas mulheres do MLF eram bem desbocadas, mas eram muito gentis comigo, me faziam mil elogios. Minha mãe é uma pessoa espaçosa, ela é exuberante, tem carisma, mas também é muito generosa. Essa é minha visão do feminismo.[15]

As querelas teóricas entre os feminismos são, portanto, menos interessantes do que a emancipação à qual, juntos, eles chegam. A senadora ecologista Larissa Waters, que foi a primeira parlamentar a amamentar durante uma sessão do Parlamento federal australiano, em 9 de maio de 2017, é um símbolo do feminismo da igualdade ou do feminismo da diferença? O mesmo se pode dizer a respeito de Virginie Despentes: seu feminismo neoguerreiro, capaz de voltar a violência dos homens contra eles mesmos, sua denúncia do estupro, sua liberdade sexual, sua radicalidade no falar, sua mistura de pessimismo e humor embaralham as fronteiras, e isso também contribui para a força libertadora de sua obra. Uma abordagem pragmática consiste em lutar contra todas as situações de subordinação e discriminação. Existe uma *prática feminista* que respeita a igualdade dos sexos (em matéria de educação, emprego, salário, voto, acesso às responsabilidades), do corpo feminino (banalização da menstruação, conhecimento do clitóris, direitos ligados a gravidez, saúde materna, repressão do estupro) e das escolhas sexuais (expressão dos desejos, defesa das minorias, especialmente das lésbicas).

A emancipação consiste em conquistar direitos, para si mesma e para as outras: direito de trabalhar, de fazer carreira, de votar, de participar dos assuntos públicos e religiosos, de criar, de amar, de ter filhos ou não, mas também o direito de viver a própria vida como se quiser, direito de ser respeitada pelo que se é e pelo que se quer ser, direito de ser livre sem que essa liberdade se pague com violência. O feminismo visa, portanto, num contexto de subordinação, *obter o máximo de direitos para as mulheres, inclusive o de abandonar o círculo patriarcal.* Essa busca universal, superior às culturas, às tradições e às religiões, projeta o feminino rumo a um horizonte de liberdade e igualdade.

7.
Homens feministas

Desde fins do século XVIII, as mulheres que ousam se dizer feministas são uma minoria. Os homens feministas, por sua vez, são uma ultraminoria. Prudência, indiferença, cegueira, desprezo, misoginia, medo de trair a ordem de gênero? É preciso dizer que um homem feminista se expõe à incredulidade das mulheres, mas principalmente à hostilidade dos homens. Solicitado por Hubertine Auclert a presidir a associação O Sufrágio das Mulheres, Alexandre Dumas filho responde de maneira lamentável: "Serei de mais ajuda mantendo-me independente. Se aceitasse a presidência que me é oferecida, diriam: 'O senhor está com Hubertine Auclert', e eu nunca mais seria ouvido na Academia".[1]

Razões para o engajamento

O diz que diz que não interessa. No fundo, não é fácil definir o que é — o que poderia ser — um homem feminista: um marido "gentil", um pai "esclarecido", um homem que fala com as mulheres sem desprezo, que luta ao lado delas? As mulheres, porém, não precisam de ajuda nas lutas que precisaram e souberam travar sozinhas. Quanto aos elogios ("minha mulher é uma verdadeira fada do lar"), bem sabemos o que eles costumam encobrir.

Para Raewyn Connell, os maridos igualitários de classe média são cúmplices da masculinidade hegemônica porque oportunamente adaptam suas atitudes, mas não deixam de receber o "dividendo patriarcal". Christine Delphy, por sua vez, vê o feminismo masculino como um "neossexismo": os homens envolvidos no movimento falam — como sempre — no lugar das mulheres. O feminismo dos homens, nível supremo do machismo? Em contraposição, Benoîte Groult saúda, em *Le Féminisme au masculin* (1977), a coragem de alguns pensadores à frente de seu tempo.

Evitando a polêmica, comecemos por esclarecer as razões que levam um homem a se tornar feminista (ou, ao menos, a defender os direitos das mulheres). Em primeiro lugar, por laços afetivos. Homens de letras mantêm amizades com mulheres de letras, como Montaigne e Marie de Gournay, ou Descartes e suas correspondentes principescas. Algumas intelectuais, como Madame de Staël, as irmãs Brontë, Takamure Itsue, Gloria Steinem ou Michelle Perrot, são criadas por um pai igualitário; esse também é o caso da jovem americana Theodosia Burr, que, no final do século XVIII, tem sua educação supervisionada pelo pai, o vice-presidente dos Estados Unidos. Dezenas de militantes, Amelia Bloomer, Millicent Fawcett, Emmeline Pankhurst, Lucretia Mott, Ursula Bright, Ida Rauh ou Hubertine Auclert, são apoiadas por seus maridos. No início do século XX, o marido da sufragista Selina Cooper é um membro da Men's League for Women's Suffrage.

Esses maridos e pais de exceção não fazem mais que amar suas mulheres e filhas, ou adotam em suas vidas os princípios de igualdade que defendem? As duas coisas. Em 1797, William Godwin se casa com Mary Wollstonecraft, grávida e já mãe de uma filha nascida fora do casamento. Ele a admira por sua inteligência e independência; ele próprio havia criticado, em *An Enquiry Concerning Political Justice* (1793), o casamento como um "monopólio" e um "sistema de fraude". Desesperado com a morte de Mary no parto, aos 38 anos, ele imediatamente começa a escrever sua biografia, também se dedicando à educação das duas filhas, uma das quais se tornará Mary Shelley, autora de *Frankenstein*. Aqui, o amor une uma mulher e um homem já feministas.

Outra razão: a empatia identificatória, ativada pelos "neurônios espelhos" de nosso cérebro, graças aos quais somos capazes de sentir as emoções do outro como se nós mesmos as tivéssemos experimentado. Na China, homens denunciam a bandagem dos pés e os terríveis sofrimentos infligidos às meninas de cinco anos: Che Ruoshui, já no século XIII, no fim da dinastia Song, e Yuan Mei, no século XVIII, se tornam os primeiros defensores da causa das mulheres. Nos anos 1890, Kang Youwei funda em Cantão a primeira associação contra essa prática e milita a favor da educação das meninas.

A empatia está na base do feminismo humanitário que reina na literatura do século XIX. Obra-prima da literatura vietnamita, *O conto de Kieu*, de Nguyễn Du, narra o sacrifício de uma jovem abusada pelos homens, que aceita se prostituir e se tornar uma serva. Na Europa, escritores se posicionam a favor das vítimas do egoísmo burguês, órfãs, mães solteiras, prostitutas, cortesãs decadentes. É o caso de Alexandre Dumas filho em suas peças de teatro e no romance *A dama das Camélias* (modelo para *La Traviata*, de Verdi), bem como de Victor Hugo, que se torna o pai simbólico de Fantine e Cosette em *Os miseráveis*.

O direito das mulheres também pode ser defendido em nome da utilidade social: o futuro da nação exige que não nos privemos de nenhum talento, de nenhuma energia. É por isso que Platão concede um lugar às mulheres em sua República, utopia concebida em uma das sociedades mais misóginas de toda a Antiguidade: com o treinamento adequado, as mulheres de elite podem se tornar guardiãs da cidade e servir ao bem comum, em vez de desperdiçar seus talentos em casa. Na segunda metade do século XIX, vários reformadores americanos demonstram algum engajamento feminista, pois, segundo eles, as mulheres chegam a um grau mais alto de moralidade do que os homens: acostumadas a domar a besta que compartilha de suas vidas, elas podem livrar a sociedade de seus males masculinos — alcoolismo, exploração, corrupção. Por trás desse feminismo lê-se uma esperança de redenção social. O destino das mulheres interessa aos "modernizadores", que pregam como se fossem visionários. Esse propósito inspira intelectuais árabes, japoneses e chineses do século XIX, convencidos de que o sucesso do Ocidente repousa na emancipação das mulheres e na promoção da família nuclear. Essa é a posição defendida no Japão por Tokutomi Sohō, um influente escritor liberal, e por Fukuzawa Yukichi, que volta de uma missão à Europa, em 1862, convertido ao ideal de igualdade entre os sexos, na contramão das tradições confucianas. Em 1903, com 29 anos de idade, Jin Tianhe publica em Xangai um ensaio intitulado *O sino das mulheres*: ele prega o direito aos estudos, ao trabalho, à propriedade, à viagem, à amizade, ao amor, ao voto — por respeito à dignidade humana, mas também para transformar a China numa nação "civilizada".[2]

A luta contra a opressão das mulheres passa para o programa das revoluções sociais: abolicionistas, socialistas e feministas se encontram numa convergência de lutas. Em 1840, na Convenção Mundial Antiescravidão que acontece em Londres, a exclusão das delegadas americanas cria uma consciência feminista tanto entre as mulheres quanto entre os homens.[3] Em 1848, cerca de trinta homens participam da convenção de Seneca Falls, dentre os quais o jornalista William Garrison, o quaker James Mott e o militante e ex-escravizado Frederick Douglass. Abolicionistas, eles denunciam as escravidões, tanto a dos negros quanto a das mulheres, e reivindicam para estes o direito de voto. Em *A origem da família, da propriedade privada e do Estado* (publicado em 1884, um ano depois da morte de Marx), Engels tenta mostrar que a servidão doméstica das mulheres deriva da propriedade privada. Baseando-se em *O direito materno*, de Johann-Jakob Bachofen, e em *A sociedade antiga*, de Lewis Morgan, ele afirma que no início da "civilização" — o Neolítico, digamos — a monogamia e a acumulação de riquezas puseram fim à predominância das mulheres. Essa tomada de poder pelos homens foi a "grande derrota histórica do sexo feminino", da qual decorreram todas as outras desigualdades. Na família, conclui Engels, "a mulher desempenha o papel do proletariado". Consequentemente, a derrocada do capitalismo e a abolição da propriedade privada emanciparão os operários e as mulheres.[4]

Podemos explicar o feminismo dos homens através do amor, da empatia, do interesse, da utilidade ou da estratégia, o que não impede sua busca por justiça. Não há nenhuma razão, portanto, para que se exclua um último motivo: o respeito aos direitos humanos. Mutilar as mulheres, deixá-las na ignorância, sujeitá-las a um marido ou privá-las do direito de voto é simplesmente injusto e imoral. O feminismo é uma ética. Nesse campo, como nos outros, não surpreende que os homens sejam os primeiros a se mobilizar — certamente não porque teriam o monopólio dos sentimentos morais, mas porque têm o da educação, da palavra e do acesso à esfera pública. Todos esses fatores se conjugam para gerar uma estranha categoria: a dos homens feministas.

A heroína, a letrada e a sibila

Numa sociedade em que os sexos estão presos a papéis imutáveis, a abolição dos costumes nos faz pensar em utopia. Mulheres que vivessem como os homens: essa visão inspirou artistas e escritores. Três figuras personificam essa emancipação imaginária: a heroína, a letrada e a sibila.

Os gregos eram fascinados pelas amazonas, cavaleiras armadas que, conta Heródoto, recusam os trabalhos de seu sexo; Aquiles se apaixona pela rainha Pentesileia depois de feri-la mortalmente. A Bíblia dá alguns exemplos de mulheres corajosas, ora matriarcas, ora resistentes: Sara, Rebeca, Raquel, Judite decapitando Holofernes. Esta é admirada por Caravaggio e seus discípulos no início do século XVII, que a representam determinada, destemida, o rosto crispado pelo esforço de seu crime. Na mesma época, a figura da mulher ousada (às vezes perigosa) aparece no *Gynaikeion* (1624), de Thomas Heywood, e em *A galeria das mulheres fortes* (1647), do padre jesuíta Le Moyne. Na China, uma lenda narra os feitos da jovem Mulan, que se disfarça de homem para lutar no lugar do pai idoso. Cerâmicas da época Tang, nos séculos VII e VIII, representam jogadoras de polo ou musicistas a cavalo.

No Renascimento, os humanistas reconhecem às mulheres o direito de acesso ao saber. Mulheres instruídas povoam a abadia de Thelema, sonhada por Rabelais, e também tratados como *A instituição da mulher cristã* (1523), do espanhol Juan-Luis Vives, *The Defence of Good Women* (1540), do inglês Thomas Elyot, e *A grande didática* (1627), do tcheco Comenius. Na França dos anos 1670, Poullain de La Barre escreve que "o espírito não tem sexo", enquanto Fénelon é partidário de se conferir às meninas uma educação doméstica aprofundada. No século XVIII, o reformador chinês Chen Hongmou também preconiza a educação das mulheres.

A profetisa, por sua vez, revela ao homem seu futuro: ela transmite as palavras da divindade, como a pitonisa de Delfos, ou oferece seus oráculos através das predições de livros obscuros, como a sibila. No século XVI, Michelangelo pinta no teto da Capela Sistina sibilas tão musculosas quanto Hércules. Nos anos 1820-30, em meio às agitações da Revolução Industrial, Saint-Simon e seus discípulos anunciam a vinda da

Mulher, "sibila do futuro", promessa de amor e de regeneração para toda a civilização. Segundo Émile Barrault, fundador dos Companheiros da Mulher, esta suaviza a ferocidade do guerreiro e derruba as barreiras sociais e nacionais: "A profecia das mulheres é perpétua".[5] A esperança saint-simoniana leva a Aragon, para quem "o futuro do homem é a mulher".

Ver Platão ou o padre Le Moyne como feministas seria abusivo. Só merecem esse título os homens que se engajam a favor dos direitos das mulheres. Como no caso das pioneiras, a luta deles não pode ser dissociada das Luzes e das revoluções de fins do século XVIII. Na *Enciclopédia*, por exemplo, Jaucourt escreve que a subordinação legal da mulher ao marido é contrária à igualdade natural e que o homem não necessariamente tem mais força e sabedoria que a mulher. Os direitos das mulheres, como todos os direitos humanos, participam da invenção de uma sociedade democrática.

Os pensadores da igualdade

Em 1788, em suas *Cartas de um burguês de New Haven a um cidadão da Virgínia*, escritas em diálogo com os ideais da revolução americana, o marquês de Condorcet denuncia as leis opressivas que se recusam a ver as mulheres como seres sencientes, morais e racionais. O Estado livre deve lhes conceder o direito de voto, bem como a elegibilidade às funções públicas.

É principalmente em *Sobre a admissão do direito de cidadania às mulheres* (1790) que Condorcet expõe seus argumentos, sugerindo um corretivo potente à Declaração dos Direitos do Homem, votada um ano antes. Os fatos: a exclusão legal das mulheres, que viola o princípio da igualdade de direitos, é uma injustiça de natureza aristocrática aliada a um ato de tirania. Os pretextos: a gravidez das mulheres, suas indisposições passageiras, seus deveres no lar, sua fraca contribuição às ciências, artes e letras. Os culpados: a opressão dos homens, o poder do hábito, os prejuízos de uma educação não igualitária. Os argumentos para acabar com eles: o exemplo das mulheres de Estado (Catarina da Rússia) e das intelectuais (Madame du Châtelet), o direito natural dos dois sexos, o caráter racional e moral de todo ser humano, a coerência democrática.

Condorcet estabelece um laço entre *a liberdade, a igualdade e os direitos da pessoa* — ruptura conceitual em relação a Poullain de La Barre, cujo igualitarismo levava apenas a uma reforma do casamento e a uma educação entre mulheres. O objetivo de Condorcet não é a reabilitação humanista das mulheres, mas sua emancipação: na vida privada, como em política, elas são suas próprias soberanas. Apesar de, em 1793, seu *Plano de Constituição* ainda reservar a cidadania aos homens, Condorcet é um dos primeiros feministas do mundo, se não o primeiro. Sua audácia se revela à luz das outras reformadoras e reformadores da época. Além do direito de votar e ser eleita, ele preconiza a instrução universal das meninas, enquanto Talleyrand, em 1791, se contenta com a educação doméstica.

As ideias de Condorcet são retomadas por Pierre Guyomar, deputado e autor do *Partisan de l'égalité politique entre les individus*, que sugere que se abandone o "preconceito de sexo" (tão chocante quanto o "preconceito de cor") e que se funde uma verdadeira democracia contra a "aristocracia dos homens". No mesmo ano, outro deputado, Gilbert Romme, declara que "todo homem de um e do outro sexo" deve receber direitos políticos.

Theodor Gottlieb von Hippel, alto funcionário em Königsberg, é um dos raros feministas alemães de seu tempo; basta comparar suas posições às de seu amigo Kant. Em *Sobre a melhoria da situação cívica das mulheres* (1792), Hippel advoga a favor da igualdade e da liberdade individual, mas seu projeto visa menos a emancipação do que a reforma cívico-social, como no caso da "questão judaica" abordada alguns anos antes por Wilhelm von Dohm. Trata-se de integrar à sociedade seres que se caracterizam pela proximidade com a natureza, pela suavidade de temperamento e pela riqueza na vida afetiva. Os jornais alemães, seguindo personalidades como Wieland e Goethe, se interessam pelas ideias expostas pelo inglês James Lawrence num artigo para o *Der Teustche Merkur* de 1793, depois num romance traduzido para várias línguas. Tomando o exemplo dos nair, uma sociedade matrilinear da Índia, ele prega a abolição do casamento e da paternidade. Tal medida teria o efeito de libertar as mulheres do jugo dos homens: elas seriam remuneradas pelo Estado para cuidar das crianças, eles poderiam se dedicar aos trabalhos do espírito.[6] Defesa do amor livre, divisão sexual do trabalho, utopia feminista? Seja como for, James Lawrence é um dos primeiros pensadores da independência econômica das mulheres, que teriam o poder sobre o dinheiro e sobre os filhos — condição necessária para uma vida feliz fora do casamento, longe da família patriarcal. Esta, aliás, é a visão defendida pelas feministas em seus romances, como Mary Hays em *Memórias de Emma Courtney* (1796) e Mary Wollstonecraft em *Maria* (1798).

A harmonia imaginada pelos primeiros socialistas se contrapõe à sociedade em que eles vivem. Eles sonham com uma sociedade sem opressão onde cada um poderia se realizar segundo seus gostos e talentos, livre das servidões da época. Arquiteto de um mundo ideal, Charles Fourier denuncia a servidão das mulheres em *Teoria dos quatro movimentos e dos destinos gerais* (1808). Além da força de seu estilo e da riqueza de seu imaginário, a originalidade de sua abordagem se deve ao fato de ela combinar análise histórica, economia política e progresso social. Para Fourier, os direitos das mulheres constituem a pedra de toque para julgarmos o avanço de uma sociedade. A passagem dos oito períodos que ele distingue, do

Edenismo à Harmonia, se opera "em razão do progresso das mulheres rumo à liberdade", e as decadências se explicam pelo retrocesso de sua condição. Defensor apaixonado da igualdade, Fourier mostra que os defeitos atribuídos às mulheres não são mais que o reflexo dos "vícios do sistema social", exploração econômica, sujeição dentro do casamento, opressão no amor. Ele chega a imaginar a tirania de um "terceiro sexo" por um século, o que faria os homens finalmente entenderem a iniquidade do direito do mais forte.

A influência desse feminismo se faz sentir em Zoé de Gamond, exegeta entusiasta de Fourier (que ela prefere a Saint-Simon) e primeira mulher inspetora de escolas primárias na Bélgica. Quando da proclamação do sufrágio universal masculino, em 1848, Victor Considerant, discípulo de Fourier, é um dos únicos homens a protestar, observando que as mulheres continuavam privadas do direito de voto, embora este fosse concedido a criados e mendicantes.

Na Grã-Bretanha, o teórico socialista Robert Owen defende a igualdade dos sexos e o direito ao divórcio. William Thompson, um rico proprietário irlandês próximo dos owenistas e dos saint-simonianos, publica um manifesto feminista, *Apelo de metade da raça humana, as mulheres, contra as pretensões da outra metade, os homens* (1825): ele demonstra que como as filhas não têm os mesmos interesses dos pais, e as mulheres, os mesmos dos maridos, elas não podem ser legitimamente representadas por eles e, portanto, devem ser autorizadas a votar. Como a escravidão em outro registro, o casamento violenta a esposa, que perde personalidade, direitos e bens para se tornar uma máquina de procriação.

É na convivência com o pai que John Stuart Mill adquire uma cultura excepcional, admirada por seus contemporâneos. Mas embora seu liberalismo e seu utilitarismo se inscrevam na herança paterna, ele precisa romper com a tradição patriarcal que ela carrega (é justamente para refutar a posição de Mill pai que William Thompson publica seu *Apelo de metade da raça humana*). Assim como este último é influenciado pela amiga Anna Wheeler, John Stuart Mill menciona várias vezes que seus livros devem muito à sua mulher, Harriet Taylor. No ano de 1851, em *A emancipação das mulheres*, ela havia criticado o "sacerdócio sentimental" ao qual as mulheres eram condenadas, vítimas do desprezo da sociedade burguesa, e também do sexismo do movimento operário. Suas ideias inspiraram George Holyoake, outro owenista, instigador do *English Woman's Journal* nos anos 1850.

Mas a influência de Harriet Taylor é percebida sobretudo em *A sujeição das mulheres* (1869), que John Stuart Mill publica onze anos depois da morte da esposa bem-amada. Mais tarde, ele denuncia todas as injustiças sofridas pelas mulheres: a imbecilidade dos preconceitos, a prisão do casamento, o fechamento das carreiras profissionais, a exclusão cívica. Os homens são acusados enquanto grupo, seu despotismo é semelhante ao da monarquia do Antigo Regime e ao da escravatura americana. Ora, ao contrário dessas duas instituições, que beneficiavam uma pequena minoria, o abuso de poder, naquele momento, é cometido por todo um sexo. Depois da queda do absolutismo e da abolição da escravidão, a sujeição das mulheres é o último vestígio do velho mundo: "O casamento é a única servidão real reconhecida por nossas leis".

No entanto, embora John Stuart Mill lamente que a sociedade se prive de tantos talentos, ele não questiona a divisão tradicional das tarefas, as mulheres devem permanecer junto aos filhos — ponto sobre o qual Harriet Taylor, dedicada ao desenvolvimento intelectual e ao engajamento cívico, se mostrara muito mais firme.

Em 1866, três anos antes de *A sujeição das mulheres*, o deputado John Stuart Mill havia apresentado ao Parlamento a

Três pensadores feministas

Não violaram, todos eles, o princípio de igualdade de direitos, privando tranquilamente metade do gênero humano do direito de contribuir para a formação das leis, excluindo as mulheres do direito de cidadania? Existe prova maior do poder do hábito, mesmo em homens esclarecidos, do que ver o princípio da igualdade de direitos ser invocado a favor de trezentos ou quatrocentos homens privados dele por um preconceito absurdo, e esquecido para 12 milhões de mulheres? [...] Ou nenhum indivíduo da espécie humana tem direitos verdadeiros, ou todos têm os mesmos; e aquele que vota contra o direito de outro, qualquer que seja sua religião, sua cor ou seu sexo, acabou de abjurar os seus.

Nicolas de Condorcet,
Sobre a admissão do direito de cidadania às mulheres (1790)

E vós, sexo opressor, não ultrapassaríeis os defeitos censurados às mulheres, se uma educação servil vos levasse, como elas, a vos acreditardes autômatos feitos para obedecer ao preconceito e para rastejar diante de um senhor que o acaso vos desse? [...] Tenho base para dizer que a mulher, em estado de liberdade, superará o homem em todas as funções do espírito ou do corpo que não sejam um atributo da força física. [...] As mulheres deveriam produzir não escritores, mas libertadores, Spartacus políticos, gênios que criassem os meios de tirar seu sexo do aviltamento. É sobre as mulheres que pesa a Civilização; caberia às mulheres atacá-la.

Charles Fourier, *Teoria dos quatro movimentos* (1808)

É a lei (ou os hábitos tão fortes quanto as leis) que impõe essa condenação às mulheres. Aquilo que, nas sociedades em que as luzes não penetraram, a cor, a raça, a religião ou a nacionalidade [...] são para certos homens, o sexo é para todas as mulheres; ele é uma exclusão radical de quase todas as ocupações honráveis que não aquelas que não podem ser cumpridas por outros, ou que esses outros não consideram dignas deles. Os sofrimentos provenientes desse tipo de causa geralmente gozam de tão pouca simpatia que poucas pessoas têm conhecimento da quantidade de sofrimento ainda hoje produzido pela sensação de uma vida desperdiçada.

John Stuart Mill, *A sujeição das mulheres* (1869)

petição de 1499 militantes a favor do direito de voto das mulheres instruídas e tributáveis. No ano seguinte, sua emenda foi rejeitada, apesar do apoio de 73 deputados.

Depois do êxito de seu sucessor Jacob Bright, em 1869 (as mulheres recebem o direito de voto municipal), dezenas de projetos de lei favoráveis ao voto feminino são apresentadas por deputados britânicos, dentre os quais Leonard Courtney, Hugh Mason e Faithfull Begg. No início do século XX, surgem várias associações masculinas, como a Male Electors' League for Women Suffrage (1897), o Men's Committee for Justice to Women (1909) e, principalmente, a Men's League for Women's Suffrage (1907), que reúne intelectuais, juristas, homens da Igreja, médicos, industriais, além da mais radical Men's Political Union for Women's Suffrage (1910). Frederick Pethick-Lawrence, protestante unitariano como John Stuart Mill e Harriet Taylor, é alimentado à força na prisão durante uma greve de fome e levado à falência depois de precisar reembolsar as depredações das suffragettes que ele havia apoiado.[7]

Ainda que não fosse propriamente um ativista, John Stuart Mill deixou um imenso legado. Ligado à sufragista Millicent Fawcett, acompanhado até o fim da vida pela enteada Helen, ele dá início a uma linhagem de homens feministas que se espalha mundo afora, com August Bebel na Alemanha, Georg Brandes na Dinamarca, Fukuzawa Yukichi no Japão e alguns liberais na França da Terceira República.

O escândalo do feminismo masculino

O único escritor a exercer influência em escala mundial foi o norueguês Henrik Ibsen (convertido pelas intelectuais feministas de seu país). Publicado em 1879, *Casa de bonecas* é traduzida para o inglês e para o alemão em 1880, para o francês em 1889, para o japonês em 1893, para o chinês em 1918, e Nehru a menciona em seu discurso de Allahabad em 1928, na inauguração de uma universidade para mulheres. A peça causa escândalo e suscita polêmicas por toda parte. Ela é cortada na Alemanha, proibida na Grã-Bretanha e atacada no Japão quando representada no teatro imperial de Tóquio, em 1911. A seguir, a revista *Seitō* dedica um suplemento inteiro à personagem de Nora, símbolo da "nova mulher".[8] Em suas obras, Ellen Key, Simone de Beauvoir e Betty Friedan lhe prestam homenagem.

A trajetória de Salvatore Morelli, nascido no sul da Itália, é emblemática das dificuldades encontradas pelos homens engajados a favor dos direitos das mulheres. Partidário de Saint-Simon, preso como opositor dos Bourbon, ele publica *La donna e la scienza considerate come soli mezzi atti a risolvere il problema dell'avvenire*, em 1861, traduzido para o francês e o inglês nos anos seguintes. Deputado de 1867 a 1880, ele submete ao Parlamento italiano uma série de projetos de lei: abolição da servidão da esposa, compartilhamento da autoridade parental, igualdade cívica entre os sexos, direito ao divórcio, autorização da busca de paternidade, possibilidade de transmitir o nome da mãe às crianças, abertura das profissões liberais às mulheres. Além desses projetos não serem inscritos na ordem do dia (exceto em 1877, quando as mulheres são autorizadas a testemunhar em ações jurídicas), suas intervenções provocam o riso de seus colegas. Ligado a outros feministas, John Stuart Mill na Inglaterra e Léon Richer na França, Morelli morre em 1880, em meio à indiferença quase geral.[9]

Na França, homens tomam parte na luta feminista, principalmente no âmbito dos direitos civis e do ensino. Léon Richer funda o jornal *Le Droit des femmes*, em 1869, depois a Associação pelo Direito das Mulheres, e em 1878 organiza em Paris um congresso internacional sobre o assunto. Saudado por militantes como Julie-Victoire Daubié (primeira mulher bacharel), Maria Deraismes e Hubertine Auclert, ele é zombado por seus pares como o "homem das mulheres". Em meados dos anos 1890, diante do seleto público das conferências do La Bodinière, Léopold Lacour defende a igualdade dos sexos e os direitos políticos e sexuais das mulheres: seu feminismo humanista o faz passar por um original.[10]

No entanto, o engajamento dos homens é marcado pela ambiguidade. Primeiro, seus efetivos são modestos, algumas dezenas no último terço do século XIX: na Associação para o Direito das Mulheres, sua participação cai para um quinto em 1875, e em 1900 eles são apenas um quarto na O Sufrágio das Mulheres. As militantes feministas, aliás, muitas vezes são obrigadas a recorrer à participação dos homens, mesmo que lhes falte fervor: eles trazem finanças e respeitabilidade a suas iniciativas, além do fato de que jornais políticos precisam ser dirigidos por um homem. Por fim, os argumentos dos homens costumam ser uma faca de dois gumes. Redator do *Gil Blas* e frequentador das conferências do La Bodinière, Jules Bois celebra a "Nova Eva" com toques místicos. O magnata da imprensa Émile de Girardin responde, em *O homem e a mulher*, a Alexandre Dumas filho, que em 1872 havia chamado seus detratores de "feministas" (uma das primeiras ocorrências da palavra): "Feminista! Que seja. Sinto-me honrado de sê-lo ao lado de homens e pensadores como os srs. Gladstone, Jacob Bright, Stuart Mill" — o que não o impede de fazer o elogio da mulher no lar.

Em 1870, o republicano Jules Ferry pronuncia na sala Molière um discurso sobre a educação das meninas, onde menciona Condorcet. Dez anos depois, para grande infelicidade da direita e dos católicos, a lei Camille Sée cria liceus de meninas (não alinhados aos programas dos liceus de meninos, pois elas estão destinadas a se tornar mães de família). Esse feminismo educativo visa combater o feminismo político. O filósofo republicano Henri Marion desenvolve a noção de "igualdade na diferença" para opor-se a reivindicações feministas como autonomia financeira, acesso a todas as carreiras e direito de voto.[11] Ao contrário do que acontece na Grã-Bretanha, o mundo político francês julga o voto das mulheres prematuro ou francamente risível. Entre os raros apoiadores das sufragistas encontramos o socialista Marcel Sembat, que inscreve a igualdade civil e política das mulheres em seu programa como deputado, e o radical Ferdinand Buisson, deputado do Sena e autor de *O voto das mulheres* (1911), estudo comparado das conquistas feministas no mundo. René Viviani, por sua vez, é um dos mais fiéis defensores da causa feminista na Belle Époque: redator do *Le Droit des femmes* e próximo da Liga Francesa pelo Direito das Mulheres desde o final dos anos 1880, ele participa de vários congressos e associações sem temer o comprometimento de sua carreira governamental. Outras expressões de feminismo masculino causam escândalo, como *Do casamento* (1907), em que o jovem Léon Blum preconiza a educação sexual das jovens.

Em Nova York, no início do século XX, alguns intelectuais enaltecem o feminismo como instrumento de libertação no âmbito do casal e na vida pública, capaz de emancipar tanto as mulheres quanto os homens. Posicionados contra o capitalismo, favoráveis à independência econômica e sexual das mulheres, bem como ao controle de natalidade, eles levam uma vida boêmia no Greenwich Village, e não hesitam em chocar os contemporâneos com as posições que tomam. Entre esses radicais figuram Floyd Dell, autor de um artigo sobre "O feminismo para os homens", em 1917, e Max Eastman, cofundador da Men's League for Women's Suffrage, em 1910, que segue o modelo inglês. Com sucursais pelos Estados Unidos, a associação conta com milhares de adeptos, notadamente o filósofo John Dewey e o rabino Stephen Wise. Os militantes que participam das manifestações são chamados de "modistas", "homens de saias", ou são vilipendiados como traidores de seu sexo.[12]

No mundo árabe, os pensadores da *Nahda* se fazem advogados do ensino feminino, como o egípcio Al-Tahtawi, grande conhecedor da França e autor de um *Guia honesto para a instrução das meninas e dos meninos*. Depois de estudos no Cairo e em Paris, seu compatriota Qasim Amin segue seus passos: em *A emancipação da mulher* (1899), ele se subleva contra o véu, a poligamia, o repúdio e o casamento forçado, em nome do progresso e da civilização. O livro, que causa escândalo, vale a seu autor a expulsão da magistratura. Na Tunísia, Tahar Haddad segue o mesmo caminho em *Nossa mulher: A legislação islâmica e a sociedade* (1930). Ele parte do princípio de que, "no Oriente, a mulher continua a viver sob um véu". Ela pode sair desse sepultamento praticando exercícios físicos ao ar livre, indo para a escola, tendo o direito de escolher seu esposo, de trabalhar, de assinar contratos, de testemunhar em justiça. Criticado por todos os lados, Tahar Haddad acaba na miséria e na solidão.[13]

Os médicos da emancipação

Embora a medicina seja monopólio dos homens desde Hipócrates (com o extermínio das "feiticeiras" a partir do século XV), ela às vezes se coloca a serviço das pacientes. Na primeira metade do século XIX, médicos, higienistas e alienistas tentam compreender as situações de sofrimento feminino, ainda que com um objetivo regulador ou de ordem pública. Em 1859, o dr. Briquet demonstra que a histeria não é uma doença do útero, mas do encéfalo, que perturba todo o sistema nervoso. Como ajudar as doentes a se sentir melhor? "Geralmente, são mulheres infelizes, que ficam muito contentes de encontrar no médico um confidente para suas tristezas."[14] A via está aberta para Charcot e, por tabela, para Freud.

Em 1832, Charles Knowlton publica em Nova York seus *Fruits of Philosophy*, em que prodigaliza às jovens casadas conselhos para controlar a fecundidade, com ilustrações de apoio; a obra alcança um sucesso escandaloso na Inglaterra, depois que seus editores são processados em 1877. O neomaltusianismo é importado para a França por Paul Robin, que o descobre durante seu exílio em Londres nos anos 1870. Pedagogo libertário e promotor da educação mista, ele dirige uma campanha a favor do controle de natalidade, paralela às ações das feministas Nelly Roussel e Gabrielle Petit: não ser mãe é um direito, a maternidade deve ser livre. No fim do século, o sexólogo inglês Havelock Ellis mostra, opondo-se à crença vitoriana, que as mulheres sentem desejo e que a masturbação é comum aos dois sexos. Seu trabalho, prolongado depois da Segunda Guerra Mundial pelos estudos de Alfred Kinsey nos Estados Unidos e Pierre Simon na França, conduz a uma generalizada desculpabilização: a mulher "normal" tem sexualidade. Reabilitar o prazer feminino é um fator de liberdade e, para dizer o mínimo, de felicidade.

Os pasteurianos franceses, por sua vez, fazem a obstetrícia progredir de maneira espetacular, difundem o princípio de assepsia e aperfeiçoam a esterilização do leite, distribuído na forma de mamadeiras pelos primeiros estabelecimentos de puericultura (as "Gotas de Leite" abrem em Paris e Fécamp no início dos anos 1890). Essas melhorias acontecem num contexto de angústia demográfica, aguçada pelo espírito de revanche contra a Alemanha. Sem dúvida não era intenção dos primeiros pediatras, como Gaston Variot ou Pierre Budin, emancipar as mulheres, mas este foi o resultado de suas ações: a diminuição da mortalidade no parto e a possibilidade de alimentar o filho na mamadeira derrubam um dos principais obstáculos à atividade assalariada das mulheres.

Nos Estados Unidos, os homens investem no campo da menstruação. O tampão vaginal, inventado em 1931 por Earle Haas, e o copo menstrual, patenteado em 1932 por Lester Goddard, são comercializados por mulheres, respectivamente sob o nome de Tampax e Tassette. Em 1919, o médico austríaco Ludwig Haberlandt imagina uma contracepção hormonal temporária. Com a ajuda da empresa Richter, ele produz um preparado hormonal em 1930, o Infecundin, e se suicida dois anos depois, alvo de hostilidades generalizadas. Depois da Segunda Guerra Mundial, químicos e médicos inventam a contracepção oral. Entre eles, Gregory Pincus é financiado por Katharine McCormick, uma filantropa feminista, ex-sufragista e próxima de Margaret Sanger, pioneira do controle de natalidade. A pílula é comercializada em 1960 nos Estados Unidos, depois na Austrália, na RFA e na Grã-Bretanha.[15]

Esse exemplo mostra que é preciso diferenciar os médicos cujas descobertas levam a um *uso feminista* e aqueles que se esforçam para ampliar os direitos das mulheres com seu *engajamento feminista*: seu objetivo é devolver às mulheres o controle de seu corpo, fazendo da gravidez uma escolha voluntária e um momento feliz. Ginecologistas tentam libertar as mães da antiga maldição do "Com dor darás à luz". Dick-Read na Inglaterra, nos anos 1930, e Nikolaiev na URSS, nos anos 1950, desenvolvem um método obstétrico baseado em exercícios de relaxamento e respiração. O parto "sem dor" é praticado na clínica Bluets, em Paris, por Fernand Lamaze, convertido durante uma viagem de estudos à URSS. Até os anos 1980, seu método faz grande sucesso na França e nos Estados Unidos.[16]

Na França, os comunistas aceitam esse feminismo de inspiração soviética, mas não o direito ao aborto. Quando o jornalista Jacques Derogy publica, em 1956, um livro sobre o drama dos abortos clandestinos, o líder do PCF, Maurice Thorez, responde secamente nas colunas do *L'Humanité*: "O caminho para a libertação da mulher passa pelas reformas sociais e pela revolução social, não pelas clínicas de aborto". Sua esposa, Jeannette Vermeersch, preocupa-se porque, graças ao aborto e ao *birth control* importado da América, as trabalhadoras podem "ter acesso aos vícios da burguesia".[17] A luta é travada sem o apoio dos comunistas, mas com o da direita liberal.

Pierre Simon desempenha um papel-chave nessa página da história. Ginecologista, sexólogo, adepto do parto sem dor, militante do direito à contracepção, ele traz de Londres diafragmas e preservativos para o Planejamento Familiar, onde são distribuídos gratuitamente. Ele apoia o deputado Lucien Neuwirth, que convence o general De Gaulle a legalizar a pílula contraceptiva em 1967. Por fim, ele contribui na redação da lei Veil, votada em 1974 no governo Giscard por uma assembleia de homens. Na Grã-Bretanha, os homens que militam na Abortion Law Reform Association chegam a cargos-chave do governo depois das eleições de 1964. Influenciado pelo livro de Alice Jenkins, *Law for the Rich*, o deputado David Steel apresenta um projeto de lei sobre a interrupção médica da gravidez, votado em 1967 por uma Câmara dos Comuns 96% masculina.[18]

Para levar os direitos sexuais e reprodutivos das mulheres ao mundo inteiro, os médicos precisam combater não apenas os hábitos e preconceitos como também os colegas, as leis e as Igrejas, às vezes arriscando suas carreiras e vidas. Nisso, recebem o apoio de muitos políticos, especialmente dos deputados. Nos Estados Unidos, os ginecologistas que praticam o aborto precisam enfrentar a violência dos *"pro-life"*: entre 1978 e 2015, uma estatística enumera onze assassinatos, 26 tentativas de assassinato, 185 incêndios, 42 atentados a bomba e mais de 1500 saques a clínicas.[19]

A luta dos ginecologistas a partir dos anos 1930

PAÍS	NOME	PERÍODO DE ATIVIDADE	ENGAJAMENTO	POSTERIDADE
Reino Unido	Grantly Dick-Read	Anos 1930-50	Parto sem dor	Difusão para o mundo ocidental
URSS	A. P. Nikolaiev	Anos 1950	Parto sem dor	Difusão para os países comunistas
França	Fernand Lamaze	Anos 1950	Parto sem dor	Reembolso pela seguridade social; difusão internacional; aval do papa Pio XII (1956)
	Pierre Simon	Anos 1950-80	Parto sem dor, Planejamento familiar	Influência política e moral
	Émile Papiernik	Anos 1960-80	Planejamento familiar, aborto	Prolongamento da licença-maternidade; prática da IVG depois da lei Veil
	331 médicos	1973 (manifesto no *Le Nouvel Observateur*)	Aborto	Debate sobre a legislação da IVG
Alemanha	Horst Theissen	Anos 1970-80	Aborto	Processo de Memmingen (1988); pena de prisão em primeira instância

Estados Unidos	David Gunn	Anos 1980-90	Aborto	Assassinado em 1993; voto da lei protegendo o acesso às clínicas (1994)
	John Britton	Anos 1960-90	Aborto	Assassinado em 1994
	Barnett Slepian	Anos 1980-90	Aborto	Assassinado em 1998
	George Tiller	Anos 1970-2000	Aborto	Assassinado em 2009
Congo (RDC)	Denis Mukwege	Anos 1990-2010	Reparação às vítimas de estupros de guerra	Tentativa de assassinato em 2012; prêmio Nobel da Paz em 2018
	Gildo Byamungu	Anos 2010	Obstetrícia	Assassinado em 2017

Mulheres feministas são raras. Homens feministas, mais ainda. Mas eles existem. Alguns lutam contra o patriarcado, enquanto algumas mulheres se sentem bem dentro dele. A verdadeira linha de corte não opõe mulheres a homens (no modo oprimidas/opressores), mas feministas a não feministas, em torno de um engajamento. Essa linha estabelece uma separação entre, de um lado, pensadores, juristas, médicos, militantes dos dois sexos e, do outro, um bom número de homens hostis e uma massa de cidadãos indiferentes, favoráveis à manutenção da ordem sexual estabelecida. Nos anos 1860, Anna-Maria Mozzoni, grande figura do feminismo italiano, homenageia os nomes de Fourier, Saint-Simon, Leroux, Morelli: "Obrigado, homens generosos que defendem todas as liberdades e todas as libertações [...] e que, por suas palavras, escritos e obras, afirmam os direitos da mulher!".[20] Pouco numerosos, eles realizaram bastante.

Esse estado de coisas invalida a *biologização do feminismo*, tendência que consiste em acreditar que toda mulher é feminista pelo simples fato de ser mulher. Como disse a rabina Delphine Horvilleur — que sabia do que estava falando —, o feminismo não é o discurso de uma mulher que fala a partir de sua tradição, mas um pensamento crítico, defendido por uma mulher ou por um homem, contra um sistema que aliena as mulheres e o feminino.[21]

8.
O feminismo de Estado

O feminismo não é promovido por mulheres ou homens, mas por mobilizações de mulheres e homens. Embora a revolta diante da injustiça costume ser determinante para o engajamento individual, ela seria impotente sem a existência dos coletivos que a sustentam: associações, sindicatos etc. O Estado, por sua vez, é um supercoletivo: ele implementa direitos através da legislação.

Na França, desde 1974 uma secretaria de Estado está encarregada de melhorar a condição feminina e de trabalhar para a igualdade entre os sexos; na Grã-Bretanha, um Ministério das Mulheres foi criado no final dos anos 1990 com uma missão equivalente. Organizações internacionais, Estados e metrópoles do mundo inteiro praticam o *"gender mainstreaming"*, isto é, a consideração sistemática da igualdade mulheres-homens nas políticas públicas. Mas essa institucionalização da luta é menos um ponto de partida do que um resultado. Pois o Estado feminista, o *"woman-friendly State"*,[1] nasce no século XIX.

Maternalismo nacional e internacional

Se o cidadão é um indivíduo com direitos em relação à coletividade, então as mulheres dispõem dessa "cidadania". As primeiras legislações sociais beneficiaram as mulheres e as crianças porque elas eram julgadas mais fracas que os homens. A Revolução desenvolveu uma intensa atividade nesse sentido: Comitê de Mendicidade e Constituição de 1791, que reforma o cuidado com as crianças abandonadas; decreto de 28 de junho de 1793, a favor das crianças pobres e das mães solteiras; relatório Barère, de 1794, que cria um auxílio para as viúvas e as mães que amamentam. Não é por caridade cristã que a sociedade as auxilia (como sob o Antigo Regime), mas em virtude da crença moral que se tem na coletividade: a proteção é um direito.

No século XIX, em toda a Europa, leis atenuam a exploração das operárias, reduzindo sua jornada de trabalho ou proibindo o trabalho noturno: na França em 1874 e 1892, na Suíça em 1877, na Alemanha em 1883, na Áustria em 1885. As francesas se beneficiam de uma licença-maternidade não remunerada a partir de 1909 e de um descanso obrigatório e indenizado com a lei Strauss de 1913. Essas legislações, é claro, dissimulam todo tipo de segundas intenções (as mulheres precisam ser "protegidas", elas estão no devido lugar dentro dos lares etc.), e é por isso que algumas feministas, como Maria Deraismes, as criticam.

A abordagem feminista-estatal consiste em reivindicar direitos para as mulheres, segundo uma concepção de pacto social que garante *proteção aos mais vulneráveis*. Esta, aliás, é uma das medidas do programa de Hubertine Auclert nos anos 1880: fazer com que o "Estado Materno" garanta assistência a crianças, idosos, doentes e enfermos, bem como um subsídio a todas as mães, casadas ou não. O "Estado Materno" seria uma instância de proteção e cuidados, por oposição ao "Estado Minotauro", encarregado da polícia e do Exército. A legislação social decorre de uma suposta vulnerabilidade: a desigual constituição dos homens (considerados livres e independentes) e das mulheres (operárias, mães, viúvas) justifica uma deformação no liberalismo.

No século XX, os direitos das mulheres são cada vez mais defendidos por organizações supraestatais. A convenção de

Berna, de 1906, proíbe o uso do fósforo branco na indústria de fósforos, prolongando a luta das *matchgirls* de Londres. Depois da Primeira Guerra Mundial, o tratado de Versalhes cria a Organização Internacional do Trabalho (OIT), composta de uma Conferência Internacional e de um Bureau. De cara, seus estatutos apresentam dois princípios feministas: salário igual para trabalho igual; presença de no mínimo uma conselheira durante os debates que interessem às mulheres. Durante a primeira Conferência Internacional do Trabalho, organizada em Washington em 1919, duas das seis convenções adotadas concernem às mulheres (proibição do trabalho noturno e definição de uma licença-maternidade padrão).

No entreguerras, surge uma tensão entre a posição "protetora" (licença-maternidade, proibição do trabalho noturno e com substâncias industriais perigosas, bem-estar material das emigrantes e de seus filhos a bordo de navios) e a posição "igualitária" (paridade salarial, igualdade de tratamento, proteção contra o desemprego). No primeiro caso, as mulheres são consideradas sob sua dupla diferença em relação aos homens, como mães potenciais e como intrusas dentro de indústrias masculinas. A segunda posição, defendida por norueguesas, inglesas e americanas, insiste no direito inalienável das mulheres de trabalhar em igualdade com os homens.[2]

Além disso, a OIT oferece cargos de responsabilidade às mulheres, como Margaret Bondfield, Frances Perkins ou Marguerite Thibert; em 1938, a feminização dos efetivos chega a 41% (na maioria celibatárias). Maria Vérone, advogada e presidenta da Liga Francesa para o Direito das Mulheres, comemora que o Bureau tenha "mais mulheres do que a Liga das Nações", em razão de seus estatutos e dos "sentimentos feministas" de seu diretor, Albert Thomas.[3]

O Estado-Providência e a emancipação das mulheres

Da mesma forma que na OIT, o maternalismo desempenha um papel decisivo na primeira era de proteção social: ele ajuda a preencher as lacunas abertas em matéria de saúde materna ou infantil. No entanto, à medida que o Estado-Providência se erige, ao longo do século XX, os contextos nacionais levam a resultados muito diferentes, e essa é a melhor prova de que o Estado pode assumir — ou se recusar a assumir — uma política feminista. Esses mecanismos podem ser evidenciados por uma comparação entre a Grã-Bretanha, a Irlanda e a RFA, de um lado, a França e a Suécia, do outro.

A Grã-Bretanha adota o modelo do *male breadwinner*, em que o homem provê as necessidades da família, enquanto a mulher permanece em casa, onde trabalha (gratuitamente) cuidando do lar. A proteção social depende do salário masculino, a mulher e os filhos são apenas seus dependentes. Governo, patrões e sindicatos concordam em isolar as mulheres nos setores "femininos" e dissuadi-las de trabalhar depois de casadas; algumas profissões lhes são inclusive proibidas em função de um *"marriage bar"*. O poderoso movimento feminista britânico não consegue inverter essa situação. Nos anos 1920, a campanha de Eleanor Rathbone, que reivindica um subsídio para as mães de família, fracassa. As mulheres são as vítimas preferidas das crises, como mostra o Anomalies Act de 1931, que atinge centenas de milhares de esposas brutalmente privadas de seguro-desemprego. Essas grandes orientações perduram na era Beveridge, depois da guerra, e as mulheres casadas dependem do marido para a seguridade social.[4]

A sociedade irlandesa repousa em escolhas idênticas: papel doméstico das mulheres, proibições profissionais e fragilidade do seguro-desemprego para as esposas, declaração fiscal comum que transforma o salário feminino em salário complementar. Consequentemente, a Irlanda apresenta, no século XX, a taxa de atividade feminina mais baixa de toda a Europa. Em 1990, sua população ativa conta com apenas 32% de mulheres, e apenas um quarto das mulheres casadas trabalha.[5]

A Alemanha Ocidental pode ser vinculada a esse modelo em razão da fraca presença de mulheres no mercado de trabalho, acentuada pela quase ausência de estruturas pré-escolares, o que faz com que a educação das crianças pequenas caiba às mães. Enquanto o crescimento do emprego das mulheres é espetacular nos Estados Unidos e na Suécia a partir dos anos 1960, ele é insignificante na RFA. Com um mercado de trabalho em estagnação, sem crescimento nos serviços sociais, o emprego das alemãs não pode se desenvolver; com isso, elas são super-representadas no setor informal, enquanto os homens ocupam o setor industrial. Além disso, a obsessão pelo "coletivismo educativo" (em reação tanto ao nazismo quanto ao comunismo da Alemanha Oriental) dissuade os pais de delegar as tarefas educativas. As exigências do privatismo pesam principalmente sobre as mulheres: a má mãe, *"Rabenmutter"* ("mãe corvo"), é aquela que foge de suas responsabilidades, "abandonando" os filhos para ir trabalhar. A servidão doméstica que a sociedade impõe às mulheres, em nome do interesse da criança, faz a ligação com o conservadorismo dos "três K" (*Kinder, Küche, Kirche*, de "crianças, cozinha, igreja") que sobrevive ao Terceiro Reich.[6]

O modelo francês e sueco é consideravelmente diferente. Na França, o compromisso entre governo, patronato e catolicismo social definiu uma política de apoio à natalidade. Nas primeiras décadas do século XIX, algumas empresas criam auxílios familiares pontuais para fixar a mão de obra. A partir de 1932, os assalariados da indústria e do comércio com menos de dois filhos recebem abonos familiares, mutualizados por meio de fundos de compensação aos quais os empregadores devem aderir. Esses auxílios familiares, na forma de um adicional salarial, se desenvolvem nos anos 1930, até serem integrados ao sistema de seguridade social depois da guerra. O "Estado-Providência parental", segundo a expressão de Susan Pedersen, não encerra as mulheres no papel de mãe, pois o dinheiro correspondente ao custo dos filhos é distribuído à família como um todo. Além disso, o peso do setor agrícola e artesanal e o crescimento da mão de obra operária, combinados ao desenvolvimento precoce dos serviços de guarda de crianças (*salles d'asile* e escolas maternais), favorecem a atividade das mulheres, casadas ou não.

O sistema sueco é maternalista desde sua origem, fiel ao espírito de Ellen Key. Em 1934, o casal Myrdal publica uma obra dedicada à crise demográfica que assola o país. Para remediá-la, eles sugerem uma série de medidas sociais (subsídios para a maternidade, incentivos fiscais, auxílios-moradia, refeitórios escolares), sem contestar o princípio da parentalidade voluntária ou a atividade profissional das mulheres. Várias dessas medidas são adotadas, bem como a descriminalização da contracepção, em 1938. Mas somente nos anos 1960 os sociais-democratas implementam o modelo dual que concilia natalismo e redistribuição, maternidade e trabalho feminino: a mulher é uma mãe de família e, ao mesmo tempo, uma assalariada autônoma. O trabalho das mulheres — solteiras ou casadas, sem filhos, grávidas ou mães — é protegido pela lei, sustentado pelo sistema de licença-maternidade, pelos serviços à primeira infância e por uma fiscalidade separada. O resultado é uma nítida elevação da taxa de atividade feminina na Suécia, acima de 80% no final do século XX.[7]

O Estado-Providência favorece duplamente as mulheres, pela facilitação do trabalho assalariado e pela criação de novos empregos, caminho de acesso à classe média. Na Suécia, mas também na Finlândia, na Islândia e na França, ele permite que as mulheres combinem vida familiar com carreira profissional, graças a um natalismo feminista. Mesmo nos países que aderem ao modelo do *male breadwinner*, o crescimento do Estado-Providência contribui diretamente para a feminização do trabalho, as novas ativas são absorvidas pelos setores de saúde, educação e serviço social. Nos anos 1980, na RFA, nos Estados Unidos e na Suécia, de 65% a 75% das mulheres diplomadas no ensino superior trabalham no setor social. Nesse sentido, o Estado-Providência confere novas fontes de poder às mulheres.[8]

A influência da Europa colonial

No século XIX europeu, os homens no poder se preocupam muito pouco com os direitos das mulheres, mas eles utilizam o seguinte argumento para justificar a colonização: ela permite "libertar" as africanas e as asiáticas. A "missão civilizatória", portanto, incorpora a defesa das mulheres, que passa pela luta contra os casamentos precoces, a poligamia e o repúdio — maneira de justificar a sujeição das nativas, idealizando a condição das europeias. Esse sentimento de superioridade pode ser lido em Julien-Joseph Virey, Pierre Larousse e tantos outros, que estigmatizam a "crueldade" dos africanos e a "degradação" dos orientais, a "barbárie" dos homens e a "passividade" de suas mulheres. No Magrebe, os franceses ficam chocados sobretudo com a reclusão das mulheres e com os lugares públicos não mistos. Na África Ocidental Francesa (AOF), o poder colonial acolhe as queixas das mulheres, mas acaba confirmando a autoridade dos pais, dos maridos e dos irmãos, em nome da tradição.[9]

Ainda assim, o discurso dos direitos, de origem europeia, reforça a causa feminista no Oriente Médio e na Ásia a partir do fim do século XIX. Hubertine Auclert defende a escolarização das mulheres da Argélia; as ações das suffragettes inglesas ecoam na Índia, no Sri Lanka e no Egito a partir dos anos 1910; as socialistas holandesas ajudam as feministas da Indonésia; na Ásia, as figuras de Madame Roland, Madame de Staël, Harriet Beecher Stowe e Sofia Perovskaya se tornam icônicas. Nos anos 1930, associações como a Œuvre de Protection de la Femme Indigène lutam contra a poligamia, o casamento de meninas impúberes e a prostituição no Congo belga. Em 1931, por ocasião da Exposição Colonial de Paris, os Estados Gerais do Feminismo abordam a questão da proteção materna e do ensino feminino no Magrebe e na África Subsaariana. Em 1938, a feminista francesa Denise Moran redige um relatório sobre a condição das mulheres na AOF.

O despertar da consciência feminista na África e na Ásia não se deve apenas à influência ocidental. Ele também é resultado dos progressos no ensino, do impulso do trabalho assalariado feminino e do nascimento de uma burguesia local. Uma nova função se impõe às mulheres: ser uma esposa "apresentável", dotada de uma cultura mínima, capaz de fazer boa figura na sociedade, mas sem renunciar a seu papel de guardiã da família — em suma, educada e discreta ao mesmo tempo, "moderna" e "tradicional". As veleidades missionárias do colonizador vão ao encontro da agenda dos reformadores locais, de acordo com os desejos da burguesia. É por isso que o *sati*, na Índia, é denunciado tanto pelos intelectuais hindus quanto pela East India Company, que o proíbe em 1829, seguidos por duas dezenas de príncipes e marajás em meados do século XIX: o direito das mulheres é discutido entre homens.[10]

Pode-se falar num feminismo de Estado colonial? Como na metrópole, a "política feminina" dos franceses se limita ao campo da educação. Na AOF, um decreto de 1903 organiza o ensino público segundo um sistema piramidal que vai das escolas dos vilarejos às escolas normais. O resultado é bastante modesto: nos anos 1920, as escolas laicas acolhem 40 mil crianças, dentre as quais 9% de meninas; as escolas católicas, 6500 crianças, com um terço de meninas. No Daomé, onde menos de 3% das crianças são escolarizadas, uma escola de meninas é anexada ao grupo escolar laico de Porto Novo. No Senegal, escolas de meninas são abertas em Saint Louis, Dacar, Goreia e Rufisque, com um ensino de prendas domésticas, mas os marabutos se opõem a elas. No início do ano escolar de 1939, as escolas primárias senegalesas contam com 13500 alunos e apenas uma centena de meninas (1%).[11] No Magrebe, os resultados são igualmente medíocres, sobretudo porque as meninas são casadas muito cedo. Em Túnis, a escola Louise-René Millet (nome da mulher do residente geral da França) é criada em 1900 para as filhas da elite muçulmana; elas aprendem as boas maneiras francesas e os princípios da economia doméstica.

A educação feminina oscila entre emancipação e instrumentalização. Na Indochina, os franceses abrem o ensino público às meninas (antes da colonização, somente as filhas de famílias ricas tinham acesso ao estudo, e somente no âmbito privado). No início dos anos 1920, elas representam 8% dos efetivos, mas 15% vinte anos depois, com nítidos progressos em Tonquim e Annam, e um pico de 29% na Cochinchina. Uma instituição chamada Colégio das Túnicas Violeta recebe as jovens nativas em Saigon; várias de suas alunas se tornam professoras, diretoras de escola ou médicas.[12] As escolas participam do empreendimento de conquista moral do colonizador: a ideia é utilizar a "mulher nativa" para penetrar nos lares e neles enraizar o amor pela França.

Na AOF, entre 1918 e os anos 1950, algumas instituições diplomam várias centenas de trabalhadoras sociais (parteiras e enfermeiras); uma escola normal de professoras é inaugurada em 1938. Essas "pioneiras do progresso" são instrumentos do poder colonial, que quer manter as taxas de natalidade e controlar as populações, educando as futuras esposas. Fato é que essas mulheres diplomadas, assalariadas e por vezes militantes contribuem para a evolução das relações de gênero, e mesmo para a difusão de um feminismo de tipo maternalista.[13] Em Serra Leoa, os britânicos nomeiam mulheres para a chefatura de hinterlândias sob protetorado, com o objetivo de eliminar os homens envolvidos na insurreição de 1898; é à sua lealdade demonstrada que Madam Yoko, líder das Kpa Mende, deve sua ascensão política. Em contrapartida, as mulheres da burguesia de Freetown são privadas do direito de voto municipal.[14]

No final do século XIX, os países europeus gozam de grande prestígio, aureolados por uma superioridade econômica e militar. Isso explica a propagação de seu modelo de sociedade, inclusive para fora de seus impérios. Nesse contexto, os direitos das mulheres surgem como um processo civilizatório a ser instaurado com urgência.

No Japão da era Meiji, o ministro da Educação critica a concubinagem, apoia o casamento contratual e a educação das meninas, envia estudantes para os Estados Unidos em 1871. As mulheres da burguesia mudam sua aparência, cortam os cabelos, trocam o quimono tradicional pelo vestido vitoriano. No início do século XX, a taxa de escolarização das meninas atinge 97% (contra 15% em 1873), o ensino superior se abre e as mulheres trabalham mais. No entanto, elas permanecem excluídas da vida política, sem poder votar e manter agremiações, ou mesmo tomar a palavra em público. Segundo o princípio do *ryōsai kenbo*, elas são encarregadas de gerir o lar e educar os futuros cidadãos — um avanço em relação à tradição confuciana. Na China, a imperatriz proíbe a bandagem dos pés por decreto em 1902 (renovado em 1911). Em Xanxim, entre 1917 e 1922, um movimento "modernizador" denuncia a bandagem como uma prática bárbara, a ser erradicada por meio de um sistema de multas e inspeções.[15]

O feminismo revolucionário

Os líderes nacionalistas conferem um lugar real às mulheres (o que não significa que defendam a igualdade entre os sexos). Gandhi não escapa ao contexto patriarcal tradicional, mas aceita a igualdade em certos âmbitos: realização pessoal das mulheres, autonomia sexual, novo casamento das viúvas. Ele tem em alta estima as militantes *satyagrahi*, que, por seu caráter pacífico e sua aptidão para o sacrifício, contribuem para a luta não violenta — o que faz com que saiam do ambiente doméstico. Uma mulher próxima de Gandhi, Sarojini Naidu, é quem preside o Congresso Nacional indiano, em meados da década de 1920. Nehru, por sua vez, tem uma posição mais progressista que Gandhi: sensível às lutas das suffragettes britânicas, ele não aceita que as mulheres limitem suas ambições ao casamento.

O Sudeste Asiático tem uma tradição de feminismo revolucionário que remonta à resistência das irmãs Trung contra os chineses, no Vietnã do século I de nossa era. Graças às lutas anticoloniais, o feminismo vietnamita renasce no início do século XX, num momento em que o movimento nacionalista é dirigido por letrados, antes de ser retomado, nos anos 1920, por jovens intelectuais formados ao modo ocidental. A igualdade dos sexos é aceita como um princípio, e não apenas para mobilizar as mulheres. A recusa do destino familiar e a aspiração à liberdade individual levam colegiais, estudantes e camponesas a se engajar no movimento. Inversamente, a propaganda erige a jovem miliciana em símbolo de coragem e devotamento.[16]

Na China, as mulheres participam das lutas armadas, por exemplo durante a rebelião Taiping (1850-64), que reivindica a redistribuição de terras, a igualdade entre os sexos, bem como a possibilidade de as mulheres participarem de concursos e terem acesso a cargos de responsabilidade. Qiu Jin se engaja na luta antimanchu depois da revolta dos Boxers, na virada do século. Como Gandhi e Nehru, Mao fica impressionado com o potencial militante das mulheres. Nos anos 1910-20, ele publica vários artigos contra o casamento forçado e defende a igualdade de direitos. Ele contesta a hegemonia masculina, colocando-se ao lado das vítimas: "Os homens despudorados, os homens maus nos transformam em joguetes e nos obrigam a nos prostituir indefinidamente para seu proveito". Em 1927, ele denuncia a opressão das mulheres nos campos: os camponeses são subjugados por três sistemas de dominação (política, clânica, religiosa), mas as mulheres sofrem uma quarta (a tirania masculina) — essas são as "quatro cordas" que agrilhoam as chinesas. No início dos anos 1930, o soviete de Jiangxi, presidido por Mao, revoluciona a vida das mulheres: independência econômica, direito de estudar e de militar, liberdade de casamento, possibilidade de divórcio, luta contra a bandagem dos pés e o infanticídio feminino.[17]

No Vietnã, como na China, as mulheres participam da revolução, e esta contribui para sua emancipação. Existe, portanto, um feminismo endógeno às sociedades asiáticas, reiterado no século XX no contexto das lutas revolucionárias e anticoloniais.

Uma vez no poder, alguns dirigentes nacionalistas instauram um feminismo de Estado. No Afeganistão dos anos 1920, as reformas de Amanullah Khan conferem direitos às mulheres (proibição dos casamentos precoces, abolição do véu e da poligamia, direito de voto), o que desencadeia a ira dos ortodoxos e a insurreição das tribos. Na mesma época, a Turquia se engaja numa reforma similar sob o impulso de Mustafa Kemal. Em 1926, o novo código civil proíbe a poligamia e concede direitos estendidos às mulheres em matéria de divórcio, propriedade e herança. As turcas se tornam eleitoras e elegíveis à Assembleia Nacional em 1934 (dez anos antes das francesas) e, no ano seguinte, o congresso da Aliança Internacional pelo Sufrágio Feminino acontece em Istambul. Paralelamente, Mustafa Kemal organiza o ensino misto e secularizado. Depois de estudos na Alemanha, Safiye Ali, primeira mulher médica, abre uma clínica da mãe e da criança em Istambul, em 1923.

Nas ex-colônias francesas, o engajamento pode ser observado no topo do Estado. Depois da independência, Bourguiba se dedica à emancipação das mulheres na Tunísia. O Código do Estatuto Pessoal (1956), inspirado nas teses de Haddad, proclama a igualdade dos sexos, autoriza o divórcio, abole a poligamia, o repúdio e os casamentos forçados. As mulheres obtêm acesso ao ensino superior e entram no mercado de trabalho, algumas se tornam advogadas ou médicas. Na Guiné-Conacri, as mulheres têm um papel importante nas lutas de libertação nacional, conforme atestado por seu apoio à Assembleia Democrática Africana e pelo martírio de M'Balia Camara, assassinada grávida em 1955. Em 1958, depois da independência, Sékou Touré lança uma política de emancipação feminina com o auxílio do Partido Democrático da Guiné (cujo slogan é "A mulher sustenta o Partido, o Partido emancipa a mulher"). Apesar das estruturas patriarcais, as guineanas recebem alguns direitos: igualdade dentro do lar e perante os tribunais, liberdade de gestão dos bens pessoais, indenização em caso de repúdio, possibilidade de divórcio e de oposição à poligamia do marido. Em 1968, conta-se um quarto de mulheres entre os deputados nacionais.[18]

A traição das mulheres

Apesar de todas essas realizações, o diagnóstico de Kumari Jayawardena é sombrio: as reivindicações feministas são eclipsadas pelas prioridades da libertação nacional, que no entanto é obtida com a ajuda das militantes e das combatentes. A vontade de criar um Estado "moderno" não enfraquece a dominação masculina.

Depois das independências, um retorno à ordem patriarcal tem início no Sri Lanka (a partir de 1946), na Índia, no Magrebe, na África Subsaariana. A igualdade civil não impede as mulheres de permanecer a serviço dos homens, mães no lar, carregadoras de água, guardiãs da tradição religiosa e da autenticidade nacional. Mesmo na Tunísia, as ditaduras de Bourguiba e Ben Ali levam a décadas de violência policial, dirigida especialmente às mulheres, sejam elas militantes (de partidos de esquerda, sindicatos, organizações islamistas) ou familiares de opositores: os maus-tratos e os estupros anulam os benefícios do Código do Estatuto Pessoal.

Nos Estados Unidos, as mulheres afro-americanas, estudantes ou mães de família, têm um papel primordial no movimento pelos direitos civis, por exemplo durante o boicote aos ônibus de Montgomery, em 1955, e durante a grande Marcha sobre Washington, em 1963. No entanto, elas costumam ser relegadas às funções tradicionalmente femininas: cozinhar, dirigir os cantos na igreja, vender de porta em porta, fazer o trabalho social e as ações de caridade. No que concerne a estratégia política, elas ficam em segundo plano, e esse ideal de militância masculina se degrada em retórica militar-viril entre os Panteras Negras.[19] A igualdade cívica não inclui a igualdade dos sexos.

Na Europa, tanto no século XIX quanto no XX, os socialistas aderem à mesma hierarquia de gênero. Eles não necessariamente desprezam as mulheres, mas consideram seu papel e suas reivindicações muito secundários. Nos meios da Primeira Internacional, por volta de 1870, o "salário familiar" corresponde ao modelo do *male breadwinner*, a mulher é relegada ao lar. Pensador da social-democracia alemã e oposto às discriminações legais contra as mulheres (segundo o Programa de Erfurt, de 1891), Eduard Bernstein declara, no entanto, que "a questão do sufrágio das mulheres não é uma questão de primeira importância para o socialismo e para a classe operária".[20] Na Áustria-Hungria, os sociais-democratas se dizem comprometidos com a igualdade entre os sexos, mas, por meio de zombarias e do argumento de autoridade, eles conseguem limitar a influência das mulheres. Anna Altmann, a única mulher delegada da Cisleitânia, e Adelheid Popp, redatora-chefe do *Die Arbeiterinnen-Zeitung* [O jornal das operárias] por quarenta anos, sofrem as consequências dessa misoginia estrutural. Para Otto Bauer, um dos teóricos do austromarxismo, a mulher preenche sua missão ao garantir o conforto do marido.[21]

Na URSS, o Estado emancipa as mulheres: elas podem trabalhar, militar, viver em concubinato, divorciar-se ou abortar — ou seja, escapar à função-mulher. Em 1935, Stálin opera uma reviravolta, logo repercutida pelo jornal *Izvestia*: "Nossas mulheres, cidadãs de pleno direito no país mais livre do mundo, receberam da natureza o dom de serem mães. Que possam guardá-lo preciosamente para trazer ao mundo heróis soviéticos! O aborto que destrói a vida é inadmissível em nosso país". A família é exaltada e o aborto é proibido (ele voltará a ser autorizado depois da morte de Stálin).

A Constituição da RDA, promulgada em 1949, garante a igualdade entre os sexos. Um ano depois, uma lei estipula que o casamento não diminui em nada os direitos das mulheres: as decisões a respeito do lugar de moradia e da educação dos filhos são tomadas a dois; a esposa tem o direito de estudar e de trabalhar, mesmo que isso leve a uma separação temporária. Nos anos 1950, as mulheres têm acesso ao ensino superior e à formação profissional. O aborto é legalizado. A paridade salarial é garantida e, para que as mulheres possam conciliar trabalho e vida familiar, toda criança tem direito a uma vaga em creche a partir dos anos 1960. No fim da Guerra Fria, a taxa de atividade profissional das mulheres chega a 89% na RDA, contra apenas 56% na RFA.

No entanto, como vários testemunhos afirmam, as mulheres alemãs-orientais se encarregam da maioria das tarefas domésticas. Elas são excluídas de algumas profissões, sobretudo no âmbito tecnológico, e nenhuma dirige uma "empresa de propriedade do povo" (VEB). Um bom número de mulheres senta na Câmara do Povo, sob a figura tutelar de Clara Zetkin, mas essa participação é ilusória: em 1950, elas são apenas 15% no comitê central do SED (sua participação cai para 10% em 1986). A ditadura masculino-comunista transparece sobretudo dentro do politburo do comitê central, que detém o núcleo do poder: nenhuma mulher jamais foi admitida em suas fileiras.[22]

Na URSS, como na RDA, as mulheres são excluídas do poder, mas se beneficiam de avanços reais. Na China de Mao, as operárias ocupam cargos subalternos e mal remunerados, mas são integradas à *danwei* ("unidade de trabalho" que designa uma empresa estatal). No Irã, em contrapartida, a traição é completa. Milhões de mulheres participam das manifestações de 1978-9 a pedido do imã Khomeini. Algumas semanas depois de seu retorno a Teerã, as iranianas festejam pela primeira vez o Dia Internacional da Mulher, em 8 de março de 1979. Mas o novo poder exige que elas trabalhem de véu, sem maquiagem, sob a alegação de que "as mulheres muçulmanas não são bonecas"; algumas profissões lhes são proibidas. A xaria passa a reger a família, substituindo a lei de 1967 que proibia os casamentos precoces e concedia alguns direitos às mulheres em matéria de divórcio e autoridade parental. Em 22 de março de 1979, em Paris, durante uma reunião na presença da feminista americana Kate Millett, recém-expulsa do Irã, Simone de Beauvoir expressa o desejo de que "essa revolução seja uma exceção": se os direitos das mulheres não forem respeitados, o novo regime "também não passará de uma tirania".[23]

No fim das contas, a revolução iraniana produz um Estado intrinsecamente misógino, que oprime as mulheres em nome do islã. Nas décadas seguintes, os homens se tornam os detentores "naturais" do poder religioso, político e familiar, enquanto as mulheres sofrem coerções vestimentares, tutelas jurídicas, desigualdades sucessórias, exclusões profissionais, estupros na prisão.

Da Arábia Saudita à Islândia

Desde o século XVIII, as mulheres, os homens e o Estado vêm contribuindo para as conquistas do feminismo. É difícil saber qual desses atores desempenha o papel mais determinante, ainda que, ao que tudo indica, as mulheres estejam na origem da maioria das lutas. Seria preciso analisar o papel de associações, sindicatos, empresas e municipalidades, que abrigam tanto homens quanto mulheres. Seja como for, o Estado não é uma simples correia de transmissão: o Estado-Providência democrático e o Estado socialista revolucionário ampliam os direitos das mulheres, enquanto o Estado colonial e o Estado teocrático os restringem. Em outras palavras, as reivindicações coletivas das mulheres podem se transformar (ou não) em dispositivos legais; a mobilização feminista pode ser substituída (ou não) por uma política feminista.

A gestão estatal da prostituição é um exemplo. Nos anos 1860, o Estado italiano financia a rubrica orçamentária "prostituição". No Magrebe colonial, além de os prostíbulos serem reconhecidos, a taxa sanitária recolhida das mulheres garante quantias anuais consideráveis: 30 mil francos na Argélia, 90 mil francos em Túnis, 188 mil francos em Casablanca. A princípio, esse dinheiro deve ser utilizado para melhorar a fiscalização sanitária e o combate às doenças venéreas, mas isso nem sempre acontece, tanto que as municipalidades fazem caixa às custas das prostitutas.[24] Na Europa do século XX, o desenvolvimento do Estado-Providência combinado à alta do padrão de vida, permite erradicar a prostituição massiva — das operárias de fábrica às dançarinas do Opéra — que caracteriza as sociedades do século XIX. Na França, o fechamento dos bordéis em 1946, por instigação de Marthe Richard, marca o fim do Estado proxeneta.

O Estado tem tanto peso que consegue favorecer ou impedir os combates feministas. Na Grã-Bretanha, o modelo do *male breadwinner* privilegiado pelos parceiros sociais fornece aos homens uma arma contra as reivindicações das operárias, das sindicalistas e das sufragistas. Na Alemanha, a social-democracia conta com feministas em suas fileiras desde o século XIX, mas a RFA fará essa herança prosperar menos que a RDA. Várias décadas depois da queda do muro de Berlim, o sistema educativo das *Länder* da antiga RDA e dos países da Europa Oriental ainda carregam a marca do feminismo de Estado, pois a distância de êxito escolar entre meninas e meninos em matemática é tão pequena quanto nos países escandinavos.[25] Da mesma maneira, em 2014 os países do antigo bloco soviético (Europa Oriental e Ásia Central) oferecem as maiores licenças-maternidade do mundo: dezoito semanas ou mais, ou seja, muito acima do mínimo de catorze semanas recomendado pela OIT e da média observada nos países da Europa Ocidental.[26]

Na França, o familialismo natalista e a qualidade dos serviços à primeira infância proporcionaram certa autonomia às mulheres, compensando a fraqueza do feminismo no século XIX, o sexismo republicano e a misoginia dos proudhonianos. As mulheres recebem do Estado aquilo que não obtiveram das revoluções. Com exceção de 1789, estas não trouxeram muita coisa às mulheres, seja em 1792, em 1830, em 1848 ou durante a Comuna de Paris (apesar da participação de Louise Michel, entre outras). Nos anos 1968-72, os protestos atestam as mesmas convicções patriarcais. Os grupos marxista-leninistas, trotskistas ou maoistas se desentendem a respeito de tudo, menos a respeito do princípio de dominação masculina. Enquanto os militantes preparam a revolução, as militantes voltam para casa para cuidar dos filhos: como observou in situ Christine Delphy, as esquerdistas defendem seus "interesses de homens".[27] De fato, muitas mulheres engajadas na extrema esquerda se tornam feministas nos anos 1970, e é sob esse rótulo que dão continuidade a suas lutas.

Do ponto de vista da emancipação das mulheres, o Estado-Providência democrático e o Estado socialista revolucionário permitem avanços comparáveis; este último, porém, acaba entravando os direitos das mulheres em razão da ditadura e da miséria generalizada, tanto que se pode constatar a eficácia global da *liberdade de expressão associada à proteção social*. São essas duas coisas, de fato, que melhor convertem em ganhos concretos as reivindicações feministas. No século XX, a democracia é a melhor aliada das mulheres.

Luta das feministas, apoio dos homens, engajamento do Estado: essas ações coletivas se cristalizam no *Gender Gap Report*, onde todos os países do mundo são classificados quanto à condição das mulheres, segundo critérios como saúde, educação, participação política e econômica.[28] Apesar das críticas que se pode fazer a uma classificação mundial estabelecida a partir de dados heterogêneos, suas informações não podem ser dispensadas levianamente.

Em primeiro lugar, a emancipação das mulheres não é uma consequência direta da riqueza dos países. Seria inútil apresentar uma competição entre Norte e Sul, Ocidente e países em desenvolvimento. Ruanda, por exemplo, aparece em quarto lugar, à frente da maioria dos países europeus e muito à frente dos Estados Unidos, relegados à 49ª posição. Podemos duvidar que a situação das namibianas (13ª posição) seja realmente melhor do que a das dinamarquesas (14ª posição), mas a baixa classificação da Itália, em 82ª posição, entre México e Mianmar, revela a insuficiência das oportunidades políticas e econômicas oferecidas às mulheres nesse país.

A classificação revela, acima de tudo, o papel do Estado na emancipação das mulheres. Assim, um modelo nórdico se delineia: Islândia, Noruega, Finlândia e Suécia figuram entre as cinco primeiras. A Europa Ocidental obtém bons resultados, com França, Alemanha e Reino Unido ocupando respectivamente a 11ª, 12ª e 15ª posição. A condição das mulheres na Islândia, que ocupa a 1ª posição de 144, reflete as escolhas políticas e sociais de uma democracia. O "milagre islandês" se deve ao sucesso escolar das meninas, à presença massiva das mulheres no mundo do trabalho, à paridade salarial que lhes é garantida, ao acesso a cargos de responsabilidade, mas também a vitórias políticas como a greve feminista de 24 de outubro de 1975 e a eleição de Vigdís Finnbogadóttir em 1980, por voto universal direto. Como explica a cantora Björk, nascida em Reykjavík em 1965:

> Tenho muita sorte de ter sido criada nesse país. Foi inclusive um choque quando comecei a descobrir o resto do mundo. De repente, eu era uma mulher, e considerada como tal, dentro da estranha relação entre os sexos que governa o restante do planeta. [...] Até os 27 anos de idade, eu me via como igual a um homem. Morando em outros lugares, entendi que o mesmo não acontecia em toda parte.[29]

Em sentido inverso, a Arábia Saudita, um dos países mais ricos do mundo, aparece em 138ª posição não por ser um país muçulmano, mas porque o Estado, a partir de 1932, transforma a doutrina wahhabita num componente essencial da identidade nacional. Em outros países árabes, o projeto

1932	Nascimento do nacionalismo religioso de inspiração wahhabita
1962	Abolição da escravidão; abertura das primeiras escolas de meninas, para grande pesar dos conservadores
1971	Reformas patriarcais do Alto Conselho dos ulemás
Anos 1970	Segregação-marginalização das mulheres, relacionada à renda petrolífera e ao modelo do *male breadwinner*; internacionalização do wahhabismo
2001	Atentados de 11 de setembro nos Estados Unidos
2006	Autorização de ambientes de trabalho mistos
2010-2	Primaveras árabes
2011	Direito de voto das mulheres para as eleições municipais
2018	Direito das mulheres à carteira de motorista; tortura de militantes feministas na prisão

nacional é construído junto com as mulheres e por oposição ao poder colonial. As sauditas, porém, são sacrificadas no altar de um nacionalismo religioso que visa fazer da Arábia Saudita o país mais "piedoso" do mundo, modelo de um islã "imaculado"; por isso a sujeição das mulheres, a tutela masculina em todos os aspectos de suas vidas, o direito da família patriarcal, a segregação sexual na escola e no trabalho, o porte obrigatório do véu integral, a onipresença da polícia religiosa. Reféns de uma ditadura masculina, as sauditas têm menos direitos que as outras mulheres muçulmanas no mundo.[30] Depois de 11 de setembro de 2001, a fim de dourar sua pílula na cena internacional, o Estado passa a colocar as mulheres nas mídias e nas empresas. Grandeza e miséria da "mulher vitrine".

O círculo patriarcal estendido

Na escala dos milênios, o século XX aparece como um século à parte, uma ruptura, e sua herança inspira muda admiração: pela primeira vez desde o surgimento do *Homo sapiens*, as mulheres gozam de direitos, e a liberdade sob todas as suas formas lhes é reconhecida. Essa revolução, somada a um bom número de avanços tecnológicos (obstetrícia, mamadeira, eletrodomésticos, pílula), leva a melhores condições de vida para centenas de milhões de mulheres no mundo inteiro. Basta olharmos para nossa própria família, nossa própria vida, para constatá-lo: as conquistas femininas impregnam a vida de todos — a das mulheres sem exceção, mas também a dos homens, que têm avós, mães, irmãs, companheiras e filhas.

No entanto, percebemos que ainda estamos no meio do caminho: embora as desigualdades de sexo tenham sido abaladas, especialmente na Europa Ocidental e na América do Norte, ainda encontramos muitos de seus vestígios. Por que a revolução dos direitos não destruiu as estruturas patriarcais herdadas do Neolítico?

A emancipação das mulheres acontece graças a uma extensão do círculo patriarcal, que permite que elas saiam do lar, embora ainda carregando os atributos da função-mulher. No século XIX, o feminismo maternalista reivindica direitos para as mulheres enquanto mulheres. No século XX, o desenvolvimento do Estado-Providência prolonga as competências da mãe-esposa. É o que Jon Eivind Kolberg chama de teorema da "família tornada pública": aquilo que antigamente encontrávamos dentro da família, hoje recebemos de setores públicos feminizados, como saúde, educação e assistência social. O mesmo fenômeno acontece no setor privado.

Consequência: na Suécia, as mulheres permanecem isoladas no setor socioeducativo ligado ao Estado-Providência.

O círculo patriarcal estendido

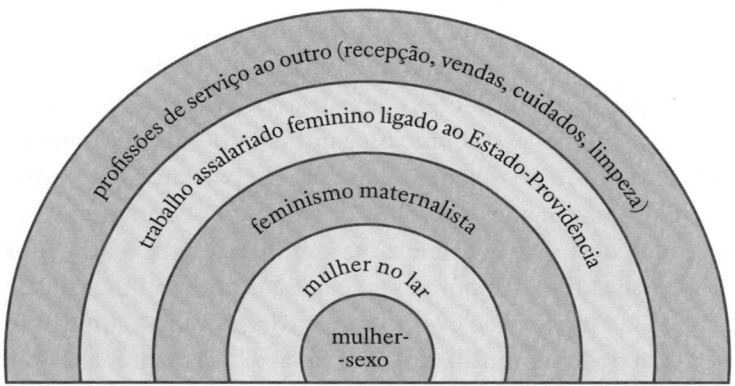

Quando conseguem entrar nos bastiões industriais masculinos, elas raramente têm acesso aos cargos técnicos (8%) e quase nunca ao escalão gerencial (1%). Na França, as mulheres representam 98% dos secretários, 97% dos assistentes a domicílio, 90% dos auxiliares de enfermagem, 73% dos vendedores, 70% dos auxiliares de serviços gerais e 66% dos professores. Mesmo no topo do Estado, instaura-se uma hierarquia: com diplomas iguais, as mulheres escolhem os ministérios "sociais" (Assuntos Sociais, Saúde, Trabalho) muito feminizados, enquanto a norma de prestígio e remuneração leva os homens aos ministérios régios (Finanças, Interior, Negócios Estrangeiros).[31]

Seja ela mãe reprodutora em Atenas, matrona em Roma, serva na Itália do Renascimento, *salonnière* no Antigo Regime, dona de casa na época vitoriana, *housewife* em Kansas City, secretária em meados do século XX, enfermeira ou professora nos dias de hoje, a mulher sempre provê o bem-estar individual e coletivo. Ela presta cuidados de tipo materno à família e à sociedade — e com frequência às duas ao mesmo tempo.

A sociedade neopatriarcal confere responsabilidades a cada sexo, profissionalizando a função-mulher, por um lado, e santuarizando as esferas de poder masculino no mundo do trabalho, na política e na religião, por outro. Isso explica por que a emancipação das mulheres coexiste com a manutenção do sexismo institucional — como uma última proteção aos homens. Para levar a cabo o desmantelamento do patriarcado, é imperativo, portanto, que os direitos das mulheres continuem a ser estendidos a todas as esferas, mas também é preciso transformar o masculino. Embora este seja um empreendimento titânico, ele ao menos não é impossível: a democracia é um trunfo, o Estado pode ser um aliado, nem todas as masculinidades são opressivas e alguns homens se engajam no feminismo ao lado das mulheres.

Parte III

As falhas do masculino

9.
O homem e suas alienações

Todo dia, lemos nos jornais que o masculino entrou em crise. Espanto e incredulidade. Com todas as suas prerrogativas — aristocracia de nascimento, favores sociais, hábitos de cooptação, recurso à violência —, como os homens poderiam estar em crise? Suas lágrimas de crocodilo não seriam uma artimanha para se sentir pena deles, em vez de se resistir a eles? Na verdade, essa dúvida decorre de uma definição errônea do masculino, que o equipara a seu núcleo patriarcal. Mas nem todos os homens são tiranos, e o masculino não pode ser reduzido às masculinidades de dominação. Assim como a violência de alguns homens atinge outros homens, o culto à autoridade mergulha o gênero inteiro na ansiedade. Além disso, as alienações inatas do masculino são agravadas — quase dramatizadas — pela emancipação das mulheres.

Precisamos levar a sério a crise do masculino (e mesmo a sensação de crise), pois ela é uma brecha pela qual entrar: a refundação começa pelo diagnóstico de uma fragilidade. Devemos portanto não apenas constatar, como também ampliar as falhas do masculino, aprofundar suas dúvidas, amparar suas figuras menos legítimas — quebrar o monólito.

As angústias do masculino

Nas mitologias indo-europeias, a integridade do herói — Indra na Índia, Tarquínio em Roma, Gwyn entre os celtas — é maculada por seus "três pecados" contra o direito (assassinato), contra a honra (deslealdade) e contra a moral (estupro).[1] Não que o heroísmo implique a eventualidade de um fracasso, mas o herói sempre se revela um colosso de pés de barro, um simples mortal falível — o que, paradoxalmente, aumenta seu prestígio. Não é por acaso que a *Ilíada* começa com a cólera de Aquiles, homem que inveja, sofre e chora, guerreiro vulnerável no calcanhar porque a mãe o segurou por ali ao mergulhá-lo no Estige.

As desventuras do guerreiro enfatizam um traço importante das masculinidades de dominação: o homem deve provar constantemente que é um homem. O masculino carrega em si mesmo uma inquietude, o medo de ser indigno de seu sexo. Portanto, ele é intrinsecamente frágil, duvida de si mesmo, teme não estar à altura; por isso as provocações, as ostentações, os sacrifícios e todas as "belas mortes", que sempre são excessos.

As crises do masculino existem desde a Antiguidade, e *independentemente de qualquer reivindicação por parte das mulheres*. Em contrapartida, os homens precisam aprender a se proteger delas, sob pena de destituição. A literatura greco-latina está cheia de episódios em que o masculino é ameaçado de dentro pelo feminino: zombarias de Aristófanes contra a tagarelice de seus contemporâneos afeminados, desprezo por Aníbal entregue às "delícias de Cápua", denúncia da frouxidão e da corrupção helenísticas por Catão, elogio da velha austeridade de Múmio e Cincinato, "decadência" dos romanos no fim do Império. Em *Le Quadrilogue invectif* (1422), escrito durante a Guerra dos Cem Anos, Alain Chartier critica os cavaleiros franceses pelo amor ao adereço, responsável pelo fracasso de Azincourt. Em meados do século XVIII, Rousseau vilipendia a influência amolecedora dos salões, onde cada mulher reúne a seu redor "um harém de homens mais efeminados que ela". Na pintura, o rigor neoclássico dos anos 1780 é tanto uma resposta quanto um antídoto à frivolidade rococó de Boucher.

Crises e revanches do masculino

Período	Epicentro	Causa alegada	*Backlash* viril
século II a.C.	Roma	Luxo, corrupção dos costumes	Moralismo de Catão
século XV	França	Derrota de Azincourt (1415)	Panfleto de Chartier (1422)
século XVIII	França	Decadência dos costumes sob Luís XV	Corrente "republicana" (Diderot, Rousseau, David)
Revolução	França	Regicídio e rebaixamento do marido-pai	Código civil de 1804
1830-1930	Europa Ocidental	Crise urbana e delinquência juvenil	Colônias agrícolas penitenciárias
1880-1918	Europa Ocidental	Afrouxamento na paz; dandismo (Huysmans)	Imperialismo e militarismo; Primeira Guerra Mundial
Entreguerras	Alemanha	Derrota de 1918, República de Weimar	Ascensão do nazismo
Final do século XX	Europa, Estados Unidos	Conquistas do feminismo	Reação masculinista
Anos 2010	Europa	Ascensão do islã	Populismos, revirilização da Igreja

Na primeira metade do século XX, o fascismo e o nazismo trazem uma resposta a uma angústia de desvirilização. Na França, os admiradores de Mussolini e Hitler são assombrados pelo espectro da decadência nacional, que vem agravar sua impotência pessoal. Drieu La Rochelle opõe o feminino (o intelectual passivo e amargurado, o castrado) ao masculino (o homem de ação): a força é um remédio para a degenerescência da velha sociedade burguesa. Em Drieu, como em Aristófanes, o medo da efeminação dissimula o ódio à democracia: somente os homens "de verdade" poderão salvar a civilização. Depois do suposto enfraquecimento vem o rebote, o *backlash* viril que fecha a crise interna da masculinidade.

As guerras do masculino

Basta assistir a um filme de faroeste para tomar consciência da amplitude das masculinidades. Em *Onde começa o inferno* (1959), de Howard Hawks, nada menos que sete tipos de homens interagem: o xerife John Chance (interpretado por John Wyne), Dude, seu auxiliar alcoólatra, Stumpy, o resmungão aleijado, o jovem Colorado, seu chefe, o estalajadeiro mexicano e o líder da quadrilha. Há homens bons e maus, jovens na flor da idade (Colorado) e velhos em declínio (Stumpy). Desnecessário dizer que o topo da hierarquia é ocupado pelo xerife, homem branco, sábio, experiente, representante da ordem, que "ganha" a bela viajante no fim do filme.

Outras obras-primas colocam em cena, numa espécie de enredo secundário, uma dupla masculina cuja dinâmica se baseia num sistema de oposições: um homem juvenil, idealista, ainda "puro", que precisa formar equipe com um homem mais velho dotado dos atributos da virilidade (álcool, barba, sexualidade, dinheiro). Tamino e Papageno, em *A flauta mágica*, Tintim e o capitão Haddock, em *As aventuras de Tintim*, Luke Skywalker e Han Solo, na trilogia *Star Wars*, apresentam esse binarismo: dentro da mesma esfera masculina, o homem virgem, quase feminino, convive através de divertidos mal--entendidos com seu companheiro, o homem maduro, cheio de defeitos mas em comunhão com os prazeres da vida. Em *A estrada da vida* (1954), de Fellini, o forasteiro — com sua carroça, sua jaqueta de couro, suas correntes e seus modos grosseiros — mata com um soco o Louco, um equilibrista poético e brincalhão.

Percebemos que as cômicas escaramuças do masculino são simétricas às suas trágicas guerras: as lutas pela legitimidade resultam na exclusão do sub-homem, e mesmo em sua extinção. Pois o masculino é sempre espreitado pela corrupção: homens são como bichinhos da maçã, inimigos internos. Quatro figuras personificam essa ameaça: o medíocre, o judeu, o negro e o homossexual.

O medíocre é o homem sem qualificação viril, aquele que fracassa numa das quatro masculinidades de dominação: covarde, choroso, intelectual, burocrata, manco, ele não tem coragem, força ou sex appeal. Porque causa vergonha ao gênero inteiro, ele é desprezado pelos homens "de verdade". Aquele que não sabe (ou não quer) brigar é excluído da masculinidade legítima: Leporello em *Don Giovanni*, os mexicanos e os chineses nos faroestes, Yossarian em *Ardil-22*, os hippies aos olhos dos conservadores. O próprio Exército admite essa estratificação: nas Forças de Defesa de Israel, os combatentes são superiores aos "colarinhos azuis" (cozinheiros, mecânicos, motoristas) e às mulheres soldados (professoras), tanto que, de volta à vida civil, um ex-piloto de caça "conta" mais que o ex-motorista de grandes veículos de uma unidade logística.[2]

O homem de pouco é excluído da masculinidade legítima: o pobre coitado, "cidadão passivo" na França de 1791, "populacho vil" na de 1850, *schnorrer* no mundo asquenaze, camponês sem-terra na América Latina, *white trash* nos Estados Unidos, bronco e atrasado, cuja indignidade é uma injúria à masculinidade branca.

O antissemitismo e o racismo fazem do judeu e do negro os negativos do homem viril. Sua feminilidade é uma patologia. Por seu amor ao estudo e seu gosto pela discussão erudita, o judeu se inscreve numa masculinidade lasciva que o desacredita. Nos anos

Carlitos, ou as falhas do masculino (anos 1920)

Vagabundo sem dinheiro que usa roupas maltrapilhas, desajeitado, ridículo, mas sempre cativante, o personagem inventado por Charles Chaplin no início do século XX é o mais universal dos anti-heróis. Ele está sempre às voltas com as masculinidades de dominação: brutamontes, comerciantes, patrões, ricos, policiais etc.

1930, o dirigente socialista Léon Blum é chamado de "cortesã" e de "grande histérica", e o jornal *L'Œuvre* diz que ele se veste "de virgem louca e vestido decotado, os braços nus, os lábios pintados, cuidadosamente depilado, maquiado e perfumado".[3] Mesmo ódio aos negros, em razão de seu caráter não viril e não humano: bestiais, irresponsáveis, preguiçosos, sem moral, eles se aviltam na violência e na droga — são selvagens e parasitas. O racismo pesa muito no terrível destino dos afro-americanos, das plantações de algodão até as prisões de segurança máxima.

O homossexual representa uma dupla ameaça: além de ter uma sexualidade "anormal", ele pode seduzir dentro de seu gênero, fazendo pairar uma ameaça de pânico sobre todos os homens que baseiam sua honra na heterossexualidade. Como o antissemitismo e o racismo, a homofobia culmina na violência: rejeição, estigmatização na escola ou nos vestiários, injúria, perseguição, agressão, prisão e pena de morte em alguns países. Em 1871, o código penal alemão reprime a homossexualidade masculina. No Egito, em algumas projeções de *O edifício Yacobián* (2006), os espectadores aplaudem quando o jornalista homossexual é assassinado.[4] Em 2017, a Igreja portuguesa anuncia investigações sobre o perfil dos candidatos a seminarista, a fim de afastar tanto os homossexuais quanto os pedófilos.

A socióloga Raewyn Connell e o historiador George Mosse mostram como a masculinidade se define de maneira relacional, comparada ao feminino maldito, mas também às masculinidades subordinadas ou marginalizadas, como o intelectual, o homossexual, o deficiente, o pobre, o imigrante, o judeu, o negro: para que a ordem de gênero se perpetue, é preciso que alguns grupos de homens sejam sistematicamente desvalorizados. As masculinidades de dominação afirmam sua legitimidade ridicularizando, e mesmo destruindo, as outras masculinidades.

As guerras do masculino, portanto, são mais antigas e mais violentas que a guerra dos sexos: elas precisam levar à vitória do homem "de verdade" sobre o sub-homem, cujo caráter antimasculino revela a decadência da nação. Em resposta a esse perigo, algumas revoluções forjam um "homem novo", herói viril e arauto do futuro. Durante a Revolução Francesa, Luís XVI é criticado, entre outros defeitos, por sua impotência sexual. Panfletos e gravuras o representam na cama, touca de dormir na cabeça, barriga para cima, sexo murcho: "O Sire estava tão mole que [...] nada acordou a joia monárquica". O patriota, ao contrário, obtém sua cidadania de sua potência seminal e dos direitos do homem-sexo.[5]

Se o vigor do cidadão anuncia as conquistas republicanas, o rigor do super-homem justifica os crimes totalitários. O mito do homem novo é um dos pontos em comum entre bolchevismo, fascismo e nazismo. Nos anos 1930, esses regimes difundem uma iconografia viril ligada à regeneração do Estado: atletas com corpos de semideuses, soldados de peito invencível, Stakhanov olhando para o horizonte, estatuária do "nu nazista" sob o cinzel de Arno Breker. O inimigo, seja ele judeu, capitalista ou comunista, ameaça a civilização por sua feminilidade pegajosa. Como os Freikorps depois de 1918, as tropas de choque nazistas combatem o doentio, o mórbido, o fraco, o mole, a licenciosidade e a praga judaica. A estética fascista adora as armas, associadas ao quepe, ao cinturão e às botas, o soldado se metamorfoseia numa criatura de aço.[6]

As guerras do masculino se desenrolam em tal clima de ódio que elas incitam suas vítimas a adotar contraestereótipos: em vez do "judeu de gueto", encurvado e medroso, o "judeu musculoso" de Max Nordau, soldado-lavrador que trabalha orgulhosamente a terra de Israel num kibutz; em vez da "louca", o homossexual macho, musculoso, de jaqueta de couro e bigode, como nos desenhos do artista finlandês Tom of Finland, a partir dos anos 1950 — maneiras de ser judeu e gay que não perturbam a ordem de gênero.

Educação e sofrimento

As masculinidades de dominação se impõem esmagando as outras masculinidades, mas sua vitória é uma derrota para o gênero inteiro. A demonstração de força, a agressividade, a imposição de um papel, a obrigação de sucesso e a cultura da proeza são armadilhas que a sociedade prepara para os homens, e aquele que tem força para resistir se vê julgado por sua masculinidade. No fim das contas, o imperativo de virilidade é um fardo, e o dominante acaba dominado por sua própria dominação. O mandato pesa sobre o menino, o jovem, o soldado, o amante, o pai — todos são vítimas da alienação masculina.[7]

Uma criança é particularmente vulnerável à cultura machista. Os ritos de passagem, a violência "educativa" e a tirania do pai de família visam fazer coincidir, no menino, sexo e gênero: esconder as fraquezas, negar as emoções, portar-se como "um homem". Em muitas culturas, os pais proíbem os filhos de chorar "como uma menina". Na Nigéria, os meninos são criados como futuros líderes e precisam ser *"Hard man!"*.[8] No entanto, quanto mais ensinamos um homem a ser duro, mais fragilizamos seu ego. Humilhar um garotinho pretextando educá-lo é fazer com que ele acredite que um homem é uma pessoa que humilha as outras.

No documentário *A máscara em que você vive* (2015), Jennifer Siebel Newsom analisa a masculinidade dos meninos norte-americanos, que crescem sob a tirania da virilidade e da performance. Por que eles são incentivados a refrear suas emoções e seus pedidos de ajuda? Por que são, mesmo tão jovens, amputados de seus sentimentos? Numa cena, um professor pergunta a um grupo de oito garotos (negros) o que eles têm "sob a máscara": sem jeito, eles escrevem num pedaço de papel palavras como "raiva", "sofrimento", "tristeza", "medo" e "lágrimas", tudo o que precisam esconder e que não pode ser manifestado.

O rigor educativo e social que os meninos enfrentam se manifesta em violência — violência contra si mesmos e contra os outros. No entanto, somente a segunda chama a atenção. A responsabilidade para com "filhos da lei", bastardos, abandonados, delinquentes e banidos obceca as instituições desde a Revolução Francesa. Nem todos se emendam nas colônias penitenciárias, mas todos são considerados pervertidos por suas famílias ou pelas ruas: sua masculinidade, transbordante e perigosa, deve ser depurada por uma educação sadiamente viril que transforma o pequeno selvagem em cidadão. Na segunda metade do século XX, esse modelo de integração é aplicado na França aos jovens magrebinos dos subúrbios e, nos Estados Unidos, aos jovens negros dos guetos, "garotos maus" cuja inadaptabilidade social confirmaria um desvio etno-cultural. O resultado, na França, é um ciclo de motins e repressões, nos Estados Unidos, um encarceramento massivo.

O medo do comportamento desviante juvenil, relacionado ao fracasso escolar, à subcultura das ruas e à delinquência, se dissemina a ponto de erigir a masculinidade como um problema social: em idade escolar, os garotos costumam ser chamados de perturbadores. Nos Estados Unidos, os meninos são diagnosticados como "hiperativos" duas vezes mais do que as meninas, chegando a 20% de uma geração no ensino médio. Na França e na Suíça, um remédio como a Ritalina é prescrito a mais de 3% dos meninos, mas a apenas 1% das meninas.[9] Os meninos são realmente mais agitados, ou despertam maior intolerância por parte das instituições e dos pais? Seja como for, a sociedade erra em algum ponto com esses meninos, cuja humanidade sufoca dentro dessa masculinidade definida tão estreitamente. A educação viril leva ao mal-estar e à raiva, e a sociedade responde com a patologização.

O modelo do *male breadwinner*, defendido pelo patronato e pela classe operária no século XIX, e mais tarde adotado por alguns Estados-Providência, impõe aos homens provas físicas e encargos especificamente masculinos: trabalhar duro, ganhar dinheiro suficiente para sustentar a família, assumir em todas as circunstâncias suas responsabilidades de gênero. É óbvio que as operárias também sofrem com o trabalho industrial. Nas bacias carboníferas da Escócia, por volta de 1840, as mulheres, mesmo grávidas, trabalham em galerias insalubres, com água até os joelhos; mas as doenças respiratórias afetam muito mais os homens, que passam mais tempo nos poços. A invalidez dos homens afeta sua força de trabalho, mas também sua posição social, justamente porque eles são considerados arrimos de família.[10] Ao longo do século, tanto na Grã-Bretanha quanto na França, as mulheres são cada vez mais preservadas da extração profunda. Em 1906, a catástrofe de Courrières mata mais de mil mineradores.

Tal é, para os homens, a lógica do círculo patriarcal. Eles podem escolher sair desse círculo, mas, como para as mulheres, o preço é alto: desprezo, perda de status e críticas por não estar à altura. Nisso se descortina outra crise do homem. Visto que todos lhe dizem para aguentar firme, seu corpo ou sua mente é que cedem em seu lugar, através de acidentes de trabalho, exaustão precoce, estresse, burnout, sensação de não ver os filhos crescerem.

O pai ausente

Desde a Revolução Francesa, pensadores mais ou menos reacionários se preocupam com o apagamento da figura paterna, prenúncio da desordem de uma sociedade sem chefe. Para Frédéric Le Play, a supressão da liberdade de deixar testamento, em 1793 (algumas semanas depois da execução de Luís XVI), é uma "monstruosa inovação". Vários psicanalistas expressam um temor análogo, Paul Federn em *Sobre a psicologia da revolução: A sociedade sem pai* (1919), Lacan nos anos 1930 a propósito do "declínio social da imago paterna", e ainda Alexander Mitscherlich em *Rumo a uma sociedade sem pais* (1963). Para eles, as revoluções e as guerras (e as mutações sociais em geral) levam a parricídios simbólicos que fazem a autoridade desaparecer. Os meninos não aprendem mais com os pais, nem no campo nem na bancada de trabalho, mas em escolas onde o ensino é ministrado por mulheres.

A situação do homem incapaz de ser pai é diferente. A deserção paterna nasce de várias catástrofes: exploração industrial, sociedade colonial e escravidão. No século XIX, a dureza das condições de trabalho afeta os papéis masculinos — o tema, caro aos reformadores sociais, do "operário que bebe o soldo no cabaré". Paralelamente, os impérios veem o aumento do número de crianças mestiças, abandonadas junto com as mães nativas por pais que partem para outras paragens. O soldado conquista os territórios e os corações, depois se volatiliza. Esse fenômeno existe tanto na Indochina quanto no Chile, e a ópera *Madame Butterfly*, que se passa no Japão, é outro eco.

Nos Estados Unidos, uma abundante literatura se dedica à ausência do pai afro-americano. Em seu controverso relatório, *The Negro Family* (1965), o sociólogo Daniel Patrick Moynihan estabelece uma relação entre o desmembramento da família nuclear afro-americana e a permanência das desigualdades raciais. Entre 1880 e 1960, as crianças negras são de duas a três vezes mais privadas de um dos pais do que as crianças brancas, e essa ausência parental aumenta ainda mais na segunda metade do século, passando de 32%, em 1960, para 53%, em 1980, contra 9% e 16% para as crianças brancas.[11] Em 1990, 46% das famílias negras são dirigidas por uma mulher, contra 28% vinte anos antes. Estigmatizados como pais ausentes ou imaturos, os pais negros participam da Million Man March de 1995 para tentar proteger os filhos das drogas e da violência do gueto. Vários manuais ajudam a preparar os homens negros para a paternidade, como *Black Fatherhood: The Guide to Male Parenting* (1992) ou *Becoming Dad: Black Men and the Journey to Fatherhood* (2006).

Alguns pesquisadores recusam a leitura racista desses números, mostrando que os pais negros são oprimidos por séculos de escravidão, descredibilizados pelo desemprego, sequestrados pelo encarceramento massivo ou levados por uma morte precoce. Por outro lado, as funções paternas podem ser preenchidas por adultos de referência — padrasto, tio, primo, amigo, pastor —, o importante é ter por perto um "homem negro positivo" com quem passar o tempo e encarar os problemas.[12]

A dissolução da figura paterna também é observada no espaço caribenho, especialmente nas Antilhas francesas, embora a matrifocalidade resultante não seja idêntica ao fenômeno das *single mothers* nos Estados Unidos.[13] Do mesmo modo, a pobreza, a humilhação social e o alcoolismo acabam com a dignidade do pai branco nos meios *white trash* do Sul dos Estados Unidos ou da Nova Inglaterra. Toda a obra de Russell Banks, especialmente *Affliction* (1989), desenvolve a ideia de que a decadência é transmitida de pai para filho.

Excluídas as imputações individuais — irresponsabilidade, fuga —, resta a realidade de uma desqualificação do pai, ligada à violência do capitalismo, da escravidão ou da colonização. É a sociedade como um todo que organiza, a partir do século XIX, a insuficiência de alguns homens — operários, soldados, negros e afro-caribenhos.

Quando o homem morre

Em tempos de paz e em tempos de guerra, os homens morrem mais cedo e de maneira mais brutal do que as mulheres. A partir de fins do século XIX, esse fenômeno se observa por toda parte e por todas as fases da vida. Em vários países, o risco de morte entre os 35 e os 65 anos é duas vezes maior para os homens do que para as mulheres. No que diz respeito à expectativa de vida, nos anos 1980 a diferença a favor das mulheres é de seis anos na Inglaterra e na Suécia, sete anos nos Estados Unidos e na Itália, oito anos na França; a diferença aumenta no Japão e na Rússia, chegando respectivamente a sete e treze anos no início do século XXI.[14]

O excesso de mortalidade masculina tem como causas o tabagismo, o alcoolismo, a má alimentação (fatores de cânceres e doenças cardiovasculares), mas também os acidentes de trabalho, as doenças ocupacionais, a violência, o comportamento de risco e a relutância em consultar médicos ou terapeutas. Uma mulher da Nova Guiné conta a uma antropóloga como seus três maridos sucessivos morreram: o primeiro foi morto por saqueadores, o segundo por um rival, que o substituiu mas acabou eliminado pelo irmão da vítima.[15] Nos Estados Unidos, o National Center for Victims of Crime estimou, em 2013, que 90% dos homicídios são cometidos por homens, que também constituem 77% das vítimas. Nos Estados Unidos e na Grã-Bretanha, a mortalidade nas estradas é duas vezes mais elevada para os homens, e três vezes mais na Suécia. Na França, três quartos das pessoas mortas ou feridas em acidentes são homens; eles representam 79% dos motoristas mortos e 96% dos motociclistas mortos. Mais de 80% dos responsáveis por acidentes fatais são homens, embora eles não dirijam muito mais que as mulheres.[16]

No mundo inteiro, os homens se suicidam de três a quatro vezes mais que as mulheres. Em alguns países, os homens jovens se suicidam de três a sete vezes mais que as mulheres jovens. Nos Estados Unidos, os homens brancos têm uma taxa maior de suicídio; em seguida vêm os homens negros e latinos, depois as mulheres brancas. Em linhas gerais, os americanos se matam quatro vezes mais que as americanas (e dez vezes mais quando idosos, pois os homens efetuam 83% dos suicídios acima de 65 anos). Os homens brancos cometem 72% de todos os suicídios e 79% dos suicídios com arma de fogo.[17]

No século XX, os índices de escolarização, qualificação e atividade dos homens e das mulheres se aproximam; mas não os índices de suicídio. A diferença chega mesmo a aumentar, entre os anos 1970-90, nos Estados Unidos, no Canadá, no Japão e em vários países da Europa, em todas as faixas etárias. Os homens são mais sensíveis aos imprevistos da conjuntura econômica. Criados para ser arrimos de família e deter a autoridade social, eles são desestabilizados pelo desemprego e pela crise do emprego, que abalam tanto mais suas expectativas quanto menos eles estão engajados na esfera doméstica. A vida perde o sentido: os *"breadwinner suicides"* são causados pela vergonha e pela angústia de não poder mais prover às necessidades da família.[18] Outros fatores entram na conta: o risco de suicídio aumenta entre jovens gays, e homens de idade são mais sensíveis a rompimentos, à solidão e à depressão.

Os homens recorrem a métodos de suicídio mais violentos (armas de fogo ou enforcamento), com índices de "êxito" superiores aos das mulheres — sinal de uma masculinidade que se expressa também na morte, com as qualidades atribuídas ao gênero: força, capacidade de decisão, racionalidade, coragem.[19] É assim que, até mesmo no momento em que parece vencido, o homem triunfa restaurando seu poder, resistindo publicamente à sua perda de status. E a morte confere uma última dignidade ao morto, segundo a lógica da masculinidade de sacrifício.

Este é o custo da alienação coletiva: uma violência que se expressa contra os outros, mas também contra si próprio. No fim das contas, o excesso de mortalidade masculina revela o sofrimento causado pela soma das injunções incorporadas pelos homens desde a infância: exibição viril, cultura do excesso, superinvestimento no trabalho, recusa da queixa, escolha da taciturnidade, incapacidade de expressar emoções. Um símbolo do destino masculino nas sociedades patriarcais: trabalhar duro para os seus e morrer antes deles.

Os homens não apenas são vulneráveis como ainda por cima negam, e a eles é negado, sê-lo. Os sofrimentos do masculino repousam nas desigualdades de gênero, e não reconhecê-las constitui a derradeira injustiça. Ninguém quer ver a virilidade tanto como construtiva quanto destrutiva para os homens. A masculinidade de dominação paga, mas também cobra. Seu custo é a insegurança do ego, a vaidade pueril, o desinteresse pela leitura e pelas coisas do espírito, o definhamento da vida interior, o estreitamento dos horizontes sociais (da escolha de um emprego "masculino" até a imbecilidade misógina e homofóbica) e, por fim, a diminuição da expectativa de vida. O excesso de mortalidade masculina constitui um drama individual e familiar, mas também tem implicações coletivas, por exemplo, no que diz respeito às aposentadorias, pois os homens contribuem para ter um benefício menor.

Os poderes públicos não parecem gastar muita energia para combater esse sofrimento de gênero. Em 2018, um relatório da American Psychological Association alertou para os danos físicos e psíquicos infligidos pela masculinidade patriarcal: sua nocividade afeta todos os homens. Criada na Austrália no final do século XX, a Movember é uma das raras organizações a se preocupar com a saúde dos homens. Quando veremos uma campanha de sensibilização contra mortes prematuras que diga "Pai, tua vida conta" ou "Homens, precisamos de vocês"?

A família, a religião e a sociedade propõem aos meninos uma definição bastante pobre da masculinidade, à qual eles aderem por falta de alternativa. A verdadeira prisão do gênero é sua mediocridade, compensada pela resistência e pela intensidade. O masculino nunca está suficientemente provado: porque quando se é homem, é preciso sê-lo o tempo todo, e sempre mais. Essa fidelidade cega tem o efeito de precipitar os homens em crise — crise aberta ou latente, individual ou coletiva. O câncer de próstata, por exemplo, faz a ameaça de um crepúsculo viril pairar sobre homens já postos à prova pelo envelhecimento — desmoronamento narcísico que leva alguns pacientes, entre os mais jovens (abaixo dos sessenta anos), a recusar os tratamentos, como se fosse preferível morrer de pau duro a viver de pau mole. Os pacientes com câncer de próstata têm muito mais medo de perder as ereções do que de morrer, ao passo que os pacientes atingidos por um câncer nos rins, de mesmo prognóstico (quase 100% de sobrevivência cinco anos depois), temem por suas vidas.[20]

A masculinidade de dominação se constrói, portanto, como uma tripla violência — contra as mulheres, contra os sub-homens e contra os meninos. Desequilibrada, masoquista, torturada, insegura, ela está naturalmente em crise: o homem nunca tem certeza de sua hegemonia, está sempre insatisfeito e preso a uma luta contra as mulheres e os homens "inferiores". Tudo isso traz instabilidade ao patriarcado. As masculinidades subordinadas e ilegítimas são dominadas, mas as masculinidades de dominação são alienadas: o homem no poder é escravo de seu gênero. Graças às conquistas do século XX, as mulheres se libertam progressivamente das sujeições e dos estereótipos. Poderíamos sonhar a mesma liberdade para o masculino: a possibilidade de sair do modelo de virilidade obrigatória sem ficar exposto à vergonha ou ao ridículo.

10.
As patologias do masculino

Em 2007, dentro de sua casa em Vermont, Carmen Tarleton foi agredida pelo marido, do qual havia acabado de se separar. Ele entrou na casa dela no meio da noite, espancou-a com um taco de beisebol e a aspergiu com soda cáustica industrial. O produto queimou 80% de seu corpo, desfigurando-a e deixando-a quase cega. Alguns anos mais tarde, Carmen Tarleton conseguiu fazer um transplante de rosto. Nos Estados Unidos, uma a cada quatro mulheres sofreu agressões graves por parte do companheiro e uma a cada sete mulheres foi perseguida por um companheiro ou ex-companheiro.[1]

A criminalidade mostra a que ponto o gênero masculino está contaminado por dentro. A selvageria é cometida por um indivíduo em particular, mas ela decorre mais amplamente da misoginia, *uma ideologia que, postulando a inferioridade das mulheres, organiza sua subordinação por meio de agressões, discriminações e estereótipos.* Essas três formas de rebaixamento correspondem a três abusos de gênero: a masculinidade criminosa, a masculinidade de privilégio e a masculinidade tóxica. Por mais que a misoginia acompanhe a longa história dos homens, ela não constitui a essência do masculino, mas seu desvirtuamento.

A masculinidade criminosa

A violência dos homens já foi atribuída a vários fatores, sem que de fato se tenha chegado a uma conclusão: agressividade de origem hormonal ou ligada à biologia evolutiva, força física, educação, condicionamento social, fragilidade do ego, papel agravante da pobreza e do alcoolismo. As violências contra as mulheres correspondem, para os homens, a direitos unilaterais: direito à vida, à integridade física, ao consumo sexual, ao furor do desejo. Os crimes misóginos podem ser coletivos, envolvendo homens e mulheres, como a mutilação genital ou o aborto seletivo das meninas, mas eles sempre visam consolidar a ordem patriarcal. Por outro lado, os homens podem se voltar contra outros homens, e mulheres contra homens ou mulheres. Historicamente, a violência feminina é exercida por envenenadoras, donas de prostíbulos, mulheres kapo, algumas cônjuges de um casal heterossexual ou homossexual, mães que matam seus filhos ou os oferecem em sacrifício. Não existem limites para a desumanidade.

No direito romano e medieval, em regiões cristãs ou islâmicas, o marido pode "corrigir" a esposa. Essa é uma de suas atribuições: como as crianças, ela deve ser educada, se preciso pela força. No início do século XX, numa aldeia dos Alpes italianos, as mulheres costumam ser espancadas pelos homens (pai, sogro ou marido): uma é chicoteada, outra é atingida por um balde de água gelada na cabeça.[2] Um século depois, na América do Norte e na Europa Ocidental, de 15% a 30% das mulheres são vítimas de violência conjugal; na França, uma mulher é morta a cada três dias pelo companheiro ou ex-companheiro. A situação é ainda mais grave na Europa Oriental: a Hungria e a Ucrânia não assinam a Convenção de Istambul contra a violência doméstica, em 2011, e a Rússia vota uma lei que descriminaliza as agressões cometidas por "parentes próximos". A América Latina e o Caribe são regiões particularmente violentas. No México, 43% das mulheres são vítimas de seus companheiros, e é provável que esse número tenha sido subestimado.[3]

Os índices de estupro são difíceis de interpretar, porque sua definição difere a cada país e porque um aumento no número de denúncias pode indicar uma maior combatividade das vítimas; é por isso que a Suécia tem uma das maiores taxas de estupro da Europa. Em 2006, a pesquisa "Contexto da Sexualidade na França" estabeleceu que 7% das mulheres haviam sofrido assédio sexual e 9% uma tentativa de assédio (ou seja, uma mulher a cada seis), as menores de idade e as lésbicas sendo mais afetadas que as demais. A violência sexual é endêmica em várias regiões do mundo, principalmente na América Latina e no subcontinente indiano. Em 2014, cerca de cem mulheres são violadas por dia na Índia. Delhi detém o recorde nacional, seguida por Mumbai, Jaipur e Pune.[4] No Malawi, homens são pagos para estuprar meninas ou viúvas: esse ritual, que visa "purificar" as mulheres, só é oficialmente abolido em 2013.

O feminicídio designa o assassinato de uma mulher pelo simples fato de ela ser mulher. Ele compreende a morte das feiticeiras na Europa do século XV ao XVII, o infanticídio das meninas na Ásia, o assassinato das mulheres adúlteras, o "crime de honra" no sul da Europa, no Oriente Médio e em todo o subcontinente indiano, bem como o *serial killing* a partir do século XIX. Assassinatos em massa de jovens mulheres acontecem na região de Ciudad Juárez, no México, e nas zonas de povoamento ameríndio no Canadá, onde cerca de 1200 mulheres foram assassinadas entre 1980 e 2012 (16% dos homicídios de mulheres, embora as autóctones representem apenas 4% da população feminina total).[5]

O feminicídio costuma ser acompanhado de tortura. As agressões sofridas por Elizabeth Short em Los Angeles, em 1946, por Mokhtaria Chaïb e Marie-Hélène Gonzalez em Perpignan, em 1997 e 1998, e Lucía Pérez na Argentina, em 2016, mostram que a ultraviolência sexualizada é uma forma de terrorismo patriarcal. O assassino não mata apenas uma mulher;

ele mata, através dela, todas as mulheres. A barbárie misógina também pode aparecer como uma espécie de vingança diante da emancipação feminina. A "era do crime sexual" é inaugurada por Jack, o Estripador, em 1888, depois que as mulheres britânicas obtêm o direito ao divórcio, ao voto nas eleições locais e ao estudo como os homens.[6] Alguns feminicídios têm uma dimensão política: em 1960, assassinato das irmãs Mirabal, feministas democratas que se opunham à ditadura na República Dominicana; massacre de catorze estudantes na Escola Politécnica de Montréal, em 1989; massacre de Isla Vista, em 2014, por um homem que não aguentava mais ser rejeitado; ataque com van em Toronto, em 2018, por outro "celibatário involuntário" (*incel*, do inglês *involuntary celibate*).

As violências sexuais em massa mais disseminadas são o estupro de guerra (durante a Segunda Guerra Mundial, na ex--Iugoslávia, no Congo-RDC) e a prostituição. Em nível internacional, o tráfico sexual atinge anualmente 800 mil vítimas, das quais 80% são mulheres; a situação é mais grave na China, na Nigéria, na Rússia e em alguns países do antigo bloco soviético. No Nepal, a miséria, a fragilidade do sistema educativo e a ausência de perspectivas pioraram muito a condição das mulheres: 20 mil trabalham na indústria do sexo em Katmandu, 12 mil são enviadas todos os anos para a Índia e para os países do Golfo para serem exploradas sexualmente, 300 mil ocupam empregos de quase escravidão no Sudeste Asiático e no Oriente Médio.[7]

Menos conhecido, o aborto seletivo das meninas é muito comum na China e na Índia. Preparado por uma longa tradição de infanticídio e abandono de meninas, esse *gendercide* se "modernizou" com a ecografia no final dos anos 1970, difundindo--se em países novatos na prática, como Coreia do Sul, Taiwan e países do Cáucaso. Uma das razões para essa eliminação antes do nascimento é o fato de uma menina supostamente custar muito mais caro do que ela poderia render. O aborto, instrumento de libertação das mulheres, é usado contra elas para lhes recusar o direito de viver. Na China e na Índia, as autoridades se esforçam para combater essa prática, geralmente em vão, embora as mentalidades estejam mudando. Segundo vários estudos, hoje faltam de 100 milhões a 150 milhões de mulheres na região, tanto que a Ásia se tornou o "continente mais masculino do mundo". Consequências dessa penúria de mulheres: empobrecimento do capital humano, surgimento de um mercado de esposas, aumento do número de estupros e do tráfico sexual e, no futuro, aumento de tensões militares como válvula de escape.[8]

O assassinato conjugal, o feminicídio e o *gendercide* se baseiam na ideia de que as mulheres são livres demais ou insuficientemente lucrativas: o masculino remedia isso através do crime, como se elas morressem por sua própria culpa. Enquanto os tráficos sexuais visam explorar completamente o corpo das mulheres, o assassinato marca o fracasso retumbante do patriarcado, que costuma obrigar o feminino a se curvar à função-mulher. É por isso que a violência misógina é tolerada há tanto tempo, e mesmo justificada: concepção extensiva dos "direitos" do marido, culpabilização da mulher vítima de estupro, indulgência com as pulsões "naturais" do homem etc.

O criminoso, assim, é desculpado. Observam-se ações de proteção e conivência dentro de instituições extremamente masculinas como a Igreja, o Exército e a intelligentsia. Em 1980, quando Louis Althusser, astro da filosofia marxista, estrangulou Hélène Rytmann, sua esposa, um grupo de amigos e ex-alunos se mobilizou para reabilitar o mestre, evocando uma "tragédia", uma "depressão" ou um "suicídio" por procuração, chegando a transformar o assassino em vítima.[9] A mesma solidariedade patriarcal se manifestou, no início dos anos 2010, em apoio ao dirigente socialista Dominique Strauss-Kahn, acusado de estupro. A mídia trata de maneira diferente a vida privada dos políticos homens e mulheres. Ela também apresenta as violências sexuais com parcialidade. Nos anos 1990, por exemplo, os jornais de Montréal abordam os assassinatos conjugais sempre da mesma forma: relato do crime, descrito como um acontecimento isolado e sensacional, despersonalização da vítima e minimização da responsabilidade do agressor.[10]

Da roupa suja à carga mental

Os assassinos em série são raros, mas não os homens beneficiados por suas masculinidades. Por isso os privilégios são mais perturbadores que as violências, e ainda mais inconfessáveis porque vantajosos. A masculinidade de privilégio pode ser definida como o conjunto de vantagens que o gênero confere aos homens: na medida em que são amplamente inconscientes dessas vantagens, eles se entregam a elas sem contenção ou introspecção. Por essa razão, um homem que detém um poder, qualquer que seja sua natureza, sempre deveria se perguntar a que o deve. Encorajado pelo modelo do *male breadwinner*, ele talvez o atribua a seu trabalho e a seu mérito. Mas três outros fatores costumam passar despercebidos: a aristocracia do masculino, a exploração doméstica das mulheres, as discriminações profissionais.

A masculinidade de dominação confere prestígio e autoridade aos homens. Ligue a televisão, abra os jornais, analise os organogramas das empresas: eles estão em toda parte. Os homens cooptam uns aos outros nos comitês executivos ou nas universidades; isso acontece, acima de tudo, porque o poder como tal é conjugado no masculino. Na vida cotidiana, a cozinha, as roupas e os cuidados cabem às mulheres, mas os talentos "excepcionais" vêm do grande chef, do grande costureiro e do grande médico. Da mesma forma, os raros homens que exercem profissões "femininas" (enfermeiros, professores do ensino básico, assistentes sociais) se beneficiam da "escada rolante de vidro", isto é, de carreiras aceleradas. Nas escolas de parteiras, uma das carreiras mais femininas do ensino superior francês (95%), espera-se que os homens assumam suas prerrogativas masculinas: eles são chamados a realizar os trabalhos físicos, apresentar-se como representantes da classe, participar do Conselho Nacional da Ordem das Parteiras.[11] Prova, mais uma vez, de que o patriarcado não é um complô, mas um sistema.

É no Paleolítico que surge a divisão sexual do trabalho: os homens são liberados das tarefas maternais e alimentícias, competências da função-mulher. Podemos dizer que pouca coisa mudou desde então? Seja como for, muitos homens acreditam que o destino antropológico das mulheres é garantir que a geladeira fique cheia e a roupa lavada: fundamentalmente, esse é um problema *delas*. Essa certeza está tão entranhada numa longa história que até as mulheres se curvam a ela; senão, "ninguém o fará". Por que a roupa suja é uma tarefa exclusiva da mulher, mesmo em um jovem casal? "Aconteceu assim", no não dito dos hábitos, sob o peso dos automatismos, em resposta à abstenção e à incompetência voluntária do homem.[12]

No entanto, uma ruptura fundamental surge no século XX: as mulheres entram no mercado de trabalho, principalmente no setor terciário. Daí o peso da "jornada dupla": trabalho assalariado na rua, trabalho gratuito dentro de casa. Em 1869, John Stuart Mill explica por que as mulheres ficam para trás nas carreiras que se abrem para elas: a administração do lar absorve grande parte de seu tempo e de sua atenção. Mais ou menos na mesma época, Hubertine Auclert denuncia a injustiça do trabalho doméstico: ao contrário das mulheres, os homens são remunerados por varrer, limpar, cozinhar e lavar a louça — isso designa uma profissão. Um século depois, Christine Delphy lembra que as tarefas atribuídas às mulheres no espaço "fora do trabalho" são na verdade um trabalho, mas não assalariado. Elas são duplamente exploradas — pelo capitalismo na rua, pelo patriarcado dentro de casa.

As mulheres precisam ter duas "carreiras", portanto, enquanto assalariadas e enquanto mães de família, numa "estratégia de *supermom*". No fim do século XX, nos Estados Unidos e na França, a "segunda jornada" gera para as mulheres um acréscimo de trabalho semanal de cerca de quinze horas em relação aos homens. Somente 20% dos casais são realmente igualitários, mas, em todos os casos, as mulheres assumem a grande maioria das tarefas cotidianas (cozinha, limpeza, filhos) e de maneira simultânea, enquanto os homens cuidam do carro ou dos reparos caseiros quando sobra tempo, fazendo apenas uma coisa de cada vez. Para as mulheres, o resultado é cansaço, estresse, frustração, doenças e menos libido: elas passam por "malvadas", embora na verdade sejam vítimas.[13]

O círculo patriarcal se fecha então como uma armadilha. Os homens "não sabem fazer" por apatia bem calculada; as mulheres "sabem fazer" por hábito e obrigação. À noite, as mães são acordadas pelo choro do bebê, enquanto os pais "infelizmente" dormem um sono profundo. Em busca de eficiência, as professoras da creche telefonam primeiro para a mamãe. Até a economia de subsistência, nas classes populares, mobiliza mais as mulheres, a quem cabem as compras de consumo corrente, a busca por descontos e queimas de estoque, o preenchimento dos dossiês de subsídios, o trabalho doméstico, a manutenção da rede de familiares e de amigos. Aos olhos dos maridos, esse trabalho não conta: "Não tenho um minuto para mim mesma, mas ele não vê, nunca está disponível. Ele nunca entende por que estou cansada".[14]

Além de as mulheres trabalharem mais, acumulando duas jornadas, elas têm "a família na cabeça". A organização do cotidiano, incluindo compras, matrículas, reuniões, reservas, planejamentos, de vacinas a aniversários, de aulas de judô a apresentações de fim de ano, constitui uma carga mental que não consta de nenhuma estatística. As mães de família gerenciam várias agendas ao mesmo tempo: trabalho, crianças, família e, quando conseguem, a agenda pessoal, marcando para depois de todo mundo seus próprios horários no médico e no dentista, no cabeleireiro etc. A verdadeira revolução acontecerá no dia em que os homens, além das tarefas domésticas, dividirem essa carga mental.

As discriminações no trabalho

As obrigações familiares são agravadas pelas discriminações no trabalho. Como disse Arlie Hochschild, o universo profissional foi concebido por e para homens que tinham uma mulher em casa. Combinada ao desinvestimento doméstico dos homens, a cultura empresarial penaliza as mulheres, principalmente quando as reuniões são marcadas para as oito horas da manhã ou para as sete horas da noite. As convenções de gênero e as exigências da carreira liberam os homens das responsabilidades familiares, como dispensar a babá à noite ou sair do trabalho no meio do dia para cuidar de um filho doente. Assim, a carga mental do trabalhador nunca é parasitada pela do pai de família.

O superinvestimento dos homens no trabalho acompanha o sacrifício latente ou explícito da carreira de suas companheiras. Disso decorrem as situações clássicas de hipogamia, em que o homem vive com uma mulher cujo trabalho é menos exigente e menos lucrativo: ou o casamento é desigualitário de cara (um alto funcionário e uma professora), ou ele se desequilibra aos poucos, a mulher renunciando a suas ambições profissionais com a chegada dos filhos, colocando a carreira em suspenso, seguindo o marido em suas diferentes transferências e nomeações. As decisões do casal, de maneira "natural", levam a mulher a parar de trabalhar, como por ocasião de uma expatriação ou quando a esposa de um alto funcionário garante a gestão da casa enquanto o marido turbina o currículo num gabinete ministerial etc.

Ora, as exigências da carreira costumam sobrevir justo quando as mulheres precisam cuidar dos filhos pequenos. Nos países da OCDE, o índice de emprego das mães (65% em média) é inferior de cinco a quinze pontos aos índices de emprego das mulheres em geral. A diferença é maior no Japão, na Grã-Bretanha, na Alemanha e nos países da Europa Central. Em toda parte, o índice de emprego das mães diminui, ou desaba, quando a criança tem de zero a cinco anos (ele passa de 79% a 65% nos Estados Unidos). A chegada de um terceiro filho provoca uma nova ruptura: o índice de emprego das mães tem uma queda de vinte a sessenta pontos, menos na Europa Setentrional. Somente com políticas voluntaristas de licenças maternas e parentais é que os índices de emprego permanecem idênticos para mulheres, mães e mães de crianças pequenas, em torno de 80%.[15]

No século XIX, prevalecia a ideia de que as mulheres, ligadas ao lar, só podiam ganhar um salário complementar. Hoje, as causas de desigualdade salarial se diversificam. As mulheres são mais discriminadas com empregos precários ou de tempo parcial, escolhido ou não. A má divisão dos rendimentos também se deve à segregação sexual: as mulheres estão concentradas nos setores mal pagos (desde a limpeza e a assistência pessoal até o ensino, a edição e a administração) e são minoria em profissões que remuneram melhor (informática, aeronáutica, petróleo, banco, finanças). Assim é a trajetória pós-industrial dos Estados Unidos no final do século XX: as mulheres e os negros se veem isolados em pequenos empregos, enquanto os homens brancos dominam a gestão e as profissões liberais.

Outros fatores podem entrar em jogo: interrupções de carreira ligadas à maternidade, menores pretensões salariais durante as negociações, interiorização da ideia de que a ambição não convém a uma mulher, inibição no momento de postular um cargo, complexo do impostor etc. No LinkedIn, as mulheres se valorizam menos, fornecem menos informações sobre suas trajetórias e dispõem de uma rede de contatos menor.[16] No fim das contas, a diferença salarial global entre os sexos se eleva a 26%. Ela se reduz a 16% para os de tempo integral, mas se mantém em 12% para cargos iguais, o que corresponde a uma discriminação "não explicada".[17]

Uma reunião de pauta do Le Monde (*1970*)

Na segunda metade do século XX, o jornal francês de referência é dirigido por homens. Da esq. para a dir.: um redator-chefe adjunto, o chefe da editoria de informações gerais, o chefe da editoria de assuntos estrangeiros, o chefe da editoria de economia e outro redator-chefe adjunto.

As mulheres batem num teto de vidro que as mantém longe dos cargos de responsabilidade. Para compreender isso, basta examinar a diretoria das empresas. No século XIX, a manufatura de vidros Saint-Gobain é dirigida em todos os níveis por homens: vidraçarias, usinas químicas, fábricas, assuntos comerciais, serviços de gestão e conselho administrativo. A primeira engenheira da empresa, formada na École Centrale, é contratada no entreguerras para o setor de patentes. No final dos anos 2010, a equipe dirigente da Saint-Gobain conta com apenas três diretoras entre seus catorze diretores, ou 18% de mulheres (encarregadas de recursos humanos, comunicação e estratégia).[18] Na França, as mulheres representam 34% dos quadros superiores em 2011, contra 23% vinte anos antes. Homens e mulheres têm mais ou menos as mesmas responsabilidades no início da carreira, mas a distância aumenta a partir dos 35 anos. No meio da carreira, 30% dos homens atingem um cargo de direção, contra apenas 14% das mulheres.[19]

Nos Estados Unidos, a proporção de mulheres cresce drasticamente na gestão (ela passa de 18%, em 1972, para 45% no ano 2000), mas elas seguem sub-representadas no topo da empresa, e as coisas degringolam quando uma mulher é nomeada para o cargo de CEO, principalmente quando ela vem do exterior. No nível hierárquico "C-suite" (CEO, COO, CFO, CTO, CMO), a única diretoria à qual as mulheres chegam mais do que os homens é a de recursos humanos. Nas quinhentas empresas do índice Standard & Poor's, as mulheres ocupam menos de 5% dos cargos de CEO. Nas quinhentas empresas da lista da *Fortune*, elas representam 15% dos efetivos C-suite, mas apenas 1% dos CEOs.[20]

O teto de vidro também limita o acesso das mulheres aos escalões mais elevados do setor público, como na alta administração, nos hospitais ou nas universidades. Em 2018, segundo o Ministério da Educação japonês, três quartos dos professores universitários são homens (e 83% nas universidades nacionais). Na França, num grande hospital parisiense, as mulheres representam apenas 15% dos professores universitários-médicos hospitalares (PU-PH, o grau mais elevado), embora tenham a mesma produção científica que os homens.[21] Na Espanha, as mulheres têm mais êxito nos estudos que os homens e são pesquisadoras tão produtivas quanto eles, mas seu número decresce à medida que se sobe na hierarquia universitária. O ponto de virada acontece aos 34 anos, com a chegada dos filhos. Entre os professores, encontramos apenas 20% de mulheres, e somente 12% na Universidade de Cantábria, 11% na Universidade Politécnica da Catalunha e 7% na Universidade de Huelva. A essa segregação vertical corresponde uma segregação horizontal, que concentra as mulheres em certos campos, como letras, direito e saúde.[22]

À solidariedade dos clubes masculinos e à falta de modelos femininos se somam as atitudes hostis em relação às mulheres, dissuadidas de tentar ou mesmo de trabalhar quando o marido ganha bem. Confrontadas com todas essas dificuldades, as mulheres precisam lutar ainda mais que os homens para subir nas hierarquias, o que pode levar tanto a sacrifícios na vida privada quanto a rivalidades entre elas. Apesar dos esforços das grandes empresas, dos Estados e da União Europeia, as mudanças institucionais e familiares são lentas. A masculinidade de privilégio ainda tem muitos dias pela frente.

Os estereótipos de gênero

A masculinidade tóxica propaga uma imagem degradante das mulheres. Várias toneladas de livros foram dedicadas à negatividade do feminino, desde os mitos de Pandora e Eva até os anátemas de Pierre de Coubertin, passando por tratados do século XVII, como *Les Singeries des femmes de ce temps* (1623) ou *Le*

Tableau des piperies des femmes mondaines (1685). Contentemo-
-nos com uma rápida coletânea de disparates.

Primeira personagem: a tola deslumbrante — a bibelô, a flor
de estufa, o brinquedo sexual, a loira. Enquanto La Bruyère,
Nietzsche, Larousse e outros retratam as mulheres como co-
quetes imbecis, as feministas mostram de que modo as mulheres são transformadas em *bunny girls* ou em ignorantes a
quem é preciso explicar o mundo.[23] Essa presunção de tolice
explica a facilidade com que, no século XX, as mulheres cientistas foram despossuídas de suas descobertas por colegas homens, que receberam todas as honras sozinhos. Foram vítimas:
Cecilia Payne, que demonstrou pela primeira vez que as estrelas eram compostas de hidrogênio; Rosalind Franklin, que co-
descobriu a estrutura do DNA; ou ainda Marthe Gautier, cujos
trabalhos permitiram descobrir a trissomia 21.

Segunda personagem: a puta insaciável — a mulher satâ-
nica, o súcubo, a bela judia, a sedutora fatal que mata pelo pênis, a ambiciosa que copula para vencer na vida. Os homens de
todas as condições a desejam e a odeiam, como se esperassem
ser corrompidos por ela. Ela é Daji, a favorita perversa de um
rei da dinastia Shang; é o "demônio que aparece na forma de
donzela" nas *Histórias trágicas* de François de Rosset; é "A bela
dama impiedosa", de Keats, que subjuga os cavaleiros; é Carmen, sob a pluma de Mérimée, que abre seu conto afirmando
que uma mulher tem "dois momentos bons: um na cama, outro
na morte"; é a "puta" dos subúrbios e das favelas, mulher sem
honra com quem se pode dormir abertamente. Num fórum de
discussão frequentado por economistas nos Estados Unidos, as
palavras mais sistematicamente associadas às colegas do sexo
feminino são "quente", "lésbica", "peitões", "anal" e "puta".[24]

Terceira personagem: a intelectual emancipada — a mulher
com pretensões masculinas, que renuncia a seu sexo, a megera
jamais domada, a chata a quem se pergunta: "Está na TPM?".

Livre demais, brilhante demais, ela é vista como uma mulher desnaturada. A ofensa estigmatiza aquelas que contestam os monopólios masculinos no campo do saber ou do êxito profissional: a "sabichona", a "metida", a "mulher com quem-indica", a "matadora" que galga os escalões da empresa. É com todos esses clichês que brinca Gisèle d'Estoc (1845-94), escritora, escultora, esgrimista, duelista, travesti e bissexual.

Mas o sexismo não se limita aos estereótipos. Ele invade as famílias, a educação e mesmo o amor. Quando solicitados a descrever seu recém-nascido, pais de meninos falam de bebês fortes, grandes e robustos, e pais de menina falam de bebês delicados de traços finos, embora eles ainda não apresentem diferenças desse tipo. Pais de meninas cantam e sorriem mais, utilizando palavras ligadas ao corpo e às emoções, enquanto pais de meninos brincam mais de luta e recorrem ao vocabulário do sucesso.[25] No bairro de Santo Domingo, no México, as pessoas dizem "que menino grande", "que rosto inteligente", mas "como ela tem olhos bonitos", "como ela tem pernas bonitas". No Dia das Mães, o público aplaude entusiasmado o desfile de crianças de quatro e cinco anos: look sexy com minissaia e meia arrastão para as meninas, calça preta e camisa branca com suspensórios para os meninos.[26]

Em *O segundo sexo*, Beauvoir mostra que as crianças são educadas diferencialmente, de modo que todas aprendam seu gênero: enquanto a menina brinca de boneca, investe-se no menino. Afetos e vestidos para ela, aventuras e descobertas para ele. Nas brincadeiras, ela aprende a se tornar uma boneca, ele se projeta na vida. No século XIX, com o surgimento dos catálogos e do marketing, os fabricantes de brinquedos visam as crianças segundo o sexo: aos meninos, o universo da guerra, dos transportes, das ciências, das técnicas, o léxico da velocidade e do heroísmo; às meninas, a maternidade, a moda, a segurança afetiva do lar, o léxico dos contos de fadas e da beleza.

As editoras lançam coleções destinadas aos meninos, sobre explorações e conquistas (como os Landmark Books, da Random House, nos anos 1950-60).

As atividades sociais são organizadas segundo o gênero. Na Europa, como no Magrebe, a liberdade dos meninos é proporcional à vigilância das meninas. Nas províncias francesas dos anos 1950, os meninos podem passear, caçar cobras, capturar pássaros, enquanto suas irmãs ficam em casa tricotando: "Elas costuram, eles correm".[27] No início do século XXI, em países como Costa do Marfim, Guiné, Mali, Níger, Senegal e Togo, de 10% a 30% das meninas realizam mais de 28 horas de trabalho doméstico por semana, contra 3% a 10% dos meninos.[28] Na mesma época, na França, os meninos fazem mais esportes do que as meninas. As federações de dança, equitação e patinação contam com cerca de 85% de licenças femininas, contra 5% nas federações de rúgbi e futebol. Escolha das crianças, escolha dos pais, imperceptível direcionamento social?

E isso dura a vida inteira: bebê, criança, adolescente, colegial, estudante, assalariada, esposa ou mãe de família, uma mulher é tratada como uma mulher até que sexo e gênero coincidam perfeitamente, segundo o ideal que cada sociedade fixa para si mesma — fechar as pernas quando sentada, não falar alto demais, ser bonita e ter vergonha das imperfeições de seu corpo, nunca dar o primeiro passo no amor, refrear suas ambições profissionais. Como resultado de um longo ensinamento silencioso, as mulheres se tornam criaturas-para-o-outro, oferendas piedosas, dolorosamente reflexivas, privadas dessa legitimidade de nascença que o masculino confere aos homens. A linguagem também incorpora as aprendizagens de gênero: nos Estados Unidos, as mulheres recorrem mais a proteções (*I think, sort of, like*), perguntas (*isn't it?*) e intensificações (*so, really, oh my God*), de modo que suas falas pareçam ao mesmo tempo triviais e desprovidas de autoridade.[29]

Sexismo e cultura de massa

Abordada sob o ângulo do gênero, a cultura popular — publicidade, cinema, jogos eletrônicos — lembra uma grande poça sexista onde todos patinham. No século XX, a publicidade clássica faz o elogio da função-mulher: a esposa compra para o marido sua cerveja favorita, busca fielmente suas pantufas, limpa o banheiro sorrindo etc. Inversamente, o bem a ser vendido é identificado com a mulher — uma coisa a ser possuída. Nos anos 1960, uma propaganda da Volvo explica: "Há mulheres que conseguem o milagre de ser bonitas, agradáveis e seguras ao mesmo tempo: com elas nos casamos. A Volvo 144 é como uma dessas mulheres. [...] A Volvo nunca se divorcia por batidas e ferimentos". Até a apoteose: "Uma sueca cujas curvas você pode tocar".[30]

No último terço do século XX, surge um novo cenário: uma criatura magnífica é oferecida ao cliente. Por meio de poses e sorrisos, a feminilidade sugere suavidade, submissão, disponibilidade sexual. A pornografização das mulheres serve para vender toda e qualquer coisa: cerveja, sabão em pó, perfume, carros, assinaturas. Objeto de desejo, objeto puro e simples, a mulher se torna um acessório do sucesso viril.

No início do século XXI, os avanços da informática permitem modificar o corpo das mulheres à vontade. Essa terceira fase do sexismo publicitário utiliza modelos cada vez mais jovens e cada vez mais magras, retocadas até a "perfeição" anoréxica de clones sem gordura ou pelos. A publicidade acaba apontando dois destinos para as mulheres: lambisgoia quase sem roupa ou matrona encarregada da roupa.

No cinema, como nas grandes epopeias, os filmes são uma variação sobre a complementaridade hierárquica dos sexos. O homem vive aventuras, a mulher espera por ele: donzela a ser libertada de um vilão ou recompensa final do herói (às vezes as

Duas propagandas sexistas: Frigidaire (1954) e Solivaisselle (1966)

Prestativa e arrumada como uma esposa que alimenta o marido; feliz e atenta como uma menina que lava a louça.

duas coisas), ela é colocada numa posição passiva, tanto para os personagens da história quanto para os espectadores. Essa é a estrutura básica da *Odisseia*, do *Roman de Renart*, do *Peer Gynt*, do *King Kong*, da série *James Bond* e de dezenas de filmes hollywoodianos. Quando uma (bela) mulher participa do enredo, é para se oferecer ao herói. Um homem de verdade se caracteriza pela força e pela agressividade; um sedutor nunca pede permissão antes de se atirar sobre seu objeto de desejo; a resistência de uma mulher é um ardil que significa que ela está interessada.[31] Esses axiomas presidem a conduta sexual do herói, tanto em faroestes quanto na saga *Indiana Jones*.

O universo dos jogos eletrônicos herda os mesmos esquemas. Originalmente, a informática surge como um típico trabalho de gabinete do setor terciário feminizado. Nos anos 1980, a chegada do computador pessoal nos lares altera esse quadro, e a secretária formada em ferramentas burocráticas dá lugar ao programador (e logo ao hacker), que se abstrai do mundo para viver em universos paralelos que ele é o único a dominar. Na França, a proporção de diplomadas em informática nas escolas de engenharia, que chega a 20% no início dos anos 1980, desaba e se mantém em torno de 10% nos anos 1990 e 2000.[32]

Desde que surgem, os jogos eletrônicos são invadidos pelos estereótipos de gênero: um herói viril e musculoso passa por mulheres hipersexualizadas de anatomia generosa revelada por roupas ultracurtas. Como na cultura geek, o universo dos jogos é androcentrado, com personagens masculinos amplamente majoritários (70% a 85%, dependendo do conjunto estudado). No Japão, os jogos *bishōjo* consistem em seduzir jovens sexy, em colégios ou restaurantes, por exemplo; o gênero, muito popular, admite desvios pornográficos. É no jogo *Metroid* (1986), desenvolvido pela Nintendo, que pela primeira vez surge uma heroína, Samus Aran, uma caçadora de recompensas que quer vingar o assassinato dos pais. No jogo de fliperama *Street Fighter II*, Chun-Li é uma lutadora agressiva, com um *flash kick* capaz de derrubar os mais temíveis adversários. Figura de proa dos *Tomb Raider* (1996), Lara Croft cria o "fenômeno Lara", em que a aventureira, sempre muito sexualizada, se impõe com uma mistura de sensualidade e violência.[33] Bayonetta, heroína de um jogo de ação comercializado a partir de 2009, é uma bruxa armada de quatro pistolas, capaz de ataques sádicos; ela anda nua, envolta em sua imensa cabeleira negra. Não é a representação da mulher que muda, mas a fantasia dos jogadores.

No final do século XX, medidas são tomadas contra essa masculinidade tóxica. Organizações relativamente antigas, como a Advertising Standards Authority, na Grã-Bretanha, e o Conseil Supérieur de l'Audiovisuel, na França, tentam reduzir o sexismo na publicidade. O cinema dá vida a personagens femininas cada vez mais complexas, que fazem prova de inteligência, autonomia e coragem, como Clarice Starling em *O silêncio dos inocentes* (1991), as duas fugitivas de *Thelma e Louise* (1991), Buffy Summers em *Buffy, a caça-vampiros* (1997) ou a ativista em *Erin Brockovich* (2000); e mesmo os estúdios Disney, guardiões das convenções de gênero, revisitam Rapunzel, uma princesa destemida que decide partir em descoberta do mundo. Na França, a heroína de *Julie Lescaut* (1992) é uma delegada de polícia, mãe de família divorciada, à frente de uma equipe de inspetores e oficiais. Essas produções, sobretudo as séries de televisão que entram nos lares com facilidade, são vistas por milhões de pessoas de todos os meios sociais.

O setor de jogos eletrônicos, por sua vez, cria personagens femininas cada vez mais elaboradas, que infringem as regras do gênero. *Uncharted* (2007) coloca em cena uma jornalista e arqueóloga, Elena Fisher, bem como a aventureira Chloe Frazer e a líder de milícia Nadine Ross, ambas acessíveis em conteúdo para download. Em *The Last of Us*, lançado em 2013 pela

PlayStation, Ellie, uma órfã de catorze anos, é capaz de quebrar o dedo de seu carcereiro e trucidar seu agressor com um facão. Com seu caráter enérgico e um vocabulário cheio de *"shit"* e *"fuck"*, a garota acaba se impondo a seu companheiro de infortúnio, um velho solitário que representa a figura paterna. Nos anos 2010, os criadores optam pela feminização dos jogos eletrônicos, numa aposta de que as meninas logo jogarão tanto quanto os meninos.

Mulheres "cúmplices"?

Graças ao desprezo e à violência, os homens misóginos geralmente chegam a seus fins. Algumas mulheres agredidas retiram suas queixas e algumas donas de casa se acreditam inferiores ao marido. Os estereótipos têm eficácia, mas qual? Como o poder é sofrido? Mais amplamente, é preciso perguntar-se em que medida as mulheres consentem com sua própria dominação.

A pornografia veicula uma imagem degradante da mulher, reduzida a orifícios. No entanto, nunca ficou provado que os milhões de usuários do site YouPorn são predadores sexuais, nem que os estupradores são influenciados pela indústria do sexo. No campo da prostituição, muitos homens pagam para serem sujeitos passivos, e até vítimas: a sexualidade remunerada permite escapar às convenções do macho heterossexual. Um estudo de 3 mil fantasias masculinas mostra que a maioria é de ordem sadomasoquista, a violência sobre as mulheres sendo uma exceção.[34] Os homens frequentam muito mais que as mulheres os sites pornográficos e as prostitutas, mas sua sexualidade não necessariamente se torna mais agressiva.

Algumas mulheres se voltam para um erotismo soft, onde, como nos filmes pornôs, o sujeito feminino é reduzido a um objeto de desejo no âmbito patriarcal. Os romances água com açúcar costumam ter a mesma estrutura: um homem rico se impõe a uma jovem de origem modesta, para grande felicidade dos dois. Nos romances de Kathleen Woodiwiss ou de Celeste De Blasis, o herói pode estuprar a heroína "sem querer", por confundi-la com uma prostituta. No fim, ela se entrega a ele, mas com a bênção do casamento, isto é, sem a culpa associada à mulher que quer sexo. Esses romances tranquilizam as leitoras que vivem em estado de subordinação conjugal. A heroína é maltratada e depois protegida pelo herói: o ato de violência inicial é o indício de um verdadeiro amor.

A lição é clara: a mulher deve aprender a confiar no homem, mesmo quando ele não parece digno. O sentimentalismo faz com que a inevitabilidade do poder masculino seja admitida, mas também a inteligência da habilidade feminina. Pois a heroína consegue se fazer amar pelo herói, ela consegue fazê-lo esquecer de todas as mulheres ocasionais que ele consumia sem amor. Portanto, ela faz bem em ficar à espera de uma relação duradoura, cimentada pelo prazer sexual e pela fidelidade conjugal. Nem conservadorismo pudico, nem revolta feminista: erotizando a subordinação das mulheres, o romance sentimental perpetua o investimento da leitura no casamento e na maternidade. O poder fálico não é mais ameaçador, mas glamoroso.[35]

O sucesso do gênero nada tem de anedótico. Inventada na Itália em 1947, a fotonovela conhece um sucesso fulgurante, da Europa ao Brasil, recorrendo a estrelas locais. Com uma dúzia de novas histórias por mês, publicadas em coleções "românticas" ou "apimentadas", a Harlequin conquista centenas de milhões de leitoras desde os anos 1970. O romance erótico de E. L. James, *Cinquenta tons de cinza* (2012), vendeu 150 milhões de exemplares no mundo todo. Segundo as próprias leitoras dos romances água com açúcar, lê-se para fugir, escapar das preocupações cotidianas, aproveitar um tempo só seu. As fãs de

Cinquenta tons — mulheres jovens, casadas e com filhos, com empregos pouco ou nada qualificados — recusam os julgamentos externos ("obsessiva", "frustrada") e criam para si espaços de liberdade dentro das limitações de gênero e classe.[36] Sejam eles transmitidos pela pornografia ou pelos romances, os estereótipos revelam a força do patriarcado sobre homens e mulheres, que dele obtêm um prazer ativo.

A análise de Janice Radway vai ao encontro da de Gerda Lerner: algumas mulheres aderem à visão patriarcal da sociedade, isto é, consentem com sua própria subordinação. Poullain de La Barre, no século XVII, também era pessimista: por impregnação, as mulheres podem se tornar misóginas. Pela força dos preconceitos, mas também dos interesses. Pois assim como o patriarcado louva as mulheres dóceis, o maternalismo conservador reserva um lugar de destaque às mães de filhos homens. No Magrebe, elas detêm um poder indiscutível não apenas sobre os filhos como também sobre toda a casa, e é assim que se tornam beneficiárias e guardiãs da sujeição das mulheres.[37] No Sudeste Asiático, quando três gerações vivem sob o mesmo teto, a sogra costuma tiranizar a nora (tema inesgotável de séries de televisão). Na China, na Cidade Proibida, as damas de companhia da Viúva Cixi (1835-1908) servem sua senhora segundo um protocolo estrito: usar uma longa trança negra, maquiar-se com pó branco e um toque vermelho nos lábios, jamais exibir os pés nus, não falar nem mesmo cochichar, dormir de lado e em posição fetal, comer em pouca quantidade.[38] Controlando a vida de meninas e meninos, essas mulheres exercem migalhas de poder numa sociedade que as exclui.

Ao longo de todo o século XX, o antifeminismo feminino revela, além do medo da mudança, um apego às antigas prerrogativas concedidas às mulheres. Na Belle Époque, a romancista Colette Yver denuncia as "cerebralinas" e outras "princesas de ciência", enquanto Ida Sée restringe o papel das mulheres em *O dever materno* (1911). Na Grã-Bretanha, a Women's National Anti-Suffrage League se opõe ao voto feminino para as eleições legislativas. Seu argumento é que cada sexo tem uma missão, o âmbito social e educativo cabendo às mulheres, o político e econômico, aos homens: a complementaridade dos sexos é mais importante que sua igualdade. Hoje, algumas donas de casa se fazem apóstolas da "tranquilidade doméstica".[39]

No mundo empresarial, as normas masculinas dominantes — capacidade de liderança, espírito de competição, propensão ao rigor — se impõem às mulheres à medida que elas galgam os escalões. Surgem diretoras e chefas "cúmplices" do patriarcado que lhes confere um lugar. Numa empresa de vendas online, uma gerente de projetos de 32 anos assediada por um colega alertou o setor de recursos humanos, onde mulheres eram vítimas do mesmo homem. "Mas a chefe cancelou categoricamente a queixa. Ela me explicou que eu era 'amiga demais' de meus colegas homens e que minha maneira de me vestir era problemática. Resumindo, eu tinha provocado aquilo. Seu argumento final: 'Isso nunca aconteceu comigo na minha carreira'."[40] Outras mulheres sofrem assédios e violências morais de suas superiores (por exemplo, uma operadora de caixa é forçada a conferir uma diferença de dez euros diante de sua chefe às nove horas da noite). Pregnância dos valores patriarcais, apego à figura do pai ou degradação da relação mãe-filha, a ideologia sexista pode ser encontrada entre as próprias mulheres.[41] Por outro lado, podemos considerar a misoginia feminina como uma estratégia de defesa contra a misoginia mais abrangente dos homens.

As parteiras cúmplices do *gendercide* na Ásia, as mães e avós mutiladoras da África, as mulheres da aristocracia rajput que glorificam o *sati* na Índia, as militantes antiaborto nos Estados Unidos, os milhões de eleitoras de Trump e as mães homofóbicas de filhas lésbicas, todas se converteram à ordem patriarcal: os estereótipos colonizaram o feminino. Escolha militante ou pura alienação? Liberdade individual ou destino de gênero? É perfeitamente possível que essas mulheres submissas também sejam vítimas da sujeição que propagam. A passividade se torna sua única atividade.

Masculinidade criminosa, masculinidade de privilégio e masculinidade tóxica são os tentáculos repugnantes com que os homens se apoderam das mulheres para destruí-las, discriminá-las ou rebaixá-las. Seus meios são tão poderosos que muitas não têm escolha e precisam se submeter. Essas formas de violência também atingem a integridade, a honra, a autoestima. Por isso, constituem uma tirania que contradiz os direitos das mulheres, ou seja, os direitos humanos. Devemos extirpar do masculino suas excrescências patológicas, assim como livramos uma árvore de seus galhos podres. Até lá, todo homem deve se perguntar qual é o seu papel em todas essas violências. Se ele não tiver nada a ver com elas — com nenhuma delas —, será seu dever manifestar-se para combatê-las.

II.
O declínio da virilidade

No século XX, o avanço do feminismo é acompanhado por um declínio da virilidade como valor social. Essa curva inversa reflete menos a obsolescência do homem em geral do que a inadaptação masculina. De fato, algumas masculinidades são descartadas, enquanto grupos inteiros são atingidos por guerras e crises.

A queda do soldado, o fim do operário

Os homens morrem na guerra; os que sobrevivem ficam feridos. Os registros de admissão no hospital dos Invalides, em Paris, revelam os traumas da vida militar no século XVIII: 83% dos ferimentos são causados por arma de fogo e armas brancas. Muitos são os "estropiados" (na mão, no braço, na coxa, na perna, no pé), sem contar as vítimas de patologias digestivas ou oculares, que acabam aumentando as fileiras dos homens "fora de serviço".[1]

Durante a Primeira Guerra Mundial, 9 milhões de homens são mortos, de um total de 74 milhões de mobilizações. Para os beligerantes da Europa continental (Alemanha, Áustria-Hungria, França, Itália, Rússia), essas perdas representam de 13% a 17% dos soldados. A França, por exemplo, perde mais de 1,3 milhão de homens, de um total de 8 milhões de mobilizações. Muitos voltam feridos, mutilados ou traumatizados. Em 1921, dois ex-combatentes fundam em Paris a Union des Blessés de la Face, os *"gueules cassées"* ["caras quebradas"]. A guerra industrial faz os médicos descobrirem o fenômeno do *shell shock* (hoje "estresse pós-traumático"), que mergulha os veteranos na loucura — vítimas de bombardeios, de horrores, mas também da virilidade que lhes foi inculcada.

O *rōnin*, samurai sem mestre do Japão feudal, e o "leopardo", que assiste ao naufrágio dos valores aristocráticos, são, à sua maneira, combatentes vencidos. Mas os soldados franceses estão feridos no corpo e na alma, e o retorno à vida normal, em 1918, se revela impossível. Duplos sobreviventes, de um massacre e de um mundo desaparecido, eles penam para encontrar seu lugar na sociedade, principalmente junto às mulheres, que se tornaram mais independentes. Na França, o entreguerras carrega os estigmas de suas angústias: lenta desmobilização, eleição da Câmara "azul horizonte", rejeição do voto feminino, ascensão das ligas de extrema direita. A masculinidade de sacrifício não passou de uma enganação.

Nos Estados Unidos, o motim de Hollister, em 1947, é causado por ex-soldados que buscam na adrenalina da motocicleta a cura para seus traumas de guerra. Uma geração mais tarde, o veterano volta do Vietnã com a vergonha da derrota e, acima de tudo, com a amargura da traição. Vítima da guerra, dos comunistas, de um alistamento injusto, de um governo indeciso, da propaganda dos pacifistas, da ingratidão das pessoas, ele se torna o emblema de uma masculinidade decaída. Enquanto arriscava sua vida do outro lado do mundo, o feminismo e o movimento pelos *civil rights* transformavam a sociedade americana: privado de sua condição, ele passa a competir com as mulheres e os negros.[2]

Na segunda metade do século XX, a longa paz da Guerra Fria enfraquece o papel do soldado nas sociedades ocidentais. Cadinho da masculinidade por séculos a fio, o regimento desaparece enquanto corpo viril, e o Exército enquanto instância de socialização. Na Alemanha, como na América Latina, a figura do soldado é desacreditada pela ditadura. Na França, o serviço militar, com dois séculos de existência, é suspenso em 1997.

O operário segue o soldado em seu declínio. No século XIX, a filosofia com Marx, a pintura com Menzel e a literatura com Zola exaltam a força telúrica do mineiro e do laminador de ferro. No entanto, a miséria é acusada de degenerar os homens, como na seguinte descrição de um líder da greve de Anzin, em 1884: "pequeno, enfermiço, coxo, bilioso, capaz de todos os maus conselhos", um entre vários abortos subalimentados e débeis.[3] Nos Estados Unidos, a Grande Depressão dos anos 1930 atinge o proletariado em sua dignidade viril: bandos de desempregados fazem fila na frente das agências de emprego e dos sopões populares. Os titãs se tornam mendigos.

Depois do apogeu das décadas do pós-guerra, a crise dos anos 1970-80 atinge os centros industriais bem no cerne — Rust Belt, nos Estados Unidos, velhos bastiões operários de Lancashire, Glasgow e Newcastle, bacias mineradoras e siderúrgicas do nordeste da França, minas de carvão de Sambre-et-Meuse, na Bélgica. O declínio dos estaleiros navais, o fechamento de fábricas, a deslocalização industrial e o desemprego em massa levam a uma crise da masculinidade popular. Ela atinge, nas famílias, o marido abalado pelo desemprego de longa duração ou o pai imigrado que perde a saúde nos canteiros de obras. A virilidade operária também é afetada pela terceirização do trabalho industrial. A chegada dos operadores e dos painéis de controle, das "competências" e das "normas de qualidade" eclipsa a força muscular. Na Europa e na América do Norte, é o fim do operariado.

Claro que os operários não desaparecem. Na França, eles representam 20% da população ativa (contra 40% nos anos 1970), e muitos ainda sofrem com o ritmo infernal, os decibéis, os cheiros, as temperaturas elevadas. Os trabalhadores dos últimos

Desempregados em Chicago (1931)

Durante a Grande Depressão, homens fazem fila na frente de um
sopão popular aberto pelo empresário e gângster Al Capone.

setores industriais herdados do século XIX, como esgotos e ma-
tadouros, são vistos como homens-refugos manchados pelo ex-
cremento e pelo sangue. O funcionário de uma estação de tratamento afirma: "Quando eu voltava para casa, minha sobrinha
me dizia: 'Tio, você está fedendo'. [...] Eu estava suando, mas
não estava na estação". O nojo pelo masculino é ainda mais humilhante quando expresso por mulheres e crianças. Outros são
"velhos aos cinquenta anos", com um corpo maltratado pelo peso
dos fardos, dos gestos repetitivos e das doenças profissionais.[4]

Tudo concorre para o apagamento da visibilidade dos operários: o fim da URSS, a perda da influência do PCF e da Con-
federação Geral do Trabalho, o fechamento de grandes polos

industriais (fábrica Renault de Billancourt) ou ainda a dispersão do trabalho na zona rural. Nos Estados Unidos, os *working men* em declínio desenvolvem uma masculinidade baseada na moral e nos valores familiares: retidão, integridade, autodisciplina, senso de responsabilidade, ética do trabalho. Sua "dignidade" se torna um sucedâneo do *American dream*. Ora, quanto menor o salário dos homens, mais eles desaprovam o emprego assalariado de suas mulheres (ao contrário do que recomendaria a lógica econômica): mantendo-se como únicos provedores de suas famílias, eles conservam na vida privada o poder e o prestígio perdidos no trabalho. O fim do operário metalúrgico paradoxalmente favorece o retorno do *male breadwinner*, em sua versão pauperizada.[5]

Desvio e redenção

Nos subúrbios, a crise econômica e urbana alimenta a revolta das masculinidades subordinadas. Os jovens de origem popular, pouco qualificados, presos entre um modelo paterno degradado e um futuro sem perspectivas, alimentam sua identidade por meio de três redenções viris: o esporte, a religião e a música.

O clube de boxe (muito frequentado por homens de origem magrebina, africana e antilhana) é um espaço de pertencimento e de legitimação. Aberto aos dois sexos, valorizando mais a técnica do que a força, ele ajuda a requalificar a masculinidade de ostentação "machista" em masculinidade de controle "respeitável".[6] Motivações análogas podem explicar a conversão a um islã mais ou menos rigorista: a religião garante uma tábua de salvação. Na Paris dos anos 1990, um jovem com baixo desempenho escolar entra numa mesquita: "O pequeno infrator sem envergadura descobre, admirado, a de seu Criador".[7]

O rap sublima a frustração através da violência das palavras, da síncope do ritmo, da exibição: os clipes, onde os cantores ostentam joias e carros de corrida, conjuram uma maldição social e racial, ao mesmo tempo que fazem a apologia da sociedade de consumo. Muitas canções desfiam um catálogo de clichês: kalashnikovs, maletas de dólares, chefões andando de jet ski, "colhões" que se impõem, consumo de "minas", solidariedade entre "manos", ódio a "viados" etc. Tanto a cultura negra norte-americana quanto a cultura *white trash* investem nesse registro, em que a raiva poética frequenta a misoginia mais ignóbil.

Na França, o rapper Orelsan (nascido em 1982) causa polêmica com a canção "Sale pute", tema tomado de "Kim", de Eminem. Um jovem surpreende a namorada com outro e dá livre curso à raiva. Esta se manifesta na forma de insultos ("cadela", "puta", "vaca"), mas também de ameaças: ele vai deslocar sua mandíbula, quebrar seu braço, engravidá-la para fazê-la abortar à faca. A destruição física acaba com a utilidade da jovem, pois ela só servia para "chupá-lo" ou para ele "arrombar seu rabo". Por fim, ele lhe promete uma morte violenta, como um demônio na fogueira ou um animal no matadouro. Depois de outras canções do mesmo tipo, associações feministas prestaram queixa contra Orelsan em 2009 por incitação ao ódio e à violência sexual. Condenado em primeira instância, ele é solto mediante recurso em 2016. Segundo a sentença do tribunal, o rapper pinta "uma juventude desencantada, incompreendida pelos adultos, tomada de mal-estar e de angústia por um futuro incerto". Seus personagens expressam o "descontentamento de uma geração sem referências, sobretudo nas relações homens-mulheres".

A virilidade se expressa, de forma ainda mais agressiva, na ocupação do espaço público, nos vandalismos, nas pequenas infrações, nas rixas, nos motins. Essa "masculinidade de protesto", segundo a expressão de Raewyn Connell, é uma performance de gênero em resposta a uma sensação de impotência social. Ela facilmente se alia ao antissemitismo, à homofobia e à misoginia, três ódios próprios a reafirmar a honra viril. Na França, alguns jovens de subúrbio diferenciam as "vagabundas" das "respeitáveis", que não devem viver sozinhas nem ser independentes ou protagonistas da própria sexualidade.[8]

O hooliganismo faz a masculinidade de protesto derivar para a violência impiedosa. Ao contrário dos torcedores, que vivem para o clube de futebol, os hooligans provocam deliberadamente incidentes e brigas. O fenômeno surgiu na Inglaterra dos anos 1960, na interseção entre gangues de jovens, subculturas adolescentes e rivalidades esportivas. Ele atinge seu auge entre a Copa do Mundo de 1982 e a tragédia de Heysel, em 1985 (provocada por torcedores ingleses durante uma partida entre o time do Liverpool e do Juventus, de Turim), antes de se consolidar na Itália, na Sérvia, na Ucrânia e no Brasil. A violência dos hooligans responde a uma estratégia de visibilidade e sobrevivência social, depois da derrocada da classe operária sob o peso da desindustrialização, do desemprego e do thatcherismo. O hooliganismo, aliás, toma alguns de seus códigos da cultura operária: disciplina coletiva, senso de organização, engajamento físico, solidariedade viril.[9] Poderíamos fazer uma análise similar para os homens tomados de ódio que formam os grupos de skinheads neonazistas na Europa e para os supremacistas brancos nos Estados Unidos.

As masculinidades de origem popular são socialmente dominadas, exceto talvez o rap, quando ele consegue forçar as portas do showbiz. Os poderes públicos tratam-nas com rigor, por meio da manutenção da ordem. Um estudo realizado nos tribunais correcionais franceses mostra que os homens julgados por flagrante são mais severamente punidos do que as mulheres, protegidas por sua atitude deferente e sua condição de mães de família: as mulheres infratoras têm problemas, ao passo que os homens infratores são o problema.[10] Nos anos 1990, a alta dos preços dos ingressos, a revista dos torcedores e a instalação de câmeras de segurança nos estádios acabam com o hooliganismo, que perde sua luta desesperada contra a desvalorização da classe operária.

Em outro campo, as políticas de saúde pública e de segurança nas estradas operam um golpe fatal à virilidade popular. As mensagens de prevenção ao uso do álcool, a proibição do fumo em lugares públicos, a denúncia dos regimes alimentares gordurosos ou carnívoros em excesso, bem como a regulamentação da caça, ao que tudo indica melhoram o bem-estar das populações, mas às custas das identidades masculinas tradicionais; o discurso segundo o qual "não podemos fazer mais nada" pode ser entendido como um grito de protesto, de desespero. Da mesma forma, os enormes progressos em segurança rodoviária na França — uso obrigatório do cinto de segurança em 1973, pontuação da carteira de motorista em 1992, instalação de radares em 2002, limite de velocidade de oitenta quilômetros por hora em todas as estradas nacionais em 2018 — se chocam com o culto masculino da velocidade e da potência.

Num mundo em que os problemas ambientais adquirem uma importância trágica, a moda da picape e do 4×4 se torna uma ameaça para todos. A masculinidade de ostentação, destruidora de si e dos outros, teria se tornado incompatível com a modernidade? Seja como for, o orgulho do homem poderia se revelar uma catástrofe sanitária e ecológica.

A adaptação das mulheres

A masculinidade popular não é mais intrinsecamente misógina do que a masculinidade dos intelectuais ou dos políticos. Em contrapartida, a desindustrialização aumenta o abismo entre as mulheres e os homens da classe operária, diferenciando os destinos sociais dos sexos. Observamos essas distorções no âmbito dos estudos.

No início do século XIX, em todo o mundo, a taxa de analfabetismo é maior entre as mulheres do que entre os homens. Dois séculos depois, as meninas costumam obter resultados melhores que os meninos. Na leitura, a diferença é enorme (uma média de 38 pontos na pesquisa Pisa de 2012, o que equivale a um ano de escolaridade). Em matemática, ao contrário, os meninos se saem melhor, mas a diferença é menor (nove pontos) e chega a ser insignificante em vários países, como Estados Unidos, Polônia e França. Na Finlândia e na Islândia, as meninas se saem melhor que os meninos em todas as matérias.[11]

A partir dos anos 1990, o mau desempenho dos meninos na Grã-Bretanha, nos Estados Unidos, na Austrália e na China é atribuído a resultados medíocres e a problemas de comportamento. Nas *high schools* americanas, os meninos recebem 70% dos D e dos F (as notas mais baixas), são mais suscetíveis de ser expulsos e menos de se formar. Na França, depois dos quinze anos de idade, as meninas são mais escolarizadas que os meninos, que interrompem mais os estudos ou fazem cursos profissionalizantes; a diferença chega ao ápice aos dezoito anos e se mantém estável depois disso. Em todas as áreas, as meninas se saem melhor no *bac* do que os meninos.[12]

Essa tendência se repete na universidade. Na França, as alunas são mais numerosas que os alunos, a disparidade sendo máxima no mestrado. Várias grandes escolas recebem uma maioria de mulheres, como a Sciences Po (mais de 60% em 2017) e a Escola Nacional de Magistratura (mais de 80%). Nos Estados Unidos, 40% das mulheres têm diploma de ensino superior, contra 31% dos homens. Em 2017, várias universidades apresentam um desequilíbrio da *sex-ratio* no primeiro ano, como Yale College

(52% de mulheres), Universidade de Wyoming (53%), Southwestern University no Texas (54%), Western Kentucky University (58%), UC Davis (59%) e Universidade de Boston (62%). Devemos concluir que os homens se tornaram a "nova minoria" das universidades?[13] De fato, como o abandono é mais marcado entre os jovens da América rural branca, as universidades se esforçam para atrair as mulheres e as minorias étnicas.

No entanto, os homens continuam sendo majoritários na maioria das escolas e universidades de elite, como a Escola Nacional de Administração, na França, e a Harvard Business School, nos Estados Unidos, e sistematicamente nas áreas Stem (ciência, tecnologia, engenharia, matemática). Algumas instituições veem com maus olhos o grande avanço das mulheres. Na China, os departamentos de línguas estrangeiras das universidades de Pequim e de Jilin aceitaram rapazes abaixo do nível mínimo exigido ou reprovaram deliberadamente candidatas mulheres. Ao longo dos anos 2010, a faculdade de medicina de Tóquio favoreceu os estudantes do sexo masculino aumentando suas notas nos exames de admissão, até reduzir a proporção de mulheres a 20% (em 2010, a proporção era de 40%).[14] Essas fraudes, além de seu caráter ilegal e chocante, têm algo de patético: elas admitem, pelo simples fato de existirem, a diferença de sucesso acadêmico entre os sexos. E se os meninos, péssimos leitores, estudantes medíocres, presos dentro de seus jogos eletrônicos, tivessem cada vez menos armas para enfrentar o mundo?

No século XX, as recessões costumam ser *"mancessions"*, na medida em que os homens são majoritários nos setores afetados. Durante a Grande Depressão dos anos 1930, que atinge em cheio a construção civil, a indústria e as finanças, três quartos dos desempregados são homens. De novo, a partir dos anos 1970, os setores em desaceleração — minas, siderurgia, metalurgia, automóveis — são masculinos. O mesmo fenômeno se observa nos Estados Unidos depois da crise imobiliária e financeira de 2008. A automatização da indústria agrava a situação: profissões como operário de chapas metálicas, operador de torre de perfuração, técnico em eletromecânica, motorista de caminhão e maquinista estão condenadas ao desaparecimento num prazo mais ou menos breve.[15] Em contrapartida, as mulheres se tornaram majoritárias no setor terciário em expansão, seja por estarem nele desde o século XIX, seja porque a desindustrialização devastou setores muito feminizados como o têxtil, seja porque elas foram as primeiras vítimas das demissões na indústria.

O declínio dos operários contrasta com o sucesso pós-industrial das mulheres. Elas dispõem de vários trunfos na nova economia globalizada: melhor formação e qualidades "femininas" adquiridas desde a infância, como comunicação e cooperação. Em algumas cidades americanas, a falência da indústria e o apagamento das dinastias de poder deram lugar a um "novo matriarcado": na classe média, é a mulher quem ganha dinheiro, paga as dívidas e deixa recados ao marido na geladeira. Essa feminização da sociedade leva à emergência de um novo casal: Plastic Woman, diplomada, com um emprego gratificante, cheia de ambição, e Carton Man, destituído de suas funções de chefe de família, paralisado em sua masculinidade arcaica.[16]

A ascensão das mulheres é ainda mais intensa nas classes populares. Os jovens pouco qualificados encontram dificuldades para conseguir um emprego, embora até os anos 1970 a força física fosse suficiente para uma contratação no setor industrial. A masculinidade de ostentação — exibição de virilidade, agressividade, tatuagens — tornou-se contraindicada nas profissões de serviço e recepção, e ela penaliza ainda mais os homens de minorias étnicas. Em contrapartida, as mulheres podem converter profissionalmente as competências "femininas" adquiridas em família (docilidade, empatia, conformidade de gênero, propensão a ajudar), e é justamente essa conformidade de gênero que facilita sua empregabilidade nos setores de restaurantes, vendas ou cuidados.

Para as jovens das classes populares inglesas, o *care* é um capital social baseado nos cuidados e no know-how materno: ele é valorizado no mercado de serviços a pessoas dependentes (crianças, idosos, deficientes, doentes). É nesse sentido que elas "investem" na feminilidade. A solidariedade de classe e, também, a sensação de serem favorecidas por seu gênero, explicam o antifeminismo das operárias, indulgentes em relação a seus irmãos e namorados:

> O que realmente me incomoda no feminismo [...] é esse acentuado lado anti-homens. Francamente, isso não faz sentido, todas essas asneiras sobre os homens, que seriam terríveis opressores e tal. Olho para Kevin [*seu ex*] e penso a mesma coisa sobre meu pai e seu irmão: o que eles têm? Eles não têm futuro. Eles não têm trabalho, são infelizes, não sabem o que fazer consigo mesmos.

Kevin se suicida depois de cinco anos desempregado.[17]

Para os homens das classes populares, sem formação ou diploma, com uma identidade social cada vez mais ameaçada, o futuro parece sombrio. Esse sentimento de declínio não é alheio à ascensão do populismo. Nos Estados Unidos, Donald Trump é o porta-voz dos homens brancos "raivosos", isto é, em busca de um novo orgulho.

O homem "castrado"

Na época da Revolução Francesa, pensadores e artistas, preocupados com as novas reivindicações das mulheres, se esforçam para recuperar o esplendor do masculino: Burke, em suas

Reflexões sobre a Revolução na França (1790), Schikaneder em *A flauta mágica* (1791), o barão Van Swieten ao final de *A criação*, de Haydn (1798), bem como os jurisconsultos do código civil francês, cuja influência se fará sentir em toda a Europa. A lenda napoleônica, difundida pela pintura e pelo romantismo, pode ser interpretada como um alarde do orgulho viril.

No fim do século XIX, a chegada das mulheres às portas das profissões de prestígio fere o orgulho dos homens das classes superiores. Sem poder impedir esse avanço, eles tentam refreá-lo. Os ataques se tornam mais violentos à medida que as mulheres se aproximam dos santuários masculinos. Liceus de meninas? "Aprenderão de tudo, até a rebelião contra a família, até a impureza."[18] Direito de voto para as mulheres? "No dia em que elas tiverem o direito de votar, as eleições cairão no ridículo ou no sangue."[19] Abertura das carreiras profissionais? "Elas falam em ser juízas, médicas, boticárias, prefeitas; e o que mais? policiais, e dragões!"[20] George Sand para a Academia Francesa? "Agora seremos nós, os homens, que faremos geleias e conservas!"[21]

O antifeminismo não é um resmungo de velhos caquéticos, mas um paradigma mental que mobiliza argumentos para recusar a igualdade. É por isso que ele costuma se aliar a outros ódios de origem semelhante. Em *Sexo e caráter* (1903), grande sucesso de livraria em Viena, Otto Weininger denuncia tanto as mulheres quanto os judeus, demônios de sexualidade viciada, inaptos para o gênio, negatividades da civilização em estado puro — associação que encontramos em Nietzsche e Schopenhauer.

A terceira grande obsessão antifeminista eclode nos Estados Unidos, nos anos 1970, entre a liberação sexual e a derrota no Vietnã. Em vez de difamar as mulheres, os homens se apresentam como vítimas, despossuídos pelas ambiciosas, castrados pelas sedutoras, excluídos pelas matriarcas, perseguidos pela misandria ambiente. Para os antifeministas, o poder

Uma caricatura antifeminista (anos 1910)

"Origem e desenvolvimento de uma suffragette. Aos 15, uma gracinha. Aos 20, uma coquete. Aos 40, ainda solteira! Aos 50, uma suffragette."

masculino não passa de um mito; a opressão das mulheres também. Ser homem tornou-se impossível, e mesmo perigoso. O masculino tem todas as culpas. Ele é criticado por tudo e por todas. Acusado automaticamente. Discriminado. Apontado como o novo inimigo, ele é arrastado pela marcha do mundo. Não um opressor, mas um oprimido. Tiram-lhe tudo: a autoridade, o trabalho, a dignidade, a sedução, isto é, o direito de ser ele mesmo. Depois de décadas de feminismo desvairado, o "primeiro sexo" deixa de existir.[22]

De John Updike a Michel Houellebecq, vários romancistas entoam o lamento do homem branco arrastado para o declínio, enquanto as mulheres, vencedoras das mutações sociais, voam de sucesso em sucesso. O perdedor também é humilhado pelos fracassos amorosos e pela impotência sexual: ele é duas vezes desvirilizado pelas recusas das belas jovens de sucesso estrondoso. Como em Aristófanes, uma sociedade degenerada nasce dessa inversão: enquanto as mulheres avançavam seus peões, os homens se transformaram em molengões, e agora as amazonas reinam sobre um bando de medíocres.

Mesmo no casal os papéis se invertem: uma mulher "liberada", que ganha sua vida, que sabe trocar um pneu e montar um móvel, que conhece seu corpo a ponto de gozar sozinha, ainda precisa de um homem? É o crepúsculo do pai de família. E se a independência das mulheres explicasse a miséria sexual dos homens, seu consumo massivo de pornografia desde a adolescência? Um quadragenário, ex-participante do Maio de 1968, observa com amargura:

Nossa geração vive com dificuldade o papel castrador das mulheres. Passamos de uma geração em que o homem era o dominador que impedia a realização sexual e social da mulher para a uma geração em que as mulheres impedem a realização sexual e social do homem.[23]

Essas palavras mostram a que ponto a revolução feminista do século XX consegue abalar a complementaridade hierárquica dos sexos na base do patriarcado. Privado de seu poder tradicional, o homem se sente inútil. E os antifeministas dizem às rebeldes: "Não insistam em se tornar nossas iguais, vocês nos fizeram muito infelizes". Mas uma coisa é clara: as mulheres foram longe demais. Chegou a hora de os homens recuperarem seu lugar.

A reação masculinista

Inúmeros são os livros, na Europa, na Ásia e na América, que abordam o "declínio" dos homens, que se tornaram uma espécie a ser protegida com urgência — caso contrário, sociedades e nações perderão sua alma. Esse drama estereotipado pode ser acompanhado em quatro atos.

Primeiro ato da defesa da causa masculina: preocupar-se com a "cabala" feminista, denunciar a sociedade "ginocêntrica". A educação dos meninos está nas mãos das mulheres: das mães em casa, das professoras na escola. Em *Salvar os meninos* (2010), o pedagogo chinês Sun Yunxiao afirma que o sistema educativo beneficia as meninas e ignora os talentos naturais dos meninos, que sofrem por causa disso. Para o psicólogo canadense Jordan Peterson, a misandria reina nos campi universitários e a ideologia marxista foi reciclada para oprimir o homem ocidental. Na França, a declinologia reúne alguns imprecadores de idade madura, convencidos de que tudo vai por água baixo. Como nos mitos da Nova Guiné e da Terra do Fogo, o poder feminino gera o caos (o best-seller de Peterson, *12 regras para a vida*, apresenta-se aliás como "um antídoto para o caos").

No início dos anos 2010, as redes sociais passam a servir de válvula de escape ao rancor masculinista, conforme demonstrado em campanhas de assédio virtual a jornalistas e programadoras no site Reddit, nos Estados Unidos, no fórum "Blabla

18-25 anos", na França, e no Twitter no mundo inteiro. O Ga-mergate, em 2014, é outro exemplo, no âmbito dos jogos eletrônicos. O assédio virtual também é uma manifestação do poder masculino. No final dos anos 2000, jovens jornalistas franceses reunidos numa "Liga do LOL" perseguem blogueiras, jornalistas e militantes feministas no Facebook e no Twitter, por meio de mensagens ofensivas ou fotomontagens pornográficas. Essa violência verbal — do insulto à incitação ao estupro — é a *nêmesis* do homem branco, como um grito de convocação da matilha. Não é preciso desenvolver uma argumentação explicitamente masculinista; basta reduzir as mulheres ao silêncio através da ironia e do ódio.

Segundo ato: restaurar a honra masculina. Fóruns de discussão e grupos de apoio se mobilizam a favor dos homens, para determinar seus direitos, seus motivos de orgulho, seus meios de defesa. Em *The Myth of Male Power* (1993), Warren Farrell afirma que os homens se tornaram o "sexo descartável". Desde 2009 seu discípulo Paul Elam oferece na internet uma "voz para os homens". O subfórum "Red Pill", no Reddit, sugere estratégias para a afirmação da identidade masculina: "Despertar o macho alfa que está em você", "Investir no ego" etc.

Essa nebulosa também se ativa para elaborar uma arte da sedução graças à qual os homens poderão recuperar seu poder. Dominar os códigos amorosos, às custas das mulheres, para melhor "foder" com elas, nas duas acepções do termo: a ideia não é nova. Na Grécia dos anos 1980, o *kamaki* é a técnica de "fisgar" turistas ocidentais: seduzi-las com um pouco de inglês e com um romantismo barato, tirar proveito delas pela temporada e depois dispensá-las como prostitutas. O campeão de *kamaki* está interessado em sexo, mas suas conquistas também têm um quê de revanche social, numa época em que a Grécia é vista como um país "atrasado": a turista se torna uma ocasião de vingança, mas também uma chance de ascensão social.[24]

Para os especialistas em sedução dos anos 2010, o homem costuma ser um joguete das mulheres. Ele é seduzido, paga o cinema e o restaurante e, no fim, nem sequer tem certeza de ir para a cama: a garota apenas tirou proveito de sua pessoa. Sites ensinam a aumentar seu "valor no mercado sexual" (*Sexual Market Value*): cuidar da aparência dos músculos e das roupas, tirar partido do charme, exibir seu poder, não temer demonstrar autoconfiança. Nas aulas de formação, o coaching dos "artistas da sedução" (*pickup artists*) permite retomar o controle da situação. A sedução é uma arte, o homem deve ser o "senhor do jogo", "ganhar terreno", ser arrogante e engraçado, alternar críticas e elogios, administrar sua disponibilidade.[25] A sedução exitosa é uma reação contra a debandada, uma vitória do orgulho masculino em proveito de toda a comunidade.

Terceiro ato: homens, o retorno! Humilhados, zombados, aparentemente vencidos, eles voltam mais fortes do que antes. Eles mostram quem são. No cinema, essa narrativa está na base de *First Blood* (1982) e dos demais *Rambo*, bem como de *Braddock, o super comando* (1984): um ex-soldado do Vietnã, traumatizado, faz as pazes com sua masculinidade depois de terríveis provações. Nada falta à panóplia do guerreiro que renasce: músculos, armas, coragem, sacrifício, taciturnidade.

Mais sutil é o pensamento de Robert Bly, no best-seller *João de Ferro: Um livro sobre homens* (1990). Seu ponto de partida é o fato de os homens terem sido despossuídos de sua masculinidade. Afastados da natureza por dois séculos de industrialização, influenciados pelo feminismo e pelo pacifismo dos anos 1960, os homens se desligaram dos modelos paternos, das fontes de energia viril, da floresta profunda e da dureza do aço; eles se identificaram demais com sua "mulher interior". Como o menino do conto João de Ferro (*Iron John*, em inglês), eles não devem ter medo de seguir o homem selvagem, que se tornará um mentor de suas masculinidades. É no contato com a natureza, descobrindo novas emoções, reencontrando o corpo, que o "masculino profundo" pode voltar à superfície. Depois da libertação das mulheres, portanto, vem a dos homens. De volta ao gosto do dia, os rituais de iniciação desbloqueiam a masculinidade contemporânea. O remédio para a rigidez machista consiste em deixar a maré baixar, seguindo seus instintos primitivos. Nos anos 1990, o movimento mitopoético mescla despertar da virilidade, dicas de bem-estar e desenvolvimento pessoal, para que os homens ousem voltar a se assumir como tais.

A corrente do "despertar masculino" se ramifica em grupos de apoio, retiros, fraternidades, mas também em clubes de esporte e shows. Os festivais de *punk hardcore* e *heavy metal* fazem a fisicalidade da música pesada ser sentida: imersos em decibéis, na roda punk, os homens mostram que são capazes de "aguentar". No fim dos anos 2010, por vários milhares de dólares, empresários fazem estágios intensivos no âmbito de uma "semana do guerreiro" (Warrior Week). Numa praia do Pacífico, eles são postos à prova (atirados ao mar de olhos vendados ou mergulhados num reservatório de água gelada), enquanto meditam sobre o sentido da masculinidade, com leituras do poema "Invictus" e anedotas da Antiguidade. Como explica o fundador da Warrior Week, "ensinamos os homens a serem homens. Existe uma natureza primal dentro dos homens que foi completamente castrada".[26]

A temática neoviril é retomada pelas Igrejas sob uma perspectiva de reconquista e de luta contra a feminização das sociedades. Inspirar-se na força de Jesus, saber lutar por uma causa, viver entre irmãos, ter uma iniciação de pai para filho: essa é a mensagem de John Eldredge em *Coração selvagem: Descobrindo o segredo da alma de um homem* (2015) e das comunidades católicas que, na França, organizam o Camp Optimum e o retiro Au Cœur des Hommes. Sob o pretexto espiritual, a mensagem é clara: os homens precisam recuperar a autoridade; as mulheres, o lugar em casa. A cada um sua "natureza".

Mudar os homens?

Último ato: redefinir a identidade masculina sobre novas bases, pois o brutamontes machista pertence ao passado. Para isso, pode-se seguir uma ética neokiplinguiana: disciplina e moderação, ou seja, a receita da masculinidade de controle, por oposição à masculinidade de ostentação, brutal e potencialmente ameaçadora. Segundo a etimologia do *vir* latino, o viril requer virtude. A elegância do sedutor eclipsa a insignificância do bronco sem modos. As críticas das feministas são dispensadas com um gesto aristocrático: "Não posso ser machista, pois sou um gentleman". Também se pode refinar o brutamontes com dinheiro e com a arte de viver epicurista: usar um blusão de caxemira, mobiliar a cobertura, gostar de jazz, ser um conhecedor de uísque, fazer amor com maestria — legitimação de uma masculinidade interna heterossexual e sofisticada ao mesmo tempo.

No entanto, enquanto alguns deixam aflorar seu "masculino profundo", outros denunciam o sexismo e o estupro. A ação desses *profeminist men* assume formas variadas a partir do fim dos anos 1970: nos Estados Unidos, a National Organization for Men Against Sexism, o trabalho de Michael Kimmel sobre as masculinidades, a organização Men Can Stop Rape; no Canadá, a White Ribbon Campaign, cofundada por Michael Kaufman em 1991; na Austrália, a organização Men Against Sexual Assault; na Grã-Bretanha, a revista *Achilles Heel* (1978) e as conferências "Men Against Sexism"; na Noruega, o movimento dos "homens suaves" (*Myke menn*). Na França, surgem iniciativas duas décadas depois, com a associação Mix--Cité (1997) e dentro da rede europeia EuroPROFEM, que terá sua mensagem retomada pela Zéromacho em 2011.

Hugh Hefner entre duas coelhinhas (2003)

A revista *Playboy*, fundada por Hugh Hefner em 1953, oferece a seus leitores fotografias de mulheres nuas e artigos sobre todo tipo de assunto político, cultural e esportivo. Em seu elogio fúnebre, Camille Paglia escreveu: "Hefner reinventou o homem americano como um connaisseur à maneira europeia, um homem que aprecia todos os prazeres refinados da vida, inclusive o sexo".[27] Podemos dizer, ao contrário, que Hefner reforçou a imagem do homem branco cercado de mulheres-bonecas, concepção masculinista da qual Donald Trump é herdeiro.

Por mais simpática que seja, a mobilização dos homens pró-feministas não teve os resultados esperados. Focados na questão da violência sexual, esses movimentos estagnaram, quando não se esgotaram em disputas internas. Mesmo em seu apogeu, tiveram um público muito limitado. Mix-Cité, uma das raras organizações a associar uma reflexão sobre o patriarcado a ações concretas (por exemplo, contra as passarelas e os brinquedos sexistas), viu a ascensão dos homens em suas instâncias dirigentes, comprometendo seu ideal original de paridade.

Foi justamente para evitar esse expansionismo que as feministas do MLF mandaram os homens embora. Warren Farrell, um dos teóricos da "libertação masculina" (*men's lib*), próximo da National Organization for Women e de Gloria Steinem nos anos 1970, se aproximou do movimento masculinista, reservando suas críticas ao feminismo "discriminador".

Acima de tudo, esses movimentos abordam o problema de um ângulo essencialmente psicológico, convidando os homens a uma tomada de consciência: é preciso tratar bem as mulheres; a violência e a prostituição são odiosas. Em Brisbane, na Austrália, o centro Men Against Sexual Assault organiza cursos de formação de oito semanas destinados a homens aborígenes condenados por violência conjugal. Dentro do mesmo espírito, os autores de *Feminism with Men* propõem aos homens um juramento baseado em seis princípios: abrir mão dos privilégios; implementar o feminismo na vida pessoal; dar prioridade à eliminação da opressão das mulheres; promover a mudança social; adotar formas não hierárquicas de comunicação; manifestar respeito pelas mulheres.[28]

Mas não basta denunciar o sexismo para se livrar dele. Antes de ser um estado de espírito, o patriarcado é um sistema social. A boa vontade, mesmo através de associações, não é capaz de erradicar sozinha mecanismos de dominação holísticos e plurisseculares. Além disso, os pró-feministas têm um perfil sociológico bem específico: saídos das classes médias e altas, com ensino superior, habituados à militância, eles cresceram junto a uma mãe feminista ou longe do pai.[29] E isso basta para fazer deles uma pequeníssima minoria.

Os homens diante da igualdade

Como escapar da alternativa entre reação masculinista, um pouco ridícula, e energia militante, um pouco ilusória? Primeiro, ajustando as modalidades de ação à precisão do raciocínio. Embora os homens antifeministas se escondam sob uma máscara mais ou menos sorridente, nem todos os homens feministas militam em organizações de esquerda. Os filhos de Condorcet são pouco numerosos, mas estão espalhados por toda a sociedade: não é dentro de associações que eles se revelam mais eficazes, mas lutando, às vezes sozinhos, em suas mesas de trabalho, na Assembleia, na empresa, no hospital ou no escritório de advocacia. O feminismo dos homens não é uma promessa solene, mas uma revolta, seguida de um engajamento que visa uma nova governança e reformas estruturais. O espaço do poder público — Estado ou coletividades — revela-se indispensável, bem como a mobilização do setor privado.

A crise do masculino precisa ser analisada com lucidez. O mal-estar dos homens tem várias origens: inculcação das masculinidades de dominação, alienantes por natureza; declínio dos valores viris, devido às guerras e às recessões; sucesso das mulheres na universidade e no mundo do trabalho; ecologização das sociedades; avanço do feminismo. Obviamente, não é porque os homens se preocupam com eles mesmos que o patriarcado está fadado a desaparecer. Ele declinou, mas muitas patologias do masculino o fazem perdurar, numa espécie de fuga para a frente. É por isso que o homem "opressor" coexiste, hoje, com o homem "sofredor". As masculinidades, aliás, tiram proveito dessa dualidade: seus discursos vitimistas costumam ser uma estratégia para conservar seus privilégios.

Por outro lado, alguns homens andam cheios de dúvidas. Embora muitos não se reconheçam na virilidade obrigatória, esse ideal não desapareceu. Alguns querem "fazer direito", mas não sabem como; outros se sentem "fazendo errado", mas não conseguem identificar a ligação entre sua situação pessoal e a organização da sociedade. Num labirinto de injunções contraditórias, os homens de boa-fé acabam se sentindo perdidos:

eles não sabem mais qual seu lugar, seu papel, sua condição, sua função — resumindo, o que se espera deles. A bússola feminista para uso masculino ainda não foi inventada.

Na verdade, os homens estão menos perturbados com o "declínio da autoridade" ou com a "feminização do mundo" do que com o advento de uma *sociedade de igualdade*. As falhas do masculino são ampliadas pela tectônica dos gêneros, que sacode nossas sociedades: uma marcha rumo à emancipação das mulheres, que têm seu papel ampliado em todos os setores. A solução não é renunciar humildemente aos valores viris, nem reapropriar-se deles com estardalhaço, mas ouvir a crítica que o feminismo lança às sociedades democráticas: elas seguem inacabadas em matéria de liberdade e igualdade — uma permanente negação da justiça.

Um dirigente político não pode mais se vangloriar impunemente de misoginia; passar a "mão na bunda" de uma secretária ou enfermeira hoje é considerado assédio sexual; quase todos os Estados, regiões e metrópoles, bem como as grandes organizações internacionais e ONGs, colocam a igualdade mulheres-homens na primeira página de suas agendas. Resistências surgem por toda parte, ainda veremos muitos Trump no poder, mas a revolução dos direitos desencadeou um movimento irreversível. Apesar dos cantos do cisne e das lutas de retaguarda, assistimos ao desaparecimento de um patriarcado "inocente", evidente, assumido, sem complexos e escrúpulos. A desigualdade deixou de ser legítima.

Considerada coletivamente, a crise não é um problema, mas uma oportunidade: ela nos permite refundar o masculino. Na escala das gerações, o declínio da virilidade pode reforçar os argumentos do feminismo. Diagnosticado o fim dos homens, podemos fazê-los renascer como homens justos.

Parte IV

A justiça de gênero

12.
As masculinidades de não dominação

Em *Republicanism* (1997), o filósofo irlandês Philip Pettit afirma que as instituições devem maximizar a liberdade dos indivíduos, isto é, protegê-los de todas as formas de dominação. O problema é que os homens que dirigem os Estados, as regiões, as cidades, os Exércitos e as Igrejas costumam ser a encarnação do patriarcado. O ideal de não dominação precisa ser transposto para o domínio do gênero, portanto.

A masculinidade de não dominação consiste em abster-se de interferir arbitrariamente na vontade das mulheres, mas também em garantir as condições sociais e políticas que as façam usufruir de sua liberdade. Quando um homem estabelece, para si mesmo e para os outros, mecanismos que permitam que uma mulher não sofra nem corra o risco de sofrer nenhuma limitação ligada a sexo ou gênero, então esse homem obedece a uma masculinidade de não dominação. Tal concepção, oposta ao paternalismo, rege a vida das mulheres, permite colocar as reivindicações feministas no coração da democracia. O poder masculino é totalmente capaz de implementar uma política feminista, definida como *o conjunto de ações que favoreçam a emancipação das mulheres em detrimento do sistema patriarcal.*

Uma liderança feminista

Nada impede, a princípio, que um homem à frente de um Estado implemente uma política feminista — homens e Estados foram atores do feminismo no século XX. É preciso ter clara a diferença entre uma personalidade e um modo de governo: um tradicionalista pode muito bem lutar contra a violência de gênero ou a desigualdade entre os sexos. Por outro lado, tanto as mulheres quanto os homens são vítimas de calamidades tipicamente masculinas como a guerra, a ditadura, o fundamentalismo ou a corrida pelo lucro; nesse sentido, não é contra os homens, mas contra o masculino que uma política feminista deve se erguer. E os próprios homens podem lutar contra os monstros gerados por seu gênero.

As organizações internacionais estão muito engajadas no respeito aos direitos das mulheres e na defesa da igualdade entre os sexos. A ONU Mulheres patrocina a campanha de solidariedade "HeForShe". A Unicef, a OMS, a FAO e mesmo o Banco Mundial desenvolvem programas no mesmo sentido. No entanto, a condição das mulheres difere enormemente em cada país. As zonas de urgência são a África Subsaariana (devido à pobreza e à guerra), a China e o subcontinente indiano (devido ao *gendercide* e à miséria rural), o Japão (devido aos arcaísmos patriarcais), o mundo católico-mediterrâneo e latino-americano (devido às violências de gênero) e os países muçulmanos (devido à xaria e ao fundamentalismo). As primeiras causas da opressão das mulheres, de fato, são a pobreza, a guerra e a tirania política ou religiosa.

É crucial não confundir o verniz pseudoigualitário dos discursos, destinados a preservar a reputação daqueles que os pronunciam, com um programa autenticamente feminista. Fórmulas como "todas e todos" não passam de uma manha de linguagem, e os slogans entusiastas a favor da paridade são esquecidos assim que se trata de formar o gabinete presidencial. Da mesma forma, os revolucionários e os independentistas do século XX costumam trair as mulheres que os apoiam.

É raríssimo que um líder se diga feminista, tanto o poder é sinônimo de masculinidade. No Canadá, o primeiro-ministro

Justin Trudeau (nascido em 1971) defende a igualdade dos sexos em suas declarações, e também na gestão do orçamento governamental. Ele afirma utilizar uma "lente feminista" no exame de cada demanda: na redução das desigualdades salariais, no acesso das mulheres a todas as profissões, no auxílio ao empreendedorismo feminino, na luta contra a violência sexual e, até, na construção de um oleoduto, se este atravessar o território de uma comunidade em que mulheres se encontram em situação de vulnerabilidade.[1]

Justin Trudeau é um dos únicos homens de Estado do mundo que ousa assumir seu feminismo. Isso não se deve a um fator geracional, pois nenhum de seus contemporâneos fala como ele, nem Alexis Tsipras na Grécia, nem Emmanuel Macron na França, nem Volodymyr Groysman na Ucrânia, nem Tamim al--Thani no Catar, todos nascidos entre 1974 e 1980. No entanto, mesmo para Trudeau, trata-se mais de promover as mulheres do que de mudar o masculino. Ora, o início da igualdade começa pelo fim dos privilégios.

O direito ao poder

A presença das mulheres num ambiente de poder não é garantia de igualdade. Elas também precisam ser ouvidas. Em Bengala Ocidental, na Índia, as mulheres são apenas 32% dos participantes das reuniões de aldeia. Quando as frequentam, elas tomam menos a palavra do que os homens e, quando falam, são menos ouvidas. No total, as mulheres pronunciam menos de 3% das palavras; em metade dos casos, não dizem nenhuma palavra a reunião inteira; em 40% dos casos, ouvem uma resposta grosseira ou agressiva da parte dos eleitos.[2]

A paridade em política começa pelo *acesso das mulheres à palavra*. A justiça de gênero exige dos homens não apenas que eles reconheçam a legitimidade das mulheres, como também ouçam o que elas têm a dizer. Isso implica acabar com a condescendência que geralmente cerca as mulheres políticas (e as mulheres empresárias, as mulheres religiosas e as mulheres escritoras) e proteger sua palavra nas mídias, nas reuniões, nas assembleias, incitando-a se necessário e deslegitimando os homens que a deslegitimam. E embora estes últimos se recusem a ceder seu lugar às mulheres — o que acontece na maioria dos casos —, eles podem ao menos aprender a calar quando elas falam. Um homem sempre deveria se perguntar se o discurso de uma mulher não é mais pertinente que o seu. Seja como for, o apagamento masculino poderia ter o efeito de aumentar a visibilidade das mulheres.

Uma política feminista consiste em facilitar *o acesso das mulheres ao poder* nos mesmos termos e nas mesmas esferas dos homens, especialmente naquelas em que costumam ser mais excluídas: no executivo, nos ministérios mais importantes, nos tribunais de justiça, nos tribunais constitucionais, nas comissões parlamentares, nas agências governamentais e nas administrações centrais. Na Ruanda pós-genocídio, as mulheres desempenham um papel importante no Parlamento, onde são maioria, bem como nos tribunais *Gacaca*, instaurados para julgar os suspeitos de participação nos massacres. Em sentido oposto, em 2005, a Corte Suprema do Japão validou o artigo 750 do código civil, que obriga o marido e a mulher a usar o mesmo nome (em detrimento desta última em 96% dos casos). De quinze juízes, a Corte contava com apenas três mulheres, e todas votaram pela revogação do artigo.

A partir do momento em que a justiça de gênero entra em jogo, a liberdade eleitoral pode ser limitada por um sistema de cotas. Na Bélgica, a lei Smet-Tobback, de 1994, estipula que uma lista eleitoral não pode contar com mais de dois terços de candidatos do mesmo sexo. No Senegal, a lei de 2010 sobre a paridade, adotada com o apoio do grupo das mulheres líderes, e também dos abades e imãs favoráveis à igualdade, levou à eleição de uma Assembleia composta de 43% de mulheres.[3] Na Índia, desde os anos 1990 as mulheres têm representação obrigatória nos conselhos das aldeias (*gram panchayats*), em dois níveis: cada conselho deve contar com um terço de mulheres e um terço dos conselhos deve ser dirigido por uma mulher. Quando a chefe do conselho é do sexo feminino, as mulheres tomam mais a palavra, por mais tempo, e suas requisições são mais bem recebidas; as necessidades coletivas (em Bengala Ocidental, o estado dos poços e das estradas) são mais levadas em conta; e o preconceito dos homens acaba se invertendo, pois o discurso das mulheres no poder é julgado mais favoravelmente do que o dos homens.[4] A justiça de gênero repousa, assim, sobre três pilares: igualdade de legitimidade, acesso à palavra, paridade em política. Ou seja, as mulheres têm direito ao poder, qualquer que ele seja.

Mulheres de guerra, mulheres de paz

As masculinidades de dominação se apropriam da gestão dos diferendos civis e militares. No entanto, como os conflitos fazem parte da vida, não há nenhuma razão para que as mulheres sejam excluídas das tomadas de decisão. Três figuras desequilibram a relação de equivalência entre o masculino e a guerra: os homens não violentos, as mulheres de guerra e as mulheres de paz.

Depois do assassinato de Jaurès, em julho de 1914, o pacifismo é mantido vivo, durante a guerra, por intelectuais como Romain Rolland e Stefan Zweig, antes de ser defendido por amplas frações da opinião pública europeia nos anos 1920-30. Diferente é a não violência, adotada como princípio de ação política por alguns visionários, como Gandhi, Martin Luther King, Nelson Mandela e o Dalai Lama. Para Gandhi, a *ahimsa* (o não desejo de violência) implica humildade e caridade, mas também um esforço no sentido de desencorajar a violência do outro: assim, ela é uma força, um ato de coragem que exige muito mais da vontade do que da resistência passiva (abandonada por Gandhi em 1908).[5] Esse estado de espírito inspira o boicote de Montgomery, em 1955, como explicado por Martin Luther King alguns anos mais tarde, em *Stride Toward Freedom*: para fazer a "peregrinação rumo à não violência", é preciso suportar as afrontas sem espírito de vingança e saber perdoar os inimigos.

Os homens afastam as mulheres das operações militares porque a dicotomia de gênero prescreve a eles a força e a coragem, a elas a suavidade e a empatia. É justamente para desmentir esses preconceitos que as raras mulheres que estiveram à frente de seus Estados não brilharam pelo pacifismo — Isabel de Castela expulsou os judeus e os muçulmanos do reino de Granada, Maria Teresa da Áustria e Catarina II da Rússia dividiram a Polônia, Indira Gandhi travou uma guerra contra o Paquistão, Margaret Thatcher subjugou a Argentina durante a guerra das Malvinas (e desmantelou o Estado-Providência "feminino"). Entre 1480 e 1913, em meio a soberanos majoritariamente homens, os Estados europeus dirigidos por rainhas se envolveram ainda mais em conflitos armados. Entre essas mulheres figuram várias soberanas não casadas, por parecerem fracas aos olhos de seus vizinhos, ou, ao contrário, por quererem passar uma impressão de firmeza.[6] Um estudo sobre as despesas e ações militares de 22 democracias, entre 1970 e 2000, mostra que as mulheres têm um efeito pacificador nas Assembleias, mas são belicosas quando dirigem o Executivo ou o Ministério da Defesa.[7]

As mulheres quase nunca são convidadas a guerrear, e as raras combatentes precisam se esgueirar nas fileiras, disfarçadas de homens. No século XX, alguns exércitos acolhem mulheres em pleno conflito, como o Exército Vermelho durante a

Grande Guerra Patriótica (como mostrado por Svetlana Alexievitch em *A guerra não tem rosto de mulher*) e as Forças de Defesa de Israel durante as guerras árabe-israelenses. Desde os anos 1960, o exército curdo conta com grande número de mulheres (até 40% dos efetivos), entre soldados de infantaria, snipers e oficiais graduados, mulheres às vezes formadas em academias femininas. Elas combatem notadamente em Raqqa, em 2017, dentro das Unidades de Defesa das Mulheres (YPJ). No Rojava, norte da Síria, comunas curdas vivem em total paridade, com uma corresponsabilidade feminina e masculina no exército, na política e na administração.[8] No entanto, a sociedade curda ainda é extremamente patriarcal e, quando as combatentes voltam para as aldeias, elas não conseguem se casar porque são consideradas "virilizadas". Nesses três exércitos, as mulheres arriscam a vida em pé de igualdade com os homens. Apagamento do gênero diante da morte ou admissão das mulheres na masculinidade de sacrifício?

Assim como, em escala mundial, estados-maiores e regimentos contam com pouquíssimas mulheres, as negociações de paz são firmadas entre homens. Desde 1992, as mulheres representam 2% dos mediadores principais e 4% dos signatários de acordos. Alguns processos de paz excluem completamente as mulheres, como os acordos de Dayton, na Bósnia (1995), a reconciliação nacional da Somália (2002), o acordo Linas-Marcoussis, na Costa do Marfim (2003), os acordos de paz no Nepal (2006), o acordo de cessar-fogo na República Centro-Africana (2008) e os acordos de divisão do poder no Zimbábue (2008). Dos cerca de seiscentos acordos de paz assinados entre 1990 e 2009, menos de 5% fazem referência à igualdade dos sexos, aos direitos das mulheres ou às violências sexuais. A ONU Mulheres, que trabalha para a paridade e a autonomia, desenvolve um programa para incluir esses dois princípios nas negociações de paz.[9]

O desafio não é apenas moral: um acordo tem muito mais chances de durar quando as mulheres participam dele. De fato, elas parecem mais honestas e menos ameaçadoras aos beligerantes (como Visaka Dharmadasa durante as negociações entre o Exército srilankês e os Tigres Tâmeis, nos anos 2000). Elas ajudam a promover o diálogo e a restaurar a confiança. Acima de tudo, elas levantam questões vitais para a paz: educação, habitação, segurança alimentar, violência de gênero, reintegração dos refugiados e dos prisioneiros políticos.[10]

Em suma, as masculinidades de não dominação garantem *o acesso das mulheres à deliberação e à política, à guerra e à paz*, o que significa que compartilham com elas a responsabilidade por todos os assuntos civis e militares. Os homens que prezam a igualdade se recusam a administrar a cidade sem a participação das mulheres.

A democracia a serviço das mulheres

Dirigidos por homens, os regimes de extrema direita glorificam a força, o Exército, o sacrifício obrigatório e mandam as mulheres de volta para o lar. O Estado segundo Mussolini, Hitler, Franco, Pinochet ou Videla também é uma ditadura de gênero. No Japão dos anos 1930, as organizações oficiais se esforçam para reunir as mulheres sob a bandeira do nacionalismo guerreiro, como o Movimento Feminino de Defesa Nacional, a Associação das Mulheres Patriotas e a Federação das Mulheres Japonesas, cujo órgão se chama justamente *O Lar*.[11]

"Chefe", "guia" e "líder supremo" são palavras que não pressagiam nada de bom para as mulheres. Aos olhos da justiça de gênero, as ditaduras e juntas ditatoriais são por natureza poderes a ser combatidos, assim como os Estados autoritários com chefes que precisam de encenações macho-militaristas para afirmar seu poder, como Putín na Rússia e Erdoğan na

Turquia. Na China, Xi Jinping explica, em 2013, que o desmoronamento da URSS se deve ao fato de nenhum homem viril ter sido capaz, dentro do Partido, de resistir. No Japão, a sucessão imperial sempre exclui as mulheres, apesar de toda a controvérsia surgida nos anos 2000.

No entanto, a emancipação das mulheres não é o apanágio das democracias. Um regime autoritário, e mesmo ditatorial, pode promover os direitos das mulheres sem respeitar os direitos do homem. O exemplo da URSS, da Turquia kemalista e da Tunísia de Bourguiba mostra que uma revolução social pode ser imposta de cima. No fim dos anos 2010, os dois países que têm a maior proporção de mulheres nos parlamentos nacionais são a Ruanda de Paul Kagame (61%) e a Cuba pós-castrista (53%), que não são modelos de democracia; a Suécia ocupa a 8ª posição (43%), a França a 16ª (39%) e os Estados Unidos, bem atrás, a 102ª posição (19%), entre Indonésia e Quirguistão.[12] Dependendo das condições da sociedade civil de resistir à ditadura, as "lógicas de despatriarcalização" (autonomização das mulheres diplomadas de classe média no Irã) triunfam sobre as "lógicas de repatriarcalização (retórica nacionalista na Rússia, retomada político-religiosa na Turquia).[13]

Cada vez mais associada à videovigilância, a ordem policial que reina nas ditaduras poupa as mulheres das agressões em vias públicas. As ruas de Pequim ou de Doha são relativamente seguras, inclusive à noite. Mas seria um grande erro apresentar essas vantagens na forma de uma alternativa entre a ditadura-segurança ou a democracia-desordem. Na verdade, a onipotência da polícia desloca o perigo, e as mulheres se tornam vítimas de outras violências e de outros abusos. No México, a polícia recorre com frequência à tortura sexual no encarceramento das mulheres. Estupradas em 2006 por policiais do Estado do México, onze mulheres testemunharam diante da Corte Interamericana de Direitos Humanos, sem receber apoio significativo das autoridades de seu país — o presidente Enrique Peña Nieto, na época, governava o Estado do México.

O conservadorismo social e religioso, com toques de consumismo, também vai de encontro aos direitos das mulheres. Na Arábia Saudita, desde os anos 2000 alguns centros comerciais combinam segregação sexual com técnicas de incitação à compra. Na torre Al Mamlaka, em Riade, um andar exclusivamente feminino abriga o "reino da mulher", com elevadores e escadas proibidas aos homens. Esses espaços seguros de consumo, que respeitam o "pudor" imposto pela religião, permitem que as sauditas desfilem suas roupas chiques, seus jeans e saltos agulha, suas bolsas Louis Vuitton e seus óculos de sol Gucci.[14] Na China, desde 1978 as reformas liberais vêm acompanhadas de um discurso patriarcal: os homens no trabalho, as esposas em casa. O Dia da Mulher, 8 de março, torna-se um acontecimento de marketing a meio caminho entre o Dia das Mães e o Dia dos Namorados, onde os "direitos das mulheres" são celebrados com saldos, promoções e ofertas exclusivas nas lojas de cosméticos e roupas.

Finalmente, a ausência de debate público impede a denúncia da ordem patriarcal e das patologias do masculino. Na China, pouca coisa vem à tona a respeito do aborto seletivo das meninas, da violência conjugal, do assédio sexual nas universidades ou no ambiente de trabalho. *Os monólogos da vagina*, traduzidos no mundo inteiro desde 1996, só são encenados em Cantão sete anos depois, na Universidade Sun Yat-sen; em 2013, um grupo teatral de Pequim monta a peça em meio a uma atmosfera de reprovação, pois as mulheres não deveriam falar de sexo em público. Os movimentos de protesto nas ruas são imediatamente reprimidos pela polícia. Em 2015, cinco feministas que distribuíam panfletos contra o assédio sexual são presas por um mês. Várias ONGs são fechadas. Campanhas em redes sociais (WeChat ou Weibo), por sua vez, são censuradas antes mesmo de se disseminarem; o movimento #MeToo tem um eco bastante limitado na China. Poucas militantes conseguem publicar informações, colocando sua própria segurança em risco, como Sophia Huang Xueqin, jornalista cantonesa, num relatório de 2018 sobre o assédio sexual na mídia.[15]

Impedidas de falar e reduzidas à "liberdade" de consumir, as mulheres se veem, de certo modo, desarmadas. Seus direitos, ameaçados pela ditadura policial, também ficam à mercê das mudanças de déspota (como na URSS, em meados dos anos 1930) ou de acirramentos ideológicos (como na China dos anos 2010). A democracia, ao contrário, mesmo quando instrumentalizada pelos homens, oferece um quadro político e intelectual à emancipação das mulheres. Liberdade de expressão, direito de voto em todos os níveis, direito de reunião e manifestação, imprensa livre, autonomia editorial, força das redes sociais, possibilidade de judicialização do assédio sexual e do estupro conjugal: a qualidade de vida democrática é um antídoto para as ortodoxias políticas e religiosas, guardiãs da ordem patriarcal. A democracia está tanto nas origens quanto nos fins dos direitos das mulheres. Nas origens, porque ela promove a ideia de que os cidadãos são iguais entre si e detentores de direitos inalienáveis; nos fins, porque a emancipação de todos e todas é sua razão de ser.

Para isso, no entanto, várias condições são indispensáveis. Ao contrário dos direitos do homem de 1789, os direitos humanos precisam explícita e sistematicamente incluir os direitos das mulheres. Por isso nenhum país da Europa pode ser considerado uma verdadeira democracia antes da instauração do sufrágio universal na primeira metade do século XX. Hoje, há maior desconfiança em relação às instituições democráticas do que em relação à masculinidade da qual elas emanam. Nesse sentido, podemos *instituir uma contramasculinidade*, no mesmo sentido da "contrademocracia" teorizada por Pierre Rosanvallon. Graças a um trabalho coletivo de cuidado, vigilância e controle, as mulheres e os homens podem resistir à hipertrofia do masculino. Essa contramasculinidade pode assumir diversas formas: livros, artigos, testemunhos, petições, relatórios, comissões, manifestações de rua, campanhas de protesto ou de escárnio na internet.

Para que o masculino não seja uma tomada de poder, ele precisa ser um espaço de debate, e mesmo de conflito, um dissenso — como a própria democracia. O masculino é um "lugar vazio" do qual ninguém tem o direito de se apropriar.

Lutar contra a pobreza das mulheres

As mulheres são massivamente atingidas pela pobreza e pelo subdesenvolvimento. Segundo o Programa Alimentar Mundial, elas representam 60% das vítimas de fome, ou seja, 600 milhões de pessoas.

A miséria de gênero pode ser explicada pela precariedade dos empregos femininos e por sua baixa remuneração. Nos países em desenvolvimento, três quartos das mulheres trabalham na economia informal, com frequência sem contratos de trabalho e proteção social. Devido a discriminações de ordem sucessória, as mulheres têm pouco acesso à terra: elas representam 15% das proprietárias de terras na África Subsaariana, 5% na África Setentrional e no Oriente Médio, e menos ainda no Quênia e no norte da Índia. Em contrapartida, elas são responsáveis pela maioria dos trabalhos domésticos, sem remuneração. O abastecimento de água, destinado à alimentação, à higiene ou à irrigação, cabe essencialmente às mulheres e às meninas. Na Guiné, as mulheres dedicam a essa tarefa 5,7 horas por semana (contra 2,3 horas para os homens) e 9,1 horas no Malawi (contra 1,1 hora para os homens).[16] Associada a outras tarefas, a responsabilidade pela água resulta em fadiga, não escolarização e perda de tempo.

Em 2012, cerca de 500 milhões de mulheres são analfabetas no mundo (aproximadamente dois terços dos adultos analfabetos). A diferença entre os sexos é enorme em várias regiões: na Ásia Meridional e na Ásia Ocidental, 74% dos homens são alfabetizados, contra 52% das mulheres; na África Subsaariana, 68% dos homens contra 50% das mulheres (e menos ainda em países da África Ocidental, como Níger, Mali e Burkina Faso). Nas zonas rurais do Camboja, 86% dos homens são alfabetizados contra 52% das mulheres. Na Etiópia, 90% dos homens das cidades sabem ler e escrever, contra 30% das mulheres de zonas rurais. Estas são as mais discriminadas: no âmbito mundial, sua taxa de escolarização no ensino médio (39%) é inferior tanto à dos meninos das zonas rurais (45%) quanto à das meninas citadinas (59%).[17]

O analfabetismo tem um impacto enorme sobre a saúde das mulheres e de seus filhos: administração deficiente de medicamentos, persistência de altas taxas de mortalidade materna e infantil, ignorância a respeito da aids. Em contrapartida, um ano suplementar de escolaridade aumenta o salário das meninas de 10% a 20%, atrasa o momento do casamento e diminui a taxa de fecundidade. A escolarização das meninas figura por si só como uma política de saúde, pois tem o efeito de reduzir as relações sexuais sem proteção e a gravidez precoce. No Quênia, a distribuição de uniformes às alunas de sexto ano — e um novo uniforme dezoito meses depois, caso elas continuem na escola — leva a uma diminuição das gestações nos três anos seguintes (10% contra 14%) e mesmo mais tarde.[18]

A deficiência educacional, a saúde deficiente e a miséria das mulheres são um escândalo moral. Além disso, paralisam a evolução de um país: representam menos capital humano, menos inteligência coletiva, menos talentos, menos descobertas, menos inovação. O custo das desigualdades de gênero é exorbitante: 6 bilhões de dólares na Costa do Marfim, 89 bilhões na Ásia, por ano.[19]

Uma série de televisão favorável aos direitos das mulheres (2015)

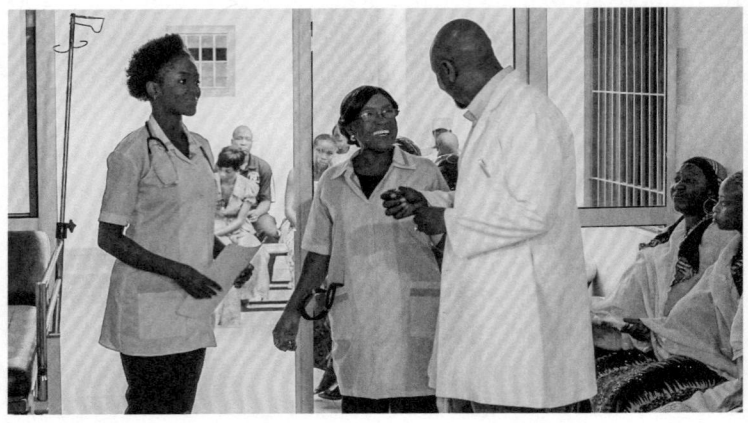

Muitos homens, como o diretor Moussa Sène Absa e o *showrunner* Charli Beléteau, participam da série senegalesa *C'est la vie*, transmitida em toda a África Ocidental desde 2015. Através da rotina de um centro de saúde num bairro popular, a série provoca nos telespectadores uma tomada de consciência a respeito de temas como saúde feminina e violência conjugal.

Várias frentes de combate se abrem aos homens. Para apoiar a emancipação das mulheres, eles podem dividir as tarefas domésticas, combater o sexismo na aldeia e na cidade, denunciar as mutilações genitais, recusar os casamentos precoces, mas também melhorar a captação de água e as estruturas de saúde. Em Burkina Faso, a reforma agrária de Thomas Sankara, em 1984, facilita o acesso das mulheres à terra. No vale do Suat, no Paquistão, Ziauddin Yousafzai (pai da jovem Malala, prêmio Nobel da Paz em 2014) funda uma escola para meninas. Arunachalam Muruganantham, empreendedor indiano e inventor de uma máquina que fabrica absorventes higiênicos a baixo preço, permite que milhões de mulheres levem uma vida normal durante a menstruação.

Nascido em 1936 na Índia britânica, no atual Bangladesh, Fazle Hasan Abed trabalha como diretor financeiro da Shell e depois funda o Bangladesh Rural Advancement Committee, uma ONG que ajuda 140 milhões de pessoas em doze países da Ásia e da África. Esse comitê constrói escolas e creches, concede microcréditos, distribui pintinhos às agricultoras, luta contra as discriminações e as violências sexuais. Desde 1993, um programa permite que adolescentes pratiquem atividades esportivas, marquem encontros em locais seguros dentro de suas comunidades, obtenham informações sobre seu estado de saúde e seus direitos sexuais. Em algumas décadas, Fazle Hasan Abed consegue fazer a pobreza extrema e o analfabetismo recuarem, especialmente entre as meninas. Ele é o primeiro homem a receber, em 2014, o Trust Women Hero Award, por seu apoio aos direitos das mulheres. "Se formos capazes de desfazer o patriarcado, as mulheres e os homens sairão ganhando", ele declara por ocasião do Dia da Mulher, em 8 de março de 2018.

Nascido na Índia, em 1954, Madhav Chavan funda a organização Pratham, uma ONG que cuida de milhões de crianças desfavorecidas. Através de programas de "segunda chance", a Pratham reescolariza jovens mulheres no mundo inteiro, especialmente na Índia, nos Estados Unidos e na Grã-Bretanha. Como Fazle Hasan Abed antes dele, Madhav Chavan recebe, em 2012, o prêmio Wise para a educação. Empresários riquíssimos também financiam a luta contra a pobreza mundial, como Bill Gates por meio de sua Fundação, ou Mohammed Abdul Latif Jameel, através do Poverty Action Lab, do MIT.

Além da luta contra a pobreza, torna-se necessário apoiar o empreendedorismo feminino. No Togo, as "Nana Benz" não precisam de ninguém para fazer fortuna no comércio do *wax*, o tecido impresso de origem holandesa; mas, num contexto mais ou menos patriarcal, homens apadrinham algumas de suas iniciativas. Na Arábia Saudita, as Câmaras de Comércio

Femininas são abertas em Jedá, em 1998, e em Riade, em 2004, e as mulheres são autorizadas a criar empresas em 2018. Em Bangladesh, uma instituição como o Grameen Bank, fundado por Muhammad Yunus em 1976, desenvolve um sistema de microcrédito para ajudar as mulheres a investir em pequenas empresas ou em projetos coletivos, sendo a regularidade dos reembolsos garantida pela sororidade (encontros a intervalos regulares e responsabilidade solidária). No entanto, o balanço do microcrédito revela-se decepcionante: na Índia ou no Sri Lanka, em Gana ou Burkina Faso, a produtividade do capital das empresas femininas se mantém pequena, seja porque elas trabalham em setores pouco rentáveis, seja porque sua atividade recebe menos investimentos.

Qualquer que seja seu grau de sucesso, as ONGs, as associações e as filantropias não devem eclipsar o Estado. Nada pode substituir as intervenções públicas em matéria de saúde, educação e proteção social. Ora, os homens costumam deter os cargos-chave dos Estados. Em 2009, o Ministério de Água e Irrigação queniano implementa um sistema de incentivos às funcionárias, contratualmente responsáveis por estabelecer metas anuais de *gender mainstreaming*. Em um ano, 100 mil dólares são concedidos às agências governamentais para a defesa da igualdade entre os sexos e para campanhas de sensibilização.[20] Conforme recomendado por um relatório do Banco Mundial, também é importante reforçar a formação dos policiais e dos magistrados, fazendo com que esta inclua os direitos das mulheres (especialmente à propriedade) e a repressão às violências sexuais.[21]

Religiões opressivas

Ao colocarem homens entre Deus e os fiéis, as religiões criam um problema com as mulheres. Toda religião deveria questionar o masculino, isto é, a autoridade, o poder, a ortodoxia, a família. Sem esse exame de consciência, os conservadorismos religiosos entravam a igualdade entre os sexos. Os homens de religião nunca se assumem abertamente sexistas; eles afirmam agir em respeito à "tradição", que destina as mulheres à virgindade, depois à maternidade. O desprezo pelas mulheres é dissimulado sob o discurso da "proteção" dos homens a esses seres fracos e impuros.

As leituras literais da Bíblia e do Alcorão são catastróficas para os direitos das mulheres: elas conferem uma aparência de respeitabilidade ao pior tipo de patriarcado. Um fundamentalista é misógino por natureza: ele se prevalece do sagrado para dominar as mulheres. Um homem de religião que não questione os poderes de seu sexo é um homem injusto. Um fiel que se orgulhe de sua masculinidade é um ímpio, pois a mensagem de Deus, ao contrário, prescreve a igualdade e a justiça.

A Igreja católica é uma das instituições mais patriarcais do mundo. Do padre ao papa, sua hierarquia é inteiramente masculina. As mulheres desempenham um papel crescente nas dioceses, nas caridades, na preparação ao casamento e na reflexão bioética, sem dúvida, mas sempre são excluídas do sagrado. Para além da esfera eclesiástica, a Bíblia fornece argumentos a todos os tipos de reacionários. Na França, alguns se baseiam no relato da criação de Adão e Eva para difamar o que eles chamam de "teoria do gênero". Em 2017, um juiz do tribunal do Porto absolve violências conjugais reportando-se a um código penal obsoleto e ao Livro dos Provérbios, que condena a mulher adúltera. Encontramos os mesmos argumentos no mundo hindu. Em 1987, após o suicídio de uma jovem viúva de dezoito anos em Deorala, no Rajastão (possivelmente por pressão da família do marido), os fundamentalistas o justificam como um costume religioso. Em 8 de outubro daquele ano, uma manifestação a favor do *sati* reúne 70 mil pessoas. Em Jaipur, cria-se um comitê para a defesa da religião, dirigido por homens rajaputes de vinte a trinta anos.[22]

No mundo muçulmano, a situação das mulheres é globalmente ruim, conforme a classificação do *Gender Gap Report*, em que as últimas posições são ocupadas por Iêmen, Paquistão, Síria, Irã, Mali, Arábia Saudita, Marrocos, Jordânia e Egito. A primeira razão para isso é a aliança entre tirania e religião, na forma de teocracia, no Irã, de ditadura masculina, na Arábia Saudita, de obscurantismo talibã, no Afeganistão e no Paquistão; a ausência de democracia também impede o livre debate sobre o lugar das mulheres na sociedade, sem falar do debate sobre a religião propriamente dita. Classificada em 84ª posição, de um total de 144, a Indonésia constitui uma notável exceção, graças a seus sistemas de educação e saúde.

Em vários países, a xaria é uma das fontes do direito, especialmente em relação à poligamia, ao repúdio, ao adultério feminino ou à desigualdade na sucessão. Na Argélia, uma muçulmana não pode se casar com um não muçulmano; uma mulher precisa recorrer a um tutor para sancionar seu casamento; a esposa deve obedecer ao marido; os filhos são atribuídos ao pai. Durante os anos 1990, a Malásia introduz diversas emendas à lei islâmica sobre a família (facilitação da poligamia e do divórcio para os homens, redução das responsabilidades financeiras em relação às esposas). Em caso de estupro, o ônus da prova cabe à vítima.[23] Na Arábia Saudita, os conservadores dizem que as mulheres são tratadas como rainhas: elas têm o "direito" de ser conduzidas de carro, de não trabalhar e de receber educação religiosa, o que as tornaria mais sortudas do que as ocidentais. Os países do Oriente Médio concedem uma licença-maternidade inferior a doze semanas, e esta cai para seis semanas na Arábia Saudita e no Bahrein.

Por fim, as sociedades do Magrebe e do Oriente Médio estão impregnadas de um poderoso sexismo. Os três relatórios do PNUD sobre o desenvolvimento humano no mundo árabe, de 2002, 2005 e 2016, fazem o mesmo diagnóstico: forte índice de analfabetismo feminino, discriminações integradas às crenças religiosas e às tradições familiares, insistência no papel procriador das mulheres, desigualdade de oportunidades, baixa participação na vida política e econômica. No Marrocos e na Argélia, a vida sexual das jovens está cercada de tabus, e a obsessão pela virgindade explica o boom das himenoplastias. A desigualdade também se manifesta na frequência e na impunidade dos estupros, na persistência dos casamentos forçados nos ambientes rurais, na crença da "impureza" menstrual.

Muçulmano e feminista

No início dos anos 2010, as revoluções árabes abalam as ditaduras, bem como o patriarcado sobre o qual elas se apoiam. Entre 2014 e 2017, Marrocos, Tunísia, Egito, Jordânia e Líbano aboliram os artigos do código penal que autorizam a interrupção do julgamento de um estuprador caso ele se case com sua vítima (mesmo menor de idade). No Marrocos, a lei 103-13, votada em 2018, pune as agressões às mulheres e o assédio sexual; ela não reconhece o estupro conjugal, mas alguns meses depois, o tribunal de Tânger condena um homem a dois anos de prisão pelo estupro da esposa. Na Tunísia, uma lei similar é votada, com a mesma lacuna sobre o estupro conjugal. O presidente Béji Caïd Essebsi abre duas novas frentes — igualdade de sucessão e possibilidade de casamento com um não muçulmano —, e mais tarde nomeia uma Comissão para Liberdades Individuais e Igualdade, encarregada de sugerir pautas. A iniciativa é endossada pelo sírio Muhammad Shahrur, um exegeta do Corão impregnado de marxismo.

Uma nova masculinidade, filha do ativismo democrático e da liberdade própria às redes sociais, emerge no mundo muçulmano. No Egito, homens denunciam as violências sofridas pelas mulheres, através da campanha Tahrir Bodyguard e de diversas iniciativas contra o assédio sexual. Em 2015, algumas dezenas de homens se manifestam em Istambul, usando saias para denunciar o estupro e o assassinato de uma estudante, com a hashtag "Uma minissaia para Özgecan". No Irã, homens fotografam a si mesmos usando o véu, depois que a hashtag *Men in Hijab* é lançada via Facebook e Twitter por iniciativa da jornalista Masih Alinejad, exilada em Nova York: "Desafiei meus leitores a usar o hijab, mesmo que por alguns segundos, e a me enviar suas selfies. Isso tocou os homens que rejeitam o modelo tradicional de virilidade e que estão dispostos a se insurgir pelos direitos das mulheres".[24] A liberdade das mulheres se torna cada vez mais o símbolo da liberdade de todos, e alguns homens não hesitam em brincar com o próprio gênero para defendê-la.

A cada função social corresponde uma possibilidade de justiça masculina: o pai que cria as filhas da mesma maneira que os filhos; o irmão que não se acredita investido do dever de vigiar a irmã; o professor orgulhoso de dar aulas para meninas; o jurista que se esforça para fazer as regras do direito evoluírem; o chefe de Estado que se cerca igualmente de mulheres e homens; o intelectual que se insurge contra o fundamentalismo (como o escritor argelino Kamel Daoud desde os anos 1990).

Até os homens de religião poderiam se engajar a favor das mulheres. Surgida no final do século XX, a noção de feminismo islâmico é útil não para justificar o véu ou condenar o pretenso "modelo ocidental", mas para mostrar que os direitos das mulheres não são a priori incompatíveis com o islã. Essa reconciliação supõe um esforço crítico: interpretar os textos (*ijtihad*), combater as leituras literais do Alcorão, reformar a jurisprudência a fim de promover a igualdade dentro da família. É nessa perspectiva que se inscrevem dois movimentos de origem malásia, Musawah e Sisters in Islam. Fundada em 1984 e presente em setenta países, a rede Women Living

Under Muslim Laws presta auxílio a mulheres cuja vida é regida por leis e costumes inspirados no islã. Ela denuncia as violências de que as mulheres são vítimas no Senegal, no Marrocos, na Argélia, no Sudão do Sul, entre outros, e ajuda a fazer com que seus direitos sejam respeitados, principalmente o de não se definirem como muçulmanas.

Os homens de religião se tornariam mais honrados se participassem desses movimentos. Os teólogos poderiam trabalhar para dissociar o islã da masculinidade de dominação, para livrar a legislação de toda sua bagagem patriarcal, para lembrar que a violência contra as mulheres é anti-islâmica ou que elas são capazes de dirigir um Estado ou uma empresa como os homens. Alguns professores de direito islâmico (que trabalham em universidades ocidentais) leem com interesse a obra de Ziba Mir-Hosseini e de suas colegas, *Men in Charge? Rethinking Authority in Muslim Legal Tradition*, publicada em Londres em 2014. O exemplo de Qasim Amin e Tahar Haddad, no início do século XX, mostra que é possível conceber um homem muçulmano e feminista, que não queira "proteger" as mulheres, mas respeitá-las, isto é, permitir que elas escapem do círculo patriarcal sem por isso serem consideradas prostitutas.

Essas observações se aplicam aos homens de todas as religiões, como o judeu ortodoxo que estuda numa ieshiva de Jerusalém ou de Nova York, enquanto sua mulher de peruca e meias pretas se exaure cuidando dos seis filhos do casal. Os fundamentalistas estão dispostos a matar uns aos outros, mas estão lado a lado quando se trata de proclamar a superioridade dos homens. Eles concordam em monopolizar a transcendência, o saber e a moral, em nome das qualidades que eles acreditam ter em comum com Deus. Ora, se a igualdade dos seres humanos está inscrita nos textos sagrados, a justiça divina e a justiça de gênero são uma única e mesma coisa. Se Deus leva Sua proteção a todos, ninguém pode se vangloriar de seu sexo ou de seu gênero. E se Deus é uma mulher, Ela deve estar irritada com a arrogância fálica de Seus sacerdotes.

As masculinidades de não dominação se baseiam na vontade de dividir a palavra, a autoridade, o saber, as armas, as riquezas, a espiritualidade. Elas consistem em reconhecer a igualdade dos sexos, mas também em lutar contra o patriarcado, a misoginia, as discriminações, as violências, e a *recusar que a masculinidade seja a expressão de um poder*. Para todos os dirigentes que não tiverem a coragem de Justin Trudeau, podemos definir um programa feminista básico: democracia, paz, desenvolvimento econômico, políticas de saúde e educação, tolerância, liberalismo religioso. Esse programa generalista permitirá melhorar a condição de centenas de milhões de mulheres no mundo todo.

13.
As masculinidades de respeito

O amor não deixa de estar relacionado à emancipação das mulheres, que tantas vezes são reduzidas a objetos de prazer ou a corpos procriadores. As masculinidades de respeito se desenvolvem no âmbito de uma nova civilidade sexual.

Também no amor

Nos anos 1960, as feministas reivindicam direitos sexuais e denunciam as violências de gênero. Seus adversários não as perdoam por isso, chamando-as pelos nomes revoltantes que a misoginia costuma usar com as mulheres que lutam por seus direitos.

Como disse uma das líderes do MLF, o feminismo não está focado no sexo — a vontade de "gozar sem entraves" é um slogan masculino: "Para nós, a 'revolução sexual' significa algo completamente diferente. Significa construir relações igualitárias com a pessoa amada".[1] Em 1978, a respeito de um "processo de estupro" que acontece em Aix-en-Provence, o pediatra Alexandre Minkowski (impedido de testemunhar pelo presidente do tribunal) faz uma análise muito parecida: "Nessa região do Mediterrâneo, existe um consenso sobre o fato de que se 'arromba' as mulheres; enfim, o tipo de cumplicidade masculina que me parece um insulto aos homens e ao nosso conceito de amor".[2]

Liberdade de amar, igualdade de desejo, dignidade de todas e todos. Em matéria de amor, a emancipação das mulheres envolve a propriedade de seu corpo, garantida por três direitos: o direito à atividade sexual, que inclui o prazer; o direito à segurança sexual, que supõe o consentimento; o direito à expressão sexual, qualquer que seja sua opção de vida. A masculinidade de respeito garante às mulheres um reconhecimento afetivo, jurídico e social, no sentido de Axel Honneth: a capacidade de ser ao mesmo tempo um *sujeito de desejo* (viver livremente sua vida amorosa), uma *pessoa inviolável* (protegida de todas as agressões e de todas as ofensas à honra) e um *ser de valor* (ter direito à estima dos outros). É assim que se pode conceber a justiça de gênero no âmbito das sexualidades. O feminismo não é "antissexo", portanto; o machismo sim, quando instila medo, violência e desprezo na vida das mulheres.

A escritora nigeriana Chimamanda Ngozi Adichie e a escritora franco-marroquina Leïla Slimani associam o feminismo à sensualidade, a sedução ao *empowerment*. A primeira, em sua conferência TEDx de 2012, se diz uma "feminista africana feliz, que não odeia os homens, que adora gloss e que usa salto alto para si mesma". Na esteira do caso Weinstein, a segunda reivindica o direito de se "maquiar com exagero" e de "usar minissaia, decote e salto alto" sem ser importunada a todo momento.[3]

A beleza, tanto feminina quanto masculina, não admite nenhuma definição. É possível ser bonita com ou sem maquiagem, frequentando clínicas de estética ou não. A erotização do corpo não é a antagonista da emancipação das mulheres, pois elas são suas protagonistas, por prazer pessoal ou para desafiar o autoritarismo patriarcal; os fundamentalistas, de São Paulo a Khomeini, é que impõem o véu em nome do "pudor". Nesse sentido, vestir-se livremente pode ser uma maneira de recusar o conjunto de limitações que as violências de gênero fazem pesar sobre todas as mulheres.

Além dos sexos se frequentarem, eles se procuram, numa intimidade chamada sedução, romance, amor, sexo. É triste

O ferrolho (1777), obra-prima de Fragonard, representa um casal prestes a fazer amor. O homem fecha a tranca para mais intimidade, mas a mulher tenta escapar de seu abraço. Resistência que cabe a uma dama ou resignação da futura vítima? Cena galante ou cultura do estupro?

ter que regular essas atividades, mas a ausência de violência é a própria condição para que elas ocorram. O legislador não precisa se convidar para um encontro amoroso nem para uma festa sadomasoquista, a menos que a liberdade de alguém seja violada. Na verdade, as festas sadomasoquistas são espaços muito codificados onde as regras são numerosas e explícitas, a fim de que os participantes se submetam a elas com total conhecimento de causa. É em lugares onde as regras não são especificadas ou necessariamente respeitadas que os direitos das mulheres perdem sua inviolabilidade. Nesses casos, um encontro amoroso pode acabar em estupro (*date rape*).

O princípio segundo o qual tudo é permitido entre adultos consentidores supõe justamente que se defina o consentimento. No amor, tanto quanto no sexo, o masculino deve ser questionado.

As relações de sedução

Ao contrário do que a alquimia do encontro amoroso sugere, a sedução é uma relação social altamente codificada de acordo com as épocas e as culturas. Ela não é uma simples prática que, como os *rallyes dansants*, incita os jovens de boa família a optar pela endogamia. Outros costumes permitem fazer com que prevaleçam as expectativas das famílias, impondo aos adolescentes uma regulação sexual. No Brasil, o *namoro* designa um relacionamento casto mas exclusivo, depois de uma apresentação mútua às famílias. Como a honra familiar está em jogo, a jovem é vigiada de perto até casar com o *namorado*. Nos anos 1980, surge um novo tipo de relacionamento: duas pessoas se permitem uma relação física, e mesmo sexual, sem o menor compromisso.[4]

Toda cultura permite certas manifestações de interesse sexual. O *badinage* na França, o *flirt* na Grã-Bretanha e o *date* nos Estados Unidos possibilitam conversas anódinas e trocas de olhares durante uma abordagem que pode levar ao sexo, depois da verificação de afinidade entre os parceiros. Em alguns países como a França e a Itália, espera-se que os homens tomem a iniciativa, do primeiro elogio ao gesto romântico. Os sites de encontros românticos online, como Meetic (criado em 2001) e Tinder (em 2012), restabeleceram o equilíbrio a favor das mulheres, colocadas em pé de igualdade com os homens. Nesse sentido, a internet trouxe a elas um ganho de autonomia amorosa e sexual.

Na Alemanha, a sedução cabe mais às mulheres, os homens assumem um papel relativamente passivo: algumas zombam que eles são "incapazes de flertar", enquanto outras gostam de poder passear de minissaia sem serem devoradas com os olhos. Na América do Norte, a sedução de rua é menos tolerada do que nos países latinos, e o *date* tem o propósito de enquadrar as relações de sedução. Por isso o testemunho, entre queixoso e raivoso, de uma francesa expatriada: "Em 22 anos de vida no Quebec, devo ter sido abordada duas vezes. Aqui, tudo é sem cheiro, sem cor e sem sabor. Não sei como eles fazem para se encontrar! Na França, flertam comigo no açougue, na rua, em toda parte".[5]

As culturas amorosas raramente são igualitárias, e as gentilezas podem revelar uma sutil desigualdade de gênero. No século XII, a tradição do romance cortês, na qual um cavaleiro obtém o amor de sua dama provando-lhe seu valor, remete implicitamente à superioridade social e militar do homem em busca de um troféu feminino. No século XVIII, o refinamento da cultura amorosa, através da arte da conversação e da correspondência, não proíbe em nada a coerção, como atestado pelos estupros perpetrados pelo aventureiro veneziano Casanova ou pelo personagem de Valmont em *As ligações perigosas* (1782). O sedutor é aquele que sabe vencer a "resistência" das mulheres.

A tradição da galanteria, para o homem, consiste em honrar as mulheres no âmbito de uma civilidade mais ou menos erotizada: abrir a porta, puxar a cadeira no restaurante etc. Ela também se manifesta de outras formas, por exemplo na palavra de ordem "Mulheres e crianças primeiro" durante os naufrágios, a partir dos anos 1850, e essa masculinidade de sacrifício faz do homem um salvador, símbolo de nobreza e estoicismo diante do perigo.[6] Como o romance cortês, a galanteria pode ser interpretada de duas maneiras opostas: ela significa a submissão do homem à mulher (sua dama do coração), ou a submissão da mulher ao homem (seu valoroso cavaleiro). No fim do século XVIII, Mary Wollstonecraft já critica a galanteria em nome da igualdade.

Em nome de que as mulheres precisariam especificamente de ajuda, e mesmo de socorro? Se um homem se propõe a carregar a mala de uma mulher deslumbrante, mas não está disposto a ajudar uma pessoa em uma cadeira de rodas ou um sem-teto doente na rua, ele não tem nada de gentleman. A galanteria coloca as mulheres, sem que elas queiram, numa relação sexualizada. Preciosas, ornamentais, frágeis, inexperientes e incapazes quando se trata de força física, mecânica, eletricidade, automóveis e situações de risco, elas são vistas como uma "categoria vulnerável" pela qual os homens seriam responsáveis: a incompetência das mulheres tem como contraparte sua disponibilidade sexual.[7] Se os homens gostam de ceder seu lugar, que o façam no governo e na direção das grandes empresas.

O mesmo raciocínio se aplica aos elogios. Para saber se eles se destinam a agradar ou a confirmar as identidades de gênero, basta determinar sua natureza. O elogio poderia ser feito indiferentemente a uma mulher jovem, a uma mulher mais velha, a um homem? Ele se refere à aparência da mulher, ou a sua inteligência, sua cultura, seu humor, sua capacidade de decisão? Ele cria uma atmosfera sexual? Os comentários podem ser mais ou menos desejáveis, desejados, oportunos.

Quem elogia manifesta uma autoridade: o outro é objeto de seu julgamento. A ideologia cavaleiresca, a supervalorização da aparência das mulheres e a cortesia de proteção reforçam a autoridade masculina, mas decorrem de um "sexismo bondoso", complementar a um "sexismo hostil".[8] Sem dúvida é agradável ouvir coisas agradáveis sobre si mesmo; mas tudo depende do momento, do tom, da frequência, da conveniência do elogio e de seus significados ocultos. Os homens também precisam estar atentos ao contexto: uma palavra não tem o mesmo sentido quando proferida num jantar na casa de amigos ou dentro de um metrô. Nenhum legislador jamais se pronunciará sobre a conveniência de um olhar libidinoso, mas este se aparenta à agressão. Um homem não tem o direito de olhar para uma mulher como uma mercadoria sexual.

Claro que o encontro amoroso faz parte da vida em sociedade. Conversa, flerte, humor, desejo: as relações humanas devem permanecer livres. Tentar seduzir é um direito, mas impor sua sedução, isto é, importunar, é um delito. Existe uma diferença de natureza entre a sedução e o assédio: o que faz passar de um para outro é o fato de não se levar em conta a recusa do outro.

A ética do elogio (ou do olhar) consiste em não perturbar, em não incomodar, em não impor uma relação sexualizada; pois uma interpelação grosseira não passa de uma violência verbal. Uma mulher que passeia na rua não deve ouvir nenhum tipo de comentário, independente de sua natureza. Isso se chama direito à tranquilidade. A igualdade na relação de sedução envolve uma troca, uma comunhão mínima de intenções, uma atenção aos sinais de receptividade e não receptividade, isto é, o respeito sistemático do desejo do outro.

"Não teremos mais o direito de flertar", se lamentaram alguns homens e algumas mulheres após o caso Weinstein. Não é verdade. Uma *sedução apropriada à justiça de gênero* reconhece a liberdade do outro (liberdade de dizer sim, liberdade de recusar a relação) e, ao mesmo tempo, a igualdade dos sexos (cada um pode expressar seu desejo, a sedução não dá "acesso às mulheres").

As condições do sexo

A vida sexual dos adultos não diz respeito a ninguém mais a não ser a eles, mas o Estado está autorizado a definir o que é consentimento e a punir aqueles que o violam. Mas aí se encerra a missão protetora da legislação, e é por isso que a lei não proíbe a priori relações entre empregador e empregado(a), chefe de serviço hospitalar e enfermeiro(a), professor(a) e aluno(a). Mas como garantir que a relação hierárquica não manipule o consentimento, pelo simples fato de implicar dominação de um lado, vulnerabilidade do outro? Nos Estados Unidos, vários regulamentos de universidades proíbem relações sexuais entre um professor e qualquer aluno de primeiro ciclo (de dezoito a 22 anos). Na Califórnia, um projeto de lei proibindo relações sexuais entre professor e aluno foi rejeitado em 2012; nesse ponto, cabe às universidades decidir.

Resta determinar como se expressa o consentimento. Primeira possibilidade: sorrisos, gestos, eloquência de sinais, acordo tácito, iniciativa silenciosa e cúmplice, depois toque, beijo, roupas tiradas mutuamente. Na cama, é mais fácil fazer do que dizer, além do desejo nem sempre ser racional. A linguagem corporal pode se prestar a mal-entendidos em situações de constrangimento, incerteza ou mesmo pânico, e ocultar formas de agressão quando um age e o outro sofre a ação. Há mulheres (especialmente as mais jovens, no início da vida sexual) que cedem sem ter consentido, que se deixam levar porque não ousam dizer não, porque se veem impotentes diante de tanta insistência. E a vítima se deixa invadir pelo cansaço, pela resignação, sem dizer uma palavra, resistindo na mente, mas não no corpo.

Jovem monitora de uma colônia de férias no final dos anos 1950, Annie Ernaux se deixa beijar pelo monitor-chefe numa das noites:

> Ele vai rápido demais, ela não está pronta para tanta rapidez, tanto ardor. Ela não sente nada. Ela é subjugada pelo desejo que ele sente por ela, um desejo de homem sem contenção, selvagem, sem relação com o de seu flerte lento e cauteloso de primavera. [...]
> Ele diz "Tire a roupa". Depois que ele a convidou para dançar, ela fez tudo o que ele lhe pediu. Entre o que acontece

com ela e o que ela faz, não há diferença. Ela se deita ao lado dele na cama estreita, nua. Ela não tem tempo de se acostumar à sua nudez total, seu corpo de homem nu, ela logo sente a enormidade e a rigidez do membro que ele empurra entre suas coxas. Ele força. Ela sente dor. Diz que é virgem, como uma defesa ou uma explicação. Ela grita. [...]

É como se fosse tarde demais para voltar atrás, as coisas devem seguir seu curso. Ela não pode abandonar aquele homem no estado que ela desperta nele.

A seguir, ela busca a presença desse homem, pensa nele o ano inteiro e se sente mulher pela intimidade sexual que ele arrancou dela.[9]

Nas entrevistas que concedeu depois da publicação de seu livro, Annie Ernaux se recusou a utilizar a palavra "estupro". Mas a cena não deixa de lembrar um, mesmo que cometido sem violência física. Por que tantas mulheres vão para a cama com um homem sem ter vontade? Para algumas, é difícil descer da "escada sexual", que leva do primeiro encontro diretamente à intimidade física — como se temessem ofender seu pretendente. Fator agravante: a sensação de que dizer "não" não adiantará nada. Mas por que tantos homens se sentem "motivados" ou excitados por uma recusa? Uma mulher que não fala, que não se mexe, que não responde a palavras ou gestos, está dizendo não. Essa recusa, indizível por causa do incômodo, do medo ou do atordoamento, é o contrário do consentimento. Aquele que dorme com uma mulher reticente, passiva, amorfa, imóvel, paralisada ou inconsciente de tão bêbada talvez não tenha uma ficha policial de estuprador, mas sem dúvida tem uma alma de estuprador. A linguagem corporal oculta paixões românticas, mas também os quase estupros da "zona cinzenta".

Nos anos 1970, as feministas popularizaram o slogan "Não é não". A explicitação da recusa faz com que seja possível repelir as várias cantadas que as mulheres ouvem na rua, no trabalho e em outros lugares. Um homem tem o direito de "tentar a sorte" com um elogio ou um gesto, até a primeira reticência expressa por aquela que é cortejada; nesse momento, ele tem a obrigação de parar, caso contrário se tornará inoportuno, um pedinchão indesejável, e mesmo um assediador. Em 2016, o direito alemão define o estupro como um ato sexual cometido contra a vontade de uma pessoa.

Mas a palavra de ordem "Não é não", que várias campanhas utilizam mundo afora, é insuficiente quando a mulher não está em condições de expressar sua recusa porque se sente intimidada, tem medo ou está inconsciente devido ao uso de álcool ou drogas. Ampliar a cultura do respeito é uma tarefa difícil porque, por várias décadas, o cinema hollywoodiano e a literatura popular veicularam o mito da mulher que diz não, mas que pensa sim e espera que o sedutor ignore sua resistência dissimulada.

Por isso a necessidade de consentimento explícito. É o que significa a máxima "Sim é sim". Antes de qualquer atividade sexual, é preciso o acordo claro e nítido dos parceiros. A verbalização do consentimento tem, além disso, a vantagem de favorecer a comunicação sexual do casal.

Nos Estados Unidos, a reflexão das feministas a respeito do consentimento chega aos campi universitários. O Antioch College, em Ohio, é o primeiro, em 1991, a decretar leis sobre o assunto, sendo imediatamente ridicularizado pela televisão. No entanto, depois de vários casos de estupro sob influência do álcool, o *affirmative consent* se torna a norma no início dos anos 2010, em Yale, na Universidade do Texas, na Universidade do Estado de Nova York e, pela primeira em nível estadual, na Califórnia. Sem uma manifestação de vontade por parte dos parceiros, o ato sexual é considerado forçado, portanto ilegal. A indiferença ou a ausência de recusa não são motivos válidos; o consentimento deve ser reiterado a cada etapa da relação sexual.

A definição de consentimento sexual na Universidade do Colorado (2019)

O que é o *affirmative consent*?
A universidade do Colorado em Boulder tem uma norma de *affirmative consent*. O consentimento à atividade sexual precisa ser claro, consciente e voluntário. O consentimento deve envolver palavras ou ações que criem uma permissão clara e mutuamente compreensível, revelando a aceitação das condições da atividade sexual e a vontade de empreendê-la.

— O consentimento deve ser estabelecido com clareza através de palavras ou ações.

— Uma pessoa que não quer consentir com o sexo não tem obrigação de resistir a ele.

— O consentimento com certas formas de atividade sexual não implica o consentimento com outras formas de atividade sexual.

— O silêncio, relações sexuais anteriores ou a existência de um relacionamento em curso não implicam consentimento.

— O consentimento não pode ser inferido pela maneira como alguém se veste, nem pela oferta ou aceitação de presentes, de um passeio de carro, de dinheiro etc.

— O consentimento pode ser retirado a qualquer momento da atividade sexual, e essa recusa não requer uma expressão verbal se for claramente expressa. [...]

Em que momento uma pessoa se vê incapaz de consentir?
— A incapacidade atinge uma pessoa sem condições de dar seu consentimento devido aos efeitos do álcool, ao uso de drogas ou a outras circunstâncias como sono, doença ou deficiência.

— A incapacidade é o estado de uma pessoa que não pode tomar uma decisão racional e sensata porque não tem capacidade de compreender quem, o quê, quando, onde, por que e como se dá a interação sexual. [...] Aquele que sabe ou que deveria saber que uma pessoa está incapacitada [em razão do uso de álcool ou drogas], e que se envolve numa atividade sexual com essa pessoa, viola o regulamento da universidade.

Office of Institutional Equity and Compliance (2019)

Como dizia a diretora do programa de prevenção às infrações sexuais do Antioch College, em 1993, "não queremos diminuir o romantismo, a paixão, a espontaneidade do sexo; queremos diminuir a espontaneidade do estupro".[10]

No espaço de vinte anos, muitas vozes se ergueram nos Estados Unidos contra a regulamentação do *affirmative consent*. Eis algumas de suas críticas:[11]

— a lei apresenta o sexo como uma coisa preocupante. Os homens seriam predadores em busca de presas; as mulheres, vítimas indefesas; os jovens precisariam da ajuda do Estado para fazer amor;

— a lei convida a interpretar mal todas as atitudes, todos os elogios e todos os gestos. Pegar timidamente a mão de uma pessoa, durante um primeiro encontro amoroso, é considerado um "contato sexual criminoso" segundo o artigo 213.6(3)(a) da lei;

— cada nova etapa da relação exige um consentimento adicional: "Posso tocar seu braço? Posso beijar seu pescoço? Sua boca? Posso acariciar suas costas? Posso tirar sua camiseta?". E mais uma dúzia de perguntas até o fim da relação sexual;

— o checklist do casal vale para todos os atos sexuais da semana, do mês, da relação, ou para um só?

— é possível denunciar retrospectivamente um ato sexual, e mesmo uma relação inteira, quando se foi intimidado/a ou manipulado/a. Como proteger o/a parceiro/a de arrependimentos tardios, rancores, ressentimentos?

— se é preciso provar que houve consentimento explícito para não ser acusado de estupro, os parceiros devem assinar um protocolo, um recibo, uma certidão, ou preencher um formulário na internet, assinalando as práticas sexuais que eles aceitam?

O aplicativo Yes to Sex, criado em 2016 e disponível na Apple Store e no Google Play, permite indicar seu grau de excitação e de consentimento num servidor seguro, 25 segundos antes da relação sexual; mas recomenda-se que os utilizadores deixem o aplicativo aberto, caso eles mudem de ideia no calor da ação. Seria mais simples, talvez, registrar seu acordo no smartphone antes de passar para cada nova etapa. Mas quem aceitaria uma coisa brochante dessas? Como impedir que o *affirmative consent* de uma mulher seja divulgado na internet para um ex que quisesse se vingar?

Em 2014, um estudante da Califórnia trouxe para o debate o relato de seus insucessos amorosos. Ele e a namorada estavam na cama, até que ela levantou as mãos com irritação: "Como você quer que eu me excite, se não para de pedir permissão para tudo, como um garotinho? Apenas me agarre e me coma".[12]

Por fim, podemos dizer que os três tipos de consentimento sexual — a eloquência dos sinais, "Não é não", "Sim é sim" —, além de válidos, podem se sobrepor, a fim de somar suas vantagens e neutralizar seus defeitos: um acordo explícito com palavras ou gestos é necessário antes de toda relação sexual, a ausência de reação não é um consentimento, nenhuma prática pode ser forçada, qualquer recusa deve ser respeitada, o diálogo permite enriquecer a vida sexual. Essas cláusulas são como uma rede de proteção para a sexualidade humana, que envolve aspectos irracionais, instintivos, pulsionais — que não necessariamente precisam ser deplorados. Não devemos temer que essa civilidade acabe com o desejo: é a violência, ao contrário, que destrói o erotismo.

Interiorizados esses princípios, as pessoas precisam ser deixadas em paz, principalmente os jovens: a grande maioria dos adultos vive sua sexualidade sem problemas. O Estado não tem o direito de invadir a intimidade dos indivíduos. Seja como for, é preciso entender a diferença entre a educação para o consentimento e a repressão paranoica, sem que o amor corra o risco de se tornar um pesadelo à la Orwell.

Igualdade de prazer, liberdade de corpo

Interiorizado o consentimento, resta saber de que modo o masculino contribui para a realização sexual das mulheres. Antigamente, dizia-se que um homem "possuía" uma mulher ao dormir com ela. "Não há homem que não queira ser déspota quando com uma ereção", escreve o marquês de Sade em *A filosofia na alcova*. Tantos homens se vangloriam de seu falo — prestígio do macho, heterossexualidade triunfante, cultura da performance — que o sexo parece ser conjugado no masculino. No século XIX, escritores mais sutis como Hugo, Flaubert e Maxime Du Camp fazem uma lista das mulheres que eles "foderam", como Leporello a seu patrão Don Giovanni. Inversamente, a esposa deve se "oferecer" ao marido quando ele sente desejo por ela. Conforme deplorado pela feminista Louise Bodin, em 1925, a mulher "não precisa saber o que fazem com ela. Isso não lhe diz respeito".[13]

O desejo oscila entre poder e ternura, jogo e prazer. Embora as mulheres aceitem emprestar seu corpo (como os homens aceitam emprestar o seu), esse empréstimo é revogável a qualquer momento. No entanto, a que título as mulheres deveriam "se prestar" — aos olhares, aos desejos, aos prazeres masculinos? Em outras palavras, para que serve um homem?

No amor heterossexual, o homem se apresenta como um provedor de prazer. Mas ele precisa ser capaz de proporcioná-lo. O que pressupõe, obviamente, o banimento das mutilações sexuais, mas também a disposição de compartilhar. Na França dos anos 1970, 74% dos homens se dizem satisfeitos com sua primeira relação sexual, contra 50% das mulheres (83% e 55% entre os mais jovens, respectivamente). Nos Estados Unidos, no início do século XXI, 91% dos homens chegam ao orgasmo durante uma relação sexual, contra 39% a 64% das mulheres. Em contrapartida, pela masturbação, 95% das mulheres gozam facilmente e em poucos minutos, ao passo que apenas 4% citam a penetração como melhor maneira de chegar ao orgasmo.[14]

Essa "diferença de prazer" tem várias causas, especialmente a ausência de estímulo clitoriano, por ignorância ou vergonha das mulheres. Mas o comportamento dos homens também desempenha um papel fundamental. Em *A mulher frígida* (1937), o médico austríaco Wilhelm Stekel cita testemunhos de mulheres traumatizadas pela brutalidade dos maridos, às vezes na noite de núpcias, e, desde então, incapazes de sentir prazer. Nos anos 2010, as marroquinas lamentam o egoísmo de seus parceiros: "É como se eu não estivesse ali", "Nenhum homem jamais me ensinou a amar a mim mesma ou a conhecer meu corpo", "Para muitos homens, a mulher se resume a uma vagina na qual eles se masturbam". Na ausência de trocas e carícias, "muitas mulheres se sentem estupradas ao fazer sexo".[15] A cultura da performance, associada à visão patriarcal da mulher-objeto, explica a incompetência de alguns homens. O sexo, ao contrário, poderia ser concebido como um campo de aprendizagens e trocas, ao longo de toda a vida.

Por milênios, a sexualidade das mulheres foi regida por códigos masculinos. Hoje, a sexualidade dos homens poderia ser redefinida de maneira a levar em conta o interesse das mulheres. Não se trata apenas de ridicularizar as imagens de presunção masculina, como o maratonista do pênis ou o valentão bom de cama. Trata-se acima de tudo de implementar uma educação sexual para meninos e homens que rompa com os "ensinamentos" da pornografia. A brutalidade não é condenável em si, quando de acordo com o desejo dos parceiros; a suavidade, o carinho e o riso também fazem parte da sexualidade.

Em quase todos os países, os alunos adolescentes têm aulas de sexualidade, que no entanto abordam mais a reprodução e as DSTs do que a civilidade sexual propriamente dita. Mas a sexualidade não é apenas uma prática, ela também é uma relação social. Portanto, pode ser bastante útil falar em desejo, consentimento, direito ao prazer e direito à recusa. Uma verdadeira educação sexual deve ser capaz de abordar a questão do gozo, e também a anatomia do clitóris e a masturbação. O respeito devido a todos os indivíduos implica o reconhecimento de uma variedade de sexualidades, sem o qual elas são reduzidas a clichês ofensivos como a "gostosa", a "loba", o "bicha" etc.

No mundo árabe, a educação sexual se choca com a resistência dos pais e dos professores, bem como com a pudicícia das instituições, deixando o campo livre ao padrão de dois pesos e duas medidas, que encoraja os meninos a impulsos de virilidade mas prega a virgindade e a fidelidade às meninas. Avanços são alcançados graças à associação Rabita Mohammadia des Oulémas, no Marrocos, e à associação Muntada, nas escolas árabes de Israel.[16] O programa de televisão lançado por Heba Kotb em 2006, *The Big Talk*, se inscreve na tradição da sexologia muçulmana. Ela aborda os problemas matrimoniais causados pelo egoísmo do marido e pela ausência de comunicação, responsáveis por muitos casos de vaginismo. Embora seja bastante moderada em sua abordagem (aconselha que a esposa esteja à disposição do marido, para evitar que ele busque prazer em outro lugar), Heba Kotb sugere às mulheres a reivindicação de seus "direitos sexuais", de acordo com a mensagem do islã.[17] A educação para o corpo é uma maneira de trabalhar para a justiça de gênero: a afirmação dos direitos sexuais das mulheres rompe o monopólio dos homens sobre o orgasmo.

Beauvoir foi uma das primeiras a escrever, em *O segundo sexo*, que o orgasmo das mulheres não depende do coito, enquanto a relação sexual "normal" as coloca na "dependência do macho e da espécie". O script heterossexual se organiza em torno da penetração, seguida da ejaculação. A força desse esquema, favorável aos homens, explica a diferença de prazer evidenciada em tantas estatísticas. Uma mulher pode gozar intensamente na ausência de um pênis. Nos Estados Unidos, uma pesquisa mostrou que 86% das lésbicas gozavam durante uma relação sexual, contra apenas 65% das heterossexuais.[18] Os homens não se tornam supérfluos por causa disso, mas seus desejos perdem a centralidade em favor de uma *igualdade de gozo*. No fim das contas, uma relação heterossexual "equitativa" deveria envolver uma estimulação clitoriana por masturbação, carícia ou cunilíngua.

Uma sexualidade igualitária poderia levar a roteiros alternativos. O poder viril se define tanto pelo desejo de penetrar quanto pela recusa de ser penetrado. Ele supõe a abertura do corpo feminino e a inviolabilidade do corpo masculino. Ora, os homens poderiam se prestar, numa espécie de desfalização, ao desejo receptivo: não para ser "sodomizado como um homossexual" (obsessão do machista), mas "penetrado como uma mulher" (para experimentar, ainda que apenas uma vez, a heterossexualidade feminina). Mesmo sendo importante, o coito não tem uma dignidade intrínseca. Outras práticas, outros gestos, permitem enriquecer a sexualidade. Trocar ou compartilhar os papéis: a fluidez de gênero existe também na cama. Terno e viril, bondoso e cúmplice, desejante e desejado, aberto à sexualidade, o hétero de penetração pode se tornar um "homem lésbico".[19]

Depois da igualdade sexual, a liberdade sexual. Os direitos das mulheres abarcam tanto sua aparência — maquiagem, cabelo, roupas — quanto sua sexualidade. Os homens não devem se impor a mulheres que preferem se divertir, ter prazer ou viver sem eles. Enquanto sexo, os homens não têm autoridade sobre as mulheres. Pela mesma razão, o aborto não diz respeito exclusivamente a elas. A liberdade das mulheres engloba a vontade ou a recusa de procriar, mas o aborto é marcado por uma interdição total (mesmo em caso de estupro ou de risco de vida) em vários países, dentre os quais El Salvador, Honduras, Nicarágua e Haiti. Em 2017, o presidente Trump proibiu o financiamento americano de ONGs favoráveis ao aborto. Na Polônia, pesam ameaças sobre o direito ao aborto, já muito reduzido desde 1993.

O patriarcado sugere aos homens uma paleta muito restrita de sentimentos: respeito pela função-mulher, desprezo pela mulher impura. Os homens precisam se emancipar dessa pobreza espiritual. Século após século, o masculino impõe ao feminino um ódio a si próprio que afeta até Simone de Beauvoir, para quem a vagina é um órgão "escondido, atormentado, mucoso, úmido; sangra todos os meses, às vezes fica sujo de humores, tem uma vida secreta e perigosa".[20] Compreende-se melhor por que, a partir dos anos 1960, artistas como Judy Chicago, Valie Export, Paola Daniele e Maël Baussand celebraram o sangue menstrual: além de recusarem a vergonha, elas querem expressar o orgulho do feminino, sem nenhuma exceção.

Nesse âmbito, como em outros, os homens não precisam "ajudar" as mulheres a ser livres; mas eles podem recusar a culturalização misógina do corpo feminino, que o cerca de mistérios e superstições. O tabu da menstruação deve acabar para as mulheres, mas também para homens, meninos, irmãos, maridos, pais. Na Suécia, um vídeo para crianças mostra uma dança de tampões fantasiados de reis e piratas, ao lado de uma jovem celebridade de 23 anos, Alex Hermansson, que canta e toca violão. Como a música explica, "precisamos ser capazes de falar da coisa mais normal do mundo, pois ela acontece com metade da humanidade".[21] A menstruação participa da esfera íntima, mas também da vida cotidiana. Os homens precisam saber falar a respeito disso — não com desconforto ou ironia, mas com simplicidade e com a empatia que a situação exige: eles não sofrem as cólicas e as dores de cabeça, mas as mulheres com quem eles vivem, sim.

O flagelo do assédio sexual

Devemos abordar o assédio à parte, enquanto infração penal. Esse ato é definido pela vontade de humilhar ou, como enunciado por uma diretriz do Parlamento Europeu e do Conselho de 23 de setembro de 2002, de "violar a dignidade de uma pessoa", criando em torno dela um ambiente hostil ou degradante. A legislação francesa, aliás, se afasta dessa definição, pois a violação da dignidade perde a centralidade e se torna uma circunstância entre outras. Além disso, embora proíba palavras sexistas ou obscenas, estas não são vetadas desde o início, pois precisam ser repetidas para que o assédio seja qualificável juridicamente.[22]

No mundo do trabalho, o assédio pode assumir várias formas: agressão direta, por uma sexualização não desejada da relação (observações sobre a roupa, convites repetidos para jantar, envio de fotografias pornográficas, chantagem sexual), ou agressão indireta, pela criação de um ambiente sexista (piadas misóginas, exposição de fotografias de modelos quase sem roupa, exibição de mulheres durante eventos comerciais, visita a zonas de prostituição em viagens ao exterior). Embora essas práticas tenham um caráter humilhante, todo um leque de desculpas é utilizado para justificá-las: "é uma brincadeira", "une o grupo", "ninguém vai morrer por isso", "as mulheres não têm senso de humor" etc.

O assédio sexual é endêmico quando há exercício de poder. Na França, uma a cada cinco mulheres é vítima de assédio no trabalho e 40% das que o denunciam sofrem represálias. Somente 18% das empresas tomam medidas contra o assédio sexual, embora o código trabalhista as obrigue a preveni-lo. Juridicamente, 94% das queixas não resultam em condenação.[23] No mundo hospitalar, 9% das internas são assediadas com contatos físicos, e 61% são vítimas de sexismo cotidiano — o bloco cirúrgico é um local de risco, em razão da onipotência do cirurgião e da ausência de testemunhas. As agressões podem ocorrer ao longo da residência interna ou externa, às vezes por parte do próprio chefe de equipe, e isso em meio à indiferença geral.[24] Em 2016, um ano antes do caso Weinstein, a apresentadora de televisão Gretchen Carlson prestou queixa contra o CEO do canal Fox News, seguida por várias outras mulheres. A Fox News é uma das "instituições culturais" do patriarcado, cujos valores ela dissemina: a apresentadora precisava usar vestidos justos, tornar explícita a disponibilidade feminina, condenar o direito ao aborto etc.[25]

Na esfera pública, o assédio consiste em importunar uma mulher fazendo algum comentário sobre sua aparência, pedindo seu número de telefone, insultando-a ou seguindo-a. Essa agressividade caracteriza tanto a masculinidade de ostentação do dominante quanto a masculinidade de protesto do dominado; ela não tem relação com a origem social, portanto. No mundo árabe, o desemprego e a ausência de perspectivas atrasam a entrada dos meninos na vida adulta. No Egito, a grande maioria dos solteiros vive na casa dos pais. Essa falta de intimidade não deixa de ter relação com a epidemia de assédio sexual e agressões que atinge o país, especialmente o Cairo. Ela atesta a frustração, a ociosidade e a misoginia, mas também a opressão política que leva os homens a se vingarem nas "inferiores". Em Argel, os jovens hitistas (literalmente, "encostados na parede") se dirigem às mulheres com um léxico que as animaliza como "gazelas", "gatas", "porcas" ou "vespas", e transformam o agressor em bravo guerreiro. A mulher precisa apertar o passo, baixar a cabeça, reduzida à condição de animal acossado ou de objeto de consumo.[26]

As instituições raramente protegem suas alunas, estagiárias, colaboradoras, faxineiras ou diretoras dos assédios que podem sofrer. Da mesma forma, os homens de poder (em empresas e universidades, ou na política) e os homens sem poder (na

Conselhos às turistas ocidentais para evitar o assédio (2019)

Use roupas folgadas, que cubram os ombros e os joelhos (evite transparências!).

[Diga] que seu marido está à sua espera no fim da rua.

Guide du Routard, *Marrocos*

A primeira precaução é evitar as multidões.

Sua roupa deve ser relativamente "coberta". Sua atitude nunca deve ser informal. Sem beijos de amizade, gestos familiares, olhares nos olhos. Sempre mantenha certa barreira nas relações.

Para viajar tranquilamente, melhor passar despercebida: essa é a regra! Não preste a menor atenção nos assobios na rua, nos olhares vorazes, nas pequenas frases provocadoras.

Não hesite em levantar a voz e pedir o testemunho de alguém.

Guide du Routard, *Egito*

Evite usar saias curtas, camisetas decotadas ou calças justas. Em contrapartida, óculos de sol têm a grande vantagem de torná-la inacessível.

[Diga] que é casada e que seu marido a espera no hotel.

Guide du Routard, *Norte da Índia*

Não responda a olhares insistentes. Óculos escuros, telefone, livro, tablet ou fones de ouvido ajudam a criar distanciamento.

As mulheres que viajam com um companheiro são bem menos importunadas.

Viaje de maneira a não ter que esperar em estações de trem ou a chegar tarde da noite.

Ouça as conversas dos desconhecidos. O silêncio pode ser muito eficaz.

Algumas mulheres usam uma aliança ou mencionam durante as conversas que são casadas ou noivas (sendo verdade ou não).

Demonstre segurança em público; evite parecer perdida (e, portanto, vulnerável); consulte mapas dentro do hotel ou em restaurantes, em vez de no meio da rua.

Não use roupas sem mangas, shorts, minissaias e qualquer peça justa ou transparente.

Lonely Planet, *Sul da Índia e Kerala*

rua) são pouco sensibilizados pela questão da violência sexual. Mais fácil, portanto, é prevenir as mulheres brancas da abordagem dos homens do Terceiro Mundo. É o que vemos em guias de viagem, como nos trechos da página anterior.

Erradicar as violências sexuais

Para alguns homens, a agressividade é apenas o prolongamento de seu desejo ou a expressão de sua masculinidade. Para outros, ela é uma perversão insuportável. Seja como for, somos capazes, como indivíduos e como espécie, de nos opor a tudo o que nosso sexo e nosso gênero nos prescrevem. Portanto, é falso (e injurioso) dizer que todos os homens são violentos "por natureza" ou impregnados de uma "cultura do estupro".

Como mostra Steven Pinker, a violência — especialmente contra as mulheres — declina a partir do século XVIII, sob o efeito da revolução dos direitos, do humanitarismo, do fortalecimento dos Estados e da lei penal, bem como do declínio das guerras em escala planetária. A polícia, a justiça e os assistentes sociais cuidam das vítimas cada vez melhor. Nos Estados Unidos, a taxa de estupro baixa 80% entre 1973 e 2008, e a violência conjugal (geralmente do homem) diminui dois terços a partir dos anos 1990; observa-se a mesma evolução na Inglaterra e no País de Gales. É quando o Estado se apaga — por ocasião de uma guerra, por exemplo — que as mulheres são cotidianamente ameaçadas por violências físicas e sexuais.[27]

No início do século XXI, o problema da violência sexual contra as mulheres está longe de ser resolvido. A masculinidade criminosa se manifesta em todos os países do mundo, inclusive em democracias prósperas como a França ou o Japão; mas ela é particularmente perigosa em regiões onde se generaliza na forma de *gendercide*, mutilações sexuais e tráfico humano. Embora o pensamento patriarcal não produza a violência diretamente, ele a justifica assim que as mulheres se recusam a servir. É por isso que o avanço do feminismo e a chegada das mulheres a cargos de responsabilidade contribuem para corrigir as culturas masculinas. Mas não se pode apostar tudo em educação, informação, campanhas de sensibilização: a misoginia também deve ser combatida pela lei.

Em matéria de luta contra as violências de gênero, a América Latina e a China fazem progressos notáveis. A acusação de "feminicídio" é integrada ao arsenal penal da Guatemala (desde 2008), do Chile, da Argentina, do México e do Peru. Infrações como violência doméstica e estupro conjugal são juridicamente definidas e julgadas em tribunais. Trinta países assinam a Convenção de Belém sobre a violência contra a mulher, assinada em 1994. No fim dos anos 2010, a Argentina instaura um Plano Nacional de Ação para a Prevenção, Assistência e Erradicação da Violência contra as Mulheres. No Brasil, a luta contra a violência masculina se torna uma prioridade nacional. Ela leva à lei Maria da Penha, de 2006, à criação de um disque-denúncia, a campanhas de sensibilização, a programas de ajuda às vítimas, bem como ao reconhecimento do feminicídio em 2015. A ONG Promundo, por sua vez, trabalha junto aos homens para promover um modelo de paternidade ativa e para diminuir a violência contra as mulheres e as crianças.

Depois de sediar em 1995 a quarta Conferência Mundial sobre a Mulher, a China cria, em 2016, uma lei sobre a violência doméstica, que obriga a polícia, as empresas, os médicos e os assistentes sociais a intervir. Vários governos de províncias emitem diretrizes que encorajam a polícia a advertir por escrito os maridos violentos, mas as infrações só costumam ser punidas com multas. Os direitos das mulheres figuram no "diálogo de alto nível sobre as trocas humanas" mantido por China e França desde 2014. Apesar de suas insuficiências gritantes, essas iniciativas indicam uma tomada de consciência.

As novas tecnologias são cada vez mais utilizadas contra a violência sexual. Aos números de disque-denúncia se somam dispositivos que permitem responder a situações de urgência: dispositivos de emergência no metrô, botões de alarme em táxis e ônibus, celulares diretamente ligados à polícia (em 2017, havia cerca de quinhentos telefones na categoria "Perigo Grave" na França, concedidos por decisão judicial). A internet democratiza essas ferramentas de proteção. Graças a um serviço de geolocalização, o aplicativo sul-africano Namola permite chamar o socorro policial mais próximo. No Egito, os lugares de agressões são assinalados no mapa interativo HarassMap.

As redes sociais, que às vezes se tornam vomitórios misóginos, também podem usar sua força a serviço dos direitos das mulheres, como mostra a campanha #MeToo em 2017. Os agressores respondem individualmente aos tribunais, mas as multinacionais e os governos são sensíveis à justiça imanente das redes sociais, capazes de utilizar contra eles a crítica, o boicote e o descrédito.

A violência masculina está longe de ter desaparecido, mas ela é cada vez menos tolerada pela opinião pública nacional e internacional, e cada vez mais reprimida pelos Estados. Muitas mulheres participam dessa luta, os homens também. Entre eles, juristas, deputados, policiais, juízes, programadores, artistas e intelectuais tentam erradicar a misoginia que estupra e mata. Pais, irmãos e cônjuges participam de manifestações a favor dos direitos das mulheres. Outros intervêm ou avisam a polícia quando testemunham violências sexistas. Masculino contra masculino: os homens têm mil maneiras de combater as patologias de seu gênero.

Na medida em que o desejo é tanto instintivo quanto intelectual, o sexo nunca será "puro". No entanto, é possível inventar uma sedução sobre a qual não paire nenhum tipo de violência, uma coexistência que não seja poluída por nenhum desprezo, um desejo que não seja maculado pela vontade de destruir — uma sexualidade mais feliz num mundo pós-Weinstein.

14.
As masculinidades de igualdade

Paris, Arco do Triunfo. Saindo da praça Charles de Gaulle, você pode descer a avenida Victor Hugo, a avenida Foch, a avenida Carnot, a avenida Mac-Mahon, a avenida Hoche, a avenida Marceau ou a avenida Kléber. Pode escolher entre um escritor, dois marechais e quatro generais. No Arco do Triunfo estão gravados os nomes de trinta vitórias francesas, de Valmy a Dresden, acima do túmulo do soldado desconhecido.

Os muros de nossas cidades exalam testosterona. Em Paris, metade das ruas tem o nome de um homem; menos de 5%, o de uma mulher. As avenidas, os monumentos e as estátuas lembram os feitos grandiosos dos homens de Estado, dos homens de guerra, dos homens de lei, dos homens de religião, dos homens de ciência, dos homens de letras. Em todo o mundo, o modelo urbano é o das masculinidades de dominação.

Igualdade na cidade: não uma destruição seguida de arrependimento, mas um esforço de reflexividade, uma consciência aguda da assimetria de gênero. Uma elevação de novos modelos femininos, mas também uma reformulação das coisas mais prementes. Uma reflexão sobre o acesso de todas e todos à cidade, ao poder, ao dinheiro, ao tempo livre. Não se trata de negar as diferenças físicas entre mulheres e homens, mas de organizar essas diferenças de modo que elas não gerem nenhuma desigualdade social. Nesse sentido, a justiça de gênero reivindica direitos para as mulheres tanto quanto certo tipo de relação entre os sexos, uma qualidade de laço social. Esta pode ser medida por um duplo critério: a divisão da riqueza material (quem faz o quê, quem ganha o quê) e a divisão do valor simbólico (como uns tratam os outros). A masculinidade de igualdade supõe que os homens aprendam a *viver entre iguais*, tanto na cidade quanto na relação do casal.

Citadino cidadão

A igualdade entre os sexos é tão necessária para a qualidade da vida democrática quanto a liberdade de expressão e/ou a proteção social. Nesse sentido, é preciso reconhecer que, nesse início de século XXI, o homem é um cidadão não realizado. Uma das temáticas mais negligenciadas é a da divisão do espaço. O sistema patriarcal regula a questão com simplicidade: as mulheres dentro (de suas cozinhas, de seus aposentos, de um harém), os homens fora (na rua, na ágora, no café). A cidade foi concebida por e para homens. As mulheres não devem estar na rua: um passeio sem marido ou acompanhante é arriscado e perigoso. Como é difícil fazer esse confinamento ser respeitado em todas as circunstâncias, algumas exceções são admitidas: as mulheres podem fazer compras, fazer alguma visita, participar de festas. Essa solução foi institucionalizada na Arábia Saudita: já que as mulheres não podem ser aprisionadas a vida inteira, elas têm seus próprios espaços, com vigias na entrada — universidades, cafeterias, parques, centros comerciais etc.

A democracia não pode repousar na segregação, ela precisa encontrar meios para garantir a coexistência e a segurança. Em movimentos criados nos anos 1970, como Take Back the Night (na Filadélfia) ou Reclaim the Night (em Leeds), hoje prolongados em marchas, o "feminismo noturno" denuncia a concentração espacial e horária do sexismo. Uma exposição apresentada em Lille, em 2014, dá corpo às resistências individuais e coletivas que as violências suscitam.[1] A justiça de gênero impõe aos homens o respeito a um direito: uma mulher não acompanhada deve poder frequentar qualquer lugar público, a qualquer hora do dia e da noite, com a certeza de não ser importunada. Esse ponto é crucial, pois se trata de banir não apenas as agressões, mas também o medo de ser agredida, com todas as estratégias de discrição, prudência, fuga, autocensura e autodefesa geradas por esse medo. Para as mulheres, a *simples possibilidade de uma interferência arbitrária* é fator de vulnerabilidade. Tornar-se invisível é uma proteção. O fim da angústia supõe a entrada em vigor de uma moral físico-espacial: um homem não pode impedir nenhum dos deslocamentos de uma mulher. Como vimos, o encontro amoroso — mesmo na forma de uma paixão à primeira vista — não tem nada a ver com a pretensa "liberdade de importunar".

Porque o direito das mulheres à cidade não é respeitado, algumas municipalidades precisam criar zonas de segurança, especialmente no transporte público. Nos metrôs de Rio de Janeiro, México, Tóquio e Osaka, há vagões exclusivamente femininos em certas horas do dia ou da noite. Companhias de "táxi rosa" dirigidos por mulheres para mulheres surgem na Inglaterra, no Egito e na Índia. Em Toronto, a organização Metrac oferece desde 1989 "auditorias de segurança feminina", para ajudar as autoridades locais a reduzir os riscos de agressão no espaço público (praças, parques, ruas, transportes, estacionamentos, escolas, universidades).

Os homens podem ajudar a tornar a cidade mais inclusiva. Inicialmente, suas ações podem ser empreendidas no nível político — sempre muito masculino. A Carta Europeia para a Igualdade das Mulheres e dos Homens na Vida Local, redigida em 2006, visa equilibrar a representação dos sexos na tomada de decisões e integrar a dimensão de gênero ao conjunto dos dispositivos públicos. Doze anos depois, ela é assinada por mais de 1500 coletividades territoriais, dentre as quais 274 francesas. Na Alemanha, "representantes das mulheres" (*Frauenbeauftragten*) e missões para a igualdade entre os sexos estão presentes em quase todas as cidades, e também em universidades e empresas, desde 1949 na RDA e desde os anos 1980 na RFA. Uma Associação Nacional dos Serviços Municipais para as Mulheres (BAG) faz a ligação entre a política federal e as iniciativas locais.

O *gender mainstreaming* supõe que se deve levar em conta a igualdade entre os sexos em todos os níveis da política municipal, nos orçamentos, nos concursos, nas licitações, no planejamento urbano. Na Áustria, a cidade de Viena dá início a essa reflexão no final do século XX, encomendando um estudo sobre a super-representação dos meninos nos parques e playgrounds. Dois parques-piloto, Einsiedlerpark e Sankt-Johann-Park (hoje Bruno-Kreisky) colocam suas conclusões em prática e instalam equipamentos esportivos mistos, um palco coberto e colinas gramadas. Por outro lado, as creches oferecem às crianças zonas de brincadeiras abertas, em vez de organizar áreas de "bonecas" e de "carrinhos"; os meninos aprendem a trocar fraldas e as meninas a construir arranha-céus. Os pátios de recreio são concebidos para acolher todo tipo de jogo, e não apenas o futebol. Esportes como vôlei e badminton são encorajados. A iluminação pública, por sua vez, também é igualitária, pois serve para aumentar a segurança de ruas e ruelas.[2]

No resto do mundo, a maioria dos playgrounds e quadras esportivas segue adaptada às atividades dos meninos. De fato, algumas municipalidades tacitamente destinam a eles os equipamentos para evitar as pequenas infrações e as depredações de verão. Obviamente, o espaço coletivo acaba se tornando um espaço masculino, e as meninas são obrigadas a brincar em outro lugar ou a ficar em casa. Nos pátios de recreio, linhas traçadas no chão delimitam a quadra de futebol ou de basquete: o espaço central é ocupado pelos meninos, e as meninas se veem nas laterais, em nichos ou bancos. Eles "ocupam o lugar", elas tentam "encontrar seu lugar", mas em geral precisam se contentar com as "margens".[3]

Algumas municipalidades se esforçam para corrigir essa espacialização das desigualdades de sexo. Em Malmö, na Suécia, a área de lazer Rosens Röda Matta é especificamente pensada como um espaço misto. Na França, a escola do bairro de Peyrouat, em Mont-de-Marsan, está engajada desde 2011 num projeto que visa instaurar uma cultura de igualdade e respeito através de uma abordagem plural (dança, teatro, canto, jogos cooperativos). Outras experiências estão em curso em Trappes e Rennes.

São as mulheres, incitadas por ideais feministas, que tornam possível esses progressos, enquanto os homens seguem minoritários dentro de iniciativas elas próprias minoritárias. No entanto, é na própria concepção da cidade, dos espaços públicos e dos equipamentos coletivos que a masculinidade de igualdade pode se expressar. Ela está nas mãos de vereadores, e também de arquitetos e urbanistas. Depois que os homens tiverem assumido suas responsabilidades, poderemos ensinar os meninos, através de programas de respeito, que eles não são os proprietários da cidade, nem os donos da rua.

Pensar sem sexismo

As feministas combatem o viés de gênero veiculado pela língua desde os anos 1970. Nos Estados Unidos, o National Council for Teacher Education estabelece normas para um "uso não sexista da língua", retomadas pelas universidades e editoras. No Quebec, a reflexão sobre a feminização dos cargos, títulos e funções começa em meados dos anos 1970. Na França, é somente dez anos depois, em 1984, que a ministra Yvette Roudy cria uma comissão de terminologia, presidida por Benoîte Groult. Apesar do clima de conservadorismo linguístico, termos como "diretora", "advogada", "magistrada", "professora universitária" e, a seguir, "autora" ou "chefe de gabinete" se tornam correntes.

Nos países anglófonos, para combater a visão masculina do mundo, os manuais recomendam escrever *"business executive"* em vez de *"businessman"* (homem de negócios), *"salesperson"* em vez de *"salesman"* (representante de vendas), *"fire fighter"* em vez de *"fireman"* (bombeiro), *"flight attendant"* em vez de *"stewardess"* (comissária de bordo). Também podemos substituir *man* por *woman*, como em *policewoman*, *chairwoman*, *tennis-woman*, para que o feminino seja associado à autoridade, à competição, ao sucesso. Em alemão, para dissociar a enfermagem da mulher, a palavra *Krankenschwester* (literalmente "irmã dos doentes") é substituída por *Krankenpflegerin* ("cuidadora de doentes") que tem seu correspondente masculino *Krankenpfleger*.

O uso do masculino como genérico sugere que o sujeito por excelência é um homem e que, portanto, a menção às mulheres é supérflua. Em *A Theory of Justice* (1971), por exemplo, John Rawls fala de equidade utilizando a expressão *"rational men"* e o pronome masculino *"his place in society, his class position"*. O desdobramento sistemático (ela/ele, *her/his*) evita esse tipo de deformação. No âmbito institucional, por exemplo em descrições de cargos, essa nova formulação tem a vantagem de suprimir a orientação subjacente a favor do masculino: "O cargo é destinado a um(a) professor(a) titular de uma tese. A pessoa recrutada deverá..." etc. Seguindo o modelo do *hän* finlandês, que neutraliza a terceira pessoa do singular, pronomes sem marca de gênero (chamados "epicenos") são utilizados no fim do século XX, como o sueco *hen* e o inglês *they* utilizado no singular. Na Espanha, alguns partidos de esquerda recorrem ao feminino plural para designar o conjunto dos cidadãos (como a coalizão "Unidas Podemos", em 2019).

A escrita inclusiva proclama a igualdade do feminino e do masculino — causa fundamental de toda sociedade democrática. Mas tudo depende do que se tem a dizer. Ao fazer seu herói, em *Partículas elementares*, "ejacular na vagina da pesquisadora", Michel Houellebecq feminiza uma profissão intelectual pelo prazer misógino de reduzi-la a um sexo aberto ao homem — ataque que visa a emancipação das mulheres pós-Maio de 1968. A escrita inclusiva e o epiceno também correm o risco de não passar de um mecanismo vão, refúgio do politicamente correto, se não forem acompanhados de um esforço de instaurar a justiça de gênero em todas as atividades intelectuais.

Não se trata apenas de levar as meninas para os setores científicos e equilibrar a *sex-ratio* em disciplinas como astrofísica e informática, onde as mulheres estão notavelmente sub-representadas. É preciso encorajar os homens a sair da "ilusão androcêntrica",[4] que os faz acreditar que sua opinião representa a humanidade inteira. Isso pode ser alcançado através do respeito à paridade em colóquios e sumários de livros, mas também reconfigurando-se radicalmente a análise, de modo a integrar todas as experiências humanas, como pontos de vista necessários e iguais.

A agnotologia, campo da ciência que se interessa pela produção da ignorância, mostra que esta costuma ter causas sociais, por exemplo o desprezo que os homens brancos sentem pelas mulheres, pelos africanos, pelos ameríndios ou pelos asiáticos. Esse fenômeno de *silencing* (ou "silenciamento") explica a indiferença que cercou o clitóris por séculos, mas também a extinção do conhecimento botânico a respeito da "flor do pavão", cujas virtudes abortivas, registradas por Maria Sibylla Merian em 1705, foram esquecidas porque pareciam sem interesse aos cientistas da Europa.[5] No campo médico, a inclusão das mulheres nos estudos clínicos faz com que as especificidades da fisiologia masculina deixem de ser universalizadas, como nos sintomas do infarto do miocárdio. Desde os anos 2010, a Comissão Europeia e os National Institutes of Health, nos Estados Unidos, subordinam o financiamento da pesquisa médica à consideração do sexo e do gênero, bem como à participação das mulheres nas pesquisas.

Em história, disciplina que os homens dominaram como todas as outras, as mulheres foram ignoradas por muito tempo, reduzidas a algumas poucas rainhas ou preferidas. A perspectiva é ampliada graças a raros pioneiros como Léopold Lacour e Léon Abensour, primeiros historiadores do feminismo, autores respectivamente de *As origens do feminismo contemporâneo* (1900) e de *História geral do feminismo* (1921). No Collège de France, Jacques Flach (pai de três filhas) dá cursos em 1897 sobre a condição feminina a partir de documentos jurídicos e literários, antes de relacionar, em seu curso de 1909, "a soberania do povo e o sufrágio político da mulher".

A essas obras soma-se a de outras pioneiras: o primeiro volume de *História das mulheres*, publicado no Japão por Takamure Itsue às vésperas da Segunda Guerra Mundial, o seminário de Gerda Lerner sobre a história das mulheres, na Universidade de Wisconsin, em 1963, o curso de Michelle Perrot, em 1973, intitulado "As mulheres têm uma história?", sem esquecer *Hidden From History*, publicado no mesmo ano, em que Sheila Rowbotham percorre três séculos de opressão das mulheres na Grã-Bretanha. Em 1979, Marie-Jo Bonnet, ex-participante do MLF e das Gouines Rouges, defende em Paris uma tese sobre as "relações amorosas entre as mulheres, do século XVI ao XVIII". As mulheres começam a ser estudadas enquanto mulheres. O feminismo não é apenas reivindicação e ação; ele também é vontade de pensar diferente.

Infelizmente, não é certo que essa revolução historiográfica tenha mudado a maneira de ver dos homens. Na Europa, como nas Américas, quase todos os livros de ciências humanas dedicados ao gênero são publicados por pesquisadoras. A deserção dos homens tem várias causas: sentimento de inaptidão e respeito aos feudos universitários, mas também profundo desinteresse por esses "outros" que são as mulheres, amor pela grande História produzida pelos grandes homens, fascínio inconfessado pelas guerras, conquistas, descobertas, revoluções — coisas gloriosas que "nós, os homens", sabemos fazer. Existe de fato uma homologia entre a posição de poder dos Napoleão, dos Lincoln, dos Churchill, e aquela que seus biógrafos masculinos ocupam na universidade.

Existem maneiras de evitar esse academicismo patriarcal: proibir o acúmulo de funções executivas e honoríficas nas universidades, impor a paridade nos comitês de seleção e redação, integrar o gênero à caixa de ferramentas do pesquisador, desenvolver a história das mulheres. Mas não basta inserir algumas "grandes mulheres" na massa de "grandes homens", pois a história-acontecimento favorece intrinsecamente o masculino. É preciso renunciar ao *húbris* também no método. O que implica substituir a hiperespecialização do senhor de feudo pela pluridisciplinaridade do pesquisador; o objetivismo cheio de certezas pela reflexividade daquele que ousa duvidar; o ponto de vista elevado do narrador-Deus (outro nome para o masculino abstrato) pela integração de pontos de vista específicos.

A norma acadêmica privilegia os temas convencionais e a não escrita. Rejeitar o "literário" opondo-o ao "científico", fugir da experimentação, aderir à posição acadêmica e ao discurso de autoridade que ela permite é ser um homem institucional, especialista em alguma coisa, historiador no sentido masculino do termo. A igualdade de gênero é restabelecida, pelo contrário, quando se escreve uma pesquisa baseada no "eu", perpassada por suas falhas, aberta às emoções que levam à compreensão, desejosa de criar novas formas. É assim que se pode verdadeiramente *desmasculinizar a história e as ciências sociais*.

As responsabilidades do manager

Quanto às mulheres, o mundo empresarial passa, ao longo do século XX, de uma política de proteção (licença-maternidade, redução da jornada de trabalho, proibição do trabalho noturno) a uma política de igualdade (acesso a cargos de responsabilidade, discriminação positiva). Esse movimento favorece as assalariadas qualificadas do terceiro setor mais do que as operárias. Com a mesma formação que os homens, as mulheres aspiram às mesmas responsabilidades. Surgem duas zonas de progresso: os setores muito feminizados, como o cultural e o editorial, onde o ambiente de trabalho é globalmente bom (modelo horizontal); e as grandes empresas, onde o clima é mais competitivo, mas onde há esforço de promoção de mulheres a cargos superiores de management (modelo vertical). De resto, o envolvimento das empresas varia muito. Algumas criam boas práticas, mas a maioria apenas se adapta às mutações da sociedade.

Na França, o setor audiovisual é prova dessa ambiguidade. De maneira geral, as mulheres são muito pouco representadas nas mídias. Raras são as proprietárias de meios de comunicação, as diretoras de emissoras, as gerentes de serviços, as grandes repórteres, as apresentadoras. No rádio e na televisão, entre os anos 2000 e 2010, as mulheres ocupam menos de um terço do tempo de fala, e sua taxa de expressão diminui nas horas de maior audiência.[6] O mundo audiovisual é atravessado por um forte sexismo, do qual o grupo de Facebook "Liga do LOL" é apenas um exemplo.

No entanto, registraram-se alguns avanços. Em 1981, Michèle Cotta é nomeada presidenta da Radio France, depois da Haute Autorité de la Communication Audiovisuelle, tornando-se diretora de informação da TF1, em 1987, e diretora-geral da France 2, em 1999. Formada na HEC e especialista em economia, Claire Chazal, por sua vez, é apresentadora dos jornais de sexta-feira à noite e do fim de semana da TF1 durante quase 25 anos, de 1991 a 2015. No final dos anos 2010, conta-se 36% de mulheres entre os jornalistas e 44% entre os quadros superiores da France Télévisions. Em sua apresentação da filosofia da empresa, o grupo afirma o desejo de desenvolver um ambiente misto, favorecer a carreira das mulheres, garantir a igualdade salarial e facilitar a articulação entre vida profissional e vida pessoal. Pouco inclinados a defender a igualdade na mídia, os homens acabam reconhecendo o talento e o trabalho das mulheres. Em 1981, Michèle Cotta é nomeada pelo primeiro-ministro Pierre Mauroy, com o aval do presidente Mitterrand, e Claire Chazal é recrutada pela TF1 num momento em que a emissora é dirigida por dois homens.

Nos anos 2010, o primeiro-ministro japonês Shinzō Abe engajou-se numa política econômica a favor das mulheres, pois o país fora classificado na III^a posição do *Gender Gap Report*. Beneficiados por uma cultura empresarial extremamente sexista, os homens monopolizavam os cargos superiores, e muitas mulheres sofriam algum tipo de assédio moral ligado à gravidez (*matahara*). Apesar da lei de 1997 sobre a igualdade no mundo do trabalho, as discriminações continuavam massivas. A ambição de Shinzō Abe era transformar a cultura empresarial, para que as mulheres tivessem acesso a cargos de responsabilidade e se beneficiassem de horários adaptados. O resultado das "*womenomics*" é ambíguo: a taxa de atividade das mulheres aumenta, a partir de 2012, mas 96% dos quadros são de homens e três quartos das empresas não contam com nenhuma mulher em postos de direção. Em 2017, o país cai, aliás, para a 114ª posição.[7]

Dentro das empresas, existem homens engajados, ainda que eles não tenham publicamente um discurso feminista. Danone, Société Générale, Coca-Cola e Randstad instauram políticas a favor de suas trabalhadoras. Lowell McAdam, CEO da Verizon, e Guillaume Pepy, presidente da SNCF, valorizam a diversidade empresarial e lutam contra o assédio sexual. Reid Hoffman, fundador do LinkedIn, denuncia o clima de misoginia que reina nas empresas do Vale do Silício; para sanear as relações de trabalho, ele propõe um "juramento de decência" para os empresários fazerem com os investidores.

Claro que não podemos apostar tudo na boa vontade dos homens no poder. A lei tem um raio de ação mais amplo, que permite combater as diferentes patologias do masculino: discriminação, assédio sexual, controle das responsabilidades. Na França, a lei Copé-Zimmermann, adotada em 2011, impõe uma proporção de 40% de mulheres nos conselhos de administração e vigilância (graças à lei, a proporção chega a 44% no final dos anos 2010, nas 120 maiores empresas de Paris). Na Islândia, as empresas com mais de 25 funcionários precisam chegar à paridade salarial em 2022. Seria sensato criar um sistema de incentivo fiscal às empresas que ajudassem seus funcionários — mulheres e homens — a conciliar carreira profissional e vida familiar.

Numa economia de mercado, alguns campos estão fora do alcance da legislação. Podemos esperar que o feminismo empreendedor e o empoderamento das mulheres permitam alcançar objetivos de interesse geral, como o compartilhamento de responsabilidades em todos os níveis. Mas ainda estamos longe disso. Por esse motivo é necessário criar um programa de trabalho destinado aos homens no poder (responsáveis por equipes, executivos, diretores, presidentes), a fim de que as empresas deixem de ser ambientes patriarcais. Esse programa se baseia em três ideias centrais:

— sensibilizar os homens aos estereótipos de gênero;
— desenvolver o management exemplar;
— instaurar cotas para acelerar a mudança.

Uma liderança mista

A empresa continua sendo o campo das masculinidades de dominação: agressividade, competição, reino do dinheiro, sacrifício pela empresa. Para impor-se num mundo de homens, algumas mulheres precisam adotar comportamentos viris. Convencida de que a cultura da testosterona em Wall Street e na City de Londres conduz a desastres, a cofundadora da Audur Capital, uma empresa islandesa de serviços financeiros, decide introduzir nesses ambientes o que ela chama de "valores femininos": sempre dizer a verdade ao cliente, nunca esquecer o fator humano, conciliar lucros com princípios sociais e ambientais.[8] A abordagem é louvável, mas tem o inconveniente de reforçar os estereótipos em curso dentro das empresas. Nos Estados Unidos, um estudo mostra que, na visão empresarial, os homens "se encarregam de", enquanto as mulheres "cuidam de". Os primeiros se distinguem na resolução de problemas, nos jogos de influência e na arte da delegação; as segundas sabem auxiliar, apoiar, consultar, inspirar, encorajar, motivar.[9]

O mundo empresarial oferece às mulheres um leque de ação muito limitado: comportamento "masculino" (rigidez, competição) ou comportamento "feminino" (psicologia, empatia). Essa lamentável alternativa, que obriga a escolher entre as armas do "forte" e as armas do "fraco", se combina com as esferas de ação para distribuir as responsabilidades segundo uma poderosa lógica de gênero: relegadas a algumas direções como o RH e a comunicação, as mulheres raramente se veem à frente de laboratórios e fábricas, e permanecem sub-representadas nas carreiras técnicas, nos setores operacionais e na

Roteiro para a igualdade mulher-homem dentro das empresas

CONSCIENTIZAÇÃO

Fazer perguntas relativas à igualdade entre os sexos:

— entre os altos funcionários, qual a proporção de homens brancos, de cultura cristã (*), heterossexuais e pais de família?

— qual a proporção de altos funcionários que têm uma esposa que trabalha menos que eles? O casal se organiza segundo a complementaridade hierárquica dos sexos (o homem provê a maior parte do dinheiro, a mulher tem um salário complementar e cuida dos filhos)?

— quantos altos funcionários têm horários estendidos, chegando a "passar a vida" na empresa? Entre os gestores de indústria, quantos chegam ao trabalho às sete horas da manhã? Entre os funcionários de gabinete, quantos ficam no trabalho até as nove horas da noite?

— as mulheres dirigem setores que não os de marketing, comunicação e RH?

FORMAÇÃO

Sensibilizar os homens quanto às manifestações de machismo, a fim de ajudá-los a perceber seus próprios comportamentos:

— monopolização da palavra nas reuniões;

— interrupção das mulheres que tomam a palavra (*manterrupting*);

— manifestações de agressividade ou condescendência em relação às mulheres;

— síndrome da "mulher transparente" (ela não é apresentada, ninguém lhe dirige a palavra, ela participa como uma simples figurante).

Organizar, para todos os funcionários, ciclos de formação sobre a dominação masculina, os estereótipos de gênero e o sexismo cotidiano.

Fazer a cultura empresarial evoluir valorizando a educação, a boa vontade, o respeito, a escuta atenta.

MÉTODOS DE TRABALHO

Possibilitar horários alternativos para pais e mães de crianças pequenas.

Proibir reuniões antes das nove horas da manhã e depois das seis da tarde.

Desenvolver o trabalho remoto tanto para homens quanto para mulheres.

Equilibrar o tempo de palavra nas reuniões; solicitar a participação das mulheres e dos homens que intervêm menos que os outros.

Encontrar alternativas aos lazeres empresariais que tendam a excluir as mulheres (jantares regados a álcool, partidas de golfe, desfiles de top models).

CARREIRAS E REMUNERAÇÕES
Impor ambientes mistos em comitês executivos e diretivos, partindo do princípio de que as boas práticas se difundem "*top down*", a partir do exemplo que vem de cima.

Organizar planos de sucessão para evitar a cooptação masculina aos cargos de gestão.

Incentivar as candidaturas femininas; estipular um mínimo de mulheres nas listas de candidatos aos cargos.

Avaliar um gestor em função de suas performances em matéria de igualdade entre os sexos.

Apontar, com a ajuda do RH, as desigualdades salariais em cargos de mesma responsabilidade; engajar-se a favor da paridade salarial no âmbito diretivo e de toda a empresa.

Facilitar a volta das mulheres ao trabalho após a licença-maternidade.

Obrigar os homens a tirar seus dias de folga e suas licenças-paternidade; oferecer-lhe cargos com regime de tempo parcial.

TOLERÂNCIA ZERO
Sensibilizar o RH, o CSE e as diferentes comissões às questões de assédio sexual.

Criar um canal de comunicação que preserve o anonimato das vítimas.

Facilitar as investigações internas em caso de suspeita ou rumores.

Buscar parcerias com associações para que os problemas também possam ser tratados externamente.

Demitir o assediador, mesmo que ele seja lucrativo para a empresa.

(*) *Adaptar no caso de Índia, Japão etc.*

logística. É a isso que se dirigem os esforços do grupo EDF, cujo comitê executivo contava em 2018 com apenas duas mulheres (ou seja, menos de 15% de representação). Entre 2010 e 2015, a porcentagem de mulheres nas equipes do parque nuclear francês passa de 13% a 17%. Embora elas representem apenas 23% dos quadros, o grupo decidiu recrutar um terço de mulheres para os cargos operacionais.[10]

No mundo inteiro, dezenas de organizações ajudam as mulheres a concretizar seus projetos. Fundada em San Francisco no ano de 2007 e presente em todos os continentes, Girls in Tech apoia o empreendedorismo feminino no setor digital e de novas tecnologias. Nos últimos vinte anos, a França vem se dotando de redes similares, desde Femmes Business Angels (2003) até Femmes@numérique (2018), capazes de financiar startups e projetos inovadores. Outros grupos de apoio encorajam a carreira das mulheres no setor industrial, como Inter-Elles, criado em 2001 sob o impulso de dirigentes de France Télécom, IBM, Schlumberger e GE Healthcare. Desde 2010, o programa EVE, concebido por diretoras da Danone, organiza na Évian um seminário interempresas para inventar uma "liderança no feminino" capaz de levar a mudança para dentro das empresas. A SNCF au Féminin, primeira rede corporativa na França, com 6500 membros, visa favorecer a carreiras das mulheres e fazer a cultura empresarial evoluir dentro do grupo.

Esses *business clubs*, abertos também aos homens, não contam com muitos deles, tanto que os encontros e os seminários de formação acontecem quase exclusivamente entre mulheres. Seu coaching responde a duas temáticas: a utilização dos recursos pessoais (saber afirmar-se, valorizar suas competências, ampliar suas redes) e o trabalho coletivo (motivar as equipes, revelar o potencial dos outros, aprender a negociar com o cliente). Ora, como observou Susan Colantuono, CEO de uma empresa de consultoria em management, há um terceiro aspecto, o "33% faltante", muito mais importante para se ter acesso aos níveis superiores do management: a competência financeira e o conhecimento da estratégia da empresa. É justamente esse o aspecto ausente das sessões de coaching oferecidas às mulheres — não porque elas sejam incapazes de utilizá-lo, mas porque se supõe que elas não tenham tino para negócios.[11]

É injusto que se aconselhe uma mulher a ganhar confiança, enquanto se ajude um homem a fazer negócios. Uma formação em gestão estratégica pode ser garantida tanto por mulheres quanto por homens com cargos de responsabilidade. Um *mentoring* realmente capaz de ensinar a concorrer com os homens permitiria uma abertura dos cargos que eles monopolizam em gestão, finanças, tecnologia ou logística. O problema não é que falte ambição às mulheres; mas que falte ambição por elas. Com qualificações e motivações iguais, elas são discriminadas ao avançar na carreira. Um dirigente hesita em promover uma jovem gestora de 35 anos porque ela "corre o risco" de engravidar e sair em licença-maternidade. Outro problema: o fenômeno do *"boys' club"*, o microcosmo masculino que, além das piadas sexistas e das noitadas regadas a álcool, mantém as mulheres afastadas dos círculos de poder. Deletérias conivências, tristes identidades.

A sororidade das redes femininas é eficaz, menos quando ela ratifica os estereótipos de gênero. Em vez de incitar as mulheres a obter cargos adequados a suas "qualidades", podemos romper com algumas relações de equivalência: homem e empresa, homem e business, homem e inovação, homem e startup, homem e autoridade. Em vez de mitificar a liderança feminina, é preferível praticar uma *liderança mista e inclusiva*, que não associe o poder à masculinidade. Capazes de liderar uma equipe, personificar um modelo e construir o futuro, as mulheres são líderes como os outros.[12]

O "fator diversidade"

No início dos anos 2010, vários estudos estabelecem uma correlação entre os valores "femininos" e o desempenho das empresas. A presença de mulheres nos conselhos de administração e no nível C-suite tem um impacto não negligenciável na responsabilidade social e ambiental da empresa, pois as mulheres estão mais preocupadas em reduzir a pegada de carbono, em proteger a biodiversidade e desenvolver o capital humano nos países em desenvolvimento.[13] Até os investidores têm interesse nisso: nos Estados Unidos, na Grã-Bretanha e na Índia, a presença de mulheres nos mais altos escalões das empresas aumenta a lucratividade e o potencial de inovação.[14] Isso não surpreende: a eliminação das mulheres poupa os homens de metade da concorrência que eles geralmente enfrentariam. Os homens mais ou menos velhos, mais ou menos competentes, que formam os comitês executivos das empresas do mundo inteiro, devem seus cargos ao próprio mérito, à conivência masculina ou à eliminação estrutural das mulheres?

Apesar de tudo, a rentabilidade das mulheres é difícil de ser quantificada. É provável que o "fator mulher" como tal conte menos que o "fator diversidade": ter mulheres nos comitês executivos, mas também jovens, membros de minorias étnicas, representantes de culturas não majoritárias, diplomados externos ao mundo das grandes escolas etc. As mulheres representam um excelente antídoto para a dominação do homem branco e abastado de cultura cristã; mas elas não são o único.

O feminismo empresarial tem outro ponto cego: as condições de trabalho das mulheres pouco qualificadas, operárias, secretárias, caixas, vendedoras, faxineiras. O objetivo destas últimas não é quebrar o teto de vidro, mas lavar o chão com menos exaustão e por melhores salários. Nos Estados Unidos, em 2016, a diferença salarial entre grandes patrões e empregados de base (entre os quais milhões de mulheres) é de 1 para 347. Na Europa, entre as mulheres que trabalham, uma em cinco tem um salário modesto e 9% são pobres. Na França, 63% dos empregos não qualificados são ocupados por mulheres; mais de um quarto das mães de famílias monoparentais são trabalhadoras pobres, ou seja, 1 milhão de pessoas.[15]

O feminismo se manifesta também nesse nível. A justiça de gênero pode ser concebida através da *igualdade de oportunidades*: fazer com que a ambição das mulheres tenha apenas o céu como limite. Esse é o feminismo defendido por Sheryl Sandberg, chefe operacional do Facebook, em seu best-seller *Faça acontecer* (2013). Nesse ponto, ainda há muito a ser feito, os poderes públicos e as empresas têm consciência do que está em jogo. Mas a justiça de gênero também pode ser concebida através da *igualdade de colocações*: reduzir as desigualdades entre as diferentes posições sociais.[16]

Nesse campo, o silêncio é ensurdecedor. Raras são as empresas que se interessam pelos empregos femininos pouco qualificados, encarando um aumento dos salários, jornadas de trabalho menos longas, horários mais bem adaptados à vida familiar, programas de formação. Os atestados de feminismo que os grandes grupos se atribuem não parecem englobar as operárias. Uma *executive woman*, assim como um gestor, nunca cruzará com a faxineira interina que esvazia seu lixo todos os dias, porque esta chega ao trabalho antes do nascer do sol, desaparece durante o dia e retorna à noite. Entre outubro de 2017 e fevereiro de 2018, as encarregadas da limpeza de um hotel em Clichy-la-Garenne, na região parisiense, fizeram uma greve para denunciar as condições de trabalho e o assédio por parte de suas superiores. Essas mulheres imigradas, que vivem sozinhas, moram longe do local de trabalho e têm um contrato a tempo parcial de algumas horas por dia, com um ritmo infernal, pois são pagas por quarto.

Homens de casa

Desde o subsídio para o cuidado domiciliar das crianças, criado em 1986, até o plano Borloo, de 2005, a França sempre incentivou as profissões de serviço ao outro, que representam 1,2 milhão de assalariados (com 96% de mulheres) no final dos anos 2010. Vários países da União Europeia fazem o mesmo, segundo a Estratégia de Lisboa, definida em 2000: os empregos de serviços domésticos fornecem trabalho às mulheres pouco qualificadas, aumentando a produtividade das mulheres qualificadas. Essa agenda de toques feministas multiplica os empregos baratos, mal pagos e pouco protegidos, dando origem a um "precariado feminino subvencionado", em proveito das mulheres e dos homens das classes superiores.[17]

A nova domesticidade feminina é criada por e para elites que se dizem preocupadas com a igualdade entre os sexos. As mulheres no topo das empresas trabalham, através de seu exemplo, para a emancipação de todas as mulheres, ou se aliam a um neopatriarcado que terceiriza as tarefas domésticas? Parece mais exato falar em dupla alienação: a das mulheres pouco qualificadas a serviço das mais ricas, a das mulheres muito qualificadas a serviço de suas famílias. De fato, a carreira dessas últimas repousa na delegação das tarefas domésticas e maternas a um exército de babás, baby-sitters e faxineiras, o que diminui seu trabalho físico, mas aumenta sua carga mental. Quer se refira às tarefas da casa, aos cuidados com as crianças ou à gestão do cotidiano, o desequilíbrio doméstico mostra a que ponto os homens ainda estão longe da masculinidade de igualdade.

Uma interpretação para esse fato consiste em dizer que o problema vem das mulheres: exigentes demais, minuciosas demais, incapazes de esquecer. Em *Faça acontecer*, Sheryl Sandberg defende que os homens tomem mais "o poder em casa" e que as mulheres parem de bancar as "guardiãs do templo materno" (*maternal gatekeepers*). Ela lista uma série de conselhos para que a mulher evite se tornar a controladora-geral da casa: saber delegar e encorajar, renunciar ao controle de tudo, ser indulgente com um marido novato na cozinha ou no ferro de passar — e azar se as coisas ficarem "malfeitas".

Outro argumento afirma que a mulher é "sortuda" quando seu companheiro consente em fazer algumas tarefas, que o distinguem de todos os homens que não fazem nada (ou batem na mulher, ou voltam bêbados para casa etc.). Essa participação *a minima*, sempre superestimada por aquele que a concede, faz parte de uma "economia da gratidão", na qual o marido, que começa do zero, deve ser aplaudido pela esposa a cada mínimo progresso. Como vimos, a força do círculo patriarcal reside na atribuição de um lugar a cada um e cada uma. Centenas de milhões de casais vivem tranquilamente segundo um modelo tradicional, mas também podemos estimar uma relação entre a justiça de gênero e a felicidade pessoal.

Os homens e a divisão das tarefas domésticas

Retórica masculina	Argumento	Compromisso conjugal
"Não faço nada, não é meu papel"	Poder	Círculo patriarcal
"Considere-se feliz, faço mais do que meus amigos/meu pai"	Comparação	*Supermoming* Críticas/ ressentimento
"Diga o que preciso fazer"	Esforço	Divisão/ negociação
"Vamos contratar uma faxineira"	Dinheiro	Terceirização
"Dividimos meio a meio, porque é o certo"	Igualdade	Modelo paritário
"Você tem sua carreira, deixe que eu faço tudo"	Sacrifício	Círculo matriarcal

Vários critérios permitem estabelecer a validade moral de um compromisso conjugal. A mulher escolheu esse tipo de vida? Ela se sente realizada? Tem a sensação de se sacrificar? Que modelo ela passa aos filhos, meninas ou meninos? Está livre para ir embora, como Nora em *Casa de bonecas*? Resumindo: a mulher ama o homem que faz muito menos que ela em casa, ou o ama apesar de ele fazer muito menos que ela em casa? Os homens dispõem de toda uma gama de arranjos em relação às tarefas domésticas.

Os modelos de casais não igualitários se baseiam na mesma chantagem que existe entre os mamíferos, onde o macho pode abandonar a fêmea porque sabe que ela cuidará dos filhotes, em que investiu muito mais do que ele. No âmbito doméstico, também é a mulher que cede. Devido à inércia do cônjuge, ela acaba se encarregando daquilo que não pode ser terceirizado: abastecer a geladeira, comprar roupas para as crianças, marcar consultas no pediatra etc.

Os homens poderiam fazer o único *aggiornamento* no qual nunca pensaram: adaptar-se às realidades familiares. Em outras palavras, compartilhar, planejar, antecipar, para se adaptar aos ideais de igualdade e liberdade que levam a justiça para dentro de casa. Para dar corpo à masculinidade de igualdade, pode--se escolher confiar no tempo, apostar que as novas gerações de homens serão mais comprometidas que as anteriores. De fato, é o que se observa em vários países desde o fim do século XX, e não apenas na América do Norte e na Europa Ocidental.

No Vietnã, os casais vivem cada vez menos com os sogros, tanto que o homem compensa (em parte) as tarefas que a avó faria. Nos meios confortáveis, costuma-se contratar, com a chegada dos filhos, uma babá-faxineira, quase sempre pobre e de origem camponesa, que vive na casa com o jovem casal. No México, o cuidado das crianças participa da masculinidade popular, e alguns homens não hesitam em carregar os filhos em público, no colo ou num sling. As mulheres que têm um emprego assalariado padecem, como em todos os lugares, da *doble jornada*, mas os homens jovens dizem fazer mais que seus pais; por isso a crença de que, porque cozinham e fazem algumas tarefas domésticas, eles foram "emasculados".[18] Podemos contar com a evolução dos costumes e com a boa vontade dos homens, portanto, mas é mais prudente encorajá-los por meio de políticas públicas.

Em muitos países, a lei explicita o espírito e a finalidade do casamento. Na França, os artigos 212 e seguintes do código civil recomendam aos cônjuges o respeito, a fidelidade, a assistência mútua, a atenção ao interesse dos filhos, bem como a contribuição para as tarefas do lar "na proporção de suas respectivas capacidades". Não seria impróprio que a lei acrescentasse a esses princípios os valores de igualdade que devem presidir a organização da vida cotidiana: "Os cônjuges se comprometem a dividir igualmente a carga material, mental e educativa do lar". Como sabemos, a leitura desses artigos, durante o casamento civil, confere ao que é dito uma solenidade suplementar.

Os Estados-Providência destacam dois tipos de modelo familiar. O primeiro, do "provedor universal", supõe que as mulheres têm acesso ao trabalho como os homens, e as tarefas domésticas são transferidas para o mercado, com exceção da gravidez e do amor parental, que não podem ser delegados. Esse sistema garante a igualdade entre os sexos, mas as mulheres precisam se conformar ao modo de vida masculino, que reforça o androcentrismo da sociedade. O segundo modelo, da "paridade do cuidador", remunera a mãe de família graças a alguns dispositivos (licença-maternidade, subsídio materno, trabalho em regime parcial, flexibilidade nas horas de trabalho). Esse sistema suprime o custo da diferença entre homens e mulheres, mas mantém inalterada a distribuição sexual das tarefas e encoraja o recolhimento das mulheres à esfera doméstica.

É por isso que Nancy Fraser se pronuncia a favor de um terceiro modelo: o do "cuidador universal" (*universal caregiver model*), que consiste em fazer da vida atual das mulheres a norma para todos. As mulheres trabalhariam como os homens, e os homens cuidariam da casa e das crianças como as mulheres. Esse sistema apresenta várias vantagens: ele revaloriza o *care* e elimina o androcentrismo, ao mesmo tempo que possibilita um melhor equilíbrio entre carreira, vida familiar e lazer, uma maior proximidade com as crianças e os idosos, e torna a sociedade civil o próprio lugar do cuidado.[19] Esse novo feminismo de Estado, que prolonga o trabalho coletivo operado ao longo do século XX, permitiria erradicar os mecanismos que instilam injustiça na esfera do amor conjugal e parental.

Uma sociedade poderia se atribuir o objetivo de equilibrar a divisão das tarefas domésticas, mas também seu valor simbólico, para que um homem possa sem vergonha reivindicar o "poder no lar", enquanto uma mulher possa obter sem dificuldade o "poder na rua". Todos os papéis são dignos de respeito, em especial o cuidado com as crianças e os mais velhos; o aprisionamento de um gênero a uma função é que rebaixa a ambos.

Os "novos pais"

Muito já foi dito sobre o dever de presença e cuidado que cabe aos pais. Esse dever não se refere apenas ao bebê. Podemos definir a *masculinidade de gravidez* como a atitude de solidariedade que um homem demonstra à companheira antes e depois do parto, inclusive nos aspectos mais prosaicos da maternidade: mudanças no corpo, cansaço físico e moral, incômodos da amamentação.

No entanto, o investimento dos pais depende de uma lógica menos psicológica do que política. Existe um dispositivo para incitá-los a assumir suas responsabilidades desde o nascimento dos filhos: a licença-paternidade e parental. Na Islândia, a mãe e o pai dispõem de uma licença de três meses cada um, e eles ainda dispõem de mais três meses, que podem ser divididos entre eles, com 80% de seus salários. Na Suécia, a licença parental integra os pais à maternidade desde 1974. O teto dos dias reembolsados aumentou regularmente, chegando a 480 dias no final dos anos 2010, sessenta dos quais reservados ao pai. O subsídio cobre 80% da renda do pai beneficiado, até 3 mil euros por mês. Os pais também podem tirar uma licença básica ao nascimento do filho, bem como para cuidar de uma criança doente (até sessenta dias por criança e por ano).

Na Noruega, uma cota de licenças destinadas ao pai foi criada em 1993, hoje estendida por quinze semanas, sem perda salarial, com mais vinte semanas a serem divididas com a mãe. Em 2007, a cota se tornou mais flexível e o pai pode fracionar sua licença ou tirá-la a tempo parcial até a criança fazer três anos. Além dessa reforma ter reforçado o envolvimento dos pais com seus filhos, ela os fez tomar consciência da quantidade de trabalho realizado pelas mães. Durante suas licenças, eles cuidam dos filhos, mas também da limpeza da casa e da cozinha.[20] Resta saber se, a longo prazo, a reforma alivia a carga doméstica e mental das mulheres.

Em 2009, Portugal instaura um sistema original: o pai se beneficia de uma licença remunerada de quatro semanas (duas delas obrigatórias) e da possibilidade de prolongá-la por vários meses depois do retorno da mãe ao trabalho, e o casal recebe um bônus de trinta dias remunerados quando o pai assume seu papel. Como os noruegueses, os pais portugueses vivem uma experiência que abre seus olhos. "Foi um mês difícil. É realmente cansativo cuidar de um bebê o dia todo", admite um. Outro descobre o que todas as mães de recém-nascidos já sabem: "A atenção fica focada no bebê e você não consegue fazer mais nada".[21] Na Espanha, desde 2018 a mãe e o pai têm direito, cada um, a dezesseis semanas de licença depois do parto, não transferíveis e 100% indenizadas. Um homem, Pablo Iglesias, líder do Podemos, foi quem apresentou o projeto de lei; depois da votação, ele prestou homenagem às mulheres e às associações que lutam contra a discriminação no trabalho.

Em outros lugares, os sistemas são menos generosos. Na Europa, vários países oferecem ao pai uma licença de uma ou duas semanas ao nascimento dos filhos; os pais também podem solicitar uma licença paterna de vários meses, mas de subsídio pequeno. Nos Estados Unidos, nem as mães nem os pais têm direito à licença-maternidade remunerada. As políticas sociais visam os homens inscritos numa paternidade "fragilizada" pela instabilidade conjugal ou com filhos fora do casamento; a ênfase é colocada na responsabilidade e no engajamento, especialmente dentro da comunidade afro-americana. Enquanto os países da Europa Setentrional incitam os pais a se envolverem na vida familiar, os Estados Unidos esperam que eles cumpram suas obrigações financeiras. No entanto, ao contrário da paternidade do *care*, a paternidade do *cash* não afeta a tradicional distribuição de papéis.[22]

Apesar dessas iniciativas, as licenças ligadas ao nascimento dos filhos seguem mal compartilhadas. Na Alemanha, três quartos dos beneficiários da licença parental são mulheres. Na Suécia, em 2009, as mães assumiam 77% das licenças parentais. Mesmo com a obrigação dos sessenta dias, os pais tiram menos de um quarto de seus dias de licença. Um estudo com 27 mil recém-nascidos mostrou que o aumento da licença-paternidade havia tido um efeito limitado na divisão das tarefas domésticas e que os pais não cuidavam dos filhos doentes.[23]

Vários dispositivos podem incentivar os homens a tirar ou prolongar suas licenças parentais. Na Suécia, os fundos de segurança social enviam aos pais correspondências informando-os das licenças a que eles ainda têm direito. Além das campanhas de informação, brochuras lembram que a licença tem efeitos benéficos tanto para o pai quanto para o filho. Na Dinamarca, uma campanha nacional do Estado, dos sindicatos e das grandes empresas é lançada em 2017 com o seguinte slogan: "Faça como um homem!". No mesmo ano, na França, quarenta personalidades assinam uma petição a favor de uma licença-paternidade obrigatória de seis semanas (em vez dos atuais onze dias).

A licença-paternidade vai muito além das encantadoras fotos ilustrativas em que um jovem pai sorri para seu bebê, com o nariz encostado no dele. Ela desempenha um papel fundamental na conversão dos homens à masculinidade de igualdade; pois o nascimento do primeiro filho, mais do que o fato de o jovem casal passar a morar junto, constitui o momento em que as tarefas se dividem "naturalmente", isto é, em que as desigualdades se instauram — e em que a carreira das mulheres é interrompida. Em nome da igualdade entre os sexos, deveriam ser implementados dispositivos de licença-paternidade obrigatória, inalienáveis e bem remunerados (no mínimo 80% do salário), por uma duração de três meses, ou mais. Também poderia ser instaurado, conforme recomendado pela União Europeia, um sistema de cotas com meses reservados para cada pai, bem como um sistema de bônus que duplicasse os dias de licença em caso de divisão igualitária das tarefas entre o casal.

Meninas fortes e meninos feministas

Para chegar à igualdade entre os sexos, devemos questionar os discursos que valorizam a mãe em detrimento do pai nos primeiros anos de vida dos filhos. Podemos louvar os benefícios da amamentação sem necessariamente vermos nela o símbolo de um magistério materno. No dia em que for provado que uma criança pequena precisa mais da mãe do que do pai, poderemos voltar ao modelo do *male breadwinner* e incitar as mães a assumir a função-mulher.

Pelo mesmo motivo, nenhum divórcio deveria privar uma criança da relação estável com seus dois progenitores. Um dia talvez tenhamos estudos imparciais sobre a vida dos pais divorciados na França do último quarto do século XX, numa época em que o regime padrão consistia em lhes confiar os filhos somente a cada dois finais de semana e em metade das férias escolares. Em 2012, a residência com a mãe é o modo de guarda mais solicitado pelos casais separados; quando há desacordo, os juízes determinam a residência na casa da mãe para dois terços das crianças. Se o pai solicita a residência alternada e a mãe a residência exclusiva, os juízes satisfazem a mãe em três quartos dos casos.[24]

Em escala mundial, a guarda alternada deveria ser o regime padrão, inscrito na lei, o que levaria mães onipotentes e pais indiferentes a pensar. Em caso de conflito, a guarda poderia ir para o mais partilhador, isto é, para o que se comprometesse a ser o mais conciliador em relação aos direitos do outro. Da mesma forma, a mudança para uma região distante ou para o exterior deveria ser proibida ao pai que detém a guarda, a menos que ele ou ela recebesse o consentimento do outro. Salvo por motivo grave, é dever da justiça impedir a evicção de um dos progenitores durante um divórcio litigioso.

Dependendo da época, várias condutas são prescritas aos pais: autoridade, rigor, suavidade etc. Em *Memórias de além-túmulo*, Chateaubriand lembra a que ponto seu pai (nascido em 1718) era um homem frio e distante, pouco inclinado a devolver aos filhos os beijos que recebia na hora de dormir. Depois de séculos de rigor paterno, as sociedades europeias e americanas tendem a valorizar a cumplicidade, o carinho e o humor entre um pai e seus filhos. Insiste-se menos, em contrapartida, em seu papel no aprendizado da igualdade — que acontece sobretudo pelo exemplo: um pai que divide as tarefas domésticas passa uma mensagem clara aos filhos.

A garotinha que queria andar de bicicleta

Em *Born to Ride* (2019), Kelsey Garrity-Riley e Larissa Theule contam a história de uma garotinha, nascida no final do século XIX, que decide aprender a andar de bicicleta apesar dos preconceitos e obstáculos que a rodeiam. Enquanto isso, sua mãe milita para que as mulheres obtenham o direito de voto.

O que constitui um bom pai aos olhos da justiça de gênero? Como desvincular a paternidade do patriarcado? Algumas mulheres têm pouca autoconfiança e são obcecadas pela síndrome do impostor porque foram deslegitimadas durante a infância. Os pais têm um papel a desempenhar nessa questão. Um pai pode criar suas filhas como princesas ou como lutadoras, armando-as contra as patologias do masculino e ensinando-as a nunca duvidar de si mesmas, porque elas são inteligentes, corajosas, fortes, admiráveis. Uma mulher, enquanto mulher, é capaz de falar em público, aventurar-se, impor-se, repelir um agressor, superar desafios, ocupar postos de comando, realizar todas as suas ambições. Ela deve pensar grande: essa é a mensagem do *"girl power"* que os pais (e as mães) podem transmitir.

É bom levar o filho para assistir a um jogo de futebol, mas também é importante lhe ensinar que um menino não é sinônimo de dureza, violência, taciturnidade, estoicismo, nem de heterossexualidade. Um menino pode brincar de boneca, dançar, ler, chorar, expressar suas emoções, cuidar dos outros e amar, ter amigas; ele tem o dever de aprender a variar seus pontos de vista, de pedir o consentimento do outro antes de tocar seu corpo, de lembrar que as mulheres são indivíduos antes de serem mulheres. Se os pais não souberem como falar de igualdade com seus filhos, eles podem começar lendo para eles *Piggybook* (1986), obra-prima de Anthony Browne. O livro conta a história de uma mãe de família que é tratada pelo marido e pelos filhos como uma empregada. Um dia, ela desaparece: os três machistas se transformam em porcos.

A supremacia masculina se afirma pela humilhação das mulheres, e também pela das crianças. Educar um menino na tirania do pai de família significa impedi-lo de encontrar seu lugar na nova sociedade; significa transformá-lo, desde o início, num homem inadaptado. Uma educação feminista não transforma os meninos em "mulherzinhas", mas em companheiros confiáveis e respeitosos — em homens justos.

15.
Reconfigurar o patriarcado

Defender os direitos das mulheres, lutar pela igualdade entre os sexos, alcançar a paridade, romper o círculo patriarcal: esses projetos não são totalmente equivalentes. O feminismo pode se orgulhar de vitórias muito importantes desde o século XIX. Graças a ele, nossos Estados se tornaram verdadeiras democracias. As mulheres puderam contestar os monopólios masculinos e, em muitos países, ter acesso a todas as esferas de poder.

Como sabemos, ainda temos muito caminho pela frente. Não podemos chegar à igualdade sem combater a cultura patriarcal, isto é, sem questionar o masculino como critério superior e como padrão universal. A masculinidade de dominação se enraíza, por um lado, em fenômenos biológicos (o "macaco em nós", como disse Frans de Waal), por outro, em instituições milenares. Por essa razão, o patriarcado não pode ser abolido por um decreto da vontade, nem por uma grande passeata; ele só pode ser contido, deslegitimado e perturbado, como um trem que é tirado dos trilhos. O masculino, por sua vez, pode ser redefinido de modo a se tornar compatível com a emancipação das mulheres — e dos homens. Assim se pode conceber a justiça de gênero.

No século XX, as mulheres conquistaram direitos dentro de sociedades onde antes eram dominadas; para abalar ainda mais o sistema patriarcal, é necessária a participação dos homens. Não será reforçando a autoridade dos homens que tiraremos o masculino da crise, mas, ao contrário, ampliando sua definição, tornando-a mais complexa, para marginalizar a postura de virilidade, a masculinidade de privilégio e a masculinidade tóxica. O feminismo precisa dos homens, por isso eles não devem ser vistos como opostos, inimigos ou modelos. Três impasses devem ser evitados, portanto: o romantismo pró-mulheres, a crença num complô masculino e o finalismo paritário.

Por um feminismo inclusivo

Em *Uma voz diferente* (1982), Carol Gilligan tenta repensar a moral a partir da diferença sexuada. A filosofia de Aristóteles, Kant, Rawls ou Kohlberg promove uma moral abstrata, baseada em princípios universais e nas regras do direito, mas é incapaz de levar em conta a experiência e o ponto de vista das mulheres. Estas, ao contrário, praticam uma "ética do cuidado" ancorada na vida cotidiana, animada por um engajamento pessoal, respeitosa dos outros. Enquanto a ética masculina é contratual e legalista, a ética feminina é relacional e compreensiva. Ao prestar atenção na vulnerabilidade do outro, o *care* confere um sentido à justiça, enquanto a imparcialidade alimenta a indiferença em relação ao mundo. A moral feminina confere aos outros o interesse que lhes é recusado pelo absoluto kantiano de verdade e justiça.

Vários estudos mostraram que a grande empatia das primatas fêmeas — ajuda, consolo, compartilhamento, comunicação facial — resulta de uma pressão evolutiva de seu papel materno, que as obriga a estar atentas às necessidades dos filhos.[1] Felizmente, o ser humano não é refém de sua biologia ou de seu gênero, e é fácil encontrar contraexemplos para uma teoria tão a-histórica e antissociológica quanto a de Gilligan. Tanto no século XVIII quanto no século XX, as mulheres de Estado sabem entrar em guerras; as mulheres de negócios não são especialmente altruístas, embora os Pais da Igreja digam sê-lo;

há mulheres que mutilam e prostituem outras mulheres; algumas são egoístas, violentas, intolerantes, racistas. Mas isso não é o principal.

Se o cuidado com o outro é coisa de mulher, se ela tem sua moral (para não dizer sua psicologia) voltada para as relações humanas, então ela não precisa sair do círculo patriarcal que a destina à realização da função-mulher. Ela se sobressai ao ajudar o marido, amar os filhos, cuidar dos próximos: essa é sua virtude. A complementaridade hierárquica dos sexos retorna, furtivamente. A ética do *care* constitui uma regressão em relação ao feminismo das Luzes, que permite às mulheres se tornarem sujeitos detentores de direitos. Hoje, as mulheres precisam se afastar das relações familiares, e os homens precisam assumi-las mais. É por isso que Nancy Fraser, por sua vez, sugere a universalização do *care*.

A teoria de Carol Gilligan desenvolve a crença de que as mulheres seriam naturalmente reformistas. É verdade que toda uma parte de sua educação visa convencê-las de que elas devem permanecer à escuta, a serviço dos outros. Mas será mesmo necessário transformar essa socialização tendenciosa em ética positiva? No fim das contas, melhor ser um homem feminista do que uma mulher cúmplice do patriarcado.

Desde o início, o feminismo foi uma luta das mulheres, tanto vítimas das desigualdades quanto fundadoras da justiça de gênero. É um absurdo que elas tenham lutado sozinhas tantas vezes. Assim como o antissemitismo não é um problema exclusivo dos judeus, o feminismo precisa do apoio dos homens. Quando Steven Pinker diz que "agora somos todos feministas",[2] ele não quer usurpar a glória das pioneiras e o devido reconhecimento às militantes; quer apenas lembrar que os direitos das mulheres constituem um objetivo democrático por excelência. Um feminismo para todos, que fale a todos, mulheres e homens, será o pilar da moral de nosso tempo.

Para sensibilizar os homens, podemos convidá-los a uma experiência moral muito simples: "Viva minha vida". Vários mitos e comédias antigas propõem uma inversão dos papéis, mas sempre com a ideia de estigmatizar as "mulheres de barba", que têm a pretensão de mandar como os homens. Muito diferentes são as ficções que convidam os homens a se colocar no lugar das mulheres, para tomar consciência de sua servidão. Um dos primeiros a propor esse exercício foi o chinês Li Ruzhen: seu romance *Flores no espelho* (1825) faz o leitor viajar até o "país das mulheres", onde os homens vivem trancados em casa, com os pés enfaixados e o rosto maquiado, enquanto as mulheres passam em concursos e ocupam as posições oficiais. A feminista japonesa Kanno Suga (executada em 1911) se dirige aos homens com raiva e inverte o lema "boa esposa, mãe sábia", sugerindo que eles se tornem "pais sábios e bons maridos".[3] A pedagogia da inversão é também um dos princípios da campanha "HeForShe" patrocinada pela ONU Mulheres nos anos 2010.

Não se deve esperar demais de um jogo psicológico individual, mesmo que ele leve a uma conscientização. Mas essa fábula moral não deixa de ser interessante: os homens poderiam viver a condição das mulheres a partir de dentro — não usando um vestido florido e passando batom, como no Carnaval, mas aprendendo a *tornar-se uma minoria*. Seria a vez deles de, o tempo todo, serem remetidos a seu sexo, vistos através de seu corpo, devotados a funções utilitárias. Eles seriam interrompidos nas reuniões, teriam os testículos apalpados no metrô, seriam seguidos à noite ao voltar para casa, veriam contestado o parco poder que teriam conquistado; teriam que suportar observações sobre seu físico e gozações sobre sua proverbial estupidez; e alguém sempre lhes diria para não serem ambiciosos demais. Sofrer a lei das minorias incitaria os homens a querer *viver a justiça de gênero*, em vez de olhar para ela distraidamente.

Depois disso é que poderíamos restabelecer as mulheres e os homens em sua dignidade comum, não mais como duas minorias frente a frente, mas como seres humanos iguais, como sujeitos que desejam viver juntos uma relação equilibrada, compartilhando direitos e deveres. O universal não seria mais representado pelo masculino, mas pela justiça de gênero. Compreende-se que esse feminismo inclusivo — um feminismo para todos — seja o contrário da guerra dos sexos.

Uma ética de gênero

"O que devo fazer?", pergunta Kant abstratamente. Façamos essa pergunta aos homens, como se eles constituíssem uma minoria sexual.

Para transformar a masculinidade em moral, é preciso retomar a reflexão a partir das mesmas premissas de Gilligan: a autonomia do indivíduo-sujeito (definido como um adulto competente e ativo) é tacitamente recusada às mulheres, às crianças, bem como aos não europeus. O sexismo leva Aristóteles, Rousseau e Kant a considerar as mulheres como seres passivos, mais determinados pela natureza do que pela razão. Ao pronunciar-se a favor do casamento patriarcal, recusar que as mulheres assinem contratos, identificar o feminino com o "sexo frágil" absorvido por tagarelices e frivolidades, Kant reserva a vontade moral aos homens.[4] Nesse aspecto, a *Fundamentação da metafísica dos costumes* (1785) e a *Crítica da razão prática* (1788) apresentam as mesmas ambiguidades que a Declaração dos Direitos do Homem votada na França no verão de 1789: não sabemos se falam de um universalismo humano ou masculino.

No romance *Três mulheres* (1797), Isabelle de Charrière apresenta mulheres diante de dilemas morais (possuir uma fortuna mal havida, escolher entre a felicidade pessoal e o dever cívico) que elas não têm autonomia jurídica necessária para enfrentar. Podemos agir moralmente quando estamos subordinados a um pai, a um marido, a um senhor? Será possível levar uma vida ética, apesar das leis dos homens? Em seu livro, Isabelle de Charrière aborda uma questão que Kant negligencia: o papel da diferença sexuada na autonomia moral.[5] Na ausência de resposta da parte dos homens, o século XIX terá uma única "moral" para as mulheres: a feminilidade. O cuidado dos outros, o encanto, a doçura e a bondade atenuam a incapacidade moral e cívica da mulher, seja ela jovem ou mãe de família.

Invertamos a perspectiva: podemos definir uma moral masculina para as relações de gênero? Kant escreve: "Aja de forma a tratar a humanidade sempre como um fim e nunca apenas como um meio". Aplicada às relações de gênero, essa máxima rompe imediatamente o círculo patriarcal. Pois o princípio do patriarcado é relegar as mulheres à sua utilidade, tratando-as "apenas como um meio". Em *Psicologia da mulher* (1900), Henri Marion admite que a mulher "talvez nunca tenha sido tratada pelo homem como um 'fim em si'. Seu destino até agora foi e ainda é, na imensa maioria dos casos, ser tratada como um simples meio". Sua função: servir. Perpetuar a família, a nação, a espécie.

No reino dos fins, ao contrário, uma mulher não pode ser definida pela função-mulher. Ela não "serve" por seu sexo, seu útero ou seus seios; ela é em si mesma seu próprio fim, o que a torna *inviolável*. Um ato moral, aos olhos da justiça de gênero, consiste em ver, na mulher, a liberdade antes da função, isto é, o ser humano antes do sexo. Desse princípio decorre uma conduta feminista: se vejo na mulher minha igual, e se constato que ela está numa situação de subordinação, então só posso querer cessá-la. Um homem justo é aquele cuja masculinidade se conforma aos direitos das mulheres.

Mas Kant nunca evoca explicitamente as relações de gênero, porque para ele as mulheres não fazem parte da humanidade dotada de vontade moral. É necessário, portanto, livrar a razão prática de toda ambiguidade, especificando suas máximas de modo que elas se tornem verdadeiramente universais.

Várias religiões se baseiam na ética da reciprocidade. O Eterno no Levítico e Jesus no Evangelho recomendam, nos mesmos termos: "Ama o próximo como a ti mesmo". A Constituição francesa de 1793, que se afirma do Ser Supremo, diz que não se deve fazer ao outro "aquilo que não queres que te seja feito". Se levarmos a ética de reciprocidade às relações de gênero, obteremos uma primeira máxima: *Age com uma mulher como gostarias que agissem com tua própria filha.*

Essa regra promove o respeito e condena grande parte das patologias do masculino, como as violências, as discriminações e os estereótipos. Além disso, ela tem a vantagem de mostrar aos homens que eles têm um interesse pessoal (e não apenas moral) em apoiar as masculinidades de igualdade. No entanto, ela não permite escapar completamente à ascendência do patriarcado, pois alguns pais escolhem para as filhas um casamento forçado e uma vida de submissão, por conivência masculina a seu gênero. É por isso que a própria injustiça passa com sucesso no teste da universalização de Kant: porque quer que as mulheres sejam subordinadas em tudo, o homem dominante segue uma máxima contrária ao interesse delas, desejando "ao mesmo tempo, que ela se torne uma lei universal".

O princípio de reciprocidade deve ter uma salvaguarda, portanto. Um ato moral consiste em respeitar a autonomia do outro, mulher ou homem, reconhecendo sua humanidade, isto é, sua liberdade e sua igualdade absolutas. Para isso, pode-se recorrer à experiência do "véu de ignorância" que Rawls toma emprestado de Rousseau e de Kant: o princípio da ação deve abstrair as características (aqui, o sexo e o gênero) da pessoa que será objeto dessa ação. Obtém-se então uma segunda máxima:

Age com uma mulher como agirias se ignorasses seu sexo. Ela recomenda que se veja numa mulher não o sexo, mas o ser humano detentor de direitos iguais aos de todos os outros. Ela permite neutralizar, na ação de um homem, aquilo que nasce de seu interesse masculino. Ela permite, por exemplo, contextualizar os dilemas da galanteria: você convidaria sistematicamente um homem para jantar?

No entanto, essa regra de anonimato sexual não se aplica a todas as relações de gênero, por exemplo, à sedução; pois o amor heterossexual implica a atração erótica da diferença. Mais amplamente, uma relação supõe o respeito ao outro em sua identidade sexuada, porque esta faz parte de sua condição humana. Para reconhecer o outro como semelhante, é preciso ser capaz de se colocar em seu lugar, tanto em sua particularidade quanto em sua universalidade. Nesse sentido, não podemos agir como se uma mulher não fosse uma mulher. Sendo o sexo dado e o gênero construído, podemos abordar o ponto que os articula. Obtemos então uma terceira máxima: *Age com uma mulher como se o gênero dela e o teu pudessem ser invertidos*. Esse princípio de ação impede as manifestações de autoridade do masculino, encorajando as trocas e as hibridações capazes de enriquecer sua definição.

No fim das contas, a justiça de gênero exige que os homens obedeçam a uma *tripla regra de reciprocidade, imparcialidade e reflexividade*. Esse feminismo universal, baseado numa ética de gênero, nos permite envolver os homens e sair do romantismo pró-mulheres.

A desobediência de gênero

Segundo uma professora de história de Cambridge, as dificuldades das alunas se devem a um meio dominado pelos homens: seus retratos ornam as paredes da universidade, seus livros enchem as bibliografias, enquanto as palavras que os definem ("brilhante", "gênio") veiculam a desigualdade dos sexos.[6] Palavras desse tipo levam a um segundo impasse: apresentar as mulheres como pequenas e vulneráveis, cercadas de intelectuais rapaces ou predadores sexuais. Vítimas prometidas a uma vida de perigo.

Ninguém tem o direito de atacar o feminismo radical: todo feminismo é bom em si, e é a radicalidade do engajamento e a recusa das conveniências que permitem que Hubertine Auclert, Qiu Jin ou Emmeline Pankhurst façam recuar as relações de dominação. Em contrapartida, algumas correntes do feminismo são assombradas por velhos fantasmas: a luta de classes e a teoria da conspiração. Reflexos de extrema esquerda e ares de extrema direita se conjugam para construir uma visão maniqueísta do mundo: bem e mal, vítimas e algozes, mulheres oprimidas por homens opressores, resistentes em luta contra um machismo universal propagado pelos dirigentes, capitalistas, médicos, juízes e policiais. Em vez dos inimigos de classe, surgem os inimigos de gênero, que têm um poder invencível porque unido. A condição das mulheres não conheceu nenhum progresso, e todos os avanços não passam de uma mistificação para ocultar a persistência da dominação masculina. Os homens são o Adversário.

Ao longo de sua história, o feminismo criou para si espaços seguros, zonas de escuta onde, ao abrigo do patriarcado, as mulheres podiam compartilhar suas experiências e expressar sua solidariedade. Do Congresso Internacional das Obras e Instituições Femininas, de 1900, até a Women's Art Colony Farm, criada por Kate Millett em 1978, passando pelos grupos de apoio a mulheres vítimas de violência, a escolha pela não mixidade remete a uma necessidade de proteção — proteção contra a violência, a zombaria, o voyeurismo —, bem como a um desejo de liberdade — liberdade de corpo, liberdade de palavra, liberdade de criação, longe do olhar dos homens. A partir dos anos 2010, academias esportivas, agências de viagem, festivais, *co-locations* e projetos de *coliving* que misturam trabalho e natureza são criados para as mulheres que querem passar um tempo juntas.

Até onde se pode viver sem os homens? Na utopia *Terra das mulheres* (1915), que imagina uma sociedade composta apenas de mulheres, Charlotte Perkins Gilman considera a possibilidade de um laço amoroso com um homem; e mesmo a comunidade de "guerrilheiras" inventada por Monique Wittig no final dos anos 1960 admite alguns companheiros. Na verdade, a questão não é saber se o feminismo separatista é legítimo, mas se ele é viável. A resposta é não. Milhões de mulheres querem viver com os homens, trabalhar ou se divertir na companhia deles, ter filhos com eles, e elas nem por isso são cúmplices do patriarcado. Já que não se pode jogar os homens no lixo, melhor tentar aceitá-los. O desafio consiste em viver juntos numa sociedade justa, e não isolados em oásis de pseudopureza.

Antes de condenar a não mixidade, os homens precisam se olhar no espelho. O que eles colocam em sua masculinidade? Essa pergunta, feita em um contexto democrático (e não no imaginário do super-homem próprio aos totalitarismos), remete à educação dos meninos, à sua socialização, aos recursos que lhes são concedidos, aos privilégios que lhes são reservados, à tolerância de que seus abusos se beneficiam. Talvez um dia, graças a doses adequadas de testosterona, estrogênio e ocitocina, possamos anular as diferenças entre as fêmeas e os machos *sapiens*, e mesmo criar novos sexos; ou quem sabe as sociedades preferirão, para suprimir as desigualdades dentro dos casais, enxertar um útero nos homens e ativar suas glândulas mamárias. Enquanto esperamos por essa nova era, podemos *politizar o masculino*, seguindo duas direções: a subversão das masculinidades de dominação e a proliferação das masculinidades dissidentes.

Se o masculino precisa rimar com dominação, agressividade, violência, sexismo e homofobia, então ele merece ser dissolvido. O cavalheirismo, que justifica a proteção das mulheres, caducou. O culto do líder prenuncia a oligarquia do sexo, ou a ditadura. É saudável ridicularizar as posturas de autoridade masculinas: o chefe de Estado com ares de monarca, o guru midiático, o macho alfa no topo da cadeia alimentar, o CEO de setenta anos que se recusa a largar o osso, o jovem bilionário do Vale do Silício, símbolo do neopatriarcado geek, que sonha em colonizar o espaço. É bom zombar dos rabinos de extrema direita, dos prelados cheios de arrependimento, dos imãs fulminantes, porque "o riso é indispensável para o feminismo".[7] Parodiemos o homem poderoso no que ele tem de mais sagrado, sua autoridade e sua transcendência. Desconfiemos dos mestres que se apegam a seu papel. Sejamos capazes de renegar o machão, o brutamontes e o grosseirão em nós. É preciso praticar a desobediência de gênero. É preciso perder o respeito. Quando as masculinidades de dominação forem fissuradas, homens sairão de suas frestas, seres humanos livres do jogo da virilidade.

Thoreau retirou-se para viver ao longe, Gandhi e Martin Luther King se ergueram contra as violências; suas fraquezas foram entendidas como uma força. Tentemos, em vez disso, dar força às masculinidades degradadas, defasadas, frágeis. Nas guerras do masculino, estejamos ao lado dos fracos. Do homossexual em quem se cospe. Do aluno que dança ou escreve poemas às meninas. Do garoto que não consegue aprender seu papel: "Ele se exercita na virilidade, mas é como uma comédia à qual ele não adere por inteiro. [...] Ele evita os garotos violentos, selvagens, loucos por futebol, que sabem usar uma serra elétrica e gostam de briga".[8] Franz Kafka, os personagens de Philip Roth e Woody Allen, o neurótico cheio de dúvidas, capaz de autodepreciação. Offenbach colocando em música o ridículo do poder, os caprichos dos poderosos, a vacuidade das honrarias, o general Boum em *La Grande-Duchesse de Gérolstein*, os heróis da mitologia em *La Belle Hélène*.

Antes da fundação de Israel, a cultura judaica asquenaze permitia um projeto de masculinidade com o intelecto, a fala, a escrita — não como um atleta ou um machão. Na Bíblia, os homens fortes caem, como Sansão e Golias, e os homens fracos se elevam, como o estéril Abraão e o cego Isaac. Na época romana, os judeus preferem filosofar a lutar, e os primeiros cristãos herdam essa fraqueza desejada: sua efeminação é uma distinção que os eleva acima da brutalidade de Roma. Há um potencial feminista nessa atitude. Os homens de cultura iídiche se orgulham de estudar. A violência não faz parte de sua personalidade. A única disputa que eles aceitam é o *pilpul*, o método de comentar o Talmude, e sua nobreza comporta uma ideia de doçura. O judeu do gueto é um homem que se recusa a ser um homem como os outros.[9]

A masculinidade não será justa enquanto não denunciar sua própria posição de poder e desprezar sua própria arrogância; os homens que transgridem o masculino rompem com a iniquidade. É por isso que podemos integrar à masculinidade não apenas o feminismo, mas o feminino. Há homens que se caracterizam pela sensibilidade, que gostam de ouvir, que são eróticos porque são delicados. Seu pacifismo nos costumes é o contrário da agressividade fálica. O masculino se abre ao feminino não para reinar, como na masculinidade de ambiguidade, mas para abdicar.

A politização do masculino acontece em várias etapas, portanto:

— apoiar as mulheres em todas as suas lutas, tanto por razões pragmáticas (elas são nossas mães, nossas irmãs, nossas companheiras, nossas filhas) quanto por razões morais (pela democracia e pelos direitos humanos);

— localizar e combater as patologias do masculino;

— transformar a virilidade em simples ingrediente de uma sociabilidade entre homens;

— recusar a tirania de uma norma a fim de complexificar o masculino;

— rir das masculinidades patriarcais;

— cultivar o feminino em si;

— promover as masculinidades de não dominação, de respeito e de igualdade.

Todas as masculinidades do mundo

O sistema patriarcal exige a concordância entre o sexo, o gênero e o desejo. A mulher é submissa e feminina; o homem, viril e dominante; os dois são complementares, no amor e na família. Ora, assim como o feminino não é uma exclusividade das mulheres, também podemos romper a linha direta que vincula os homens ao masculino e à heterossexualidade. Semeando a "perturbação do gênero", ampliamos o campo dos possíveis. Essa é a grande lição de Judith Butler.

A transidentidade, que faz o sexo divergir do gênero, é atestada em terras islâmicas desde o século VII. Ora solicitados como animadores e alcoviteiros, ora banidos como pecadores, os *mukhannathun* são homens que se portam como mulheres. Na Bagdá do século IX, os *ghulamiyyat*, mulheres travestis com bigodes, assistem às rinhas de cães e às corridas de cavalo ao lado dos homens. Um milênio depois, os transgêneros são considerados, no Oriente Médio, doentes mentais ou delinquentes. Da mesma forma, os *yan daudu*, da Nigéria, homens que se vestem de mulher, são associados às prostitutas e aos homossexuais, portanto perseguidos em nome da "moral" islâmica.

A intersexualidade, por meio da qual um indivíduo escapa do binarismo sexual, define uma espécie de terceiro sexo.

As transgressões de David Bowie (c. *1974*)

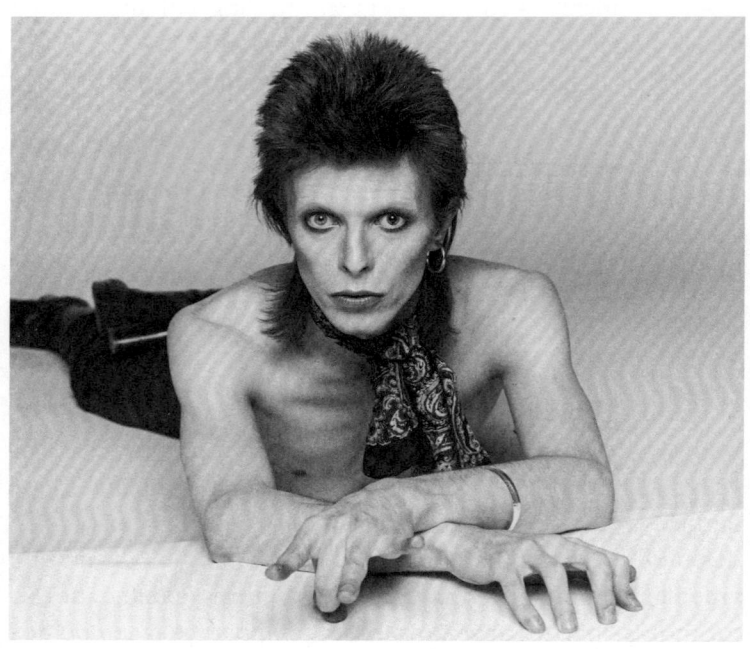

Cabelo ruivo, maquiagem chamativa, afetação lasciva, silhueta esguia:
tornando-se uma criatura andrógina na época do álbum *Aladdin Sane*,
David Bowie desafia os códigos da virilidade e rompe com o machismo
da cena de rock britânica, que vai de Rolling Stones a Led Zeppelin.

O andrógino, adolescente ainda feminino, efebo impúbere, sexualmente indeterminado, inspira uma arte da ambiguidade que leva do *Hermafrodita dormindo*, do Louvre, a *O sono de Endimião* (1791), de Girodet. Na Índia, os *hijras*, castrados, hermafroditas ou assexuados, possuem um caráter sagrado que lhes vale convites para festas e casamentos. Em 2018, a Alemanha reconhece a existência de um terceiro sexo, inscrito na certidão de nascimento sob apresentação de um atestado médico.

Ao representar as masculinidades desviantes, a arte desarranja o patriarcado. As fotografias de Nan Goldin mostram homens maquiados, drag queens, casais homossexuais separados pela aids. Com rostos em forma de caveiras uivantes, todos os dentes para fora, Jean-Michel Basquiat dá corpo à revolta do homem negro nos Estados Unidos. A figura do jovem homossexual do interior rejeitado pela família, desejoso e incapaz de retomar o contato com ela, habita as obras do dramaturgo Jean-Luc Lagarce e do sociólogo Didier Eribon.

A África e a Ásia são as novas frentes pioneiras do masculino. Em Lagos, Richard Akuson cria uma revista, *A Nasty Boy*, em que homens sensuais e extravagantes posam de saia ou vestido, usando tops floridos, collants, plumas e saltos agulha. Essa moda, produto de uma nova criatividade masculina, é uma resposta à grosseria dos homens, à vulgaridade ostensiva dos magnatas do petróleo, à legislação homofóbica introduzida na Nigéria em 2014. Na Coreia do Sul, os jovens adolescentes da *boys band* BTS turvam a fronteira entre beleza feminina e sex appeal masculino, como no clipe "IDOL", onde dançam maquiados, fantasiados e de cabelos pintados, num cenário psicodélico fosforescente. Na China, influenciadores usam looks afeminados (maquiagem, brincos, fru-frus, brinquedos cor-de-rosa), em homenagem aos ícones do pop coreano e japonês.[10]

O embaralhamento dos gêneros pode ser interpretado como uma reivindicação de liberdade, em oposição ao modelo virilista oferecido pelas autoridades. Ao mesmo tempo, em todos os continentes, números crescentes de jovens se dizem "não binários", "*gender fluid*" ou "neutros", independentemente de sua orientação sexual. Essas novas identidades vão além da política e da moda. Elas expressam uma desconfiança em relação ao patriarcado.

Muitos homossexuais, como Charles de Villette e Edward Carpenter, foram companheiros de estrada das feministas. Como disse Allen Young em 1972, em *Out of the Closets*, "a liberação gay é uma luta contra o sexismo". Vítima do machismo e do patriarcado, a cultura gay é uma aliada natural do feminismo. A partir dos anos 1980, homens se tornam ícones dentro da comunidade LGBT, ao lado de atrizes e cantoras: na cena internacional, Boy George, George Michael, Elton John e, no mundo ex-soviético, o dançarino e cantor russo Boris Moiseev ou o cantor ucraniano Verka Serduchka, que usa roupas com lantejoulas prateadas.

A cultura gay, distinta da homossexualidade em sentido estrito, é combatida pelas ditaduras do Oriente Médio e do Magrebe, bem como pelos Estados autoritários da Europa Oriental. Em 2000, a Bielorrússia legaliza a homossexualidade, mas não as organizações gays e lésbicas, que não podem fazer paradas do Orgulho Gay. Na era pós-soviética, a homofobia bielorrussa se insere num discurso nacionalista que visa restaurar a honra da pátria humilhada: concebida como uma família tradicional, a nação será forte enquanto for dirigida por homens. As mídias oficiais se esforçam para desacreditar os opositores, associando-os a minorias sexuais "pederásticas".[11] No extremo oposto dessa visão, o prefeito de San Francisco, Gavin Newson, autoriza em 2004 o casamento entre pessoas do mesmo sexo, contra a legislação californiana.

Bradley Manning (nascido em 1987), preso por divulgar centenas de milhares de documentos sigilosos no WikiLeaks, em 2010, vive desde sempre em meio ao mal-estar causado pelo mundo viril. Ele sofre com as exortações do pai para se portar "como um homem", as zombarias dos colegas depois de seu *coming-out*, as injúrias dos outros soldados no Exército, a cultura da obediência e do sacrifício. Depois de sua condenação em 2013, o Exército americano autoriza o soldado Manning, que já se chama Chelsea, a vestir-se de mulher e a dar início ao tratamento hormonal para mudança de sexo. Chelsea Manning é solta em 2017, depois da comutação de sua pena pelo presidente Obama.[12] Homossexual, delator dentro do US Army, homem que se torna mulher, Chelsea Manning trai a ordem de gênero três vezes: as três transgressões são necessárias para que ela reinvente o heroísmo masculino — ou feminino.

Novas figuras emergem: o homem de casa, o enfermeiro, o filho à cabeceira dos pais, mas também o jovem homossexual, o soldado homossexual, o pai de família homossexual, o herói transgênero, o presidente negro, o astro andrógino, detentores de uma masculinidade que enfurece alguns homens. Difratando-se, a masculinidade perde sua centralidade: ela não é mais a norma abstrata, portanto universal, mas um corpo que expressa uma escolha de vida. O homem não é mais o centro invisível onde tudo tem início, o eixo em torno do qual o mundo gira, mas uma categoria humana entre outras. Mais do que uma igualdade dos sexos, o embaralhamento das identidades produz uma des-igualdade, uma assimetria em que as masculinidades são enriquecidas pela recombinação de sexo, gênero e sexualidade. As *minorias masculinas* reivindicam um outro "direito do homem": o direito de todo homem encarnar o masculino. Essas dissidências ajudam a romper com a fantasia do Grande Complô.

As mulheres também têm o direito de participar da definição do masculino. A identidade lésbica *butch* é uma reapropriação crítica da virilidade, própria a redefinir a fronteira entre os gêneros. Ela instaura uma aparência, mas também novas formas de corpo, voz, movimento e desejo.[13] Em outro âmbito, Candace Kucsulain, a cantora de Walls of Jericho, banda de punk hardcore americano, remaneja os padrões da masculinidade: tatuagens, musculação, presença física e vocal, léxico da raiva etc. Como vemos, a aceitação das escolhas de cada um permite a introdução da diversidade no masculino. Isso tem algo de libertador.

Estúpido como um homem?

Na atual configuração de nossas sociedades, a estratégia da "perturbação do gênero" não pode ser generalizada: a violação das normas só não custa caro quando se é uma estrela internacional, e nem todos querem lutar contra o patriarcado tornando-se trânsfugas de gênero. Portanto, é preciso começar apostando no feminismo de Estado, que se expressa em leis e políticas públicas. O exemplo da Europa Setentrional e dos antigos países socialistas comprovam sua eficácia.

Hoje, grande parte das democracias se mobiliza a favor da igualdade entre os sexos. Esse é um imenso progresso, que devemos celebrar, pois ele manifesta uma ruptura com o patriarcado de Estado, nascido no Egito e na Mesopotâmia por volta de 3000 a.n.e. A justiça de gênero exige, sem possibilidade de negociação, que as mulheres tenham os mesmos direitos que os homens. Esse ideal está longe de ser alcançado, mas ele é aceito como uma perspectiva normal por grande número de mulheres e homens pelo mundo. Resta saber como chegar à igualdade de direitos. Será pela paridade, essa igualdade aritmética subentendida pela democracia?

A igualdade absoluta não é nem possível nem desejável no âmbito da maternidade, pois são as mulheres que ficam grávidas e, quando possível, amamentam. Na Grã-Bretanha, um funcionário prestou queixa por discriminação, em 2018: durante sua licença parental (*shared parental leave*), ele recebeu menos que uma mulher durante a licença-maternidade (*maternity leave*) da segunda à 14ª semana. Seguindo a legislação europeia e nacional, o julgamento não lhe deu razão, porque a licença-maternidade protege a saúde e o bem-estar das pessoas grávidas, que são mulheres por razões biológicas, enquanto a licença parental permite que se cuide de uma criança.[14]

O feminismo igualitário não necessariamente reivindica o compartilhamento do tempo que cabe aos homens nos Exércitos, nas plataformas petrolíferas ou nos canteiros de obras. Poderíamos nos ofender porque as mulheres, na França, representam apenas 2% dos operários da construção civil.[15] Por que não há mais mulheres empunhando a britadeira? Como

Olympe de Gouges, que reivindicava o direito de subir na tribuna em compensação ao de subir no cadafalso, poderíamos exigir, a título de igualdade entre os sexos, que as mulheres dividissem as tarefas mais duras, mais ingratas e mais perigosas que os homens assumem sozinhos, às vezes correndo risco de vida. Mas percebe-se o absurdo desse raciocínio: a justiça de gênero busca baixar a taxa de mortalidade dos homens em canteiros de obras ou palcos de operações militares, e não aumentar a das mulheres. O feminismo, de fato, não reivindica a igualdade absoluta entre os sexos, mas o *progresso da condição feminina.*

No topo da escala social, deve-se protestar porque algumas profissões — ensino, magistratura — contam com uma maioria de mulheres? Felizmente, as mulheres qualificadas detêm cada vez mais responsabilidades, no topo das repartições e das empresas. No entanto, quando elas conseguem concorrer com os homens em seus santuários, o modelo masculino é que costuma dominar: ultradisponibilidade para o trabalho, competição, poder sobre os outros. Nos anos 1980, as mulheres adotam os mesmos comportamentos de risco que os homens, e seu estilo de vida se degrada tanto quanto o deles. A má alimentação, o sedentarismo, o estresse e os vícios se manifestam numa "epidemia" de enfartos entre mulheres de todos os meios, especialmente entre as hiperativas de 45 a 54 anos, com um aumento de hospitalizações de 5% ao ano. As doenças cardiovasculares se tornaram a primeira causa de mortalidade entre as mulheres.[16]

Mais uma vez, percebemos o absurdo do raciocínio: o verdadeiro progresso não consiste em impedir as mulheres de quebrar o teto de vidro, sob o argumento de que seria ruim para a saúde delas, mas fazer com que todos se beneficiem de melhores condições de vida. Além disso, o risco cardiovascular das mulheres pode ser facilmente atenuado: a contracepção com estrogênio sintético tem efeitos nefastos para a saúde, as medicações costumam ser mal prescritas quando a paciente é mulher etc.

A igualdade no sentido "como os homens" é desejável, boa, justa, e suas conquistas provocaram uma ruptura antropológica ao longo do século XX, tanto na cidade quanto na família; mas não é certo que a vida dos homens sempre seja desejável, boa e justa. Nancy Fraser rejeita o modelo do "provedor universal" porque a carreira das mulheres se inspiraria, assim, nas masculinidades de dominação. A síndrome da amazona não consiste em ser "como os homens", mas como os piores dentre eles, os duros, agressivos, vaidosos e exploradores. Trata--se menos de abalar o sistema patriarcal do que criar um lugar para si dentro dele.

Será um bom objetivo tornar-se tão estúpido quanto os homens? Será um progresso adotar o universalismo masculino, a competição masculina, o academicismo masculino? Será preferível criar fêmeas alfa compatíveis com os machos alfa, ou lutar contra o suposto modelo destes últimos? Precisamos dos homens, não de sua autoridade. É justo que as mulheres tenham tanto quanto os homens e que estes percam seus privilégios; mas também é justo que as masculinidades de dominação não representem a norma, o modelo da boa vida, e é igualmente justo defender as masculinidades subordinadas e marginalizadas. O feminismo não deveria se limitar à defesa das mulheres brancas e qualificadas, abandonando as demais à própria sorte.

O finalismo paritário (50% de homens e 50% de mulheres em tudo) não é uma panaceia: ele deixa em aberto problemas como a injustiça social, a concentração dos poderes e das riquezas, a preponderância da masculinidade de dominação. Além disso, reforça a ideia de que a desigualdade homens-mulheres é um problema de sexo, ao passo que ela é um problema de gênero.

Terceiro impasse, depois do romantismo pró-mulheres e da crença num grande complô masculino.

Claro que é legítimo exigir paridade nos tribunais constitucionais, nos comitês executivos, nas redações, nas comissões de especialistas etc. Mas quando alcançarmos essa democracia sexual, teremos percorrido apenas um quarto do caminho. Ainda precisaremos desconstruir o masculino. Ainda precisaremos desmantelar o patriarcado. Ainda precisaremos trabalhar para a igualdade de todos os outros homens e mulheres que, em razão de suas poucas qualificações ou de discriminações que nos recusamos a enxergar, permanecem à margem.

Todos esses exemplos mostram que o finalismo paritário não necessariamente coincide com a justiça de gênero, e que a segunda é mais ambiciosa que o primeiro. Eis como poderia ser seu programa:

— alcançar a paridade nos governos, nos meios de comunicação, no topo das empresas e das repartições públicas;

— melhorar as condições de vida e de trabalho das mulheres pouco qualificadas;

— lutar contra a sub-representação das mulheres de classes populares e de minorias étnicas em política, economia e nos meios de comunicação;

— interromper o processo que leva meninos de classes populares e de minorias étnicas a fracassar nos estudos;

— diminuir as taxas de mortalidade masculina.

O feminismo burguês dirige seus esforços para a igualdade de oportunidades, o feminismo popular, para a igualdade de posições, enquanto uma reforma do sistema educativo ajudaria as masculinidades marginalizadas. É fácil constatar que, em quase todas as democracias, somente o primeiro objetivo é considerado uma prioridade: é para a *executive woman* que se voltam quase todos os esforços. Ora, restringir a justiça de gênero a um benefício aos mais favorecidos não é legítimo.

O feminismo popular e intersecional universaliza a luta a favor das mulheres. Para obter a emancipação de todos, é preciso melhorar a formação escolar das meninas e dos meninos socialmente desfavorecidos, para fazer com que eles se beneficiem dos mesmos dispositivos de discriminação positiva das mulheres muito qualificadas, na política ou no mundo empresarial.

Feminismo e compromisso conjugal

Os republicanos franceses do século XIX professavam que a "igualdade na diferença" é mais conveniente às mulheres do que a simples igualdade. Essa expressão, tão hipócrita quanto o "*separate but equal*" da segregação racial nos Estados Unidos, tinha como único objetivo atribuir a cada sexo um destino: o poder masculino e a função-mulher. É por isso que a igualdade entre os sexos não é negociável. Ela continuará no centro da justiça de gênero enquanto o círculo patriarcal (restrito ou estendido) e os campos reservados ao masculino não tiverem desaparecido. Até esse dia, precisaremos do feminismo mais radical possível.

No século XVIII, o feminismo nasce de uma exigência de igualdade: viver "como os homens", ter os mesmos direitos que eles. Mas as mulheres não são seres relativos, definidos em função de uma norma masculina, dignas apenas de "alcançar" os homens. Assim como os homens não estão habilitados a dirigir as mulheres — o que elas devem vestir, como devem se comportar etc. —, tampouco o masculino é o guia da vida humana. Caso contrário, tanto no amor como em direito, a existência de uma mulher seria um "chegar ao homem, em tudo e sempre".[17]

Uma nova etapa se delineia: a liberdade de gênero, que garante às mulheres independência em relação aos homens — uma vida livre, portanto boa. Mulheres autônomas; mulheres sobre as quais os homens não tenham ascendência; mulheres indisponíveis às necessidades e aos desejos dos homens, a não ser com seu consentimento expresso; pessoas absolutas, intransitivas, sem função, livres para escolher tudo o que lhes diz respeito e para governar a espécie humana da mesma forma que os homens. A mulher-sujeito de igualdade, polarizada pelo masculino, se funde a um novo modelo: a *mulher-sujeito de liberdade*.

Monique Wittig afirma que, num mundo que subjuga as mulheres, as lésbicas são como escravizados fugitivos, que assumem o risco da fuga. Livres da instituição heterossexual, "as lésbicas não são mulheres", e é por isso que elas podem acolher os homens como irmãos de luta. A experiência das lésbicas vale para todas as mulheres que querem escapar do patriarcado, isto é, que querem deixar de viver a serviço dos homens, oferecendo-lhes conforto sexual, materno ou doméstico. Algumas mulheres não precisam dos homens, ou apenas de vez em quando — no trabalho, na amizade, no sexo, em viagens, na procriação.

Mas e as mulheres que querem ficar em casa, com o marido e os filhos? Em 1980, durante a campanha do referendo sobre a soberania do Quebec, Lise Payette, ministra da Condição Feminina, comparou os partidários do não a "Yvette", heroína de um manual escolar cheio de estereótipos sexistas: enquanto Guy sonha tornar-se um campeão nos esportes, Yvette, sua irmãzinha, ajuda os pais colocando a mesa, secando a louça e varrendo o chão.[18] As palavras de Lise Payette despertaram protestos por parte das federalistas, conservadoras ou não, bem como um debate sobre o papel das mulheres. É desprezível ficar com os filhos? Uma Yvette não é uma mulher hiperativa?

Como lembrou Marguerite Yourcenar numa entrevista em 1981, as mulheres não precisam se sentir diminuídas por trazer crianças ao mundo, por alimentá-las e vesti-las, por cercar os seus de cuidados e carinhos; esta é apenas uma forma de amor. O círculo patriarcal não é ruim em si, desde que se possa sair dele com a cabeça erguida. A reivindicação de dignidade de Yvette, absolutamente legítima, só pode ser universalizada sob uma condição: toda mãe dona de casa deve ter a possibilidade de mudar de ideia a qualquer momento — para trabalhar, fazer carreira, viajar, começar outra vida. O que supõe, no mínimo, ter estudado, tirado a carteira de motorista e contribuído para uma aposentadoria. Sem isso, o investimento doméstico não terá oferecido mais que o conforto da servidão.

Com essa condição sine qua non, podemos aceitar as configurações em que, por um período determinado, em função das exigências da carreira, um dos cônjuges investe menos que o outro na família. Esse arranjo não deve beneficiar apenas os homens. Quando uma mulher exerce uma profissão menos remunerada que o marido (ou mais flexível em matéria de horários), é possível que ambos se beneficiem, mas isso não justifica a má divisão das tarefas domésticas. O feminismo deve respeitar as combinações do casal, mas as combinações do casal também devem respeitar o feminismo.

A liberdade mulheres-homens

A justiça de gênero se baseia em direitos, liberdade e igualdade — programa de emancipação integral. A mulher, nos mesmos termos que o homem, tem o direito de estudar, trabalhar, ganhar dinheiro, se divorciar, ser respeitada em seu corpo, escolher sua sexualidade, ocupar o espaço público, falar, votar, ser eleita, ser levada a sério. Direito à segurança, ao conhecimento, à palavra, à legitimidade, à perícia, à autoridade, ao poder. Direito de não ser constantemente reduzida a seu sexo ou a seu gênero.

Consequentemente, uma mulher é livre: livre para ser ativa como assalariada ou dona de casa; livre para ter uma carreira e ser mãe ao mesmo tempo; livre para se expressar e amamentar na Assembleia; livre para usar calça ou minissaia, sair à noite, frequentar bares, usar maquiagem ou não, depilar-se ou não, ser magra ou não, sensual ou não; livre para expressar seus desejos; livre para usufruir sem vergonha ou incômodo de suas fantasias; livre para amar uma mulher ou um homem, homens ou mulheres; livre para se casar ou não, ter filhos ou não, para ser mãe se for solteira ou homossexual; livre para viver com os homens ou evitá-los, para seduzi-los ou fugir de seus olhares, de suas opiniões, de seu controle, de sua moral; livre para ignorar todas as proibições que lhes são impostas em nome da "natureza"; livre para falar em nome de todos os seres humanos; livre para se enraizar no particular e encarnar o universal abstrato.

Podemos ver que a igualdade entre os sexos é compreendida dentro de uma *liberdade mulheres-homens*, definida como a total liberdade conferida pelos direitos. Por milênios, os homens limitaram a liberdade das mulheres, abusando da sua, proclamando-se "livres" para dominar, bater, estuprar, excluir, reduzir ao silêncio ou à invisibilidade. O masculino não pode ser um modelo de liberdade, pois está marcado por sua própria injustiça. Um homem que queira escapar da tirania de seu gênero, para realmente entrar no universal, deve começar por se tornar feminista. Ele precisa reconhecer a liberdade das mulheres, se quiser ser livre por sua vez. Os homens de hoje é que devem se curvar aos direitos das mulheres, pois estes não negam os seus (como ser pai do mesmo modo que a mãe). Para eles, o dever consiste em nada proibir; para elas, o direito consiste em nada se proibir. Nem censura nem autocensura: a justiça de gênero obriga a *respeitar a independência das mulheres como um absoluto*.

Pode-se alegar que as mulheres estão longe de usufruir dessa liberdade em toda parte. Tragicamente, é verdade. Uma sociedade justa tem o dever de proteger a escolha dos indivíduos, para impedir que a liberdade das mulheres comece apenas onde acaba o poder dos homens. Dada a variedade de seus engajamentos — carreira, família, comunidade etc. —, as mulheres costumam ser mais úteis que os homens, e suas vidas são mais ricas e equilibradas. Em vez de glorificar a mulher materna, diabolizando o homem agressor, podemos conceber o feminino como um ponto de referência, um novo desejável social em relação ao qual os homens se definam. No século XX, o feminismo consistia em viver "como os homens"; um dia, ele ajudará os homens a viver "como as mulheres".

Esse modelo não se baseia nos valores tradicionalmente associados ao feminino — ternura, escuta, altruísmo, empatia —, ainda que se tenha o direito de preferi-los às arrogâncias do chauvinismo viril, a exemplo de Romain Gary, que lamentava a "ausência de feminilidade em nossa civilização".[19] Trata-se, aqui, de outro universalismo, feminino, que acolhe a riqueza da aventura humana e a liberdade dos possíveis — liberdade de escolher sua vida com plena consciência, liberdade de exercer o poder em todos os níveis, liberdade de ser como os homens, ao lado dos homens, com os homens ou sem os homens, liberdade de pensar diferente, liberdade de criar novas formas sociais e novas compreensões da vida.

Melhor antídoto ao patriarcado do que a simples democracia paritária, a justiça de gênero caracteriza os sistemas em que *o sexo não está relacionado a nenhuma desigualdade social*; suas melhores armas são o respeito mútuo e a liberdade mulheres-homens. Como podemos ver, a justiça de gênero não pode ser separada da justiça social, e a emancipação das mulheres prenuncia a emancipação de todos.

Ser feminista é bom; combater o patriarcado, melhor. Pois assim nos proibimos de dominar os sexos e os gêneros, principalmente as mulheres de feminilidade julgada adequada e os homens de masculinidade julgada não adequada. Decomposto em masculinidades, o masculino se torna uma experiência

377

como as outras. No dia em que os homens forem capazes de defender a igualdade, eles sairão do arcaísmo e se tornarão modernos. Chegou a vez de os homens combaterem o patriarcado, que também os envenena. Trata-se de recusar uma certa configuração do mundo — a violência, a parcialidade, o absolutismo, os privilégios, os monopólios, a conivência. Para os homens, a justiça de gênero resulta de três vontades: *questionar-se* enquanto indivíduo e enquanto grupo; promover teoricamente e, sobretudo, *viver a igualdade* no casamento, na família, no trabalho, na rua, nos transportes, nas assembleias; *construir novas alianças* com vistas a mobilizações futuras. Em outras palavras, trata-se de sair do silêncio cúmplice e posicionar-se a favor dos direitos de todas e todos.

O que é um homem justo? Alguém que se solidariza com as mulheres, e que se dessolidariza do patriarcado. Alguém que respeita a igualdade entre as mulheres e os homens, mas também entre o feminino e o masculino, assim como entre as diferentes masculinidades. Um homem que reconhece a liberdade dos outros. Toda a liberdade de todos os outros.

Epílogo

O que pode o homem injusto

"Homem, és capaz de ser justo? É um homem quem te pergunta." Se, no momento de concluir, parafraseio Olympe de Gouges, é para lembrar tudo o que minha reflexão de homem deve ao feminismo das mulheres.

Não conheci Olympe de Gouges, mas tive a honra de trabalhar para Simone Veil, no início dos anos 2000, na época em que ela foi presidenta da Fundação para a Memória da Shoah. Ela estava com 75 anos, eu tinha apenas trinta. Ela poderia ter sido minha avó. Essa mulher excepcional, órfã de pai e mãe, constitui para mim a ligação entre Auschwitz, a integração dos judeus e o feminismo. Ela era obcecada pelo desaparecimento das testemunhas, pelo silêncio eterno em que entrariam aquelas e aqueles que haviam visto, sofrido, resistido. Ela sobreviveu, depois viveu. Hoje, precisamos viver sem ela.

Este livro é o produto de uma história familiar e pessoal, de meu caminho através das gerações. Sou filho de um pai, mas pai de filhas; filho de uma mulher, marido de outra. Tanto para meus pais quanto para meus avós maternos, a divisão das tarefas domésticas seguia o modelo tradicional. De minha parte, tento ser um bom pai, mas não tenho certeza de ser um bom marido. No século XIX, um europeu teria achado despropositado um lar regido pela igualdade entre os sexos; hoje, um escandinavo acharia o contrário um despropósito. Situo-me entre os dois. Para mim, nascido e educado na França no último quarto do século XX, não é óbvio compartilhar as tarefas domésticas. Compartilho-as porque minha mulher me educou ao longo de debates e tensões, às vezes brigas.

Marido mais ou menos igualitário, pai comprometido, não afirmo ser um modelo. Parece-me evidente que, em alguns momentos de minha vida, beneficiei-me de vantagens ligadas à masculinidade. Nenhum remorso, aqui: em vez de bancar o homem ideal, prefiro combater minhas contradições. De resto, ao expor esse conflito interior, também cumpro meu dever de historiador, que consiste em ajustar uma questão individual a tectônicas sociais, para compreender como a história nos atravessa.

Escrever este livro foi uma maneira de romper comigo mesmo. Para viver bem, é preciso ter a consciência limpa: acreditar que estamos do lado certo. Ao trabalhar sobre o masculino, vi-me subitamente entre os dominantes, os privilegiados, os aproveitadores. Defender a justiça de gênero enquanto homem é lutar contra si mesmo. A contramasculinidade, qualidade de vigilância democrática, é em primeiro lugar um contra-si. Precisamos ser capazes de nos desfazer da educação que recebemos, dos reflexos que adquirimos, da ideologia de gênero que forjamos para nós mesmos, da atmosfera de tolerância que nos cerca, até renunciarmos àquilo que sempre fomos.

Não é fácil confrontar-se com um modo de funcionamento que existia antes de nosso nascimento. Tampouco é fácil escapar de um mundo em que as mulheres são exploradas através do trabalho doméstico e de empregos mal remunerados, mas também da publicidade, da pornografia, da prostituição. Além disso, logo percebemos: é difícil renunciar a seus privilégios. Ser um homem justo representa um dos grandes desafios para o amanhã. Exige um mínimo de vontade individual e coletiva, e os esforços de cada um precisam ser sustentados por mudanças sistêmicas.

Posso combater o patriarcado sendo homem? O que faço aqui, no meio da luta feminista? Os homens costumam se intrometer em tudo, em todos os espaços de debate, para tirar a palavra das mulheres. E aqui estou eu, com minha astúcia, apropriando-me de palavras que não são minhas. E se eu disser que este livro fala principalmente do masculino — um homem falando dos homens —, alguém me dirá que estou construindo uma nova "masculinidade hegemônica"?

Karl Marx não era proletário, John Stuart Mill não era mulher, William Garrison não era escravizado, André Gide não era um trabalhador forçado nas plantações do Congo. No entanto, eles escolheram o campo de seus dissemelhantes. Césaire, poeta da Martinica, era grato a Rimbaud, poeta das Ardennes, por ter escrito: "Sou um negro". E eu, que não sou poeta, sou grato a Césaire por ter escrito: "Sou um homem-judeu, um homem-pogrom".

Hoje, os processos de apropriação cultural proíbem os homens de falar do feminismo, os brancos de evocar a escravidão. Esse é um retrocesso aterrorizante que nos obriga a permanecermos em nossos nichos, porque seríamos incapazes de compreender as opressões que não sofremos. Esse anátema atinge, aliás, todas as ciências sociais: os historiadores não remaram em galeras, não atiraram com metralhadoras em trincheiras. Sinto-me orgulhoso de ter retraçado a vida de uma jovem martirizada em *Laëtitia ou la fin des hommes*, publicado em 2016, um ano antes do caso Weinstein. Não tenho nenhum mérito por isso, mas reivindico o direito de falar, enquanto homem, do feminismo e da justiça de gênero.

"Eu me revolto, logo existimos", escreveu Camus. A dignidade do masculino decorre da consciência da injustiça sobre a qual ele repousa. Os homens poderiam tirar dela um sentimento de pertencimento mais poderoso do que com piadas de vestiário. Em primeiro lugar, os justos são revoltados, capazes de protestar contra si mesmos e contra os destinos que reservaram para si — antes mesmo de participar das lutas comuns. É por isso que, social-democrata, esforço-me para inventar uma utopia que se chama justiça de gênero.

Quaisquer que sejam meus limites, eu me engajo. Não sou um militante, nem um apóstolo, como São Paulo a caminho de Damasco, mas tento ser um "cara legal". Quando faço o retrato do homem justo, sei tudo o que me separa dele. Isso não me impede de tomar partido. Sou um homem contra o poder masculino. Sou um feminista.

Eu precisaria de outro livro para falar de minha juventude, da maneira como muito cedo me senti em defasagem nos usos e costumes da virilidade nos esportes, nas amizades, nos amores, na escola, na universidade. Minha inteligência é menos viva que minha sensibilidade, que beira a angústia. O cinismo e a violência me causam horror. Minha mulher não me escolheu, creio, por minha força física, nem por minha solidez psicológica. Prefiro um *motorhome* a um carro. Homem sem qualidades, sinto-me em casa quando visito um museu. Historiador, dialogo com os mortos por não saber enfrentar os vivos. Aprendo a avaliar minhas falhas. Em mim, prefiro a criança ao adulto, o caminhante ao professor.

Faço carreira na academia e contribuo com suas produções. Faço ciências sociais. Mas minha pesquisa também é uma pesquisa sobre seu método e suas formas — investigação, pluridisciplinaridade, reflexividade, narração, estrutura, atmosfera, emoção. Minha literatura fala a verdade porque se baseia em provas. Minha sensibilidade é um rigor. Perturbo a ordem dos saberes assim como contesto a ordem de gênero. Embora eu seja um homem por meu corpo, heterossexual por minhas escolhas, professor universitário por minha profissão, sinto-me pouco à vontade no masculino. Não tenho vontade de me tornar uma mulher, mas de bom grado mudo de gênero.

Tornar-me pai de minhas filhas foi o grande acontecimento de minha vida. Ainda tenho alguns anos ao lado delas, atento em fazer aquilo que professo. Antes de sair deste mundo, eu talvez tenha a chance de ver nossos filhos se tornarem homens justos, e nossas filhas, mulheres livres.

Notas

Introdução: Revolucionar o masculino [pp. 13-20]

1. Germaine Tillion, *Le Harem et les cousins*. Paris: Seuil, 1982 [1966], p. 14. (Coleção Points).

1. A globalização do patriarcado [pp. 23-52]

1. Joan Bamberger, "The Myth of Matriarchy: Why Men Rule in Primitive Society". In: Michelle Rosaldo e Louise Lamphere (Orgs.), *Women, Culture, and Society*. Stanford: Stanford University Press, 1974, pp. 263-80; e Deborah Gewertz, "A Historical Reconsideration of Female Dominance Among the Chambri of Papua New Guinea", *American Ethnologist*, v. 8, n. 1, pp. 94-106, 1981.
2. Choo Waihong, *The Kingdom of Women: Life, Love and Death in China's Hidden Mountains*. Londres: Tauris, 2017.
3. Elizabeth Spelke (com Steven Pinker), "The Science of Gender and Science", Mind Bran Beahavior Discussion, Harvard, 2005. Disponível em: <www.edge.org/3rd_culture/debate05/debate05_index.html>. Acesso em: 25 jul. 2021.
4. Ver, por exemplo, Diane Halpern, *Sex Differences in Cognitive Abilities*. 4. ed. Nova York: Psychology Press, 2012.
5. Frans de Waal, *Le Singe en nous*. Paris: Fayard, 2006, pp. 62 ss.; e Donald Brown, *Human Universals*. Filadélfia: Temple University Press, 1991, quadro final. Ver também Menelaos Batrinos, "Testosterone and Aggressive Beahavior in Man", *International Journal of Endocrinology and Metabolism*, v. 10, n. 3, pp. 563-8, 2012.
6. Ver, por exemplo, Ruth Feldman et al., "Evidence for a Neuroendocrinological Foundation of Human Affiliation", *Psychological Science*, v. 18, n. 11, pp. 965-70, 2007.
7. Jared Diamond, *Pourquoi L'Amour est un plaisir: L'évolution de la sexualité humaine*. Paris: Gallimard, 2010 [1997] (Coleção Folio Essais); e

Jean-Baptiste Pingault e Jacques Goldberg, "Stratégies reproductives, soin parental et lien parent-progéniture dans le monde animal", *Devenir*, v. 20, n. 3, pp. 249-74, 2008.

8. Blake Edgar, "Powers of Two". In: *Evolution: The Human Odyssey*. Nova York: Scientific American, 2017, seção 2.4.

9. Françoise Héritier, *Masculin/Féminin*. V. 2: *Dissoudre la hiérarchie*. Paris: Odile Jacob, 2002, pp. 20 ss.

10. Peggy Reeves Sanday, *Female Power and Male Dominance: On the Origins of Sexual Inequality*. Cambridge: Cambridge University Press, 1981, cap. 4.

11. Ehud Weiss, Mordechai Kislev et al., "Plant-Food Preparation Area on an Upper Paloelithic Brush Hut Floor at Ohalo II, Israel", *Journal of Archaeological Science*, n. 35, pp. 2400-14, ago. 2008.

12. Dean Snow, "Sexual Dimorphism in European Upper Paleolithic Cave Art", *American Antiquity*, v. 8, n. 4, pp. 746-61, 2013.

13. Jean-Paul Demoule, *Naissance de la figure: L'art du Paléolithique à l'âge du fer*. Paris: Gallimard, 2007, p. 33 ss.; e Raphaëlle Bourrillon et al., "La Thématique féminine au cours du Paléolitique supérieur européen", *Bulletin de la Société Préhistorique Française*, v. 109, n. 1, pp. 85-103, 2012.

14. Marija Gimbutas, *The Civilisation of the Goddess: The World of Old Europe*. San Francisco: Harper, 1991.

15. Claude Lévi-Strauss, *Tristes Tropiques*. Paris: Plon, 2001 [1955], pp. 331 ss. (Coleção Terre Humaine Poche); e Maurice Godelier, *La Production des grands hommens: Pouvoir et domination masculine chez les Baruya de Nouvelle-Guinée*. Paris: Flammarion, 2003 [1982], p. 38 (Coleção Champs). Ver também Jean-Paul Demoule, *Les Diz millénaires oubliés qui ont fait l'histoire: Quand on inventa l'agriculture, la guerre et les chefs*. Paris: Fayard, 2017, cap. 9.

16. Margaret Ehrenberg, *Women in Prehistory*. Londres: British Museum Press, 1989, pp. 99-105; e Maxine Margolis, "The Relative Status of Men and Women". In: Carlos Ember et al. (Orgs.), *Encyclopedia of Sex and Gender*. v. 2. Nova York: Springer, 2003, pp. 137-45.

17. Jean Guilaine e Jean Zammit, *Le Sentier de la guerre: Visages de la violence préhistorique*. Paris: Seuil, 2001; Anne Lehoërff, *Par les Armes: Le jour où l'homme inventa la guerre*. Paris: Belin, 2018.

18. Ludovic Orlando et al., "Ancient Genomes, Revisit the Ancestry of Domestic and Przewalski's Horses", *Science*, v. 360, n. 6384, pp. 111-4, abr. 2018.

19. Adrienne Mayor, *Les Amazones: Quand les femmes étaient les égales des hommes (VIII⁰ siècle av. J.-C. - I⁰ⁿ siècle apr. J.-C.)*. Paris: La Découverte, 2017, caps. 11 e 13; e Charles Higham, *The Archaeology of Mainland Southest Asia From 10,000 B.C. to the Fall of Angkor*. Cambridge: Cambridge University Press, 1989, pp. 77-8.

20. Yağmur Heffron, "Inanna/Ištar", *Ancient Mesopotamian Gods and Goddesses*, Oracc and the UK Higher Education Academy, 2016.
21. Gerda Lerner, *The Creation of Patriarchy*. Oxford: Oxford University Press, 1986, caps. 8-10.
22. Thomas Römer, *L'Invention de Dieu*. Paris: Seuil, 2014.
23. "Ève", *Dictionnaire de théologie catholique*, t. V, 2ª parte. Paris: Letouzey et Ané, 1911-3, pp. 1640 ss.
24. Fatima Mernissi, *Le Harem politique: Le Prophète et les femmes*. Paris: Albin Michel, 1987, pp. 150 ss.
25. Dorothy Ko, JaHyun Kim Haboush e Joan Piggott (Orgs.), *Women and Confucian Cultures in Premodern China, Korea, and Japan*. Berkeley, Los Angeles: University of California Press, 2003.
26. Francesco Siri, "Les Best-Sellers du Moyen Âge", *L'Histoire*, n. 445, mar. 2018 (segundo a base de dados Fama, sobre as obras latinas medievais de sucesso).
27. Ver, por exemplo, Alain Testart, "Manières de prendre femme en Australie", *L'Homme*, v. 36, n. 139, pp. 7-57, 1996.
28. Steven Pinker, *Comprendre la nature humaine*. Paris: Odile Jacob, 2005, pp. 180-5.

2. A função-mulher [pp. 53-77]

1. François Laplantine, "La Hajba de la fiancée à Djerba (Tunisie)", *Revue de l'Occident Musulman et de la Méditerranée*, n. 31, pp. 105-18, 1981.
2. Jian Zang, "Women and the Transmission of Confucian Culture in Song China". In: Dorothy Ko et al. (Orgs.), *Women and Confucian Cultures...*, op. cit., pp. 123-41.
3. Marilyn Yalom, *Le Sein, une histoire*. Paris: Galaade, 2010 [1997].
4. Londa Schiebinger, *Nature's Body: Gender in the Making of Modern Science*. Boston: Beacon, 1993, cap. 2.
5. Nancy Tuana, "Coming to Understand. Orgasm and the Epistemology of Ignorance". In: Robert Proctor e Londa Schiebinger (Orgs.), *Agnotology: The Making and Unmaking of Ignorance*. Stanford: Stanford University Press, 2008, pp. 108-45.
6. Mark Keng Mun Chung, *Chinese Women in Christian Ministry: An Intercultural Study*. Nova York: Peter Lang, 2005, p. 52.
7. Godfrey Driver e John Miles, *The Assyrian Laws*. Oxford: The Clarendon, 1935, especialmente a tabuleta A, art. 55.
8. Yuriy Malikov, *Tsars, Cossacks, and Nomads: The Formation of a Borderland Culture in Northern Kazakhstan in the 18th and 19th Centuries*. Berlim: Klaus Schwarz, 2011, pp. 81-2.

9. Alain Testart, *L'Amazone et la cuisinière: Anthropologie de la division sexuelle du travail*. Paris: Gallimard, 2014.

10. Stefan Zweig, *Le Monde d'hier: Souvenirs d'un Européen*. Paris: Gallimard, 2013 [1943], pp. 118-20. (Coleção Folio Essais).

11. Fatima Moussa et al., "Du Tabou de la virginité au mythe de 'l'inviolabilité': Le rite du *r'bit* chez la fillette dans l'Est algérien", *Dialogue*, v. 185, n. 3, pp. 91-102, 2009.

12. Daniel Rivet, *Le Maghreb à l'épreuve de la colonisation*. Paris: Hachette, 2002, p. 76.

13. Sophie Démare-Lafont, "À Cause des anges: Le voile dans la culture juridique du Proche-Orient ancien". In: Olivier Vermier et al. (Orgs.), *Études d'histoire du droit privé en souvenir de Maryse Carlin*. Paris: La Mémoire du Droit, 2008, pp. 234-53.

14. Fatima Mernissi, *Le Harem politique*, op. cit., pp. 231 ss.

15. Delphine Horvilleur, *En Tenue d'Ève: Féminin, pudeur et judaïsme*. Paris: Grasset, 2013.

16. Li-Hsiang Lisa Rosenlee, *Confucianism and Women: A Philosophical Interpretation*. Albany: SUNY, 2006, pp. 139-41.

17. Yvonne Verdier, *Façons de dire, façons de faire: La laveuse, la couturière, la cuisinière*. Paris: Gallimard, 1979.

18. Éphraïm Grenadou e Alain Prévost, *Grenadou, paysan français*. Paris: Seuil, 1978 [1966]. (Coleção Points Histoire).

19. Murielle Gaude-Ferragu, *La Reine au Moyen Âge: Le pouvoir au féminin, XIVᵉ-XVᵉ siècle*. Paris: Tallandier, 2014, pp. 113 ss. (Coleção Texto). Ver também Mary Beard, *Les Femmes et le Pouvoir: Un manifeste*. Paris: Perrin, 2018.

20. Jules Simon, *L'Ouvrière*. Paris: Hachette, 1871 [1861], p. 88.

21. "Femme", *Dictionnaire de théologie catholique. Tables générales*. Paris: Letouzey et Ané, 1951, p. 1508.

22. Susan Bell e Karen Offen (Orgs.), *Women, the Family, and Freedom: The Debate in Documents*, v. 1: 1750-1880. Stanford: Stanford University Press, 1983, pp. 31 ss.

23. Anne Verjus, *Le Cens de la famille: Les femmes et le vote, 1789-1848*. Paris: Belin, 2002, sobretudo o cap. 2.

24. Citado por Jean-Joseph Damas-Hinard, *Napoléon, ses opinions et jugements sur les hommes et sur les choses: Recueillis par ordre alphabétique, avec une introduction et des notes*, v. 1. Paris: Dufey, 1838, pp. 477-8.

25. Victoria Vanneau, *La Paix des ménages: Histoire des violences conjugales, XIXᵉ-XXIᵉ siècle*. Paris: Anamosa, 2016, caps. 1-2.

26. Irène Théry, *Mariage et filiation pour tous: Une métamorphose inachevée*. Paris: Seuil, 2016, p. 68. Ver também Judith Surkis, *Sexing the Citizen:*

Morality and Masculinity in France, 1870-1920. Ithaca: Cornell University Press, 2006.

27. Frédéric Le Play, *La Réforme sociale en France déduite de l'observation comparée des peuples européens*, v. 1, 2. ed. Paris: Dentu, 1866, pp. 265-7.

28. Caterina Pasqualino, *Dire le chant: Les Gitans flamencos d'Andalousie.* Paris: CNRS, 1998, pp. 262-3.

29. Jon Mitchell, "Performances of Masculinity in a Maltese Festa". In: Felicia Hughes-Freeland e Mary Crain (Orgs.), *Recasting Ritual: Performance, Media, Identity.* Londres: Routledge, 1998, pp. 68-94.

30. Paul Lerebours-Pigeonnière, "La Famille et le Code civil". In: *Le Code civil, 1804-1904. Livre du centenaire.* Paris: Dalloz, 2004 [1904], pp. 263-94.

31. Marguerite Yourcenar, "La Condition féminine", 1981. Disponível em: <www.youtube.com/watch?v=F0N3EofaqkM>. Acesso em: 27 jun. 2021.

32. Jean Nicolas, *La Rébellion française: Mouvements populaires et conscience sociale, 1661-1789.* Paris: Seuil, 2002.

33. Evelyn Stevens, "Marianismo: The Other Face of Machismo in Latin America". In: Ann Pescatello (Org.), *Female and Male in Latin America.* Pittsburgh: University of Pittsburgh Press, 1973, pp. 90-101.

34. Sandra Gilbert e Susan Gubar, *The Madwoman in the Attic: The Woman Writer and the Nineteenth-Century Literary Imagination.* New Haven: Yale University Press, 1980, p. 17.

35. Christophe Charle, "Le Beau Mariage d'Émile Durkheim", *Actes de la Recherche en Sciences Sociales*, v. 55, pp. 45-9, nov. 1984.

36. Stefan Zweig, *Le Monde d'hier...*, op. cit., pp. 126-9; e Alice Bonzom, "La Correction des femmes: Les criminelles en Angleterre (1853-1914)", *La Vie des idées*, 1 dez. 2017.

3. As masculinidades de dominação [pp. 78-98]

1. Raoul Girardet, *Mythes et mythologies politques*. Paris: Seuil, 1986, pp. 70 ss. (Coleção Points Histoire).

2. Jacques-Antoine Dulaure, *Pogonologie ou Histoire philosophique de la barbe.* Paris: Lejay, 1786, p. 189.

3. Roland Barthes, "Le Bifteck et les frites". In: Id., *Mythologies.* Paris: Seuil, 1970 [1957], pp. 77-9. (Coleção Points Essais).

4. Saeki Shin'Ichi e Pierre-François Souyri, *Samouraïs: Du dit des Heiké à l'invention du Bushidô.* Paris: Arkhê, 2017.

5. Julien Loiseau, *Les Mamelouks, XIIIe-XVIe siècle: Une expérience du pouvoir dans l'Islam médiéval.* Paris: Seuil, 2014; e Raja Ben Slama, "Le Mythe de l'étalon". In: Fethi Benslama e Nadia Tazi (Orgs.), *La Virilité en Islam.* La Tour-d'Aigues: L'Aube, 2004, pp. 205-19.

6. "The Politics of Very Big Trucks", *The Economist*, 6 out. 2012.

7. R. W. Connel e James Messerschmidt, "Faut-Il Repenser Le Concept de masculinité hégémonique?", *Terrains & Travaux*, v. 27, n. 2, pp. 151-92, 2015 [2005].

8. George Mosse, *L'Image de l'homme: L'invention de la virilité moderne*. Paris: Pocket, 1999.

9. Jon Mitchell, "Performances of Masculinity in a Maltese Festa", op. cit., pp. 68-94.

10. Romain Bertrand, *L'Histoire à parts égales: Récits d'une rencontre Orient-Occident, XVIᵉ-XVIIᵉ siècle*. Paris: Seuil, 2011, caps. 12-13.

11. Nicolas Mariot, *Histoire d'un sacrifice: Robert, Alice et la guerre, 1914-1917*. Paris: Seuil, 2017, p. 98; e John Wheeler, *Touched With Fire: The Future of the Vietnam Generation*. Nova York: Watts, 1984, pp. 140-1.

12. Hélène Monsacré, *Les Larmes d'Achille: Le héros, la femme et la souffrance dans la poésie d'Homère*. Paris: Albin Michel, 1984.

13. Agnès Giard, *Les Histoires d'amour au Japon: Des mythes fondateurs aux fables contemporaines*. Grenoble: Glénat, 2012, pp. 303-4.

14. Citado por Michel Dorais, *Mort ou fif: La face cachée du suicide chez les garçons*. Montreal: VLB, 2001, p. 76.

15. Odile Roynette, *Bons pour le service: La caserne à la fin XIXᵉ siècle*. Paris: Belin, 2017, pp. 340 ss.

16. Evthymios Papataxiarchis, "Friends of the Heart: Male Commensal Solidarity, Gender, and Kinship in Aegean Greece". In: Peter Loizos e Evthymios Papataxiarchis (Orgs.), *Contested Identities: Gender and Kinship in Modern Greece*. Princeton: Princeton University Press, 1991, pp. 156-79.

17. Otto Jespersen, *Growth and Structure of the English Language*. Leipzig: Teubner, 1912 [1905], cap. 1, §2-5.

18. Christelle Taraud, "La Virilité en situation coloniale". In: Alain Corbin (Org.), *Histoire de la virilité. V. 2: Le Triomphe de la virilité: Le XIXᵉ siècle*. Paris: Seuil, 2011, pp. 331-47.

19. Anna Greenberg, "Do Real Men Vote Democratic?", *The American Prospect*, 19 dez. 2001. Ver também Thomas Frank, *Pourquoi Les Pauvres votent à droite*. Marselha: Agone, 2013 [2004], cap. 1.

20. Simone de Beauvoir, *Le Deuxième Sexe. V. 1: Les Faits et les mythes*. Paris: Gallimard, 1976 [1949], p. 16. (Coleção Folio Essais).

21. Ver Luise Pusch, *Das Deutsche als Männersprache: Aufsätze und Glossen zur feministischen Linguistik*. Frankfurt: Suhrkamp, 1984.

4. A primeira era de emancipação [pp. 101-16]

1. Sophie Démare-Lafont, "Quelques Femmes d'affaires au Proche-Orient ancien". In: Anne Girollet (Org.), *Le Droit, les affaires et l'argent*. Dijon: Mémoires de la SHDB, v. 65, 2008, pp. 25-36; e Cécile Michel, "Femmes au foyer et femmes en voyage: Le cas des épouses des marchands assyriens au début du IIe millénaire av. J.-C", *Clio: Histoire, Femmes et Sociétés*, n. 28, pp. 17-38, 2008.

2. Christophe Badel, "Les Femmes dans les émeutes frumentaires à Rome". In: Marc Bergère e Luc Capdevila (Orgs.), *Genre et événement: Du masculin et du féminin en histoire des crises et des conflits*. Rennes: PUR, 2006, pp. 39-51.

3. Pierre Grimal, *L'Amour à Rome*. Paris: Payot, 2002 [1998], cap. 3.

4. "Mariage", *Dictionnaire de théologie catholique*, t. IX, 2ª parte. Paris: Letouzey et Ané, 1927, pp. 2075-7.

5. Isabelle Grangaud, *La Ville imprenable: Une histoire sociale de Constantine au XVIIIᵉ siècle*. Paris: EHESS, 2002.

6. Nicolas Frémeaux e Marion Leturcq, "Prenuptial Agreements and Matrimonial Property Regimes in France, 1855-2010", *Explorations in Economic History*, v. 68, pp. 132-42, abr. 2018.

7. Jacques Dalarun, *"Dieu changea de sexe, pour ainsi dire". La religion faite femme, XIᵉ-XVᵉ siècle*. Paris: Fayard, 2008, pp. 117-9; e Didier Lett, *Hommes et femmes au Moyen Âge: Histoire du genre, XIIᵉ-XVᵉ siècle*. Paris: Armand Colin, 2013, pp. 109 e 180.

8. Thierry Wanegffelen, *Le Pouvoir contesté: Souveraines d'Europe à la Renaissance*. Paris: Payot, 2008.

9. Marie-Jo Bonnet e Christine Fauré, "Femmes". In: Lucien Bély (Org.), *Dictionnaire de l'Ancien Régime: Royaume de France, XVIᵉ-XVIIIᵉ siècle*. Paris: PUF, 1996, pp. 536-40.

10. Nicole Dufournaud, *Rôles et pouvoirs des femmes au XVIᵉ siècle dans la France de l'Ouest*. Tese de história, EHESS, 2007, em especial o cap. 3; e Cynthia Truant, "La Maîtrise d'une identité? Corporations féminines à Paris aux XVIIᵉ et XVIIIᵉ siècles", *Clio: Histoire, Femmes et Sociétés*, n. 3, 1996.

11. Patricia Touboul, "Le Statut des femmes: Nature et condition sociale dans le traité *De l'Éducation des filles* de Fénelon", *Revue d'Histoire Littéraire de la France*, v. 104, n. 2, pp. 325-42, 2004.

12. Marguerite Buffet, *Nouvelles Observations sur la langue française: Où il est traité des termes anciens et inusitez et du bel usage des mots nouveaux*. Paris: Cusson, 1668, pp. 228-32.

13. Sophie Vergnes, *Les Frondeuses: Une révolte au féminin, 1643-1661*. Seyssel: Champ Vallon, 2013.

14. Benedetta Craveri, *L'Âge de la conversation*. Paris: Gallimard, 2002, cap. 9.
15. Catherine Gipoulon, "Naissance d'un mouvement d'émancipation". In: Qiu Jin, *Pierres de l'oiseau Jingwei*. Paris: Des Femmes, 1976, p. 19.
16. Mona Ozouf, *Les Mots des femmes: Essai sur la singularité française*. Paris: Gallimard, 1999, especialmente pp. 325-7; e Antoine Lilti, *Le Monde des salons: Sociabilité et mondanité à Paris au XVIIIe siècle*. Paris: Fayard, 2005, pp. III ss.
17. Sabine Melchior-Bonnet, *Les Grands Hommes et leur mère: Louis XIV, Napoléon, Staline et les autres*. Paris: Odile Jacob, 2017, pp. 156 ss.
18. Martine Sonnet, "L'Éducation des filles à l'époque moderne", *Historiens et Géographes*, n. 393, fev. 2006, pp. 255-68; e Roger Chartier, "L'Analphabétisme en Belgique (XVIIIe-XIXe siècle)", *Annales ESC*, n. 1, pp. 106-8, 1980.
19. Martine Sonnet, "Le Savoir d'une demoiselle de qualité: Geneviève Randon de Malboissière (1746-1766)", *Memorie dell'Academia delle Scienze di Torino, Classe di Scienze Morali, Storiche e Filologiche*, v. 24, n. 3, pp. 167-85, 2000.
20. Charlotte Guichard, *La Griffe du peintre: La valeur de l'art (1730-1820)*. Paris: Seuil, 2018, cap. 6.
21. Citado por Benedetta Craveri, *L'Âge de la conversation*, op. cit., p. 43.

5. As conquistas do feminismo [pp. 117-42]

1. Arlette Gautier, *Les Sœurs de Solitude: Femmes et esclavage aux Antilles du XVIIe siècle*. Rennes: PUR, 2010, pp. 205 ss.; e Jasmine Narcisse e Pierre-Richard Narcisse, *Mémoire de femmes*. Porto Príncipe: Unicef, 1997.
2. *Les Femmes dans la Révolution française*, v. 1. Paris: EDHIS, 1982, fac-símile n. 19. Ver também Karen Offen, *European Feminisms, 1700-1950: A Political History*. Stanford: Stanford University Press, 2000, cap. 3.
3. Auguste Amic e Étienne Mouttet, *La Tribune française: Choix des discours et des rapports les plus remarquables prononcés dans nos assemblées parlementaires (1841)*, v. 1. Paris: La Tribune Française, 1840, p. 72. A respeito dessa interpretação, ver Joan Scott, *La Citoyenne paradoxale: Les féministes et les droits de l'homme*. Paris: Albin Michel, 1998 [1996].
4. Citado por Alphonse de Lamartine, *Histoire des Girondins*, v. 4. Bruxelas: Muquardt, 1847, pp. 202-3.
5. Sobre essa interpretação, ver Mona Ozouf, *Les Mots des femmes*, op. cit.
6. Carla Hesse, *The Other Enlightenment: How French Women Became Modern*. Princeton: Princeton University Press, 2001, pp. 37 ss. e 55.
7. Arlette Gautier, "Travail et droits du mariage dans les Amériques et les Caraïbes". In: Gérard Gómez e Donna Kesselman (Orgs.), *Les Femmes*

dans le monde du travail dans las Amériques. Aix-en-Provence: PUP, 2016, pp. 31-2.

8. Sylvie Schweitzer, *Les Femmes ont toujours travaillé: Une histoire de leurs métiers, XIXe et XXe siècle*. Paris: Odile Jacob, 2002; e Olivier Marchand, "50 Ans de mutations de l'emploi", *INSEE Première*, n. 1312, set. 2010.

9. Carole Christen-Lécuyer, "Les Premières Étudiantes de l'Université de Paris", *Travail, Genre et Sociétés*, v. 4, n. 2, pp. 35-50, 2000.

10. Anne Chemin, "Simone Veil, la parole libre d'une femme dans un monde d'hommes", *Le Monde*, 30 jun. 2017. Ver também Juliette Rennes, *Le Mérite et la Nature. Une controverse républicaine: L'accès des femmes aux professions de prestige, 1880-1940*. Paris: Fayard, 2007.

11. Béatrice Bijon e Claire Delahaye (Orgs.), *Suffragistes et suffragettes: La conquête du droit de vote des femmes au Royaume-Uni et aux États-Unis*. Lyon: ENS, 2017.

12. Rebecca Rogers, "1893. Le suffrage des femmes en Nouvelle-Zélande". In: Pierre Singaravélou e Sylvain Venayre (Orgs.), *Histoire du monde au XIXe siècle*. Paris: Fayard, 2017, pp. 356-9.

13. Pierre Rosanvallon, *Le Sacre du citoyen: Histoire du suffrage universel en France*. Paris: Gallimard, 1992, pp. 519-45. (Coleção Folio Histoire).

14. Katherine Phillips et al., "Ethnic Diversity, Gender, and National Leaders", *Journal of International Affairs*, v. 67, n. 1, pp. 85-104, 2013.

15. ONU, indicadores dos Objetivos de Desenvolvimento do Milênio, 2014.

16. Christine Bard, *Une Histoire politique du pantalon*. Paris: Seuil, 2010, pp. 112 ss. e 237.

17. "Katherine Davis". In: Jerrold Greenberg et al. (Orgs.), *Exploring the Dimensions of Human Sexuality*. 6. ed. Burlington: Jones & Bartlett Learning, 2017, p. 41.

18. Christina Ottomeyer-Hervieu, "L'Avortement en RFA", *Les Cahiers du CEDREF*, n. 4-5, pp. 103-9, 1995.

19. Geneviève Fraisse, "L'Habeas corpus des femmes: Une double révolution?". In: Étienne-Émile Baulieu, Françoise Héritier e Henri Léridon (Orgs.), *Contraception, contrainte ou liberté?*. Paris: Odile Jacob, 1999, pp. 53-60.

6. O que é a emancipação? [pp. 143-57]

1. Entrevista com Joan Baez, "Trump m'inspire", *Le Point*, n. 2374, 1 mar. 2018.

2. Entrevista, s.d. Disponível em: <www.francetvinfo.fr/societe/religion/fatima-mernissi-sociologue-et-feministe-marocaine_2568461.html>. Acesso em: 28 jun. 2021.

3. Nicole Gabriel, "L'Internationale des femmes socialistes", *Matériaux pour l'Histoire de Notre Temps*, n. 16, pp. 34-41, 1989.

4. Ann Taylor Allen, *Feminism and Motherhood in Germany, 1800-1914*. New Brunswick: Rutgers University Press, 1991; e Alice Primi, "Le Journal *Neue Bahnen* entre 1866 et 1870". In: Patrick Farges e Anne-Marie Saint-Gille (Orgs.), *Le Premier Féminisme allemand, 1848-1933*. Villeneuve-d'Ascq: Presses Universitaires du Septentrion, 2013, pp. 19-32.

5. Lizabeth Cohen, *A Consumers' Republic: The Politics of Mass Consumption in Postwar America*. Nova York: Knopf, 2003.

6. Anne Cova, *Maternité et droits des femmes en France (XIXe-XXe siècle)*. Paris: Anthropos, 1997, p. 78.

7. Jacques Benoist, *Le Sacré-Cœur des femmes de 1870 à 1960: Contribution à l'histoire du féminisme, de l'urbanisme et du tourisme*. Paris: Éditions Ouvrières, 2000; e Bruno Dumons, "Mobilisation politique et ligues féminines dans la France catholique du début du siècle", *Vingtième Siècle: Revue d'Histoire*, n. 73, 2002, pp. 39-50.

8. Seth Koven e Sonya Michel, "Womanly Duties: Maternalist Politics and the Origins of Welfare States in France, Germany, Great Britain, and the United States, 1880-1920", *The American Historical Review*, v. 95, n. 4, pp. 1076-108, out. 1990.

9. Carolyn Merchant e Abby Peterson, "'Peace with the Earth': Women and the Environmental Movement in Sweden", *Women's Studies International Forum*, v. 9, n. 5-6, p p. 465-79, 1986.

10. Pierre-François Souyri, "Takamure Itsue (1894-1964), une pionnière de l'histoire des femmes au Japon". In: André Burguière e Bernard Vincent (Orgs.), *Un Siècle d'historiennes*. Paris: Des Femmes, 2014, pp. 281-93.

11. Gwendolyn Mikell (Org.), *African Feminism: The Politics of Survival in Sub-Saharan Africa*. Filadélfia: University of Pennsylvania Press, 1997, especialmente pp. 142 e 206 ss.

12. Édith Sizoo, *Par-delà le féminisme*. Paris: ECLM, 2003; e Laura Pérez Prieto, "Contre le Capitalisme hétéropatriarcal et destructeur de l'environnement: L'écoféminisme critique", *Passerelle*, n. 17, pp. 68-74, jun. 2017.

13. Chandra Mohanty, "Under Western Eyes: Feminist Scholarship and Colonial Discourses", *Feminist Review*, n. 30, pp. 61-88, outono 1988.

14. Jacqueline Nivard, "L'Évolution de la presse féminine chinoise de 1898 à 1949", *Études Chinoises*, v. 5, n. 1-2, pp. 157-84, 1986; e Christine Lévy, "Féminisme et genre au Japon", *Ebisu*, n. 48, pp. 7-27, outono-inverno 2012.

15. Citado por Virginie Linhart, *Le Jour où mon père s'est tu*. Paris: Seuil, 2008, p. 137. (Coleção Points).

1. Citado por Hubertine Auclert, *Le Vote des femmes*. Paris: Giard et Brière, 1908, p. 107.
2. Lydia Liu et al., *The Birth of Chinese Feminism: Essential Texts in Transnational Theory*. Nova York: Columbia University Press, 2013, pp. 205 ss.
3. Hélène Quanquin, "'No Shilly-Shallying. Be Brave as a Lion.' Les Abolitionnistes américains à la Convention mondiale contre l'esclavage de 1840". In: Florence Rochefort e Éliane Viennot (Orgs.), *L'Engagement des hommes pour l'égalité des sexes, XIVᵉ-XXIᵉ siècle*. Saint-Étienne: Publications de l'Université de Saint-Étienne, 2013, pp. 73-84.
4. Josette Trat, "Engels et l'émancipation des femmes". In: Georges Labica e Mireille Delbraccio (Orgs.), *Friedrich Engels, savant et révolutionnaire*. Paris: PUF, 1997, pp. 175-92.
5. Émile Barrault, "Les Femmes". In: Claude-Henri de Saint-Simon e Prosper Enfantin, *Religion saint-simonienne: Prédications*. Paris: Leroux, 1878, pp. 182 ss.
6. Seu romance se intitula, em francês, *Le Panorama des boudoirs ou l'Empire des Nairs: Le vrai paradis de l'amour* (1807). Ver Anne Verjus, "Une Société sans pères peut-elle être féministe? L'Empire des Nairs de James H. Lawrence", *French Historical Studies*, v. 42, n. 3, jul. 2019.
7. Martine Monacelli e Michel Prum (Orgs.), *Ces Hommes qui épousèrent la cause des femmes: Dix pionniers britanniques*. Paris: L'Atelier, 2010.
8. Christine Lévy, "Le Premier Débat public de *Seitō*: Autour d'*Une maison de poupée*", *Ebisu*, n. 48, pp. 29-58, outono-inverno 2012.
9. Ginevra Conti-Odorisio (Org.), *Salvatore Morelli (1824-1880): Emancipazionismo e democrazia nell'Ottocento europeo*. Nápoles: ESI, 1992.
10. Alban Jacquemart, *Les Hommes dans les mouvements féministes: Socio-histoire d'un engagement improbable*. Rennes: PUR, 2015, pp. 34 ss.; e Laurence Klejman e Florence Rochefort, *L'Égalité en marche: Le féminisme sous la Troisième République*. Paris: FNSP, 1989, pp. 117 ss.
11. Nicolas Mosconi, "Henri Marion et 'l'égalité dans la différence'", *Le Télémaque*, v. 41, n. 1, pp. 133-50, 2012.
12. Michael Kimmel e Thomas Mosmiller, *Against the Tide: Pro-Feminist Men in the United States, 1776-1990*. Boston: Beacon, 1992, pp. 25-30.
13. Alain Roussillon (Org.), *Entre Réforme sociale et mouvement national: Identité et modernisation en Égypte (1882-1962)*. Cairo: CEDEJ, 1995, p. 58; e Souad Bakalti, *La Femme tunisienne au temps de la colonisation (1881-1956)*. Paris: L'Harmattan, 1996, pp. 48 ss.
14. Pierre Briquet, *Traité clinique et thérapeutique de l'hystérie*. Paris: Baillière, 1859, p. 634.

15. Jonathan Eig, *Libre comme un homme: La grande histoire de la pilule*. Paris: Globe, 2017.

16. Marianne Caron-Leulliez e Jocelyne George, *L'Accouchement sans douleur: Histoire d'une révolution oubliée*. Paris: L'Atelier, 2004.

17. Annette Wieviorka, *Maurice et Jeannette: Biographie du couple Thorez*. Paris: Fayard, 2010, pp. 566 ss.

18. Claire Charlot, "Les Hommes et le combat pour le droit à l'avortement en Grande-Bretagne". In: Florence Rochefort e Éliane Viennot (Orgs.), *L'Engagement des hommes*, op. cit., pp. 99-113.

19. Karissa Haugeberg, *Women Against Abortion: Inside the Largest Moral Reform Movement of the Twentieth Century*. Urbana: University of Illionois Press, 2017.

20. Citado por Ginevra Conti-Odorisio, "Salvatore Morelli: L'esprit européen de l'émancipation", *Les Cahiers du GRIF*, n. 48, pp. 151-63, 1994.

21. Delphine Horvilleur, *En Tenue d'Ève...*, op. cit., p. 181.

8. O feminismo de Estado [pp. 181-204]

1. Helga Hernes, *Welfare State and Woman Power: Essays in State Feminism*. Oslo: Norwegian University Press, 1987.

2. Sandra Whitworth, "Gender, International Relations and the Case of the ILO", *Review of International Studies*, v. 20, n. 4, pp. 389-405, out. 1994; e Bureau for Gender Equality, "Women's Empowerment: 90 Years of ILO Action", Genebra, ILO, 2009.

3. Citado por Françoise Thébaud, "Les Femmes au BIT: L'exemple de Marguerite Thibert". In: Jean-Marc Delaunay e Yves Denéchère (Orgs.), *Femmes et relations internationales au XXᵉ siècles*. Paris: Presses Sorbonne Nouvelle, 2007, pp. 177-87.

4. Susan Pedersen, *Family, Dependence, and the Origins of the Welfare State: Britain and France, 1914-1945*. Cambridge: Cambridge University Press, 1993.

5. Evelyn Mahon, "L'Accès des femmes au marché du travail: le cas irlandais", *Les Cahiers du GRIF*, n. 48, pp. 141-50, 1994.

6. Gøsta Esping-Andersen, *Les Trois Mondes de l'État-providence: Essai sur le capitalisme moderne*. Paris: PUF, 2007 [1990], pp. 240 ss.; e Béatrice Durand, *Cousins par alliance: Les Allemands en notre miroir*. Paris: Autrement, 2002, pp. 32 ss.

7. Anne Pauti, "La Politique en Suède", *Population*, n. 4, pp. 961-85, 1992; e Jane Lewis, "Gender and the Development of Welfare Regimes", *Journal of European Social Policy*, n. 3, pp. 159-73, 1992.

8. Martin Rein, "Women, Employment, and Social Welfare". In: Rudolph Klein e Michael O'Higgins (Orgs.), *The Future of Welfare*. Oxford: Basil Blackwell, 1985, pp. 37-57; e Jon Eivind Kolberg, "The Gender Dimension of the Welfare State", *International Journal of Sociology*, v. 21, n. 2, pp. 119-48, verão 1991.

9. Marie Rodet, "Genre, coutumes et droit colonial au Soudan français (1918-1939)", *Cahiers d'Études Africaines*, n. 187-8, pp. 583-602, 2007.

10. John Stratton Hawley (Org.), *Sati, the Blessing and the Curse: The Burning of Wives in India*. Oxford: Oxford University Press, 1994, pp. 101-2; e, mais amplamente, Kumari Jayawardena, *Feminism and Nationalism in the Third World*. Londres: Zed Books, 1986.

11. Marie-Laurence Bayet, "L'Enseignement primaire au Sénégal de 1903 à 1920", *Revue Française de Pédagogie*, v. 20, pp. 33-40, 1972; e Catherine Coquery-Vidrovitch (Org.), *L'Afrique occidentale au temps des Français: Colonisateurs et colonisés, 1860-1960*. Paris: La Découverte, 1992, p. 26.

12. Bui Tran Phuong, *Viêt Nam, 1918-1945: Genre et modernité*. Tese de história, Universidade Lyon II, 2008, anexo 3.

13. Pascale Barthélémy, *Africaines et diplômées à l'époque coloniale, 1918-1957*. Rennes: PUR, 2010.

14. Odile Goerg, "Femmes africaines et politique. Les colonisées au féminin en Afrique occidentale", *Clio: Histoire, Femmes et Sociétés*, n. 6, 1997.

15. Dorothy Ko, *Cinderella's Sisters: A Revisionist History of Footbinding*. Los Angeles: University of California Press, 2005, pp. 50 ss.

16. Bui Tran Phuong, "Femmes vietnamiennes pendant et après la colonisation française et la guerre américaine". In: Anne Hugon (Org.), *Histoire des femmes en situation coloniale. Afrique et Asie, XXᵉ siècle*. Paris: Khartala, 2004, pp. 71-94.

17. Hu Chi-Hsi, "Mao Tsé-toung, la révolution et la question sexuelle", *Revue Française de Science Politique*, n. 1, pp. 59-85, 1973; e Kumari Jayawardena, *Feminism and Nationalism...*, op. cit., p. 186-93.

18. Claude Rivière, "La Promotion de la femme guinéenne", *Cahiers d'Études Africaines*, v. 8, n. 31, pp. 406-27, 1968.

19. Vicki Crawford et al (Orgs.), *Women in the Civil Rights Movement: Trailblazers and Torchbearers, 1941-1965*. Bloomington: Indiana University Press, 1993.

20. Citado em "Le Droit de suffrage pour les femmes", *La Revue Socialiste*, v. 44, p. 152, ago. 1906.

21. Paul Pasteur, "Le Semeur, la semence et le fidèle combattant de l'avenir, ou la masculinité dans la social-démocratie autrichienne (1888-1934)", *Le Mouvement Social*, n. 198, pp. 35-53, 2002.

22. Gisela Helwig e Hildegard Maria Nickel (Orgs.), *Frauen in Deutschland, 1945-1992*. Berlim: Akademie, 1993; e Valérie Dubslaff, "Les Femmes en quête de pouvoir? Le défi de la participation politique en République démocratique allemande (1949-1990)", *Allemagne d'Aujourd'hui*, n. 207, pp. 33-45, jan.-mar. 2014.

23. Chahla Chafiq, *Islam politique, sexe et genre:. À la lumière de l'expérience iranienne*. Paris: PUF, 2011, pp. 136 ss.; e Marie-Jo Bonnet, *Mon MLF*. Paris: Albin Michel, 2018, cap. 47.

24. Christelle Taraud, *La Prostitution coloniale: Algérie, Tunisie, Maroc (1830-1962)*. Paris: Payot, 2003, pp. 258-60.

25. Quentin Lippmann e Claudia Senik, "Math, Girls and Socialism", *PSE Working Papers*, n. 2016-22, 2018.

26. Laura Addati et al., *Maternity and Paternity at Work. Law and Practice Across the World*. Genebra: OIT, 2014, pp. 8-10.

27. Christine Delphy, "Nos Amis et nous" [1977]. In: *L'Ennemi principal. V. 1: Économie politique du patriarcat*. Paris: Syllepse, 2012 [1998], p. 151. Ver Ludivine Bantigny, Fanny Bugnon e Fanny Gallot (Orgs.), *Prolétaires de tous les pays, qui lave vos chaussettes? Le genre de l'engagement dans les années 1968*. Rennes: PUR, 2017.

28. Fórum Econômico Mundial, The Global Gender Gap Report 2017. Disponível em: <www3.weforum.org/docs/WEF_GGGR_2017.pdf>. Acesso em: 28 jun. 2021.

29. Citado em *Télérama*, n. 3538, 1 nov. 2017.

30. Madawi Al-Rasheed, *A Most Masculine State: Gender, Politics and Religion in Saudi Arabia*. Cambridge: Cambridge University Press, 2013.

31. Observatoire des Inégalités, "Une Répartition déséquilibrée des professions entre les hommes et les femmes", 11 dez. 2014; e Catherine Marry et al., *Le Plafond de verre et l'État: La construction des inégalités de genre dans la fonctino publiqu*e. Paris: Armand Colin, 2017, especialmente pp. 56-7.

9. O homem e suas alienações [pp. 207-23]

1. Georges Dumézil, *Heur et malheur du guerrier: Aspects mythiques de la fonction guerrière chez les Indo-Européens*. Paris: Flammarion, 1985 [1969], p. 114.

2. Gil Mihaely, "Tsahal, l'école des 'vrais hommes'? Citoyenneté et virilité dans l'armée israélienne", *La Vie des idées*, 2 abr. 2007.

3. Citado por Solange Leibovici, *Le Sang et l'Encre: Pierre Drieu La Rochelle, une psychobiographie*. Amsterdam: Rodopi, 1994, p. 281.

4. Shereen El Feki, *La Révolution du plaisir: Enquête sur la sexualité dans le monde arabe*. Paris: Autrement, 2014, p. 256.

5. Antoine de Baecque, *Le Corps de l'histoire: Métaphores et politique* (*1770-1800*). Paris: Calmann-Lévy, 1993, pp. 73-5.

6. Klaus Theweleit, *Fantasmâlgories*. Paris: L'Arche, 2016 [1977].

7. Joseph Pleck, *The Myth of Masculinity*. Cambridge: MIT Press, 1981; e Olivia Gazalé, *Le Mythe de la virilité*. Paris: Robert Laffont, 2017.

8. Chimamanda Ngozi Adichie, "We Should All Be Feminists", conferência TEDxEuston, dez. 2012.

9. Ryan D'Agostino, "The Drugging of the American Boy", *Esquire*, 27 mar. 2014; e Sandrine Cabut, "Hyperactivité: La Ritaline est-elle mal prescrite?", *Le Monde*, 18 jun. 2013.

10. Angela Turner, "Corps meurtris. Genre et invalidité dans les mines de charbon d'Écosse au milieu du XIXe siècle". In: Judith Rainhorn (Org.), *Santé et travail à la mine, XIXe-XXIe siècle*. Villeneuve-d'Ascq: Presses Universitaires du Septentrion, 2014, pp. 239-60.

11. Steven Ruggles, "The Origins of African-American Family Structure", *American Sociological Review*, v. 59, n. 1, pp. 136-51, fev. 1994.

12. Michael Connor e Joseph White, *Black Fathers: An Invisible Presence in America*. Nova York: Routledge, 2006, p. xii.

13. Stéphanie Mulot, "Redevenir un Homme en contexte antillais post-esclavagiste et matrifocal", *Autrepart*, v. 49, n. 1, pp. 117-35, 2009.

14. France Meslé, "Espérance de vie: un avantage féminin menacé?", *Population & Sociétés*, n. 402, jun. 2004.

15. Citado por Jared Diamon, *De L'Inégalité parmi les sociétés: Essai sur l'homme et l'environnement dans l'histoire*. Paris: Gallimard, 2007 [2000], pp. 411-2. (Coleção Folio Essais).

16. "Women's Issues in Transportation: Summary of the 4th International Conference". *Proceedings 46*, v. 2. Washington: Transportation Research Board, 2011, pp. 48 ss.; e "Bilan définitif de l'accidentalité routière 2017", 29 maio 2019. Disponível em: <securite-routiere.gouv.fr>. Acesso em: 28 jun. 2021.

17. "Gender Differences in Suicide" e "Males and Suicide". In: Glen Evans e Norman Farberow (Orgs.), *The Encyclopedia of Suicide*. 2. ed. Nova York: Facts on File, 2003, pp. 104 e 155.

18. Christian Baudelot e Roger Establet, *Suicide: L'envers de notre monde*. Paris: Seuil, 2018 [2006], pp. 244-8.

19. Katrina Jaworski, *The Gender of Suicide:. Knowledge Production, Theory and Suicidology*. Farnham: Ashgate, 2014, especialmente pp. 25-6.

20. Anne-Sophie van Doren, *Que Reste-t-il De Leurs Amours? Étude exploratoire, clinique et projective de patients traités pour un cancer de la prostate*. Tese de psicologia, Universidade Paris-Descartes, 2017, pp. 28-34.

1. Abby Goodnough, "For Victim of Ghastly Crime, a New Face, a New Beginning", *The New York Times*, 25 out. 2013. As estatísticas nacionais estão disponíveis em: <ncadv.org/statistics>. Acesso em: 28 jun. 2021.
2. Serenella Nonnis Vigilante, "Tensions et conflits familiaux à Vauda di Front dans le Canavais (XIXᵉ-XXᵉ siècle)", *Le Monde Alpin et Rhodanien*, n. 3, pp. 111-24, 1994.
3. Anistia Internacional, *Informe anual 2017-2018: O estado dos direitos humanos no mundo*, Londres, 2018.
4. Christin Mathew Philip, "93 Women Are Being Raped in India Every Day", *The Times of India*, 1 jul. 2014.
5. Jill Radford e Diana Russell (Orgs.), *Feminicide: The Politics of Woman Killing*. Buckingham: Open University Press, 1992; e Gendarmerie Royale du Canada, *Les Femmes autochtones disparues et assassinées*, 2014.
6. Jane Caputi, *The Age of Sex Crime*. Bowling Green: Popular, 1987.
7. Neha Deshpande e Nour Nawal, "Sex Trafficking of Women and Girls", *Reviews in Obstetrics and Gynecology*, v. 6, n. 1, pp. e22-e27, 2013.
8. Bénédicte Manier, *Quand Les Femmes auront disparu: L'élimination des filles en Inde et en Asie*. Paris: La Découverte, 2008.
9. Francis Dupuis-Déri, "La Banalité du mâle. Louis Althusser a tué sa conjointe, Hélène Rytmann-Legotien, qui voulait le quitter", *Nouvelles Questions Féministes*, v. 34, n. 1, pp. 84-101, 2015.
10. Ghislaine Guérard e Anne Lavender, "Le Féminicide conjugal, un phénomène ignoré. Analyse de la couverture journalistique de 1993 de trois quotidiens montréalais", *Recherches Féministes*, v. 12, n. 2, pp. 159-77, 1999.
11. Christine Williams, "The Glass Escalator: Hidden Advantages for Men in the 'Female' Professions", *Social Problems*, v. 39, n. 3, pp. 253-67, ago. 1992; e Alice Olivier, "Des Hommes en école de sages-femmes. Sociabilités étudiantes et recompositions des masculinités", *Terrains & Travaux*, v. 27, n. 2, pp. 79-98, 2015.
12. Jean-Claude Kaufmann, *La Trame conjugale: Analyse du couple par son linge*. Paris: Nathan, 1992.
13. Arlie Jochschild, *The Second Shift*. Nova York: Avon, 1989.
14. Collectif Rosa Bonheur, "Des 'inactives' très productives. Le travail de subsistance des femmes de classes populaires", *Tracés: Revue de Sciences Humaines*, n. 32, 2017.
15. OCDE, Social Policy Division, Directorate of Employment, Labour and Social Affairs, LMF 1.2, Maternal Employment Rates, 2011. Ver também David Cotter et al., *Moms and Jobs: Trends in Mothers' Employment and Which Mothers Stay Home*, University of Miami, 2007.

16. Rachel Bowley, "Women's Equality Day: A Look At Women in The Workplace in 2017", 28 ago. 2017. Disponível em: <blog.linkedin.com>. Acesso em: 29 jun. 2021.

17. François Dubet, *Ce Qui Nous Unit: Discriminations, égalité, reconnaissance*. Paris: Seuil, 2016, p. 17.

18. Jean-Pierre Daviet, *Un Destin international: La Compagnie de Saint-Gobain de 1830 à 1939*. Paris: Éditions des Archives Contemporaines, 1988, pp. 231-33; e Saint-Gobain, "Équipe dirigeante". Disponível em: <www.saint-gobain.com/fr/le-groupe/gouvernance>. Acesso em: 7 jul. 2021.

19. Association pour l'Emploi des Cadres, *Femmes cadres et hommes cadres: Des inégalités professionnelles qui persistent*, 8 mar. 2011.

20. Peggy Lee e Erika James, "'She'-E-Os: Gender Effects and Investor Reactions to the Announcements of Top Executive Appointments", *Strategic Management Journal*, v. 28, n. 3, pp. 227-41, mar. 2007; e Catalyst, "Pyramid: Women in S&P 500 Companies", 3 out. 2018.

21. Charlotte Rosso e Anne Léger, "Le Plafond de verre dans les carrières universitaires au sein du groupe hospitalier Pitié-Salpêtrière". Diploma interuniversitário em pedagogia médica, Universidade Paris-VI, 2017.

22. Esther Escolano Zamorano, "Discriminación en un medio meritocrático. Las profesoras en la universidad española", *Revista Mexicana de Sociología*, v. 68, n. 2, pp. 231-63, abr.-jun. 2006; e Marina Gama Cubas, "La universidad española lejos de la paridad en las cátedras", *El Mundo*, 27 set. 2017.

23. Gloria Steinem, "A Bunny's Tale", *Show Magazine*, maio 1963; e Rebecca Solnit, *Ces Hommes qui m'expliquent la vie*. Paris: L'Olivier, 2018.

24. Alice Wu, "Gender Stereotype in Academia: Evidence from Economics Job Market Rumors Forum", Working Paper, Princeton University, Woodrow Wilson School of Public and International Affairs, ago. 2017.

25. Katherine Karraker et al., "Parents' Gender-Stereotyped Perceptions of Newborns", *Sex Roles*, v. 33, n. 9-10, pp. 687-701, nov. 1995; e Jennifer Mascaro et al., "Child Gender Influences Paternal Behavior, Language, and Brain Function", *Behavioral Neuroscience*, v. 131, n. 3, pp. 262-73, 2017.

26. Matthew Gutmann, *The Meanings of Macho. Being a Man in Mexico City*. Berkeley: University of California Press, 2007 [1996], p. 105.

27. Yvonne Verdier, *Façons de Dire...*, op. cit., p. 176.

28. Christelle Dumas e Sylvie Lambert, *Le Travail des enfants: Quelles politiques pour quels résultats?*. Paris: Rue d'Ulm-ENS, 2008, pp. 64-7.

29. Penelope Eckert e Sally McConnell-Ginet, *Language and Gender*. Cambridge: Cambridge University Press, 2013 [2003], p. 38.

30. Georges Falconnet e Nadine Lefaucheur, *La Fabrication des mâles*. Paris: Seuil, 1975, pp. 59 ss.; e Erving Goffman, *Gender Advertisements*. Nova York: Harper & Row, 1979 [1976].

31. David Wong, "7 Reasons So Many Guys Don't Understand Sexual Consent", 3 nov. 2016. Disponível em: <cracked.com>. Acesso em: 29 jun. 2021. Ver também Laura Mulvey, "Visual Pleasure and Narrative Cinema", *Screen*, v. 16, n. 3, pp. 6-18, out. 1975.

32. Isabelle Collet, "La Disparition des filles dans les études d'informatique. Les conséquences d'un changement de représentation", *Carrefours de l'Éducation*, v. 17, n. 1, pp. 42-56, 2004.

33. Jeoren Jansz e Raynel Martis, "The Lara Phenomenon: Powerful Female Characters in Video Games", *Sex Roles*, n. 56, pp. 141-8, 2007.

34. Lynne Segal, *Slow Motion: Changing Masculinities, Changing Men*. Basingstoke: Palgrave Macmillan, 2007 [1990], pp. 179 ss.

35. Janice Radway, *Reading the Romance: Women, Patriarchy, and Popular Literature*. Chapel Hill: University of North Carolina Press, 1984.

36. Delphine Chedaleux, "Genre, classe et culture populaire. Enquête auprès des fans de *Cinquante Nuances de Grey*". Colóquio Croiser le Genre et la Classe, Lausanne, UNIL, 9-10 nov. 2017.

37. Camille Lacoste-Dujardin, *Des Mères contre les femmes: Maternité et patriarcat au Maghreb*. Paris: La Découverte, 1985.

38. Yi Jin, *Mémoires d'une dame de cour dans la Cité interdite*. Paris: Picquier, 1993.

39. Julia Bush, *Women Against the Vote: Female Anti-Suffragism in Britain*. Oxford: Oxford University Press, 2007; e Carolyn Graglia, *Domestic Tranquility: A Brief Against Feminism*. Dallas: Spence, 1998. Ver também: <www.ladiesagainstfeminism.com>. Acesso em: 29 jun. 2021.

40. Citado por Romain Jeanticou, "La Sex touch de la French tech", *Télérama*, n. 3541, 22 nov. 2017.

41. Annik Houel, *Rivalités féminines au travail: L'influence de la relation mère-fille*. Paris: Odile Jacob, 2014, pp. 74 e 110 ss. Ver também Manon Garcia, *On ne naît pas soumise, on le devient*. Paris: Climats, 2018.

11. O declínio da virilidade [pp. 249-72]

1. Élisabeth Belmas e Joël Coste, *Les Soldats du roi à l'Hôtel des Invalides. Étude d'épidémiologie historique, 1670-1792*. Paris: CNRS, 2018, pp. 157 ss.

2. Susan Jeffords, *The Remasculinization of America: Gender and the Vietnam War*. Bloomington: Indiana University Press, 1989, cap. 4.

3. Citado por Michelle Perrot, *Les Ouvriers en grève. France, 1871-1890*, v. 2. Paris: Mouton, 1973, p. 457.

4. Agnès Jeanjean, "Travailler à la morgue ou dans les égouts", *Ethnologie Française*, v. 41, n. 1, pp. 59-66, 2011; e Stéphane Geffroy, *À L'Abattoir*. Paris: Seuil, 2016, p. 71. Ver também Thierry Pillon, "Virilité ouvrière".

In: Jean-Jacques Courtine (Org.), *Histoire de la virilité*. V. 3: *La Virilité en crise? XXe-XXIe siècle*. Paris: Seuil, 2011, pp. 303-25.

5. Michèle Lamont, *La Dignité des travailleurs: Exclusion, race, classe et immigration en France et aux États-Unis*. Paris: Presses de Sciences Po, 2002; e Jane Riblett Wilkie, "Changes in US Men's Attitudes Toward the Family Provider Role, 1972-1989", *Gender & Society*, n. 7, pp. 261-79, 1993.

6. Akim Oualhaci, "Faire de la Boxe thaï en banlieu: Entre masculinité 'populaire' et masculinité 'respectable'", *Terrains & Travaux*, v. 27, n. 2, pp. 117-31, 2015.

7. Omar Benlaala, *La Barbe*. Paris: Seuil, 2015, p. 9.

8. Christelle Hamel, "Le Mélange des genres: Une question d'honneur. Étude des rapports sociaux de sexe chez de jeunes Maghrébins de France", *Awal*, n. 19, pp. 19-32, 1999.

9. Dominique Bodin, *Le Hooliganisme*. Paris: PUF, 2003, pp. 26-8.

10. Maxime Lelièvre e Thomas Léonard, "Une Femme peut-elle être jugée violente? Les représentations de genre et les conditions de leur subversion lors des procès en comparution immédiate". In: Coline Cardi e Geneviève Pruvost (Orgs.), *Penser La Violence des femmes*. Paris: La Découverte, 2012, pp. 314-29.

11. *Pisa 2012 Results: What Students Know and Can Do*, v. 1. Paris: OCDE, fev. 2014.

12. Arlie Hochschild, "Male Trouble", *The New York Review of Books*, v. 65, n. 15, 11 out. 2018; e Stéphanie Durieux, "Les Femmes sont plus scolarisées et diplômées que les hommes, mais davantage au chômage", *INSEE Flash PACA*, n. 10, mar. 2015.

13. Jon Marcus, "Why Men Are the New College Minority", *The Atlantic*, 8 ago. 2017.

14. Sun Jiahui, "Boys Won't Be Boys", *The World of Chinese*, 10 abr. 2018; e "Une Faculté de médecine accusée de discrimination de genre", *Courrier international*, 9 ago. 2018.

15. Carl Frey e Michael Osborne, "The Future of Employment: How Susceptible Are Jobs to Computerisation?", *Technological Forecasting and Social Change*, v. 114, set. 2013.

16. Hanna Rosin, *The End of Men: Voici venu le temps des femmes*. Paris: Autrement, 2013.

17. Citado por Beverley Skeggs, *Des Femmes respectables: Classe et genre en milieu populaire*. Marselha: Agone, 2015 [1997], p. 298. Ver também Linda McDowell, "The Trouble with Men? Young People, Gender Transformations and the Crisis of Masculinity", *International Journal of Urban and Regional Research*, v. 24, n. 1, pp. 201-9, mar. 2000.

18. Octave Mirbeau, "Fleurs et fruits", *Le Gaulois*, 25 nov. 1880.

19. Joseph Ginestou, "La Femme doit-elle voter? (Le pour et le contre)". Tese de ciência política, Universidade de Montpellier, 1910, p. 102.

20. Pierre-Joseph Proudhon, *La Pornocratie ou les Femmes dans les temps modernes*. Paris: Lacroix, 1875, p. 171.

21. Jules Barbey d'Aurevilly, *Les Bas-Bleus* (1879). In: Id., *XIXᵉ Siècle: Les œuvres et les hommes*, v. 5. Paris: Palmé, 1860-1902, p. 82. Ver também Annelise Maugue, *L'Identité masculine en crise au tournant du siècle, 1871-1914*. Paris: Rivages, 1987.

22. Herb Goldberg, *The Hazards of Being Male: Surviving the Myth of Masculine Privilege*. Nova York: Nash, 1976; e Éric Zemmour, *Le Premier Sexe*. Paris: Denoël, 2006.

23. Citado por Christine Castelain-Meunier, *Les Métamorphoses du masculin*. Paris: PUF, 2005, pp. 113-4. Ver também Sally Robinson, *Markerd Men: White Masculinity in Crisis*. Nova York: Columbia University Press, 2000.

24. Sofka Zinovieff, "Hunters and Hunted: Kamaki and the Ambiguities of Sexual Predation in a Greek Town". In: Peter Loizos e Evthymios Papataxiarchis (Orgs.), *Contested Identities...*, op. cit., pp. 203-20.

25. Mélanie Gourarier, *Alpha Mâle: Séduire les femmes pour s'apprécier entre hommes*. Paris: Seuil, 2017.

26. Dana Schuster, "This Boot Camp for Men Claims It'll Revive Your 'Primal Nature'", *New York Post*, 3 jun. 2017.

27. "Camille Paglia on Hugh Hefner's Legacy, Trump's Masculinity and Feminism's Sex Phobia", *The Hollywood Reporter*, 2 out. 2017; e Beatriz Preciado, *Pornotopie:* Playboy *et l'invention de la sexualité multimédia*. Paris: Climats, 2011, cap. 2. Ver também: <www.artofmanliness.com>. Acesso em: 29 jun. 2021.

28. Steven Schacht e Doris Ewing, *Feminism with Men: Bridging the Gender Gap*. Lanham: Rowman & Littlefiedl, 2004, p. 200. Ver também Amanda Goldrick-Jones, *Men Who Believe in Feminism*. Westport: Praeger, 2003.

29. Alban Jacquemart, *Les Hommes dans les mouvements féministes...*, op. cit.

12. As masculinidades de não dominação [pp. 275-96]

1. Justin Trudeau, "Je suis féministe et fier de l'être!", *Le Monde*, 22-3 abr. 2018.

2. Esther Duflo, *La Politique de l'autonomie: Lutter contre la pauvreté (II)*. Paris: Seuil, 2010, pp. 80-1.

3. Fatou Sow Sarr, "Loi sur la parité au Sénégal: Une expérience 'réussie' de luttes féminines", *Passerelle*, n. 17, pp. 119-24, jun. 2017.

4. Esther Duflo, *La Politique de l'autonomie...*, op. cit., pp. 81 ss.

5. Ramin Jahanbegloo, *Gandhi. Aux sources de la non-violence: Thoreau, Ruskin, Tolstoï.* Paris: Le Félin, 1998.

6. Oeindrila Dube e S. P. Harish, "Queens", NBER *Working Paper*, n. 23337, abr. 2017.

7. Michael Koch e Sarah Fulton, "In the Defense of Women: Gender, Office Holding, and National Security Policy in Established Democracies", *The Journal of Politics*, v. 73, n. 1, pp. 1-16, 2011.

8. Olivier Grojean, *La Révolution kurde: Le PKK et la fabrique d'une utopie.* Paris: La Découverte, 2017.

9. "Women's Participation in Peace Negotiations: Connections Between Presence and Influence", ONU Mulheres, ago. 2010.

10. Marie O'Reilly, "Why Women? Inclusive Security and Peaceful Societies", Washington, Inclusive Security, out. 2015.

11. Yuko Nisjikawa, "Les Femmes et la guerre, ou comment les mouvements féministes japonais en arrivèrent à collaborer à la Seconde Guerre mondiale", *Les Cahiers du CEDREF*, n. 4-5, 1995.

12. União Interparlamentar, "Women in National Parliaments", 1 jun. 2018. Disponível em: <www.ipu.org/wmn-e/classif.htm>. Acesso em: 29 jun. 2021.

13. Éric Macé, *L'Après-patriarcat.* Paris: Seuil, 2015.

14. Amélie Le Renard, *Femmes et espaces publics en Arabie Saoudite.* Paris: Dalloz, 2011, pp. 118 e 165.

15. Gabrielle Jaffe, "Performing *The Vagina Monologues in China*", *The Atlantic*, 29 nov. 2013; e Catherine Lai, "No #MeToo in China? Female Journalists Face Sexual Harassment, But Remain Silent", *Hong Kong Free Press*, 5 dez. 2017.

16. Inter-Agency Task Force on Rural Women, *Les Femmes rurales et les objectifs du millénaire pour le développement*, ONU, 2012.

17. Ibid.; e *Enseigner et apprendre: Atteindre La Qualité pour tous. Rapport mondial de suivi sur l'éducatino pour tous.* Paris: Unesco, 2014.

18. Esther Duflo, *Le Développement humain: Lutter contre la pauvreté (I)*. Paris: Seuil, 2010, pp. 94-5.

19. Gertrude Tah, *Et Si L'Émergence était une femme?*, Banco Mundial, jul. 2017; e William Pesek, "Asia's $89 Billion Sexism Issue", *The Japan Times*, 24 nov. 2015.

20. Banco Mundial, *Mainstreaming Gender in Water and Sanitation*, Water and Sanitation Program, nov. 2000, p. 19.

21. Amanda Ellis et al., *Gender and Economic Growth in Kenya: Unleashing the Power of Women*, Banco Mundial, The International Bank for Reconstruction and Development, 2007.

22. John Stratton Hawley (Org.), *Sati, the Blessing and the Curse...*, op. cit., pp. 6-9 e 105.

23. Zainah Anwar, "Négocier Les Droits des femmes sous la loi religieuse en Maalaisie". In: Zahra Ali, *Féminismes islamiques*. Paris: La Fabrique, 2012, pp. 143 ss.

24. Nadje Al-Ali, "Egyptian Sexual Harassment Acitivists Battle Growing Acceptance of Violence", *The Conversation*, 14 fev. 2014; e Pauline Verduzier, "'Men in Hijab': Des Iraniens se voilent en signe de solidarité avec les femmes", *L'Express*, 30 jul. 2016.

13. As masculinidades de respeito [pp. 297-320]

1. Marie-Jo Bonnet, *Mon MLF*, op. cit., p. 73.

2. Citado por Cédric Condon e Jean-Yves Le Naour, *Le Procès du viol*, documentário, França, 2013, 52 min.

3. Leïla Slimani, "Un Porc, tu nais?", *Libération*, 12 jan. 2018.

4. Michel Bozon e Maria Luiza Heilborn, "Les Caresses et les mots. Initiations amoureuses à Rio de Janeiro et à Paris", *Terrain*, n. 27, pp. 37-58, set. 1996.

5. Citado por Josée Blanchette, "Noir Désir", *Le Devoir*, 20 out. 2017. Ver também Maurice Wojach, "Bedienungsanleitung für den deutschen Mann", *Märkische Allgemeine*, 7 fev. 2018.

6. Robin Miskolcze, *Women and Children First: Nineteenth-Century Sea Narratives and American Identity*. Lincoln: University of Nebraska Press, 2007.

7. Erwing Goffman, *L'Arrangement des sexes*. Paris: La Dispute, 2002 [1977].

8. Peter Glick e Susan Fiske, "An Ambivalent Alliance: Hostile and Benevolent Sexism as Complementary Justifications for Gender Inequality", *The American Psychologist*, n. 56, pp. 109-18, 2001.

9. Annie Ernaux, *Mémoire de filles*. Paris: Gallimard, "Folio", 2018 [2016], pp. 46 ss. Ver também Delphine Dhilly e Blandine Grosjean, *Sexe sans consentement*, documentário, França, 2018, 52 min.

10. Karen Hall, "Antioch's Policy on Sex Is Humanizing", *The New York Times*, 20 out. 1993.

11. Ver, por exemplo, Laura Kipnis, "Sexual Paranoia Strikes Academe", *The Chronicle of Higher Education*, v. 61, n. 25, 27 fev. 2015; Robert Carle, "How Affirmative Consent Laws Criminalize Everyone", *The Federalist*, 20 mar. 2015; e Judith Shulevitz, "Regulating Sex", *The New York Times*, 27 jun. 2015.

12. Citado por Conor Friedersdorf, "Why One Male College Student Abandoned Affirmative Consent", *The Atlantic*, 20 out. 2014.

13. Louise Bodin, "Prostitution et prostituées", *L'Ouvrière*, 15 abr. 1925.

14. Pierre Simon (Org.), *Rapport sur le comportement sexuel des Français*. Paris: Julliard, 1972, p. 217; e Laurie Mintz, "The Orgasm Gap: Picking Up Where the Sexual Revolution Left Off", *The Conversation*, 16 maio 2018.

15. Leïla Slimani, *Sexe et mensonges: La vie sexuelle au Maroc*. Paris: Les Arènes, 2017.

16. Sami Abdelli e Pierre Clément, "L'Éducation à la sexualité: Conceptions d'enseignants et futurs enseignants de trois pays maghrébins", *Review of Science, Mathematics and ICT Education*, v. 10, n. 1, pp. 65-92, 2016; e Anaïs Lefébure, "Au Maroc, l'épineuse question de l'éducation sexuelle", *Huffington Post Maroc*, 30 ago. 2017.

17. Shereen El Feki, *La Révolution du plaisir...*, op. cit., pp. 63 ss. e 159 ss.

18. David Frederick et al., "Differences in Orgasm Frequency Among Gay, Lesbian, Bisexual, and Heterosexual Men and Women in a U.S. National Sample", *Archives of Sexual Behavior*, v. 47, n. 1, pp. 273-88, jan. 2018.

19. Jean Markale, *L'Homme lesbien: Essai sur un comportement sexuel et affectif méconnu*. Paris: Rocher, 2008.

20. Simone de Beauvoir, *Le Deuxième Sexe*, op. cit., v. 2: *L'Expérience vécue*, p. 165.

21. Maddy Savage, "Dancing Tampon Song to Teach Kids About Periods", *The Local*, 14 out. 2015.

22. Nicolas Chaignot-Delage, "Pour Une Véritable justiciabilité du droit en matière de harcèlement sexuel au travail", *Revue de Droit du Travail*, n. 1, pp. 17-20, jan. 2018.

23. Maude Beckers, "La Lutte contre le harcèlement sexuel dans l'entreprise: d'un dispositif muselant à des protextions vacillantes", *Revue de Droit du Travail*, n. 1, pp. 13-7, jan. 2018.

24. Valérie Auslender (Org.), *Omerta à l'hôpital: Le livre noir des maltraitances faites aux étudiantes en santé*. Paris: Michalon, 2017, pp. 191 ss.

25. Laura Kipnis, "Kick Against the Pricks", *The New York Review of Books*, 21 dez. 2017.

26. Shereen El Feki, *La Révolution du plaisir...*, op. cit., pp. 132-42; e Djamila Saadi-Mokrane, "Petit Lexique du dragueur algérois". In: Fethi Benslama e Nadia Tazi (Orgs.), *La Virilité en islam*, op. cit., pp. 261-70. Para a França, ver: <www.stopharcelementderue.org/>. Acesso em: 29 jun. 2021.

27. Steven Pinker, *La Part d'ange en nous: Histoire de la violence et de son déclin*. Paris: Les Arènes, 2017 [2011], pp. 513 ss.

1. Camille Guenebeaud, Aurore Le Mat e Sidonie Verhaeghe, "*Take Back the Night!* Une exposition pour combattre les violences sexistes dans l'espace public", *Métropolitiques*, 11 out. 2018.

2. "Gender Mainstreaming in Wien". Disponível em: <www.wien.gv.at/menschen/gendermainstreaming>. Acesso em: 29 jun. 2021.

3. Édith Maruéjouls-Benoît, *Mixité, égalité et genre dans les espaces du loisir des jeunes: Pertinence d'un paradigme féministe.* Tese de geografia, Universidade Bordeaux-III, 2014. Ver também a Plataforma de Inovação Urbana em: <www.genre-et-ville.org>. Acesso em: 29 jun. 2021.

4. Gerda Lerner, *The Creation of Patriarchy*, op. cit., p. 220.

5. Londa Schiebinger, "West Indian Abortifacients and the Making of Ignorance". In: Robert Proctor e Londa Schiebinger (Orgs.), *Agnotology...*, op. cit., pp. 149-62.

6. David Doukhan, "À La Radio et à la télé, les femmes parlent deux fois moins que les hommes", INA, 4 mar. 2019.

7. "Has Shinzo Abe's 'Womenomics' Worked in Japan?", BBC News, 17 fev. 2018.

8. Halla Tómasdóttir, "A Feminine Response to Iceland's Financial Crash", conferência TED Women, dez. 2010.

9. Jeanine Prime et al., "Women 'Take Care', Men 'Take Charge': Managers' Stereotypic Perceptions of Women and Men Leaders", *The Psychologist-Manager Journal*, n. 12, pp. 25-49, 2009.

10. Tristan Hurel, "FEM'Energia 2017: Le nucléaire au féminin à l'honneur", *Revue Générale Nucléaire*, 17 out. 2017.

11. Susan Colantuono, "The Career Advice You Probably Didn't Get", conferência TEDxBeaconStreet, nov. 2013.

12. Valérie Petit, "Pour En Finir Avec Les Mythes du leadership féminin", Forum JUMP, Paris, 2017.

13. Kellie McElhaney e Sanaz Mobasseri, "Women Create a Sustainable Future", UC Berkeley Haas School of Business, Center for Responsible Business, out. 2012.

14. Nancy Carter et al., "The Bottom Line: Corporate Performance and Women's Representation on Boards", Catalyst, 10 out. 2007; e Francesca Lagerberg, "Women in Business. The Value of Diversity", Grant Thornton, set. 2015.

15. *Travailler et Être Pauvre: Les femmes en première ligne*, Oxfam, 17 dez. 2018.

16. François Dubet, *Les Places et les Chances: Repenser la justice sociale*. Paris: Seuil, 2010.

17. Clément Carbonnier e Nathalie Morel, *Le Retour des domestiques*. Paris: Seuil, 2018.

18. Matthew Gutmann, *The Meanings of Macho…*, op. cit., pp. 58 ss. e 149 ss.

19. Nancy Fraser, *Le Féminisme en mouvements: Des années 1960 à l'ère néolibérale*. Paris: La Découverte, 2012, cap. 4.

20. Elin Kvande e Berith Brandth, "Les Pères en congé parental en Norvège. Changements et continuités", *Revue des Politiques Sociales et Familiales*, n. 122m, pp. 11-8, 2016.

21. Karin Wall e Mafalda Leitão, "Le Congé paternel au Portugal: Une diversité d'expériences", *Revue des Politiques Sociales et Familiales*, n. 122, pp. 33-50, 2016.

22. Barbara Hobson (Org.), *Making Men into Fathers: Men, Masculinities and the Social Politics of Fatherhood*. Cambridge: Cambridge University Press, 2002.

23. Sara Brachet, "Retour Sur L'Exemple suédois. Les pères et le congé parental: l'égalité en marche?", *Cadres CFDT*, n. 442, dez. 2010; e John Ekberg et al., "Parental Leave. A Policy Evaluation of the Swedish 'Daddy-Month' Reform", *Journal of Public Economics*, v. 97, pp. 131-43, jan. 2013.

24. Maud Guillonneau e Caroline Moreau, *La Résidence des enfants de parents séparés. De la demande des parents à la décision du juge*, Ministério da Justiça, 2013.

15. Reconfigurar o patriarcado [pp. 351-78]

1. Leonardo Christov-Moore et al., "Empathy: Gender Effects in Brain and Beahvior", *Neuroscience and Biobehavioral Reviews*, n. 46, pp. 604-27, 2014.

2. Steven Pinker, *La Part d'ange en nous…*, op. cit., p. 526.

3. Citado por Sharon Sievers, *Flowers in Salt: The Beginnings of Feminist Consciousness in Modern Japan*. Stanford: Stanford University Press, 1983, p. 149.

4. Sally Sedwick, "Can Kant's Ethics Survive the Feminist Critique?". In: Robin Schott (Org.), *Feminist Interpretations of Immanuel Kant*. University Park: The Pennsylvania State University Press, 1997, pp. 77-100.

5. Carla Hesse, *The Other Enlinghtenment…*, op. cit., pp. 119 ss.

6. Camilla Turner, "Don't Call Students 'Genius' Because Word is Associated With Men, Cambridge Lecturers Told", *The Telegraph*, 12 jun. 2017.

7. Judith Butler, *Trouble dans le genre: Le féminisme et la subversion de l'identité*. Paris: La Découverte, 2006 [1990], p. 52.

8. Jérôme Meizoz, *Faire Le Garçon*. Genebra: Zoé, 2017, p. 56.

9. Daniel Boyarin, *Unheroic Conduct: The Rise of Heterosexuality and the Invention of the Jewish Man*. Berkeley: University of California Press, 1997, pp. 6-11.

10. Sophie Bouillon, "Nigéria, sapés comme jamais", *Gentlemen's Quarterly*, pp. 122-9, mar. 2018; e Jack Kilbride e Bang Xiao, "China's 'Sissy Pants Phenomenon': Beijing Fears Negative Impact of 'Sickly Culture' on Teenagers", ABC, 14 set. 2018.

11. Almira Ousmanova, "Pouvoir, sexualité et politique dans les médias biélorusses", *Raisons Politiques*, n. 31, pp. 47-63, 2008.

12. Matthew Shaer, "The Long, Lonely Road of Chelsea Manning", *The New York Times*, 12 jun. 2017.

13. Sally Munt (Org.), *Butch/Femme: Inside Lesbian Gender*. Londres: Cassel, 1998.

14. Employment Appeal Tribunal, *Capita Customer Management Ltd v. Mr Ali*, 11 abr. 2018.

15. Observatoire des Inégalités, "Une Répartition déséquilibrée des professions...", art. cit.

16. Claire Mounier-Vehier, "Santé cardiovasculaire des femmes", *Bulletin Épidémiologique Hebdomadaire*, n. 7-8, 8 mar. 2016.

17. Alexandra David-Néel, *Le Féminisme rationnel*. Paris: Les Nuits Rouges, 2000 [1909], p. 61.

18. Stéphanie Godin, "Les Yvettes comme l'expression d'un féminisme fédéraliste au Québec", *Mens*, v. 5, n. 1, pp. 73-117, 2004.

19. Romain Gary, "Je Suis Victime de ma gueule" [1975]. In: Jacques Chancel, *Radioscopie*. Paris: Sous-Sol, 2018, p. 186.

Agradecimentos

Tenho o prazer de agradecer a Pierre Rosanvallon e Séverine Nikel, que incentivaram este projeto desde o início; seu apoio foi valioso. Marie Lemelle e Patricia Duez acompanharam a preparação do manuscrito com muita competência. Minha reflexão se beneficiou dos conselhos de Sarah Al-Matary, Romain Bertrand, Pierre-Yves Bocquet, Quentin Bujidos, Catherine Coquery-Vidrovitch, Brigitte Da Graça, Nicolas Delalande, Sandrine Duchêne, Esther Duflo, Peggy Dufour, Émilie Frenkiel, Valérie Gervais, Élisa Goudin, Catherine Guesde, Claudia Hamm, Simon Jablonka, Marianne Laigneau, Aurore Lambert, Anne Lehoërff, Rimpei Mano, Emmanuelle Mimoun, Caroline Muller, Sophie Parent, Michelle Perrot, Ève-Alice Roustang, Tania Sachs, Pierre Savy, Marie-Pierre Ulloa, Anne Verjus. Obviamente, as coisas aqui ditas são de minha exclusiva responsabilidade.

Dedico este livro a Aline — com amor.

Índice onomástico

Créditos das imagens

p. 27: O homem e a mulher nas sondas Pioneer (1972),
Nasa; cortesia do Pioneer Project, ARC e Nasa

p. 35: Luisa Ricciarini/ Bridgeman Images

p. 43: Louvre, Paris, França © Ali Meyer/ Bridgeman Images

p. 81: [acima] Prado, Madri, Espanha/ Bridgeman Images;
[abaixo] Andrey Armyagov/ ShutterStock

p. 107: O sinete de Joana de Borgonha (*c.* 1328), Archives
Nationales, Sceaux D 163; Archives Nationales (França)

p. 132: Biblioteca Marguerite Durand, Paris,
França © Archives Charmet/ Bridgeman Images

p. 138: A nudez de Annette Kellerman (1916), foto: Andre Barlatier/ Shields
Collection; cortesia do dr. David S. Shields, University of South Carolina

p. 212: Bridgeman Images

p. 234: Uma reunião de pauta do *Le Monde* (1970); da esq. para a dir.:
Pierre Viansson-Ponté, redator-chefe adjunto, Jean Planchais, chefe
da editoria de informações gerais, Claude Julien, chefe da editoria de
assuntos estrangeiros, Gilbert Mathieu, chefe da editoria de economia,
e Pierre Drouin, redator-chefe adjunto, participam da reunião de pauta
do jornal *Le Monde*, em 8 de setembro de 1970, em Paris; Stringer/ AFP

p. 241: [acima] Propaganda para Frigidaire, ilustração de
Jambert, 1954; DR/ Coll. Kharbine Tapabor; [abaixo] Propaganda
para Solivaisselle (1966)/ Kharbine Tapabor

p. 252: Desempregados fazem fila na frente de um
sopão popular em Chicago (1931); DR/ NARA

p. 262: Uma caricatura antifeminista (anos 1910): "Origem e
desenvolvimento de uma suffragette", The Suffrage Postcard Project; DR

p. 269: Hugh Hefner entre duas coelhinhas (2003);
Robert Mora/ Getty Images/ AFP

p. 288: Uma série de televisão favorável aos direitos
das mulheres (2015): *C'est la vie*/ ONG RAES

p. 299: Louvre, Paris, França/ Luisa Ricciarini/ Bridgeman Images

**AMBASSADE
DE FRANCE
AU BRÉSIL**
*Liberté
Égalité
Fraternité*

*Cet ouvrage, publié dans le cadre du Programme d'Aide à la Publication
année 2021 Carlos Drummond de Andrade de l'Ambassade de France au
Brésil, bénéficie du soutien du Ministère de l'Europe et des Affaires étrangères.*

*Este livro, publicado no âmbito do Programa de Apoio à Publicação ano 2021
Carlos Drummond de Andrade da Embaixada da França no Brasil, contou
com o apoio do Ministério francês da Europa e das Relações Exteriores.*

Grafia atualizada segundo o Acordo Ortográfico da Língua
Portuguesa de 1990, que entrou em vigor no Brasil em 2009.

capa
Julio Dui
ilustração de capa
Victor Arruda
tratamento de imagens
Carlos Mesquita
composição
Jussara Fino
preparação
Jane Pessoa
índice onomástico
Luciano Marchiori
revisão
Erika Nogueira Vieira
Fernanda Alvares

Dados Internacionais de Catalogação na Publicação (CIP)

Jablonka, Ivan (1973-)
  Homens justos : Do patriarcado às novas
masculinidades / Ivan Jablonka ; tradução Julia da
Rosa Simões. — 1. ed. — São Paulo : Todavia, 2021.

  Título original: Des hommes justes : Du patriarcat
aux nouvelles masculinités
  ISBN 978-65-5692-161-7

  1. Ciências sociais. 2. Desigualdade. I. Simões, Julia
da Rosa. II. Título.

CDD 305.5

Índice para catálogo sistemático:
1. Ciências sociais : Desigualdade 305.5

Bruna Heller — Bibliotecária — CRB 10/2348

todavia
Rua Luís Anhaia, 44
05433.020 São Paulo SP
T. 55 11 3094 0500
www.todavialivros.com.br

fonte
Register*
papel
Pólen soft 80 g/m²
impressão
Ipsis

FSC

MISTO

Papel produzido
a partir de
fontes responsáveis

FSC® C011095